KB254107

사주 핵심 강의
- 사주 해석학

　세상에는 수많은 학문과 지식들이 있지만, 동양 문화권에서는 예부터 음양 오행이란 것이 밑바탕이 되어 철학과 예술을 비롯해 인생의 모든 것을 해석하려고 했다. 그래서 음양 오행론을 모르면 한 점의 그림을 감상하더라도 제대로 이해가 안될 때가 많아지기 일쑤다.

　철학에서 가장 중요한 것이 어떻게 하면 인간으로서 잘 살고 갈 수 있는가? 하는 문제인데, 이것을 옛 철인들은 음양 오행으로써 설명해 왔다. 그것의 응결체가 바로 인생 방정식이라 할 수 있는 사주 팔자다.

　인생 방정식에 따르면, 누구나 자기의 본분이 있고 분수가 있어서 과거 현재 미래에로 펼쳐지는 무궁한 인생의 설계도가 보인다. 작은 그릇이 있고 큰 그릇이 있어서 나름대로 주어진 본분을 잘 살리면 인생은 곧 행복하게 살 수 있다는 것이다.

　『명심보감』순명편에 이런 말씀이 나온다.

　모든 일에 분수가 이미 정해져 있는데,　萬事分已定
　세상 사람들은 쓸데없이 바쁘게 군다.　浮生空自忙.

　또 이런 말씀도 있다.
　열자가 말씀했다.

　어리석고 귀먹고 고질병이 있고 벙어리라도 집은 호화롭게 부자로 살 수 있으며, 지혜롭고 총명한 재질을 가진 사람도 오히려 빈궁하게 사는 수 있다. 이로 보면 사람의 모든 일은 생년월일시의 사주 팔자에 미리 정해진 것이니, 따지면 모두 운명에 있는 것이고 사람의 재능에 있는 것이 아니다.

아마도 이런 사고방식과 인생 철학은 동양인들의 가슴 속에 깊이 뿌리내려져 있을 것이다. 아무리 우주 여행을 할 정도로 물질 과학이 발달했다고 하나, 인생살이는 예나 지금이나 마찬가지일 것이다. 하루 밥 먹고 가족을 이루며 사회 속에서 일상을 살 것이다. 동서양을 막론하고 일반적인 인간의 삶의 양식일 것이며, 자기네의 문화 속에서 호흡하다 일생을 마치는 것이다. 그처럼 문화라고 하는 거대한 틀을 벗어나 누구도 살 수 없다고 하면, 우리의 정신과 가치를 지배해온 유구한 철학적 문화 체계가 사주 팔자라는 방정식을 알지 않으면 안될 것이다. 인생의 이모저모가 담겨 있는 방정식이란 것이 참 재미있기도 하지만, 신비롭고 경건한 우주의 바코드를 읽는 기분도 들 것이리라.

근 30년 가까이 오랜 세월 동안 이 방면에 공부하고 전념해온 보현 진열 박사가 불교를 연구하고 신행하면서 인생 방정식에 대한 폭넓은 경험을 바탕으로 더 세련된 학술적 체계를 세워 세상에 내보인다는 것이다.

십수년 간 인연 있었던 박사가 그 동안 연구와 임상의 총 결정체라 할 방정식의 해석학적 모델을 제시한다면서 나더러 발행사를 써달라고 한다. 기쁜 일이라서 흔쾌히 승낙했다.

방정식은 일정하더라도 해석에서 천차만별의 다양한 안목이 나올 수 있는 것이 인생의 문제를 다루는 철학이란다. 시대에 따라 사회적 여건에 의해 해석하는 관점이 달라질 수도 있겠지만, 가장 원초적인 입장은 그래도 우리가 숨쉬고 생활하는 사시사철의 기후 조건이나 조후 관계에서 찾아야 할 것이라고 말한다. 일리 있는 말이다. 해석이란 문은 항상 열려 있는 것이고 그 해석을 통해 보다 더 정밀한 방정식의 이치를 깨달으면 되는 것이다.

많은 독자들이 이 책을 통해 사주의 해석학이란 걸 처음으로 접해 볼 것이지만, 이를 발판으로 해서 연구하고 축적해서 더욱 발전된 사학계斯學界가 됐으면 하고 바란다.

鄭 寅 岳

(사)평화통일불교협회 이사장

(주)南陽社 會長

옛말에 모든 길은 로마로 통한다고 했다.

요즘 컴퓨터가 발전하면서 인터넷이라는 사이버 공간이 형성되면서 모든 길이 인터넷으로 통하고 있다. 인터넷 세상이 된 셈이다.

동양 사상의 유구한 전통을 이어온 역학도 이제는 인터넷의 가상 공간으로 옮겨져 무한한 변화를 하고 있다. 과거에 비전秘傳되고 음지에서 전승돼 오던 학술이 이제 양지로 나와 공개되고 있는 중이다. 음지 학문에서 양지 학문으로 전환되면서 그 연구 대중도 많아졌다. 그 중에서 가장 활발한 연구 분야가 명리 분야인 것 같다.

정보화 덕분에 역학 연구가 확산 일로에 있다고 하지만, 여전히 참으로 어려운 영역이기도 하다. 이 명리학은 매우 정밀한 논리 체계를 가지고 있으면서도 많은 확률적 함수를 동시에 내포하고 있기 때문이다. 확률적 함수에는 같은 조건에도 많은 변수를 동시에 갖추고 있어서 간명자가 선택하는 데 매번 헷갈릴 수도 있으며 따라서 판별에 모험이 따르기도 한다.

이 같은 문제를 줄이려고 많은 연구자들이 머리를 짜내고 있지만, 『연해자평』이나 『궁통보감』 또는 『적천수』 등의 고전의 수준을 아직 뛰어 넘지 못하고 있는 실정이다. 이 말은 명리학이 시대와 상황의 변천에 따라 무한한 해석의 여지를 남겨 두고 있다는 것이기도 하다.

모든 고전은 시대에 따라 새롭게 해석되는 것이다!

이런 점에서 오늘의 우리에게 있어서, 우리에게 알맞은 새로운 해석의 명리학 체계가 요구되는 것도 당연할 것이다. 그래서 그런지 요즘 사이버 상에서 보면 백가쟁명식百家爭鳴式의 근거가 취약한 이론들이 난무하고 있는 실정이어서 초학자들을 어리둥절하게 하고 있다.

새 이론과 새 해석이 필요하다고 하더라도, 근거가 확실해야 할 것이다. 근거란 무언가? 한마디로 음양과 오행이라고 하겠다. 명리학의 꽃이라고 하는 십신론十神論도 사실은 음양과 오행의 기초 위에서만 운용되는 것이다. 워낙 십신론이 대세를 이루다 보니 십신의 상생 상극을 만병통치약식으로 치부하는 경향이 농후한데, 그 만큼 거기에 취약점도 많다는 것이 현실이다. 그래서 보다 온전한 명리학이 성립하려면 그 음양과 오행 쪽으로 되돌아가야 한다는 것이다. 음양과 오행은 동양 사상의 원천이자 여전히 본류本流이기 때문이다.

음양과 오행 중에서도 음양론이 모태다. 음양에서 오행으로 분류되고, 오행이 다시 음양으로 나뉘어져 곧 십신론이 된 것이다. 음양-오행-십신으로 된 것이지만, 그 십신론의 모태는 오행이며 음양이라는 점을 아무도 부정하지는 못할 것이다.

그러므로 우리는 명리 해석의 요체를 음양과 오행에 두고자 한다. 이런 관점에서 명리를 해석하고자 한 것이 과거의 『궁통보감』 부류이지만, 30년 가까이 연구해온 보현 진열 박사는 그것을 넘어서 다시 새로운 명리의 해석학을 마련한 것이다. 그래서 책자를 『사주 해석학(上)』이라고 이름한 것 같은데, 이로 인해 우리 명리학계에 해석학적 새 바람이 일거라고 생각한다.

진 철 희
경기불교문화원장

나는 치과 의사로서 불교를 좋아하고 불교 공부를 하다보니, 보현 진열 스님과 인연이 닿아 불교와 역학에 관한 깊은 이야기를 나눈 적이 많다. 이런 인연으로 『사주 해석학(上)』에 대한 축하사를 나더러 쓰라고 하니, 한편 그 학문의 깊이를 짐작할 만하다고 생각한다.

내가 아는 한, 역학이나 명리 등 동양 사상의 뿌리를 이루고 있는 음양 오행의 꽃들은 신비하기도 하고 한편 비합리적인 속설 같기도 했다. 하지만 알면 알수록 그것이 의미하려는 메시지는 깊고 인생의 행복을 향한 학문임을 깨달을 수 있었다. 그래서 사찰의 다양한 문화와 우리 문화의 유산에 대한 관심을 크게 갖고 그 동안 연구도 나름대로 해왔다.

의학이 사람 몸을 연구하고 병을 치료하는 학문이라고 하면, 음양 오행학도 사람을 대상으로 하는 만큼 의학적 지식과 체계가 있다고 하니, 그게 바로 오늘날 한의학이라 하겠다. 모든 병은 음양의 부조화에서 비롯되며, 그 치유도 음양 관계를 균형있게 잡아 주는 것이라고 들었다. 그 음양의 상호 관계가 되는 요소는 오행으로 다룬다. 음양 관계란 곧 오행 관계의 음양관 이기도 하다.

이런 요소적 관계를 정밀하게 구축해 놓은 게 누구나 타고난다는 사주의 여덟 글자라고 한다. 이 방정식 속에 인생이 있고 질병과 치유법이 들어 있다는 것이다. 그래서 평소 마음이 가는데, 스님이 불교를 공부하면서 수행하는 도중에 30년 가까이 항상 역학 관계 책자를 놓지 않고 연구해 왔음을 알고, 더욱 관심을 갖기로 했다. 이런 가운데 『사주 해석학(上)』이 나온다고 하니 여간 반갑지 않다.

상上권이라 하니 하下권도 있을 것이리라. 스님의 설명에 따르면, 상권에서는 사주의 총괄적인 해석학적 이해와 안목을 기르는 데 치중해서, 격국을 전제로 해서 음양과 오행의 기후 변화에 따른 삶의 운명을 그렸다는 것이다. 사주를 해석하는 데에 음양의 기후 변화를 대입한 점이 가장 큰 특징이란다.

앞으로 나올 하권에서는 총론에 이어 각론이라 할 직업이라든가 질병, 배우자, 사업, 주택…등 인생 살이가 역시 음양적인 입장에서 해석돼 선보인다고 한다. 이런 항목들도 사실은 중요하지만 여전히 이설異說이 난무하는 가운데 전승되고 있을 뿐이다. 이것은 그 동안 음양을 너무나 무시해 버린 결과로 빚어진 자충수다.

하기야 인생의 운명을 어떤 일정한 틀에 꿰맞추어서 재단하려 하는가?! 어림없는 일이다. 그러기에 하나의 명식을 놓고도 자연히 십인십색의 해석이 나올 수 있다. 이것이 정답이라면, 사람의 운명을 단지 여덟 글자로 된 방정식을 놓고 해석한다는 것은 궁극적으로 해석하는 안목에 달렸으며, 그 안목이란 것은 어디까지나 인생의 축적된 경험과 철학적 태도에 따라 많은 변수를 가지고 있다는 것을 우리는 인정해야 한다.

그러니까 인생살이의 이모저모를 겪고 얻어진 인생 철학이 열려진 상태에서 그 팔자의 방정식이 보인다는 것이리라. 이는 바꿔 말해서 팔자의 자의적인 해석이 무한할 수밖에 없다는 반증이며, 이것은 역학의 최대 취약점이다. 이런 약점을 보강하는 방법은 없는 것일까?

이것의 탈출구는 동양학이 뿌리내린 음양과 오행으로 되돌아가는 것이라고 생각한다. 음양과 오행의 원천으로 가서 방정식을 풀어보는 것이다.

음양과 오행의 토대는 12개월의 기후 변화와 농사에서 나온 생활 방식이다. 생활 주변에 있는 것의 총체를 木-火-土-金-水로 묶는다. 이것을 음양으로 나눠 사시사철의 기후와 생활 여건으로 보고, 이것들의 조화와 중화를 최상으로 본다. 명리학의 관건은 '음양의 중화'에 있기 때문이다. 질병과 치유의 관계도 그렇다고 들었다.

　명리의 해석은 음양에로 돌아가자!

　이런 입장에서 여덟 글자를 해석한 것이 바로 보현 진열 스님의 『사주 해석학(上)』이다. 오랜 동안의 연구와 체험의 축적된 노하우가 녹아 들어간 역작이라고 여겨진다. 사주에 대한 새로운 해석의 지평地平을 열었다는 점에서 앞으로 역학계易學界의 발전이 있을 것으로 알고, 이에 축하하여 마지 않는다.

양 재 홍
경기불교대학 총학생 동문회장
치과의사 박사

이 『사주 해석학(上)』은 다음과 같은 내용으로 짜여져 있다.

제1장에는 사주를 해석하는 방법론에 대해 독자적인 시각을 제시했다. 요점으로 천간은 질감적인 음양론이고 지지는 기후적인 기상론에 바탕해서 자연 물상학적 해석이다.

제2장에는 사주 해석의 각론적인 갈래로서 정치적인 형국론과 경제적인 형국론 그리고 자연 물상론으로 나누어 해설하고 사례들을 실었다. 주된 입장은 자연 물상론적 해석이다.

제3장에는 격국론에는 사주 해석학의 기본이 되는 격국들을 현실에 맞게 상세히 해석했다. 여기에는 일반격과 특별격이 있는데 전반적으로 올바른 이해를 위해 해설과 사례를 들었다. 격국에 따른 인생사의 이해다.

제4장에는 모든 격들의 원초적인 바탕이 되는 내8격에 대해서도 상설詳說했다. 사주 해석은 철저한 격국론의 이해로부터 시작하기 때문이다.

차 례

1장 일러두기: 해석 방법론

2장 해석론

1 · 정치 형국론

3장 격국론

1 · 총론

2 · 신약한 명식

4장 내8격론

제1장 일러두기: 해석 방법론

1. 시각의 흐름 속에 담겨진 인생 방정식

아주 오랜 옛날에는 사람들이 자기들이 살고 있는 지역의 산과 들 또는 강과 바다, 그리고 이들을 둥글게 감싸고 떠있는 하늘을 바라보며 하루하루를 살아갔을 것이다. 사냥하고 채취하며 먹고 몸을 건사하는 데 온통 마음을 쏟았겠지만, 그들의 몸과 마음을 지배하는 것은 눈 앞에 펼쳐져 있는 자연의 신령과 저 높은 하늘의 신령이라고 그들은 휴식하면서 조용히 사색했을 것이다.

가끔 누워 밤하늘의 수많은 별들을 보면서, 그 많은 별들이 이 지상에 사는 존재들과 1:1로 대응해서 존재하는 하늘의 신령들이며, 그들이 이 지상의 밤낮의 변화나 사시사철 자연의 운행뿐 아니라 생물이나 인간들의 운명까지도 관장한다고 생각하곤 했었다.

천체 운행이나 하늘의 별들은 그래서 우리 인간들의 생활 모두를 규정하고 생사여탈과 길흉화복을 주관하는 절대적 권력의 실체들로 우리들 가슴 속에 각인되게 되었다. 달이 차서 마침내 기울고, 그에 따라 바다의 조수 간만의 차가 분명히 나타나며, 봄 여름 가을 겨울의 천지 자연의 변화와 시기에 맞춰서 씨뿌리고 가꿔야만 그만한 열매의 수확을 거둘 수 있으며 그래야 한 해 배고프지 않는 생활을 하고 여유로와진다는 사실을, 수많은 경험과 시행착오를 통해서 저절로 터득한 우리의 삶의 지혜였던 것이다. 그 결과 '인간은 자연의 운행 법도(天道)에 맞추어 사는 것이 사람의 바른 길(人道)이라'고 굳게 믿게 되었다.

인도의 모든 것은 천도에 의해 이미 설계되고 조정되고 있으니 우리는 그걸 알아야 하고, 그것을 잘 앎으로써 우리에게 닥칠지도 모르는 재앙을 물리칠 수 있고 천도의 이치를 잘 이해함으로써 우리의 행복이 보장된다고 믿었다.

천도의 시스템과 그 작동 원리를 이해하면 인간의 모든 문제와 운명이 잘 해결될 것으로 확신하고, 예부터 수많은 성현들이 나타나 입산해서 연구하였다. 그런 천재들이 이룩한 성과물이 쌓이고 쌓여 오늘날 우리가 누리고 있는 자연 과학적 이기물利器物이라든가 정신 과학적 철학 원리들로서 나타나고 있는 것이라고 나는 생각한다.

인류가 천도를 이해하려고 계측한 최초의 성과물이 시계時計라는 물건일 것이다. 시각의 변화 속에 천도의 메시지가 담겨 있다고 생각했기에, 시계를 만들어서 자연의 운행 질서와 원리 그리고 그 속에 들어 있는 내용을 해독하려고 하였던 것이다. 시계가 나오기까지는 밤낮의 길이나 사시사철의 시간 길이와 변화 차이 등을 느끼면서, 하늘의 별들의 움직인 각도나 변화 추이를 가지고, 그 의미하는 바를 인간 생활과 사회에 적용해 해석하려고 해왔지만, 이제 인간이 시계를 가짐으로써 그런 해석들이 보다 더 용이하고 정밀해질 수 있었다.

점차로 시계와 이에 따른 다양한 관측 기계들과 정밀한 역법曆法이 만들어지면서, 인간은 시각의 변화 속에 담겨 있는 천도의 비밀과 메시지를 읽을 수 있는 단계에까지 이르렀고, 그 모든 것의 집적된 성과물이 우리가 지금 누리고 있는 과학과 철학의 풍요로움이다.

동양철학에서는 시계 속에 들어 있는 비밀의 열쇠를 푸는 데 음양과 오행이라는 도구를 사용해서 다시 열 가지 십성十星이라는 표현 상징 기호를 부쳐서 인간의 이모저모를 읽고 해석하려 했다. 운명적 시계는 생년월일시라는 시각의 흐름이며 이것을 음양과 오행과 십성으로써 해독하면 우리 인생사의 길흉화복을 알아서 행복된 길이 열린다고 생각했다. 이것이 바로 사주 팔자학이다.

옛말에 '팔자 도망 못한다'는 말이 전해올 정도로 동양 문화권에서는 정신 철학적으로 심대한 영향력을 가지고 있다. 흔히 자기 충족적 예언에 불과하다고 깎아 내리려는 안다는 이(洋毒에 찌든 知識人)들이 있을 수 있겠으나, 꼭 그렇게만 볼 수 없는 게 우리의 현실이며 실상이다. 수천 년을 거치면서 면면히 이어져 온 데에는 그럴만한 존재 이유와 가치가 있기 때문에, 수요와 공급의 차원에서 우리의 기층 문화를 이루어왔다고 여겨진다.

아마도 이렇게 살고 있는 우리의 모습이 사실은 그대로 사주 팔자인 셈이다. 이런 것들을 시각의 흐름이라는 매카니즘을 통해 설정된 일정한 인생 방정식을 풀이하면 잘 이해할 수 있으며, 그래서 우주와 자연이 우리에게 내린 천명을 이해할 수 있고 보다 나은 인생을 향해 나아갈 수 있다고 생각해 본다.

〔그림 1〕 혼천의渾天儀 모형(경기도 박물관)

2. 해석의 키워드는 격국에 따른 중화의 여부다

사주라는 명식은 크게 년주, 월주, 일주, 시주의 팔자 원국과 여기서 나온 대운, 세운이라는 행운의 조합적 해석으로 이루어진다. 원국이 상품이라면 행운은 시장이요, 원국이 자동차라면 행운은 도로와 같이, 원국과 행운이 하나의 운명 체계다. 따라서 운명의 길흉화복이나 인생의 영고성쇠 등은 이 원국과 행운의 관계의 중화 여부에 따라 결정되는 것이다. 핵심은 중화 여부에 달려 있다. 얼마나 중화되느냐 그 정도의 차이와 구조의 성격에 따라 다양한 인생살이가 펼쳐진다.

중화를 이루는 것이 우리 마음대로 갖다 대서 되는 것이 결코 아니다. 천명이 내려줄 때 벌써 '이런 존재는…이렇게 중화되도록' 설계돼 있다고 전제하는 것이다. 그 설계된 것이 명식이라는 방정식이고 그 방정식에는 나름대로 일정한 구조와 중화의 메시지가 짜여져 있으므로, 우리는 방정식을 진지하고 솔직하게 그러한 천명의 의도를 이해하는 방향으로 해석하려고 노력해야 한다. 그렇지 않고 자기 주관대로 함부로 해석하면 그만큼 하늘에 죄악을 짓는 것이며 그 과보는 반드시 발설한 본인과 가족 후손에게 돌아오는 것임을 역사를 통해서도 익히 알 수 있는 것이다.

그 방정식을 푸는 것이란 사실 중화의 법을 이해하는 것이고, 중화의 법을 알려면 방정식의 구조의 특징이라 할 격국을 동시에 이해해야만 가능하는 일이다. 항간에서 말로만 격국 운운하면서 간명할 때에는 이를 무시한 채 오로지 용신 찾는 데에만 몰두하는 경향이 많이 있는데 참으로 안타까운 일이다.

용신이 물론 중요한 관건이긴 하나 명식을 푸는 만병통치약은 아니다. 용신에만 몰두하다 보면 그만큼 오류를 범할 수 있어 얼마든지 오판된 간명이 나오는 것임을 자주 경험할 수 있다. 저녁에 다르고 자고 나서 보니 또 다르다는 것이 그 한 예다. 그렇게 되는 이유는 우리가 격국의 이해를 은연 중 너무나 무시해서 비롯된 결과라고 생각한다. 중화되는 정도가 격국에 따라서 차이나는 소이所以를 무시한 것이리라.

나는 모든 인생방정식의 해석은 먼저 격국의 바른 이해로부터 시작해야 한다고 평소 생각한다. 이 공부가 잘 된 상태에서 용신 운운하는 길신이 보여지고 찾아지는 것이다. 공부가 익으면, 길신 흉신이 스스로 드러나 찾아지는 것이지, 내가 안 보이는 것을 억지로 헤치고 더듬어 만드는 것이 아니다. 명심할 일이다!

그래서 제2장은 명식을 해석하는 마당이지만 이렇게 해석하는 바탕은 반드시 제3장, 제4장의 격국의 철저한 이해를 전제로 이루어지는 해석 작업임을 일러둔다. 길신만 찾아서 해석되는 것도 있으나 그 이전에 격국를 마스터한 다음에 실행돼야 할 작업이며, 이왕 사주를 공부하려고 하면 그 기본되는 격국 공부부터 차근차근 해야 할 것이고, 그래야 중화되는 길신이 눈에 드러나서 오류된 간명을 하지 않을 것이라고 생각한다. 만약 격국론의 바른 이해 없이 제2장의 내용부터 실행하고자 하면 중대한 오류에 빠질 수도 있음을 알아야 한다.

3. 해석학의 요체는 고전에 충실해야 한다

다음으로, 우리는 명리학에 관한 고전에 충분한 근거를 두고서 해석의 실마리를 찾아야 한다. 비록 현대적인 안목에서 해석하려 한다더라도 최대한 고전의 기초 원리 위에서 충실한 연역演繹 작업이 진행돼야 함은 너무도 자명한 일이다. 고전에 의지할 수 없을 경우라면 부득이 많은 사례들의 통계를 이용한 귀납적 방법을 써서라도 해석해야겠지만…말이다.

그렇다고 나는 오로지 고전 그대로 갖다 베끼는 앵무새가 아니다. 많은 세월 동안 공부하고 체험한 정보를 가지고 보다 체계적인 해석학의 틀을 마련하고자 하는 것이다. 공부한 이들은 다 느끼는 일일 수 있지만, 새로 공부하는 이들을 위해 명리 해석의 바른 지남指南이 되도록 하자는 뜻이 이 책이 나오게 된 동기라고 보면 가장 이해가 되리라 본다.

4. 여덟 글자 별로 힘의 양의 크기 정도

해석의 안목을 기르는 기초로서, 먼저 여덟 글자 별로 그들이 위치한 자리에서 갖는 영역상의 힘의 크기를 알아야 한다. 여덟 글자가 모두 똑 같은 크기의 힘과 역량을 가진 것은 아니라는 것을 조금만 공부한 사람이라면 충분히 알 일이다. 신약, 신왕을 가리는 것이라든가 길신이나 흉신의 역량의 크기라든가 … 등등을 판별하는 기초적인 이해다.

시	일	월	년
1.3	1	1	0.5
壬	戊	己	丁
戌	子	酉	巳
1.7	1.5	2.5	1

　명식에서 일간을 나라의 임금으로 보면 모든 것이 임금을 정점으로 해서 국사가 진행되듯이, 힘의 크기를 판별할 때에도 일간이 기준이 된다. 편의상 힘의 크기로 일간을 1로 보면, 년간이 0.5로 가장 약하고 월간과 년지가 각각 1이며, 천간에서는 시간이 1.3정도로 가장 세다. 천간은 줄기고 지지는 뿌리니까 지지가 더 힘세다고 셈한다. 시지는 1.7이고 일지를 1.5이고, 월지는 2.5로서 여덟 글자 중 가장 세다. 그러니까 월지를 일주日柱 만한 힘을 가진 것으로 보면, 월지가 갖는 의미는 명리 해석상 매우 중요함을 알 것이다.

시일월년	시일월년	시일월년	시일월년
辛壬壬庚	乙甲辛戊	乙癸甲癸	乙乙乙乙
亥寅午戌	亥寅酉戌	卯亥寅亥	酉亥酉丑
(남명):신왕	(여명):신왕	(남명):신약	(여명):신약

　이 힘의 크기는 주어진 예의 방정식처럼 형충이 없고 오행의 균형이 잡혀 있을 경우를 기준한 것이다. 형 충 공망되거나 한쪽으로 쏠린 오행의 경우는 다시 그 위에다가 가감승제加減乘除가 될 일이다. 형이나 충은 부딪쳐 뿌리를 뽑는 것 같은 강렬한 파괴 작용을 의미하고, 공망은 파놓은 함정처럼 빠져서 꼼짝 못하게 하는 것 같은 무력화 작용을 말하니, 당연히 힘의 크기를 판별할 때 유의해야 하는 점이다.
　대체로 연약한 육신을 형하거나 충하면 뿌리 뽑히는 것이니, 길신이면 흉할 것이요 흉신이라면 길한 것이다. 반대로 혈기 왕성한 육신을 형하거나 충하면 그 왕한 신은 뿌리 뽑히기는커녕 노발대발 발광하며 칼들고 대드는 형상이라 흉신이면 더 흉해지고 길신이면 더욱 길해진다. 이 이치는 중요하다.

· 싱거운 문제

독자님의 공부가 더 성숙하도록 신왕 신약을 가리기 힘든 실제 명식 3개만 소개하니, 참고해 보세요. (정답은 p29에 있어요.)

① 시   일   월   년(女)
　 己   乙   辛   丙
　 卯   酉   卯   戌

② 시   일   월   년(女)
　 癸   庚   戊   乙
　 未   戌   子   未

③ 시   일   월   년(男)
　 甲   乙   壬   乙
　 申   卯   午   未

5. 영역별 역할의 이해

누구는 물을 것이다. 월지가 다른 것보다는 강력하다는 것은 어렴풋이나마 알고 있지만, 년주의 것이나 시간의 것은 좀 이해가 안 된다고. 해석이란 어디까지나 명리의 원리들을 떠나서 실행될 수 없다. 고전들에서 말하는 많은 원리들의 지도地圖를 읽어보면 다음에서 열거한 사항들을 이해할 수 있을 것이다.

　일간은 군주다. 군주는 남향南向해서 정좌正坐하고 위엄을 드러낸다. 군주는 나라의 모든 실세적 권세와 생사여탈권을 쥔 자다. 나라의 모든 것은 군주의 소유다. 일간이 형충 당하고 제압당하고 있는 꼴이라면 군주가 건강하지 못하고 사고방식이 건전하지 못해서 국사를 제대로 수행하지 못할 것임은 당연한 일이다.

<pre>
시일월년 （日干을 한 나라의 君主로 보면,）
7 5 3 1   1년간＝ 父王 가문 혈통 황실의 首長 문패
壬戌己丁   2년지＝ 古基 황실 조부모 가계의 형편
戌子酉巳   3월간＝ 형제, 삼촌의 것. 황실의 資産
8 6 4 2   4월지＝ 生家 朝廷 중앙청사 울타리
서남동북   5일간＝ 君主
                 6일지＝ 배필(의 성격. 기질. 귀천)
                 7시간＝ 국가 기획실장 겸 비서실장 총괄 지휘부
                 8시지＝ 예산 및 기획조정실
</pre>

　년간은 일간에게 임금 자리를 물려주고 물러나 앉아 있는 부왕 또는 상왕上王이다. 실권은 없되 여전히 나라를 대표하는 상징이며 군주의 정통성을 보장하고 뒤에서 받쳐주는 막강한 자리다. 왕조의 혈통과 문패를 나타낸다. 하지만 권력을 몽땅 일간 군주에게 양위讓位하고서 저 북쪽에 떨어져 있기에 실세는 좀 약하다고 셈한다.

정답　①＝신약　②＝신왕　③＝신왕

년지는 부왕의 터전, 즉 황실이다. 황실이 득세하면 일간 군주가 군주 노릇 못하니, 좀 뒤에 물러나 있으면서 군주를 옹호하고 보위한다. 그래서 힘의 크기는 군주와 같되 일지보다는 좀 약하다. 부왕과 군주, 황실과 일지 국모 등은 서로 긴밀히 유대 관계를 갖고 협조적이며 사랑해야 하며, 불화하고 싸워서는 그 나라의 황실의 운명과 품질에 흠이 가게 된다.

월간은 형제나 삼촌 고모 등의 집안의 공유 자산 같은 것. 유업이나 유산도 된다. 황실이 가진 자산이나 후손에게 물려줄 재산 등이다.

월지는 형제와 함께 나서 자란 생가이며 군주를 보좌하고 나라의 국정을 집행하는 조정이며 중앙청사다. 군주의 정치적 권력은 이 조정인 월지에서 나온다. 그런데 조정에 권신들로 가득차 군주의 권력을 농단할 때도 있고 충성할 때도 있을 것이다. 충신들로 조정이 메워지면 군주가 정치하기에 수월할 것이지만, 조정이 권력을 농단할 때에는 군주에게 힘든 정치가 된다. 이럴 경우 군주는 다른 정치적 방도를 강구해야 한다.

특히 40세까지는 월지의 운명의 집행력은 심대하니, 월지의 미치는 양호와 건강 문제를 잘 살펴야 한다. 형충 공망되지 않고 유력한 길신이면 조정의 양호함과 건강함으로 군주의 행복한 인생과 성공이 선왕先王대부터 보장돼 일찍부터 사회적 명리를 얻는다.

왜냐면, 월지에는 일간 군주와 년간 상왕이 함께 정치적인 뿌리와 배경을 두고 있기 때문이다. 조정에는 전에 부왕을 섬기며 사직을 지킨 고관 대작들이 있을 것이요, 지금은 부왕의 아들인 군주에게 그 백관 신료들이 충성을 바치고 있기에, 군주의 입장에서 보면 월지란 부왕의 은공과 조상의 덕이 서린 울타리 같은 곳이다. 그래서 월지가 충신의 길신이면 군주가 조정의 충성스런 힘을 입으니 부모덕이 크다는 것이며, 부모의 유업遺業과 후광을 이어 받아 사회적으로 일찍 성공의 기틀을 잡는 것이다.

일지는 군주의 배필로 국모인 중전마마 자리라 베갯머리 정치의 영향력이 중대하다. 부부는 일체동심이라 함께 나아가고 함께 물러난다. 그래서 군주와 등을 져서도 안되며 더구나 조정과 척을 져서는 상대적으로 군주의 위엄과 권위가 떨어져서 국정이 문란해지는 법이다. 그래서 배필이 하는 일이란 막중하다.

먼저 년지 황실과 유대 관계를 가지면서 월지 조정과 친밀해야 하고 시지 계획 조정실과도 좋은 관계를 유지해야만 결국 군주에게 덕망이 되고 백성에게 선정善政을 베푼다고 우러러 보여진다. 군주를 은밀히 모시는 배필로서는 실로 궁궐 내부에서 국정의 대부분의 조정 역할을 음양으로 담당한다고 봐야 한다. 그래서 일지에 길신이 들어서면 국정이 미리 조절돼 원활히 돌아가듯 군주에게 힘을 실어주는 격이 되므로 혼인 후부터 군주의 역량이 배로 강화되고 꼬이던 국사도 풀려져서 발복하기 시작한다는 뜻이다.

또 정서적으로 일지는 자녀궁인 시지와 더 긴밀한 관계를 가지는 만큼, 일시가 형충 등으로 투쟁하고 있으면 내실內室, 즉 가정사로 인해 국사가 망쳐지는 영향을 가져온다.

시간은 군주를 직접 보필하고 항상 옆에서 보좌하면서 국사를 기획하고 조정하는 막강한 자리에 있는 기획조정실장 겸 비서실장이다. 나타난 정치란 천간(陽)에서 이루어지니 시간에 양호하고 건강한 길신이면 점점 개운돼 갈 것이고, 특히 40 이후에는 넉넉해서 생활이 안정된다. 시지를 대변하고 관장하는 장관급이 곧 시간이다.

시지는 실무선에서 국가의 예산이나 국정 운영을 짜고 조정하는 예산처 및 기획실이다. 군주의 정치에 필요한 모든 국정 전반에 대해 실무적으로 기획하고 조정하는 곳이며, 이런 정보는 시간 실장을 통해 곧 군주에게 보고된다. 그래서 군주가 정치하는 데 가장 필요로 하는 곳이다. 충성스런 길신이 들어서면 군주에게 이로운 정치적 정보를 제공하니 점차 성공한 군주로서 청사靑史에 오를 것이요, 요사스런 흉신이 들어서면 군주에게 아주 불리한 정보를 주게 되니 군주로서는 정치를 잘못해서 나라를 망치게 한 불행한 군주로 남게 되는 것이다.

월지가 실제로 국사를 집행하는 곳이라면 시지는 실무선에서 기획 조정하는 곳이라서, 이 두 곳에서 서로 손발이 잘 맞아야 정치가 잘되고 경제가 잘 돌아가 나라가 부강해진다. 그래서 길신이 월지에 득령하고 시지에 득지해야만 평생 행복한 인생이 된다. 월지를 못 얻었으면 꼭 시지라도 얻어야만 중년(주로 40 세) 이후 발신하기 시작한다. 월지와 함께 시지는 사회적 성공 출세의 중요한 바로메타가 되는 셈이다.

시간이 중화하는 길신이고 시지에 착근着根해서 힘을 받고 있다면 빈한한 가문의 출신일지라도 점점 사회적으로 성공을 거두는 인생이 된다. 빈손으로 일어서 타향에서 갖은 고생을 하면서도 보란 듯이 운을 타서 성공하고 만다. 시간지 다 길신이라면 더할 나위 없이 좋겠지만 위 아래에 길흉신이 나뉘어지는 경우가 있다. 이러면 그만큼 감복된다. 위아래가 다 흉신이라면 아주 좋은 길신의 행운이 아니고서는 만년에 발복하기 힘들다.
그래서 년월을 선先이라 해서 부모 형제의 혜택이나 유업 후원을 의미하는 부모 환경이니, 부모의 후광에 의한 유대와 유업으로 일간이 일찍부터 사회적인 성공의 기틀을 잡는 배경을 갖게 된다. 여명은 친정에 해당한다. 주로 40 세까지 운명을 주관한다.

일시는 후後라 해서 혼인 후 배필과 함께 자력으로 이룩하는 피와 땀의 자산을 말하는 성업成業 환경이니, 배필과 함께 사회적으로 나서서 사귀고 얻어진 대중적 유대와 지지의 배경을 말한다. 여명은 남편 집夫家에 해당한다.

선의 월지와 후의 시지가 사회적 지지와 성공의 주요 배경의 핵심적 역할을 담당한다. 여기가 길신되고 상함이 없으면 행복해지는 것이며, 형충 공망이나 흉신되면 고생스런 삶을 살게 된다. 사람은 출세하려면 먼저 좋은 배경을 타고나야 한다는 옛말이 하나도 틀리지 않는다. 부모덕이 없으면 후천적인 복이라도 있어야 사회적으로 출세하는 것이다. 그래서 길신이 월지와 시지에 통근通根하면 평생 유복하게 살아간다고 고서古書는 전한다.

선과 후의 관계에서 상극하上剋下는 上에게 권위가 서서 무방하나 하극상下剋上은 빈천해짐을 말한다. 上生下는 자력의 쇠퇴를 말하나 남의 덕을 보게 되며, 下生上은 부귀해짐을 의미한다. 이것은 간:간, 지:지로 배대해서 년과 월, 일과 시에서도 적용된다. 형충은 서로 상하고 해친다 해서 서로 간에 흉한데, 당하는 쪽이 힘의 강약과 구조에 따라 열세이면 대흉해진다.

〔男7〕 (小寒 후 8일째생)

시일월년	77	67	57	47	37	27	17	07
甲己乙戊	癸	壬	辛	庚	己	戊	丁	丙
戊未丑辰	酉	申	未	午	巳	辰	卯	寅
辛丁癸乙								

〔그림 2〕 한겨울철 오후 8 시경, 따뜻한 사랑방에 사람들이 모여 情談을 나눈다. 주위에 곡식들이 풍족하다.

(1) 한겨울의 넉넉한(土多) 문전 옥답이지만(己) 너른 방에는(支 土多) 군불
    이 지펴져서(丁乙) 따뜻하고(未戌) 밝은 촛불과 전등까지 켜져 있어(丁
    火) 사람들이 모여들어(比劫多) 밤새 사랑방에서 이야기를 하곤 한다.

(2) 그 이야기의 주제는 무언가? 이구동성으로 나오는 말이 저 백관 신료들이
    모인 조정의 깃발인 월간 乙 편관과, 군주를 잘 모시고 있는 비서실장 시간
    甲 정관에 대한 담론들이 그 대부분이다.
    정치의 산실인 월지 卯 청사 안에는 癸 辛 己 3 부서들이 있는데 이 중에서
    癸 편재가 의장격이라 회의를 집관하고 있다. 편재는 원래 경제통이라서 모
    든 걸 실물 경제적인 입장에서 파악하고 국사를 의결하다 보니, 나라와 백성
    이 부유해지고 배불리 먹는 형편에 이른다. 그 공로를 인정한 중신들의 건의
    에 의해 나랏님이 머리 위에 乙이라는 편관 벼슬을 씌워 주셨단다.

(3) 편관 벼슬은 본래 정치적 감각과 사교와 선택적 결단을 잘 구사하는 능력
    을 장기로 삼는다. 사람을 다루고 일을 꾸미는 데에는 막대한 자금과 자본
    이 소요되는데 조정의 편재 의장께서 적극적으로 융통해 주고 있어, 일하
    는 데에 아무런 문제가 없다(偏財는 저절로 生官하기 좋아한다).

(4) 그러나 실지로 군주를 뒤에서 정치적인 실무로 도와 주는 이는 시간 甲 정
    관이다. 그는 군주와 완전히 서로 마음을 읽는 유대 관계 속에 살아 왔기
    에(甲己合) 가장 믿을 만한 충복忠犬이다.

(5) 그런데 그 甲 심복은 국사에 관한 모든 정보와 자원 그리고 후원을 월지 편
    재 의장議長에게 의지하고 있다(甲은 卯에 유근, 즉 水生木). 그러니까 일
    간 군주의 모든 정치적 비용과 자료는 저 조정의 의장 편재에게서 지원받
    고 있는 셈이다.

(6) 월지는 생가이며 생가의 가장은 부친, 즉 편재다. 조정의 의장이란 곧 월
지에서 투출된 편재가 이 명식의 격이 되는 것으로, 즉 편재격이다. 편재
격이 관살을 생하면서 역량을 유지할 수 있는 것은 신왕하고 편재도 왕하
다는 증거다. 편재가 월지 조정에서 의장으로 뽑힌 덕분에 가문의 영화를
위한 감투도 쓰게 된 것이다. 이것이 先, 즉 부모의 후광에 의한 사회적 출
세를 말한다. 물론 시간의 甲도 월지에 유근하고 유정해서 후천적인 지지
도 얻어 평생 부귀영화를 누린다고 하겠다.

(7) 이로써 보더라도 월지에 의한 격국의 이해란 매우 중요함을 알 것이다.
지금 丑戌未 형출되고 있어 격이 깨진 것(破格)이 아니냐고 반문할 지도
모른다. 辰戌丑未는 다른 것과는 달리 창고(庫＝자물쇠로 잠겨 있는 곳간
이)라고 해서 열고 닫을 수 있는 열쇠를 꼭 가지고 있어야 그 안에 들어 있
는 보물이나 진귀한 것들을 꺼내어 쓰기도 하고 갖다 들여 놓을 수도
있다.
그 열쇠가 형이나 충이다. 이 명식의 경우 열쇠로 열고 보니 그 안에 己 비
견, 辛 식신, 癸 편재가 들어 있는데, 土生金 金生水해서 편재, 즉 금은 보
화가 가득하다. 비견, 식신, 편재는 저마다 고유한 영역 부서를 이루면서
부서 회의를 자주 하곤 하는데, 그 회의의 의장 겸 대표로서 편재를 뽑아
중앙에 내 보낸 것이다.
이것이 월지에서의 투출된 육신이 격을 이루는 소이다. 그래서 다른 경우
의 월지 형충은 파격이 될 수도 있지만, 辰戌丑未 월지는 오히려 형충돼야
그 안에 있는 육신이 나와서 격을 이루므로 흉해지지 않는다.

(8) 지금 이 명식에서는 辰戌丑未가 다 갖추어져 있다. 이럴 경우에는 충은 안
되고 형만 작용한다. 寅申巳亥나 子午卯酉도 마찬가지다. 지금 년과 시,
월과 일이 표리 관계로 충되는 상황이나 원칙에 따라서 충은 안되고, 丑戌
未 형의 작용만 남는다. 그런데 월 丑이 시 戌을 멀리 형하고 있다. 이것을

요형遙刑이라 한다.

요형하면 작용력이 좀 떨어지나, 형은 형이다. 지금 월일의 丑未는 충이지 형이 아니다. 혼동해서는 안 된다. 아무튼 중앙청사 월지 丑이 형출돼 편재가 격이 되고 중화의 길신이 됨은 생가 가문의 음덕을 크게 입었다는 의미다.

(9) 고가古歌에, '辰戌丑未가 전비全備되면 대인은 제왕위에 오르고, 소인은 패가망신한다' 했다(＝四墓格). 이것은 辰戌丑未의 여기餘氣가 관대나 양인에 앉아 있기 때문에 혁명성과 광폭성을 내포하는 연유에서 비롯된다. 지금 辰중 乙칠살, 丑중 癸편재, 未중 丁도식, 戌중 辛식신인데, 癸편재는 乙 칠살을 생조하고, 丁도식은 辛식신을 깨뜨리는 듯 하지만, 묘하게도 癸칠살이 丁도식을 순화시키니 식신의 깨짐은 조금 면한다. 이렇게 되니 시 식신이 멀리 년 칠살을 제살하는 아름다움을 연출하며, 신왕하니 칠살은 곧 권귀를 나타내고 있다.(항간에서 자주 아무개 대통령의 명식으로 알고 유포돼 있는데 사실이 아닌 듯하다.)

(10) 덧붙혀서, 우리 나라에서는 격을 볼 때 지장간의 투출透出에 의한 격 이룸을 무시하거나 자세한 격국을 찾는 행위를 아예 고려하지 않는 경향이 많은 듯 하지만, 사주 공부를 제대로 하려면 결코 간과해서는 안 되는 중요한 관문關門이라고 보고 싶다.

6. 중화되는 비중과 관계

격국을 이해하고 이상과 같은 역할 영역을 숙지한 다음에는, 중화되는 관계와 그 비중을 읽어야 한다. 흔히들 원국의 여덟 글자에서 다 결론을 내리고 행운은 그저 보조적인 것으로 평가절하하려는 경향이 없지 않는데, 이것도 해석학상 많은 오류를 범할 수 있다고 보여진다.

명식의 방정식은 원국과 행운으로 짜여져 있으며, 이들의 관계는 자동차와 도로 같으며, 선박과 항로 같으며, 상품과 시장 같아서, 운명의 생존의 이유와 근거를 이루고 있다. 어느 한쪽도 소홀히 할 수 없다. 그럼 그 비중은 서로 얼마나 될까?

> 인생 방정식 = 원국 50% + 행운 50%

> 행운 = 대운 20% + 세운 30%

여기서 비중이란 중화되는 정도로서 그 작용력이 이러할 정도의 퍼센트를 갖는다는 것이다. 이 점은 중요하다. 여기서 원국만으로 운명 전체가 결코 결정되는 것도 아니라는 점을 밝히려는 것이다. 원국과 행운이 운명에 미치는 영향력은 반반이라고 해야 한다. 또한 행운에도 대운과 세운의 관계에서 빚어지는 작용이 있다. 원국과 대운만으로 온전할 수 없다. 반드시 세운까지 배려한 중화의 정도의 비중을 판별해야 한다.

주로 원국은 명식의 품질적 비중을 보니 격국의 고하 등급 차별성을 고려하고, 행운은 그에 따른 운세의 가감승제를 말한다고 보면 되겠다. 원국 50% 체體만으로 빈부귀천을 봐서는 안되고, 행운50% 용用까지 고려해야 함을 잊어선 안 된다.

(a) 그런데 행운이란 게 간지로써 대운은 10년간 관장하고, 세운은 1년 간 주관한다. 간지의 위 아래가 모두 같아서 길하다든가 흉하다든가 하면 간명에 그렇게 복잡하지 않겠지만, 위 아래에 길흉이 엇갈리든가 하면 이 것도 4개 사항이 되니까 해석상 혼란이 가중되는 것이다.

이래서 항간에서 대운의 경우 간 5년, 지 5년 씩으로 쉽게 딱 잘라 나누 어 보는 경향이 많은 것 같다. 『연해자평』 「오언독보五言獨步」에서도 간지 각 5년씩 보고 있다. 물론 일리가 있지만 온전하다고 볼 수 없다. 이에 대한 절충법으로서 먼저 앞 5년간에는 간 70% 지 30% 이고, 뒤 5년간에는 간 30% 지 70% 로 담당한다고 판별하는 이도 있다(홍콩의 韋千里).

이 문제를 해결함에 있어서 전통적으로 개두 절각법이란 게 있다. 많은 도움이 되긴 하지만 따지는 데 복잡하고 애매할 때가 더 많다는 점에서 실 용성이 적다. 그래서 다음처럼 자연 변화와 현상을 방정식을 해석하는 데 에도 도입하고자 한다.

(b) 丙申 대운이라면(23~32), 어느 경우라도 간지의 영향이 있으므로 丙 40%, 申 60%의 작용이 있다고 셈한다. 丙火가 길신이고 申金이 흉신이라면 좀 흉한 암시가 더 있고(=小凶), 丙火가 흉신이고 申金이 길신이면 좀 길한 암시가(=小吉) 더 강하다고 본다. 5년씩 나누지 않고 그냥 그 간지가 10년 간 관장하고 작용한다는 것이다.

세운에 있어서는 반대로 천간을 60%, 지지를 40% 로 주관해 작용한다고 판별한다. 간이 길, 지가 흉이라면 소길운되고, 간이 흉이고 지가 길이면 소흉운된다. 이것도 전반기 후반기로 나누지 않고 간지 그대로 1년간을 주 관한다고 본다.

이를 대운, 세운에서 정리하면 대길(100%) · 대흉(100%) · 소길(60%)

· 소흉(60%) · 길(80%) · 흉(80%) · 평운(50%)의 7 가지 운세의 확률이 나오겠다. 원국 체 50%와 행운 용 50% 중에서 행운의 것을 다시 정리하면 다음 같다.

대길 + 대길 = 대길	대흉 + 대길 = 평운
대길 + 소길 = 길	대흉 + 소길 = 소길
대길 + 대흉 = 평운	대흉 + 대흉 = 대흉
대길 + 소흉 = 소흉	대흉 + 소흉 = 흉
소길 + 소흉 = 평운	소흉 + 소길 = 평운

〔男4〕

시일월년	64	54	44	34	24	14	04
丙癸壬戊	己	戊	丁	丙	乙	甲	癸
辰未戌子	巳	辰	卯	寅	丑	子	亥

(1) 甲子 乙丑 겨울 시절은 소길(60%)하고, 丙寅 丁卯 戊辰 봄 시절은 대흉 (100%)하다. 지금 癸未년은 소길하나 미약한데(60%의 1/2), 戊辰 시절이라 약 30% 정도로 소길하다. 癸가 未에서 묘墓이기 때문이다. 게다가 일주 癸未와 같은 癸未년이 전지살되는 것도 감안돼야 한다. 고로 癸未년은 가정적으로 사업적으로 길 보다 흉이 많았다고 해석한다.

(2) 또 甲申년도 소흉하나 미약한데(60%의 1/2), 戊辰 시절 안에 있으니, 흉 (70%)하다. 甲이 申에서 절絶이기 때문이다. 고로 甲申년 신수도 길한 듯하나 결국 흉조가 많다.

(3) 戌月은 단풍철인데 먹구름이 자욱하고(壬) 온 산야엔(土多) 겨울을 재촉하는 비가 주룩주룩 내려(癸,子) 황량하기만 하다. 아침 8시경이라도(辰時) 하늘에 뜬 태양은(丙) 이미 먹구름과 비에 가려진 채 천지가 온통 우중충해서 일찍 추운 겨울을 맞이하는 듯하다.

(4) 시간의 丙은 28수宿에서 장수張宿에 해당되는데, 6개의 주홍색 별로 구성돼 있어 천자의 종묘와 명당을 맡고 있는 어사의 직책이다. 그래서 별이 밝고 커지면 나라가 부강해지고, 빛을 잃어가면 종묘사직이 위태로와진다. 지금 먹구름과 비에 가리워져서 어두워지니 권위가 서지 않고 곳곳에서 모반이 일어나며 천하가 어지러운 형세다.

(5) 행운에서 겨울-봄-여름으로 향한다. 원국에서 벌써 추운데 행운의 시작마저 겨울로 출발하니 냉굴 같아 유년 시절이 춥고 배고프다. 봄엔 좀 낫더라도 여전히 차가운 냉굴이다.

(6) 원국이 냉굴이고 행운마저 냉굴이라면 마땅히 얼어죽어야 하지 않겠는가? 여전히 살고 있음은 천간에서 甲乙丙丁戊의 오행적 질감이 그나마 음양적 조후를 이루고 있어서 가능하다. 방바닥은 냉굴인데 방공기는 더워지는 꼴이라서 다행인 것이다.(이상의 소식은 아래 앞으로 잘 익혀가면 충분히 알게 된다. 여기서 잠깐 예를 든 것이니 걱정할 게 없다.)

(c) 이렇게 하더라도 궁극적으로는, 자연 상태나 현상의 법에 어울리냐 하는 조후에 의한 중화법을 선호한다. 조후의 원천은 봄 여름 가을 겨울이라는 사철의 음양이다. 이것이 바탕이 돼 다시 오행으로 분류된 것이니 만큼, 명식의 해석상 지지의 기후적 감각을 있는 그대로 도입한다. 천간은 대기상의 음양의 재질적 조후요, 지지는 사철 기후적 성분 요소라는 것이다. 여기에는 먼저 억부법을 원용한다.

그 결론으로 중화의 비중이란 천간은 천간끼리 하고, 지지는 지지끼리 하는 것이 자연의 법도에 맞는다는 것이다. 그러니까 상황이 음양적으로 대비되고 중화되는 관계의 위상이란 원국의 천간은 행운의 천간하고 짝을 짓고, 원국의 지지는 행운의 지지와 짝을 지어 중화의 파트너를 갖는다는 것이다.

이것을 동물動物은 동물끼리, 정물靜物은 정물끼리 배대해 보는 고래古來의 간법 원칙에 따른 것이다 (『명리정종』云).

가령, 원국에서도 천간에서는 너무 메마른 상태이고 지지에서는 너무 습랭한 상태라면, 이것은 자연 현상에서 지면과 지하에는 수기가 가득해 질펀하던가 매우 추워 꽁꽁 얼어 있는 상태로 보고, 1 m 이상 지상과 하늘에는 한 겨울의 메마른 북서풍처럼 건조한 상태로 보는 것이다. 이것을 중화시키려면 당연히 지상에는 습윤한 대기나 물건 같은 것이 와야 하고, 지하에는 습기를 충분히 빨아들이고 말릴 巳午未 申酉戌 같은 여름 가을의 기후운이 와야 할 것이다.

〔男1〕(立夏 후 3 일째생)

시일월년	61	51	41	31	21	11	01
己己丁癸	庚	辛	壬	癸	甲	乙	丙
巳未巳巳	戌	亥	子	丑	寅	卯	辰
戊丁戊戊							

(1) 巳月 이른 여름이나 3巳와 未로 火局을 이루고 丁까지 투간돼 한여름 三伏 더위를 방불케 한다. 戊土는 焦土로서 이미 땅은 금이 가고 수분이 절실히 필요한 때다.

(2) 화염이 치솟고 년간 癸水가 있어 금방 화염에 증발하고 마니, 염상격에 가
까운 가염상격이라며 논단論斷하는 경우도 있다. 그러나 그건 오류다. 巳
속에는 庚이라는 지하광천 온천수가 들어 있어서 대지열이 높더라도 그
렇게 땅이 갈라질 만큼 깡마른 것은 아니다. 癸水는 2己濕土와 함께 충분
히 庚金에서 조달 받아 가랑비나 안개 정도로 습윤하게 한다.

〔男8〕

시일월년	68	58	48	38	28	18	08
癸壬癸辛	丙	丁	戊	己	庚	辛	壬
卯戌巳丑	戌	亥	子	丑	寅	卯	辰

〔그림 3〕 대지는 땡볕 더위인데, 날씨는 장맛비로 습도가 높아 불쾌지수가 높다.

(1) 입하立夏 지나서 아침 6시 경 났는데, 벌써 대지는 온통 오뉴월 불볕 더위
같이 덥고, 지상 대기에서는 온통 여름 장마 같이 비가 퍼붓고 있다. 여러
분 생각해 봐라. 입하절은 농작물에 새싹이 돋아 무럭무럭 자랄 때이며 때
로는 이제 파종하는 경우도 있는 시기인데, 지상에 마냥 장맛비가 쏟아지

고 있다면 그것도 정도 문제이지 너무 심하다고 생각지 않는가? 어떻게 작물이 자랄 것이며 파종은 무슨 수로 할 수 있단 말인가!?

(2) 이런 자연적인 현상이나 생태를 중화시키는 것이 하늘의 뜻이고 또 그렇게 하도록 천명이 주어졌다면, 마땅히 행운에서 '같은 격끼리 짝을 지어야' 할 것이다. 壬辰 辛卯 庚寅 시절에서 땅은 여전히 춥고 바람 불며 메말라서 좀 조후된 듯하나, 지상에는 더욱 차고 습윤한 장맛비다. 대기에서 중화가 덜되고 있는 상태라서 고생이 부절한다. 己丑 戊子 丁亥 시절에 이르면, 대지에는 중화되고 지상에도 중화되고 있어 늦게나마 파종하고 작물이 자라면서 부지런히 일한 보람이 있게 된다.

(3) 통상 우리는 신왕한가, 신약한가에 따라 길흉을 갈라서 생각하려는 데 매우 익숙해 있다. 마치 간명에 있어서 그것이 절대 명제나 되는 것처럼 금과옥조로 여긴다. 그러나 모든 명식들 중에는 종종 신왕 신약에 따른 길흉만으로는 불충분하는 경우가 있을 것이고, 적어도 10% 정도는 그러하리라고 나는 생각하고 싶다.

이 명식이 그런 류에 속하는 듯한데, 얼른 보면 신약하지만 그래서 壬辰 辛庚丑(子亥)시절에는 발신하고 무난한 인생이 되었어야 한다. 또한 年月이 金局을 이루었고 金水도 즐비한 신왕으로 보더라도 현실적인 삶의 굴곡이나 행로와 맞지 않는다. 그래서 신왕 신약에 따른 길흉을 기계론적으로만 따질 것이 아니라, 무엇보다도 먼저 중화론이 앞선다는 차원에서 신축성 있게 접근해야 할 것이다.

명식을 중화시키는 오행이 길신이라면, 길신에는 용신, 보조용신, 회신, 약신 등이 속한다. 우리가 보통 아는 용신은 길신의 일부다. 어느 오행의 용신만이 명식을 중화시키는 유일한 것이라고 판단하면 더러 중대한 오류를 범할 수 있다. 이 점을 염두에 두고 겸허히 공부해야 한다.

〔女8〕(清明 후6일째생)

시일월년	48	38	28	18	08
己乙甲丁	己	戊	丁	丙	乙
卯巳辰未	酉	申	未	午	巳
甲戊乙丁					

〔그림 4〕辰월 06시 경, 봄 가뭄이 들고 바람은 불어 꽃샘 추위인데, 벌써 농사일에 바쁜 농사 풍경은 아름답기만 하다!

(1) 청명이 지나면 농사일에 무척 바쁜 일과다. 나날이 따뜻한 기온이 감돌고 이른 여름이 시작된 듯 뜨거워지기도 하는데, 온 대지에는 산들 바람이 불어오는 낮엔 기온이 높고 밤엔 낮아 본격적인 환절기다. 오히려 수분이 모자란 듯 바짝 마른 상태로 봄 가뭄이 들고 있다.

(2) 행운에서도 건조한 지표면과 대기를 더욱 건조시키고 있어 농작물이 말라죽어 갈 판이다. 모두 월지 습토濕土 辰에만 의지하려 하나 그것도 벌써 고갈되고 있다. 이렇게 되면 화재도 나고 먼지가 날리고 독감에 걸려 고생하듯 몸이 마르고 신경이 쇠약해진다.

(3) 시간 己土 편재가 월지 辰에 통근하고 유력하며 신왕하니, 부지런하고 이

재술이 뛰어나 부유하다고 판별된다. 乙일간도 월시지에 통근하고 甲이 시에 양인陽刃까지 해서 재물 다룸이 비상하다. 이쯤되면 신왕재왕이라 해서 상당히 길한데(사실은 조금 신약하다), 행운에서 남-서방 향지로 달리니 아주 불리하며 천간도 丙丁戊 등으로서 아주 건조해진다.

(4) 이렇게 원국은 양호한데 행운에서 불리하면, 고급스런 자동차로 비포장 자갈 도로를 달리는 격이라. 어찌 잘 달릴 수 있으며 차도 온전할 수 있겠는가?!

(5) 원국을 선先, 행운을 후後라고 하면, 이런 경우 선부후빈先富後貧한다고 해석하기도 한다. 조금 균형잡힌 신약재다형이 행운에서 아주 신약하고 재살다한 형국으로 변해서 결국 욕심으로 재물을 날리는 지경에 이른다.

(6) 월지와 시지에 비견이나 겁재가 투출돼 사실상 창고 안에 도적이 든 것처럼 재물이 세고 있다. 비겁 행운이 오면 거덜나고 만다.

7. 천간 지지의 자연 생태적 성분과 품질

천간은 지상의 자연 현상나 상태고, 지지는 지하의 자연 그것인데, 좀 넓은 의미로 지지는 지상 1m 이하와 지하의 자연 현상이나 상태를 의미한다고 보고 싶다. 왜 그렇게 보는가?

음양의 문제를 자연 현상이나 생태계에 대입해 풀이하려면 그런 설정이 없이는 해석이 가능하지 않기 때문이다. 그러니까 지지의 영역과 작용이 지하와 함께 지상 1m 정도까지에 미치고 실제로 그러하다는 것이다. 음 속에 양이 있고 양 속에 음이 있다는 음양설을 그대로 적용하면, 실지지면에서 지상 1m 정도까지에는 음양이 가장 밀도있게 교환되고 변화되는 영역이라는 것임을 금방 알 수 있다. 자연의 음양적 영향력이 가장 많이 인간에게 미치는 공간이라고 봐도 된다.

이러한 것은 결국 천간 지지로써 표현되는데, 그 자연 생태적 성분과 품질은 다음과 같다.

(天干)

甲 : 나무 곡식 정자亭子 아파트 바람 태풍
乙 : 채소 과일 넝쿨나무 잡초 전원주택 산들바람

丙 : 태양 햇볕 용광로
丁 : 달님 햇님 별 등촉불 촛불 모닥불

戊 : 고산 구릉 동산 앞산 분지 노을
己 : 마당 뒷밭 옥답沃畓 습토濕土 안개

庚 : 금광석 금강산 탈곡기 숙살기肅殺氣 소방차 우박
辛 : 금강산 돌산 금광산 트렉터 소방차 서리 숙살기

壬 : 구름 안개 이슬비
癸 : 비 밤이슬 가랑비 시냇물 개골물

(地支)

땅속의 온기와 영양분에 의지해 개벽의 새벽이 올 날을 손꼽아 기다리는 상태

寅 : (아직 동면하는 철) 관상수목 정자亭子. 평상 파종한 작물(곡물) 식물
卯 : (새싹 돋으려는 철) 관상수 잡초 꽃 넝쿨수목 파종한 작물(곡물) 식물
辰 : (농사 준비와 식목하는 철, 환절기) 진흙 수렁 자연 습지 지하수 물든
　　논 씨앗 작물

제철을 만난 듯 푸릇푸릇 쭉쭉 뻗어가는 활기 발랄한 자유로운 상태

巳 : (파종 및 작물 자라는 철) 지하온천 지하화염 불가마 지하광석
午 : (한창 성장하고 수분이 필요한 철) 마그마 불가마 아궁이불 용광로
　　화롯불
未 : (작물이 거름과 관리를 필요로 하는 철) 마당 대지 옥답沃畓 텃밭 작
　　물 씨앗

풍요로운 추수의 기대와 관리 처분하느라 동분서주하고 들 뜬 상태

申 : (아직 열기가 성하고 메말라가는 철) 지하광석 금광맥 지하광천 지
　　하천 수원지
酉 : (오곡백과가 무루 익어 가을걷이하는 철) 지하천 지하광맥 지하석동굴
戌 : (기온차가 심하고 건조하고 단풍들어가는 철, 환절기) 논밭 마당. 마
　　른 토지 황무지 분지

피곤한 활동을 그만 쉬게 하고 화롯가에서 화담하고픈 상태

亥 : (단풍이 들고 낙엽지는 철) 저수지 담수로 팔당댐
子 : (황량한 산천에 군불때는 철) 시냇물 샘물 도랑물 개천 지하수
丑 : (춥고 언 앙상한 산야의 철) 지하천 수로 옹달샘 용소龍沼 샘물

대체로 이상의 내용들은 여느 책자들에서도 간혹 볼 수 있는 내용이겠으나, 실제로 사주에 대입해 해석하는 경우란 과문한 탓인지 모르나 아직 보지 못했다. 소개는 해 놓고는 실제 사주 해석에는 거의 '편재 왕하고 신약하니, 비견 겁재가 길신하고…' 하면서 억부법에 의지하는 전통에 너무 익숙해 있기 때문인 것 같다. 그러다 보니 자연 현상적인 오행의 적용이 아니라 힘 겨루기식 오행의 작용으로 일관하고 있다. 간혹 자연 물상적인 해석을 한다면서 가령, 밤에는 태양이 뜰 수 없는 데에도 그저 丙이나 丁이 천간에 있다고 해서, '햇빛이 훤히 빛나고…' 식으로, 자연 현상과는 전혀 틀리게 말하는 웃지 못할 일도 종종 있음을 본다.

〔男1〕(立夏 後3일째생)

시일월년	61	51	41	31	21	11	01
己己丁癸	庚	辛	壬	癸	甲	乙	丙
巳未巳巳	戌	亥	子	丑	寅	卯	辰
戊丁戊戊							

[그림 5] 이른 여름 10시지만, 땡볕에 가뭄든 논밭!

(1) 지지가 이른 여름 불가마로 대지가 타들어 가는데, 癸 水 비가 오지만 가
랑비처럼 와서 지표면에 닿자마자 땅 속으로 스며들어 巳중에 지하 광석
의 온천수로 그나마도 변한다. 한창 농사지을 철인데 물이 부족해서 다들
하늘만 쳐다 보고 한숨만 쉬고 있다. 비록 己土가 있더라도 금방 수분이 증
발되는 바람에 역부족하다.

(2) 그래도 어찌하랴! 기우제라도 올려서 비가 내려야 하는데, 북방 향지에
이르러서야 하늘에서 비가 쏟아져서 더위가 가시고 지면의 논밭에는 물
이 고여 이제야 논밭 갈고 농사지으니 다시 웃음이 피어난다.

(3) 마치 농사철 거대한 담수호에 가뭄 들어 물이 거의 바닥난 형국이다. 동방
시절에는 있는 나무들마저 말라죽는 형편이었으나, 북방 향지에 이르니
갑자기 비가 내리고 댐에 물이 가득 차서 즐거운 비명이다.

이 부분의 설명은 다시 제2장 해석론에서 재론되겠지만, 이 책의 전체를
이해하는 중요한 키워드인 만큼 미리 음양의 학문적 근거를 제시하느라고
선보인 것이다.

寅卯辰 3개월은 봄이라 하지만 여전히 추위가 있고 바람이 많이 불어 따
뜻한 기운이 감돌 날만 기다리는 농부의 마음으로 새로 밝아질 희망을 안
고서 씨앗들을 추스르고 골라서 정돈하는 시기다. 그래서 봄은 인仁이다.
씨앗들이 땅 속에 아직 있는 까닭에 안전하며 해동解凍됨에 따라 지상으로
솟아날 체력을 축적하고 움크리고 있는 형국이다. 기온은 북서풍의 영향으
로 건조하고 매서운 바람이 세차게 불어오나, 생명은 땅 속에서 자꾸 위로
뻗어날 기운을 저장하고 생산하고 있으므로 음양론에서 음 속의 양이라 한
다. 양은 밖으로 뻗어가려는 생명력이다.

巳午未 3개월은 그 동안 못다한 생명의 에너지를 마음껏 발산하고 활기차
게 능력과 자유를 만끽하는 시기다. 방임이나 방종으로 비추어질 지도 모르
나 자연에는 방종이란 없다. 천명에 따라 모두 질서 정연하게 운행되고 주
어진 본분을 다 할 뿐이다. 발랄한 뻗음과 활동이야말로 생명의 정수이며,
그렇게 함으로써 그들은 천명에 제 역할과 본분을 다하는 것이다. 그래서
여름은 예禮다. 꽃이 피고 열매를 맺는 찬란한 생명의 과정을 보고, 너나 할
것 없이 이곳저곳을 돌아다니며 시원한 그늘과 물을 찾으면서 자연의 아름
다움을 노래하는 숫음이기에 양 중의 양이라 한다. 더운 양이 너무 지나쳐
서 무더운 남서풍으로 가끔 퍼붓는 비가 계속될 때도 있다. 양은 밖으로 발
산이 커서 이제 시들 꽃과 같다.

申酉戌 3개월은 여전히 덥지만 막바지 노동과 피땀의 결실을 걷이의 기쁨으로 치환하는 시기다. 1년 내내 농사지은 성과물이 이 가을걷이 하나로 집약된다. 여태까지의 투자를 이자 불려 걷어들이는 과정이니, 일은 힘들지만 기쁘다. 아침 저녁으로 기온 차가 심해서 햇볕은 더 내리 쬐고 하늘은 맑으면서 곡식들이 더 알차게 익어간다. 묵은 빚도 갚고 일꾼에게 품삯도 두둑이 주어 한 해의 노고에 감사하는 것이다. 그래서 가을을 의義라 한다. 또 천고마비의 계절이라 했다. 이 시기가 지나면 기나긴 동면이 이어지고 배고픈 봄이 올 것이니 충분히 겨우살이 준비를 해야 한다. 생명력이 하늘 높이서 다시 땅으로 내려오니 양 중의 음이다. 음은 안으로 거두어 들이는 생명력이다.

亥子丑 3개월은 곡물은 창고에 쌓아두고 아궁이에 군불 때어 따뜻해진 사랑방에서 세상 돌아가는 이야기나 하고 화롯가에서 둘러앉아 옛날 이야기 들으면서 책 읽는 것이다. 내년에 쓸 고른 종자는 따로 잘 저장해 놓고, 가장 한가롭고 여유있는 시간을 보내면서 올해의 농사의 예결산을 들여다보고 그 장점을 내년의 것에다 반영하고자 다짐한다. 그래서 겨울은 지智다. 수면 위로 드러난 활동은 없되 물 밑에서 준비하고 가꾼 생명력은 대단하다. 정靜 속에 수렴하면서 동動하려 하니 음 중의 음이라 한다. 음이 안으로 농축돼 이제 분열할 차례를 기다리고 있다.

土는 각 철에 배속돼 있지만 중앙을 의미하고 신信이라 하지만, 따로 놓고 보면 火와 같은 뿌리로 본다. 그래서 火와 土는 많이 닮았다.

8. 간지의 음양론에 대해서

위와 같은 자연 기후 현상을 학술적으로 어떻게 설명하는가?

음양을 가지고 설명한다. 음양은 동양학의 기저를 이루는 해석법의 사고 방식 유형이다. 자연 현상에서 기후 절기에 따른 사시사철의 변화가 다 음양의 오묘한 변화에 의한다고 보는 것이다. 그 바탕이 되는 것은 12개월의 계절 변화에서 찾는다.

음양별로 계절을 배속시키면, 음에는 亥子丑 寅卯辰이 해당되고, 양에는 巳午未 申酉戌이 들어간다. 다시 亥子丑은 음 중에 음이요, 寅卯辰은 음 중에 양이다. 巳午未는 양 중에 양이요 申酉戌은 양 중에 음이다. 계절이란 따뜻하고 덥고(煖暑) 마르고 춥고(燥寒) 등을 고려한 기후의 음양론이다.

亥子丑은 겨울이고 점점 매우 춥다. 寅卯辰은 봄이라고는 하나 여전히 춥고, 辰월은 환절기라 기온 차가 심해서 독감 환자가 많이 발생한다. 巳午未는 여름이라 점점 매우 덥다. 申酉戌은 여전히 여름의 열기가 남아서 여전히 덥고, 戌월은 환절기라 밤낮의 기온차가 심하다. 辰월은 음 속에서 양이 발동하느라 환절되는 것이요, 戌월은 양 속에서 음으로 응축하느라 환절되는 시기다. 그러니까 12개월은 본래 절기에 따른 기후의 온도 변화에 초점을 둔 음양의 이해며 계절적 의미가 많은 것이라고 하겠다.

그러나 이것을 오행의 변화에 따른 음양의 이해에서 보면, 오행이라는 재질적 느낌 이미지를 가지고 음양으로 나눈다. 亥子丑은 물水이니 차갑고, 寅卯辰은 나무木이니 따뜻한 질감의 이미지요, 巳午未는 불火이니 덥고, 申酉戌은 쇠덩어리 金이니 차가운 이미지다. 그래서 木火는 양이요, 金水는 음이다. 12개월을 오행의 재질적 감각에서 본 음양이 되는 셈이다.

명식에서 지지는 원래 12개월의 절기의 기후적인 이미지가 담겨 있다.

천간은 대기권의 오행적인 변화이니 오행의 재질적 감각이 느껴진다. 항간에서는 늘 지지마저 그런 오행적 감각으로만 이해하려 하는데, 여기에 많은 오차가 있을 수 있다. 간지 모두 오행으로도 이해할 수 있지만, 특히 지지만은 기후적인 온도 변화의 이미지로써 이해해야 한다는 것이 나의 소견이다. 12개월의 변화가 오행 이전以前에 덥고 춥고 하는 기후와 온도의 차이를 느끼는 음양적인 이해이기 때문이다.

天干은 재질의 질감적 음양이다.

 甲乙(溫) 丙丁戊(熱) = 온열한 陽이요,
 己庚辛(寒) 壬癸(濕) = 한습한 陰이다.

甲乙 木	온난한 재질이며 바람을 일으킨다.
丙丁 火	서열한 재질이며 땡볕을 내리쬐인다.
戊己 土	건조한 戊土의 재질로 산야와 구릉의 공기를 메마르게 한다.
	습윤한 己土의 재질로, 산야와 구릉의 공기를 무덥게 한다.
庚辛 金	차가운 재질이며 구름과 빗방울을 만든다.
壬癸 水	습윤한 재질이며 비바람을 동반한다.

地支는 기후 온도적 음양이다.

 巳午未(暑) 申酉戌(燥) = 서조한 양이요,
 亥子丑(冷) 寅卯辰(風) = 냉풍한 음이다.

> 巳는 6양으로 양극해서, 午 하지에서 1음이 발생하며, 未에서 2음이 나고, 申에서 3음, 酉에서 4음이 나지만 여전히 덥고 건조한 날씨다. 亥도 6음으로 음극해서, 子 동지에서 1양이 발생하며, 丑에서 2양이 나고, 寅에서 3양, 卯에서 4양이 나지만 여전히 춥고 냉한 날씨다. 辰 5양과 戌 5음은 환절기로서 음양 기운의 교체기다. 이것은 기후 변화를 기준하기 때문이다.

巳午未	땅을 달궈 뜨겁게 하고 수분을 증발시키는 한 여름 요소
申酉	여전히 대지는 덥고 건조시키는 늦 여름 요소
戌	기온차가 심하고 더욱 메마르고 추워지는 환절기인 가을 요소
亥子丑	땅을 얼게 하고 추워지게 하며 북서풍을 일으키는 한 겨울 요소
寅卯	여전히 대지는 춥고 바람을 일으키는 늦 겨울 요소
辰	기온차가 심하고 더욱 습윤케 하고 더워지는 환절기인 봄 요소

그리고 또 덧붙여서, 흔히 명식에서 간지를 동일한 오행과 음양으로 간주하려는 습관이 팽배해 오고 있지만, 천간이 나무 줄기요 하늘이고, 지지가 나무 뿌리요 땅이라는 이미지라면, 꼭 언제나 간지를 다 동일하게만 보아야 할 필요가 어디 있는가? 적어도 천간은 재질적 오행의 이해에 보다 비중을 두어 해석할 일이요, 지지는 기후적인 느낌의 음양에 비중을 두고 해석해야 간지가 갖는 속성이 제격일 것이다.

그러면 천간은 천간 동격끼리 대비요, 지지는 지지 동격끼리 비교하는 위상이 성립돼 더욱 아름다워지는 것이다.

〔女1〕

시일월년	51	41	31	21	11	01
癸戊己乙	乙	甲	癸	壬	辛	庚
亥子卯巳	酉	申	未	午	巳	辰

(1) 卯月은 여전히 추운 늦겨울에 亥時에 해당하고, 亥子도 겨울 기후 요소라, 대지엔 매우 춥다. 월시간에 己 癸 있고 戊乙이라, 대기상의 음양적 재질

은 조후된다. 집의 방으로 치면 방바닥은 차갑고 방 안 공기는 적절한 온
도를 유지한 셈이다.

(2) 이러면 빨리 아궁이에 불을 지펴야 한다. 행운에서 巳午未-申酉로 여름의
기후 요소니 방바닥이 따뜻해진다. 하지만 亥時라 庚辛壬癸는 밤 공기를
지나치게 습윤케 한다.

(3) 전체적으로 이른 여름 무더위와 습도로 불쾌지수가 높다. 마음이 우울하
기 쉽고 민감하며 활동과 노출로 인해 과로에 시달리고 꿈도 잘 꾼다.

〔男8〕

시일월년	38	28	18	08
壬壬癸乙	己	庚	辛	壬
寅午未巳	卯	辰	巳	午

〔그림 6〕 새벽(4시)이지만 한여름이라, 대지는 갈라지고 불가마같이 달구워졌는데,
대기는 비바람치는 우중충한 장마철이다.

(1) 보통 壬이 지지에 뿌리를 두지 못했다 해서 종재從財하는 쪽으로 보려고 하
는데, 억부법에서도 이는 오류다. 비견과 겁재가 버젓이 양쪽에서 비호하
고 있으며 壬 陽日이고, 년지 巳에다 壬 일간은 은연중 뿌리를 두려는 마음
을 품고 있기 때문이다. 그래서 壬 임금이 종재하려는 마음이 없는 가운데
힘없는 비겁에 의지해서 왕권을 행사하려고 하니 가엾기 그지없다고 보는
것이다.

(2) 이 명식은 오뉴월에 대지 표면이 무척 달구어 있는데 지상 기류는 종일 먹
구름 끼고 장맛비가 쏟아지는 형국이라 보면 된다. 巳午未는 양 중 양이라
지면은 무척 무덥고, 寅시 새벽이지만 안개와 비로 인해 온통 우중충한 안
개 자욱한 환경임을 금방 알 수 있다. 대학생으로서 서거한 민주 열사烈士.

(3) 행운에서 남—동 향지에로 흘러서 지표가 매우 더워지다가 조금 추워지는
단계로 가는 형국인데, 천간의 오행은 水—金—土에로 흐른다. 즉 원국에서
지표면은 달구어진 불가마 같은데 다시 행운 지지에서 또 불을 때는 격으
로 돼 있고(巳午), 천간에서는 소방차가 물을 퍼붓고 먹구름이 끼는 격으
로 원국의 그것과 겹쳐서, 전형적으로 여름의 길고 무더운 장마철임이 분
명하다. 庚辛은 숙살지기로 여름에 때아닌 서리 우박이 내리는 격이라 농
작물이 망쳐진다. 이렇게 되면 작물이 다 씻겨 내려가고 가옥들과 도로와
기반 시설들이 다 망가지고 만다. 농사는 망치고 집은 떠내려 갔으니 어떻
게 살라는 것인가?!

(4) 壬日에 壬寅時이니 더러 육임추간격六壬趨艮格으로 보고 신약하고 巳刑
되며 파격으로 흉하다…하는 식으로 간명하는 경우도 있다. 그러나 육임추
간격의 구성 요건에는 해당되지 않으니 이 격이 될 수 없음을 참고로 적어
둔다.

다시 더 보강하는 의미에서, 다 알고 있지만 간지의 음양적 역할과 속성
을 재론한다.

天干	外上用動物 畫 사회 바깥 방공기 대기 얼굴 활동 정치 건강	물질 재질적 감각
地支	內下體靜物夜 가정 室內 방구들 大地 肢體 정지 경제 사랑	기후 온도적 감각

옛날에는 땅은 지구로서 정지하고 하늘은 태양을 바롯한 천체로서 움직
인다고 생각한 소위 천동설天動說에 의지했다. 음양론은 천동설적 가설을
근거로 세워진 간지론이다. 간지의 원초적 이미지가 이렇다면 팔자의 해석
에서도 이를 원용해서 몸에 적당한 기후 변화를 체감하는 오행의 이해로 봐
야 할 것이다.

9. 중화 길신에 대해서

이렇게 보더라도 명식에서 중화하는 문제는 해석학의 핵심적인 관건이
다. 여덟 글자가 오로지 얼마나 중화되느냐 하는 정도와 품질에 따라서 빈
부귀천과 사람됨의 품격이 판가름된다. 격국에 의한 중화의 정도는 그래서
명식 해석에서 중핵을 이루는데, 예로부터 중화의 길신을 대략 다음의 5가
지로 정리해 왔었다. 이 중에서 억부법과 조후법이 중화하는 요체다.

억부법抑扶法
조후법調喉法
병약법病弱法

종왕법從旺法
통관법通關法

이 중에서 억부법과 조후법이 전체의 십중팔구를 이루며, 나머지가 종왕법을 비롯해 특수한 격들에 해당된다. 억부법이 우선 지배적인 풀이법이었고(곧『연해자평』이래로, 1130년~1135년 편집됨), 조후법은 작은 연구 업적들의 뒤를 이은 획기적인 해석법이었으나(곧『궁통보감』의 출현), 사실 이 둘의 인간적 배경은 어찌도 우리 인간의 생활 태도와 닮았는지 모르겠다.

억부란 팔자에서 일간을 중심으로 힘센 놈은 좀 눌러 주고 약한 놈은 좀 북돋아 주어 일간에서 보아 서로 힘의 균형을 유지해 보려는 일종의 정치적 파워 게임술이다. 인간은 본래 정치적 동물이라고 한다. 정치란 우리 생활 전반을 지배하는 의식주의 취득과 상실에 대한 직접적인 권리 행사를 가능케 하는 마법사다. 정치 행위 그것이 바로 우리의 진솔한 동물적인 생활 모습일지도 모른다.

그래서 정치는 더럽고 치사하고 유치하다고 스스로 내뱉으면서 그걸 놓으려고 하지 않고 늙어가면서 까지도 정치한답시고 밤낮으로 골몰한다. 자기에게 조그마한 이권만 개입된 것이라도 물불 가리지 않고 덤벼들어 쟁취하려는 행위가 곧 우리 인간이 지닌 본래적인 근성의 정치라고 한다면, 그렇게 놀랄 일도 아니요 저 여의도 어른들의 싸우는 모습이 결코 남의 일이 아니라 바로 나의 모습임을 깨달을 수 있는 것이다.

어차피 우리의 생활이나 저 분들의 일상이 이권의 쟁취를 위한 몸부림이라고 보면, 이것은 서로간에 힘 겨루기일 수밖에 없는데, 여덟 글자에서 억부란 그러한 파워 게임을 표현한 것이라고 볼 수 있다. 너무 살벌한 이야기로 들릴지 모르나, 옛날이나 지금이나 정치권에서는 물론이요 우리의 사회적 생활이 이권을 향한 투쟁이 아니고 무엇이랴! 그런 생활 태도를 반영한 것이 팔자에서의 억부법이다. 이 파워 게임술을 얼마나 능란하게 구사할 수 있느냐 하는 것으로써 성공한 현대인으로 추앙받고 있지만, 이럴수록 각박한 정치 현실을 반영한 자신의 생존 경쟁의 현주소일 것이다.

그러나 정치적 소용돌이에 휘말리지 않고도 얼마든지 자연의 현상과 생태계에 어울려 삶을 평화롭게 유지할 수 있다. 배 고프면 밥 먹고 추우면 옷 더 입고…하는 자연 생태적 순응법이 오히려 더 건강하고 자유로운 여유의 생활을 보장할 수도 있다. 이것이 팔자에서의 조후법이다.

요즘 서울을 비롯한 대도시에서 지나친 생존 경쟁으로 피폐해진 자신의 삶을 돌아보고 염증을 느낀 나머지 저 전원생활이 그리워 도시를 떠나는 이들이 많아졌다고 한다. 이것이 뭔가? 자신의 자연 생태계적 삶을 살려고 몸부림치고 있는 것이다. 우리 주위에서 명식을 너무나 억부법에 의지해서만 풀려고 하는데, 이런 성향은 우리들이 일상 생활에서 지나치게 투쟁적이고 정치 지향적이기 때문이라는 것과 무관하지 않는다.

우리의 몸이나 정신은 자연의 생태계의 시스템을 닮아 있다. 대우주를 닮은 소우주가 우리라는 것이다. 자연과 우리는 하나의 생태계의 순환 체계에 속해 있다. 자연과 우리는 따로가 아니라 거대한 한 몸이며 서로 관련된 부분이기도 하다. 지금 조후법이란 이런 사고방식에서 삶을 살아가도록 하는 자연 생태계적 태도이다.

억부법이 다분히 힘을 앞세우는 남성적 원리를 숭상하는 것이라면, 조후법은 자연의 순리에 맞추어 부드럽게 살게 하는 여성적 원리를 존중한다. 억부법이 요즘 세계를 자본력과 패권으로 지배하려는 신제국주의 미국같이 하거나 그와 같이 하고픈 우리의 생활 자세라면, 조후법은 자연으로 돌아가라며 인위를 거부하고 자연의 거대한 품에 안겨서 안락한 삶을 살려는 우리의 생활의 태도이자 희망이다.

　그러면 명식에서 길신으로서 그 두 가지가 일치한 경우에는 문제없이 양호해지지만, 엇갈릴 경우는 어떻게 하는가? 원국 안에서 찾되 되도록 일치시키는 방향에서 판별한다. 엇갈릴수록 그만큼 감복되는 명식이 되니 고생이 많아진다.

〔女4〕

시일월년	64	54	44	34	24	14	04
辛丁壬丁	己	戊	丁	丙	乙	甲	癸
亥丑子亥	未	午	巳	辰	卯	寅	丑

(1) 子月 亥時며 겨울 장마비가 내린 뒤인지 구름 안개(壬)가 자욱하며, 밤이 깊어가면서 추워지니 사람들이 모닥불(2丁)을 지펴 밤을 새려고 한다.

(2) 천지는 온통 추위에 밀려오고 안개낀 기상이라면, 그 모닥불은 너무 연약하다. 비록 2亥 중 甲木 땔나무가 충분히 있다 해도 젊은이라도 몸을 덜덜 떨며 지새울 것은 뻔하다.

(3) 움추리면 5장6부도 오그라들며, 먼저 압박 받은 심장 기능이 약화된다. 자주 놀라고 기능이 약해서 火氣가 머리와 눈으로 치올라 아프고 매우 어둡다. 마치 눈밭에 호롱불을 켜 놓은 것에 비유할 수 있으며, 풍전등화 같다. 다행히 행운 시절에서 많이 조후된다.

〔男3〕(小寒 후 7일째생)

시일월년	73	63	53	43	33	23	13	03
戊癸辛辛	癸	甲	乙	丙	丁	戊	己	庚
午酉丑未	巳	午	未	申	酉	戌	亥	子
丙庚癸丁								

〔그림 7〕 금강산에 흐린 날씨. 태양을 가린 먹구름에 가느다란 가랑비가 내린다.

(1) 한 겨울 한 낮인데, 금강산에서 비가 내리면서(癸) 태양이 구름에 가려 보이지 않고 날씨가 흐린 형국이라(干에 丙丁이 없다), 어서 무엇보다 날이 개이고 밝은 태양의 나타남을 기다리고 있다.

(2) 겨울이라도 지표면에는 상당히 온기가 있어 다행히 기쁜데, 천간 하늘에서 흐려서 걱정이다. 丁酉 시절에서부터 햇님이 구름 사이로 나타나기 시작하면서(丙丁) 금강산의 절경이 매우 아름답다며 웃으며 소리친다. 대통령 역임했다.

(3) 행운에서 子亥戌은 춥고, 酉申未午巳는 더운 기후다. 천간 庚己는 차갑고 丁丙은 따뜻하고 밝은 햇님의 나타남이요 乙甲은 온기 있는 무성한 여름

철 나무다. 癸巳 향지에서는 초 여름인데도 다시 하늘에 비가 내리고 햇님은 보이지 않는다.

그래서 어느 쪽도 다 필요한 생활의 모습인 만큼, 나는 그 두 가지의 생활의 원리를 잘 배합해서 팔자 해석에서도 적용되기를 바라는 것이다. 오히려 전체적인 안목에서는 조후법에 의한 중화가 인간의 자연스런 생활 모습이요 우리의 나아갈 바라고 여기고 싶다. 그러므로 이 책에서는 조후법에 의한 중화의 이치를 최대한 살려서 인생 방정식을 해석하고자 한다. 물론 이런 방식도 완전한 것일 수는 없다. 이 나머지는 후학들이 더 연구 발전시켜야 할 과제에 속하는 영역이라고 생각한다.

마무리하면, 사주는 조후법 안에서 억부법을 종합해서 중화되는 방향으로 해석한다. 그러면 흔히 알려진 대로 오로지 하나의 용신만이 그 사주에서 필요한 게 아니다. 곧 「1 명식에 1 용신」만이 존재하는 것이 아니다. 1 명식에 1 용신일 수도 있으나, 많은 경우에 중화에 맞는 2~3 오행도 가능할 때가 많다. 그래서 우리는 그 모두를 길신이라 부른다. 조후나 억부에서 가장 중화를 이루려고 하는 것이, 사주라는 자연 물상적인 필수 요구이기 때문이다.

참고-[男9] (小寒 후 2일째생)

시일월년	59	49	39	29	19	09
甲己乙戊	辛	庚	己	戊	丁	丙
子丑丑戌	未	午	巳	辰	卯	寅
壬癸癸辛						

〔그림 8〕 눈이 하얗게 덮혀 있고 북서풍이 불어 오매, 매우 추운 겨울철 날씨!

(1) 지표면은 매우 춥고 얼어 있는데, 지상에는 바람까지 불어 잎들이 다 떨어진 앙상한 나무들이 서있는 산과 구릉이라서 황량하고 쓸쓸하기까지 하다. 겨울철에 햇볕이 없으니 아쉽다. 방이라면 여전히 불 때지 않은 냉굴이라 바닥이 춥고 방안 공기도 차갑다.

(2) 寅卯辰 시절이란 여전히 추운 기후여서 바람부니 더 움추려야 하는데, 다행히 하늘 높이 햇볕이 내리 쬐여 반가우나, 작물이 자랄 만큼 해동되기엔 아직 시기가 이르지만 농사지을 준비하느라 매우 활동적이며 동분서주한다.

(3) 巳午未 여름 철에 이르자, 언 땅은 곧 농용수로 변하고 충분히 농사지을

수량이 되는데, 늘어난 논밭 己土는 좋지만, 庚辛 차가운 돌산에서 서리가
내리고 물이 흘러내리려 하니 벌써 가을 분위기를 맞아 활동에 비해 수확
이 적고 부자유스럽다. 그러나 동방 향지보다는 훨씬 나은 환경이다.

(4) 지방에 있는 대학교 법대를 졸업했으며(己丑日에 刑이며 官殺 透干), 처
가 가권을 쥐고 있다(身弱財多에 財生殺).
행운과 대비해서 지지에서 중화를 이루나 천간에서는 중화가 미진하니,
가정의 중화를 이루어 아내의 활동 범위는 넓어지고 나의 사회적 활동 무
대는 좁아진 감이 많기 때문이다.

(5) 己日이 甲합하고 丑月이며 多土하되 꺼리는 乙木 있어 假化土氣格이기도
하다. 이미 丑 중 癸水, 戌 중 辛, 子 중 壬 등의 투출로 말미암아, 편재가
생살하는 형세며, 다재多財가 생살生殺하는 꼴이 된다. 정관은 생조 받으
면 좋으나 칠살은 다재가 생조하면 대흉해진다. 곧 처가 전횡하므로 공처
로 벌벌 떨게 된다.

(6) 월지에 비겁이 강왕하니, 일찍 부친을 잃고 가세가 기울어, 생가를 떠난다
(丑戌형). 日墓로 부유가에 나서 쇠몰했으나, 가화격으로 재주 많고 비상
해서 축재한다(月墓).

제2장 해석론

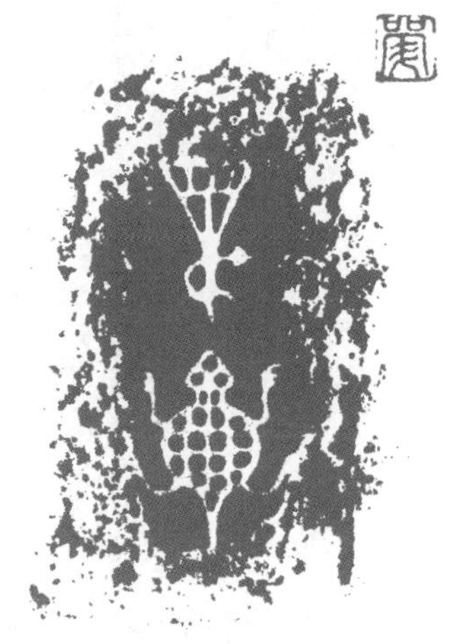

炎

孳乳為郊　郭沫若謂當即春秋時郯國之故稱

今簋　左炎

召尊　在炎

在炎自

1 · 정치 형국론

1. 팔자八字도 정치 형국이다

사주 팔자를 인생 방정식이라고 보면, 인생에 항상 따라다니는 정치적 관계나 경제적 문제도 마땅히 생각해 볼 수 있을 거라는 것을 자주 해보았다. 요즘 '정치' 하면 매우 안 좋은 이미지가 떠오르는 게 사실이나, 그렇다고 우리는 한시라도 정치적 현실을 떠나서 살 수는 없다. 우리의 삶이 곧 사회적 관계를 갖고 있는 이상 인생은 바로 정치적이라는 등식이 성립될 정도로 밀접하다. 그래서 미우니 고우니 해도 우리는 서로 정치적 현실에 대해 매우 민감하지 않을 수 없는 것이다. 옛날 누구는 말했던가. 인간은 본질적으로 정치적 동물이라고.

나는 이런 맥락에서 사주 명식을 풀 때도 그런 입장에서 풀어야만 제대로 된 해석이 나온다고 생각하곤 한다. 명식 따라 조금씩 다르겠지만 그래도 정치적 관점에서 풀면 명식의 전체적 윤곽은 물론이요 명식의 내면적 이미지나 특성까지 들여다 볼 수 있어서 아주 좋은 해석법이라고 부르고 싶다.

사주는 팔자로 된 것이나 이 속에 인생의 이모저모가 다 들어있다고 가정하면 인생의 방정식은 그 팔자의 위치와 속성 그리고 관계 등에서 여러 가지를 추리해 나감을 기본으로 한다. 추리 궁구해 나가되 어느 경우라도 해석하는 입장이란 게 있기 마련이다. 이것은 과거엔 별로 신경을 안 쓰던 것이지만, '나는 어느 입장에서 이렇게 본다' 하는 것이 분명해지면 팔자에 대한 해석이 더욱 발전하고 또렷해질 것이라고 나는 생각한다.

우선 인생사에서 가장 밀접하고 영향력있는 관점인 정치적 현실에서 해석하는 틀을 설명하겠다. 팔자에서 항상 일간日干은 주인이니 정치적 현실에서는 임금이나 군주로 보면 나머지 7개는 군주를 모시고 나라의 국정을 책임지고 운영하는 내각 중신들이라고 생각하라. 말하자면 팔자는 1君主에 7臣下의 내각제內閣制 형태로 운영된다고 보면 된다.

여기서 군주 내각제란 오늘날 영국이나 일본의 정치 형태처럼, 입헌군주제 비슷한 것이다. 군주는 직접 앞에 나서지 않고 반드시 총리대신을 내세워 국정을 책임지게 한다. 군주는 북극성北極星처럼 하늘에서 늘 일정한 중심이고 본체本體이며 자전自轉하되 부동不動하면서 움직이는 모든 별들을 관장한다. 그러나 정면에 나설 수는 없다. 나서서 움직이면 우주의 별들간의 혼란이 가중될 뿐이다.

그래서 군주를 대신해서 실제로 모든 별들을 관리 감독하는 총리대신과 내각격인 북두칠성北斗七星이 필요하다. 북두칠성은 곧 군주의 내각 책임제 노릇을 한다. 사주에서 그 내각의 노릇하는 곳은 월지月支다. 우리나라 중앙청사와 같다. 그래서 월지를 명식에서 늘 사령司令이라고 하며 매우 중요시하니, 모든 국가 명령을 담당하고 감독하는 곳이라는 뜻이다. 군주의 왕령王令의 출납뿐 아니라 나라의 중대한 사안에 대해 실제로 결재권과 집행권을 갖는 곳이기 때문에 월지는 나라의 핵심 영역이기도 하다.

이러한 착안은 예부터 믿어왔던 천문天文에서 비롯한다. 북극성-북두칠성-28수宿 등은 하늘의 정치 제도와 관료다. 천문의 설계도가 인간에게 투영된 것이 사주라면 사주 구조도 그런 양식을 가진 형태로 나타날 것이다. 북극성은 저 북쪽 멀리 천구 한 복판에 자리잡고 늘 정좌正坐하는 옥황상제며, 그가 거처한 곳은 동-서 자미원이고, 그의 정치하는 명당 태미원도 동-서로 자리하니, 이를 중심으로 또한 그에 따른 관청들인 천시원도 동-서로 나뉘어 펼쳐져 있다. 사주에서는 동-서를 간-지로 보면 된다.

〔그림 9〕 동양학과 오행학의 근원이 되는 『천상열차분야지도』

예를 들어 본다.

〔男2〕(立秋 후6일째생, 淸 광서 德宗 皇帝 命式)

시일월년	62	52	42	32	22	12	02
壬丁丙辛	己	庚	辛	壬	癸	甲	乙
寅亥申未	丑	寅	卯	辰	巳	午	未
戊戊戊丁							

년간(辛) = 북극성 황제(體)

　　　　　天命과 정통성 합법성 법통 혈통을 의미한다. 天皇

년지(未) = 자미원紫微垣(황제의 거처)

　　　　　上의 뿌리 근원 근거지 토대를 의미한다.

월간(丙) = 북두칠성 제후 관료(用)

　　　　　최고위 청사에서 내건 깃발 명찰 게시판

월지(申) = 태미원太微垣(하늘의 궁궐)

　　　　　실질적인 국사가 논의되고 집행되는 최고위 청사

일간(丁) = 태양(모든 陽의 으뜸精華 君主)

　　　　　황명을 위임받아 나라를 실제로 통치하는 군주

일지(亥) = 달(모든 陰의 으뜸精華 王后)

　　　　　군주의 배필이 기거하는 곳. 원성垣城

시간(壬) = 별(28 수宿)

　　　　　실제로 동서남북 인간사를 관장하는 실무 관리의 장관들

시지(寅) = 천시원天市垣(民政을 관장하는 관청)

　　　　　실무 관리들이 근무하는 관청. 그래서 시상時上을 제좌帝座
　　　　　(황제가 政事를 베푸는 자리)라 한다.

그런데 국가 운영이라는 게 그 7 장관이나 신하臣下로 구성된 내각이지만, 항상 암투가 따르고 권력을 잡으려는 투쟁이 있어서 파워 게임, 즉 힘의 대결 양상이 벌어진다. 힘이 센 자와 약한 자는 항상 있기 마련이고 권력의 속성상 권력은 힘 센 자 측의 것이 되고 만다. 말은 권력이 백성으로부터 나온다고 하지만, 그러나 군주제에 있어서는 그 모든 권력은 군주에게서 나오기 마련이다.

그 나오는 권력을 내각에서 어느 힘 센 자가 독차지해서 행사하려고 하는 것이 우리의 일반적인 정치 구조와 생태다. 차지한 권력은 그렇게도 좋은가 보다. 한번 권력의 정상에 올라가면 내려오기가 참 어렵다고 하는 말이 있는데, 여기서 독재가 나오고 전제專制 정치가 시작되는 것이다. 정치와 권력은 마치 꿀단지와 같아서 한번 맛을 보면 좀처럼 헤어 나오기 어렵다고 했던가! 가진 자는 더욱 가지고 권력을 행사하려들 것이요 못 가진 자는 호시탐탐 탈환할 기회를 노리고 있을 게 분명하다. 정치란 어차피 권력을 쥐는 것이 목적인 이상 갖은 수단과 방법을 써서 정치적 힘을 기르려 한다.

2. 군주와 신하

그러나 언제나 그 권력이나 정치의 선악이나 효혐 또는 무효 등은 군주에게 달려 있다. 군주를 이롭게 하고 기쁘게 하면 곧 선이요 효혐이 있고 정당한 권력이며 권장되고, 반대로 군주에게 해롭게 작용하거나 기분 상하게 하면, 그것은 악이며 무효이고 부당한 권력으로 내몰린다. 선은 권장되고 악은 척결해야 할 대상이다. 사주에서 군주를 기쁘게 하는 신하를 길신이라 하고, 군주에게 해롭게 하는 신하를 흉신이라 한다. 이렇게 보면 자연히 어느 신하가 군주에서 나오는 권력을 너무 쓰게 되면, 그게 바로 흉신이 되고 만다.

군주는 결코 여느 신하가 권력을 제멋대로 행사하는 꼴을 못 본다. 군주의 눈엣가시가 되고 마는 것이 오랜 군주의 역사다. 군주는 그냥 사사로운 감정에서 권력을 많이 가진 신하를 미워하는 게 아니다. 군주는 항상 선이라 마땅히 권력이나 그 행사가 군주를 위한 것이어야 하므로, 어느 신하가 많이 권력을 행사한다 함은 곧 그 신하가 군주를 능멸하는 것이 될 수 있으며, 그 권력의 행사로 말미암아 신하가 사사로운 이득을 취하게 되면, 임금의 권력을 이용해 신하 자신의 배를 채우는 것이 되어 그 신하는 역신이 될 수도 있으니, 임금의 입장에서는 신하를 아끼는 차원에서도 항상 권력 가진 신하를 경계하게끔 돼 있다.

그렇다고 권력 가진 신하들을 다 몰아내면 임금이 정치할 수는 없다. 정면에 나서지 않고 반드시 임금의 위엄 때문에 누구를 시켜서 정치해야 한다는 불문율이 있다. 그래서 그 가진 신하를 경계하고 견제할 수 있는 신하를 새로 등용 登用해서 정치하는 방법을 쓰는 것이다. 임금이 정치 기술상 필요해서 자신의 고유 임명권을 발동해 필요한 인재를 등용시켜 군주에게 유리하도록 국정의 운영을 하게 하는 것이 바로 군주의 정치술이다.

이것을 사주에서는 등용 登用한 신하臣下라 해서 용신用神이라 부른다. 그러니 용신은 군주에게 있어 절대 필요하다. 이미 나라가 형성되면 군주가 있다는 뜻이니 내각도 있을 것이요 따라서 용신도 있기 마련이다. 사람은 태어나면서, 즉 나라가 성립할 때부터 이미 내각의 구조와 특성 그리고 용신도 결정되어 있다. 그것은 하늘이 점지해 준 것이다. 임명권 가진 군주라고 용신을 마음대로 갈아치울 수는 없다.

북극성, 즉 하늘이 점지한 것을 임금이 형식상으로 임명하고 결재하는 요식 행위를 거칠 뿐이다. 이런 점에서 명식은 하늘이라는 천명을 따르는 자연법적 인생관이다. 임금도 하늘에 제사지내고 종묘사직을 위해 천명을 존중하지 않던가! 항간에서는 임금의 임명권과 결재권을 군주 마음대로 쓰는 줄 알고 멋대로 용신 잡기 운운하는데 공부가 덜된 어설픈 작태가 아닐 수 없다. 선무당 사람 잡는다는 옛말이 그르지 않다.

3. 절대 군주제

사주를 정치적 구조로 해석하려면, 군주 중심의 권력 관계를 중화시키는 방향으로 생각해야 한다. 오행의 중화를 모색하는 것과 같다. 그 중화의 중심축이 바로 군주인 일간에게 있으며 중화의 목적도 군주의 이익에 맞추어 실행되어야 한다는 것이다. 왜냐하면 군주는 곧 국가이고 모든 것은 군주의 소유물이기 때문이다.

어떤 이들은 무슨 소리냐? 하며, 요즘의 민주제를 들먹이면서 항의할지 모르나, 사주를 정치적 구조로 해석하려면 이 방법이 가장 나음을 알아야 한다. 사주의 비조인 『연해자평淵海子平』을 비롯해서 『궁통보감窮通寶鑑』이나 『적천수징의滴天髓徵義』등 수많은 고전들이 다 절대군주제 체제 아래서 성립한 인생 철학서라는 걸 전제해야만 한다. 결코 이런 시대적 상황을 벗어나서 명식의 정치적 해석은 불가능할 지도 모른다.

물론 어떤 대천재가 나와서 오늘날의 민주제 같은 정치 형태로 해석할 수 있는 근거와 논리를 개발해 낸다면 모를까, 그 이전까지에는 이상의 모델을 따라야 한다고 본다. 이렇게 해도 우리가 세상을 살아가는 데에 보탬이 되었지 손실은 나지 않기 때문이다. 사실 따져 보면 군주제라고 해서 꼭 민주적이지 않다는 말은 억지일 것 같다. 지금의 영국의 경우 얼마나 민주적인가 말이다. 그래서 우리는 현실의 정치 모델보다는 전통대로 군주제의 정치 구조를 가지고 사주를 해석하면 아주 명쾌해진다는 것을 말하려는 것이다.

4. 군주가 곧 국가다

이런 구조를 염두에 두면, 십신론도 다음과 같이 정리된다.

日干(신身)

군주의 역량이나 신하들을 다스리는 구사능력이다. 먼저 군주가 체력적으로나 정신적으로 건강해야 하고 사리 판단에서 총명해야 한다. 국사를 다룸에 있어서 국정 장악력도 중요하나 일처리도 매끄럽고 행정의 원만한 집행과 성과가 나오도록 해야 한다. 그래야 사람들이 성공한 군주나 성군聖君이라며 칭송을 마다 않고 역사에 기록해 남긴다.

신왕身旺해서 역량이 있어서 좋겠지만, 왕위를 이를 모든 군주가 다 그렇게 능력이 있는 것은 아니다. 신약해서 역량도 모자라고 국사 처리 능력도 별로인 듯한 군주도 많다. 이러면 군주를 보필해서 국정을 이끌어갈 인재를 뽑아 옆에 두면 된다. 어차피 하늘이 내어준 군주라면 군주 노릇하게 하늘도 그만한 필요한 인재를 내어 보냈을 것이다.

그러나 군주나 나라의 규모에 있어서도 서로 빈부귀천이 있고 서열이 있는 것은 분명하다. 나름대로 역량과 능력에 따라 군주의 위엄도 서고 나라의 국위도 달라진다. 군주라고 다 같은 군주가 아니며 나라라고 다 같은 수준의 나라는 아니다. 그런 점에서 인간은 처음부터 불평등하고 출발선이 다 같지 않음이 사실이다.

이것은 하늘이 점지해준 섭리라고 해야 할 것이다. 불평등하고 다 같지 않음이면서 그들이 나름대로 중화를 이루고 균형을 잡으며 자신들의 나라를 운영토록 하늘은 바라고 있다. 그래서 군주는 충실히 자기 본분을 이행해야 한다. 이것이 천명天命을 따르는 것이다.

比肩과 劫財

군주의 형제들이나 왕족이다. 군주가 약할 때엔 팔은 안으로 굽는다는 속담처럼 종묘사직을 위해 군주를 도우려는 길신 노릇을 하나, 신왕하면 군주의 위엄을 빌어 권력을 나눠 가지려고(＝分祿) 하니 일간에게서는 덜 필요한 군더더기 존재 같은 것이다. 심하면 흉신 노릇하고 말며 장애가 따른다.

신하나 백성이 볼 때엔 이들 왕족도 권력기관이다. 백성 위에 군림하는 존재들이다 보니, 왕권의 강화나 쇠약에 많은 영향을 미친다. 왕족들이 많으면 나라의 자산을 많이 소비하니 백성의 재산이 줄어들게 될 것이요, 그것은 군주의 소유물을 낭비하는 꼴이니 군주도 배고파지는 형국을 맞는다.

그래서 왕족들이 너무 많으면 나라 살림이 졸아드니 반갑지 않다. 그렇
다고 너무 적으면 왕권이 약화돼 국정 운영에 파란이 예고된다. 군주가 왕
권을 무난히 행사할 수 있도록 적당한 왕족이 있으면 되는데, 이게 마음대
로 안 되는 것이 세상 이치다.

食神과 傷官

군주의 오락이나 회식과 연결된 문화기관, 배설기관이다. 밥을 먹으면
배설하듯이 정신적 육체적 긴장을 완화하고 품격 있는 삶의 질을 향해 휴
식하고 오락한다. 삶이란 스트레스를 풀고 안정을 취하는 공간과 시간을
가져야 활력이 재충전되는 법이다. 그래서인지 궁궐에는 많은 궁녀들과 더
불어 어용 잔치 마당이 자주 열린다. 적당한 놀이와 오락은 그래서 보약 이
상으로 중요하며, 국가 생산력 증대에도 막대한 원동력이 된다. 건강과 나
라의 부강富強함은 온전한 휴식이나 놀이에서 나온다고 하겠다.

그러나 지나쳐서 방탕하면 병이 된다. 국사는 제쳐두고 오락에만 몰두하
다 보면 나라꼴이 말이 안 될 것이다. 체력이 소진하고 병들어 눕게 될 것이
며, 따라서 국사도 챙기기 어렵게 될 것이다. 역대 왕들의 수명이 대개 짧은
것도 이유가 있을 것이다. 개인이나 군주에게 자기가 할 본분사가 있으며
그걸 충실히 하라고 하늘은 지상에 내려보낸 것이다. 활력과 오락은 충분
한 생산력 증대를 가져와 나라를 부강하게 만들지만 자칫 탐닉해서 나락의
구렁텅이에 빠져 나라를 망하게 할 수도 있다.

偏財와 正財

군주의 소유물이며 자산資産이다. 또 군주가 먹여 살려야 하는 신하, 백
성이다. 자산이 적으면 나라의 재물이 적으니 군주의 운신 폭이 넉넉지 못
하고 소국小國이 된다. 세상엔 빈약한 나라도 있고 부자 나라도 많다. 나라
가 잘 살고 못살고는 군주의 능력도 중요하지만, 그보다 먼저 하늘이 준 땅

덩어리와 토산물이 풍부하느냐에 달려 있다.

땅이 넓고 인구가 많으면 군주가 그걸 직접 다 챙기려고 하면 탈난다. 지역 장관들을 두어 다스리게 해야 한다. 그러나 대부분 군주는 전제에 흐르기 쉽다. 다 혼자서 챙기려고 한다. 이것이 군주의 과욕이며 재산 문제로 시비가 발생한다. 중도를 지키면 부강할 것이요 지나친 집착은 패가 망신하고 만다.

또 재다財多함은 나라에 인구가 늘어 노동력이 증강되고 각종 산업의 소산물이 증강됨을 말한다. 이것은 군주가 국사에 전념하고 그 한 몸의 건강을 돌보지 않고 일에 혹사했다는 의미이기도 한다. 집념은 강하고 뜻은 높은데 일은 해도 해도 끝이 안 보이는 게 현실이다 보면, 해치는 건 건강이요 남는 건 과욕으로 인한 부도요 나라의 파산일 뿐이다.

군주에게도 개인차가 있겠지만, 99섬 가진 부자가 1섬 가진 자의 것을 빼앗아 100섬 채운다는 속담처럼 사주에 재성이 많을수록 재물의 소유에 대한 집착이 아주 집요하고 강력함을 자주 본다. 보이는 것이 다 내 호주머니의 것으로 생각하고 손벌려 집어 넣으려고 애를 쓴다. 물론 나라 도처에 널려 있으니 군주의 것이겠지만, 그것들이 사실은 백성들의 쓸 자산이지 무리하게 군주의 호주머니에 들어가야 할 재산인가?!

그럼에도 탐욕스런 군주는 왕권의 신수설神授說을 내세워 백성의 그 긴요한 자산을 빼앗으려고 한다. 이러면 권력이 무서워 군주 앞에서는 대들지 못하지만 인심은 군주를 떠나버린다. 인심을 잃은 군주는 점차 권위를 잃고 군주 자리마저 내놓아야 하는 처지에 놓이게 된다. 이것은 역사의 흐름이다.

偏官과 正官

군주의 나라를 지탱하는 군인 집단이며 공권력이다.

권력은 총구銃口에서 나온다는 말이 있다. 군주라는 대권은 무력에 의존해서만 존립이 가능하다. 그래서 관살은 군주를 보필하는 경호실장이며 막강한 공권력이고 군대로서, 오로지 군주를 위해 충성하며 자신의 의미를 갖는다. 군주는 그들을 항상 감시 감독하고 통괄하는 권한을 갖지만, 신약하면 간혹 그들이 권력을 쥐려고 할 때가 있다. 권력을 쥐면 더 쥐려고 하는 게 인지상정이라, 가끔 이 군대가 군주에게 등을 돌리고 왕위를 찬탈하려고 할 때가 있으니, 이것이 큰 문제거리다.

쿠데타는 그렇게 해서 이루어진다. 성공하는 쿠데타도 있지만 실패하는 쿠데타도 많다. 성공하면 정의와 찬사가 자신들을 뒤따르고 군주가 되는 영광을 누리지만, 실패하면 모두 참형을 면치 못한다. 그 뿐이랴, 3족이나 9족이 멸망하고 만다. 오로지 총구의 힘이 어느 쪽에 더 보태어졌느냐 하는 힘의 게임에 달려 있다.

偏印과 正印

군주의 후견인이며 배경이고 밥, 약 등의 음식물이다. 정치의 학문이며 지혜다. 아무나 군주하는 게 아니다. 천명에 의해 하되 왕으로서 갖추어야 할 덕목과 학문 기술이 필요하다. 제왕학帝王學을 배우고 후계자 수업을 부지런히 해야만 비로소 늠름한 군주가 된다. 군주 노릇하는 데 필요한 교양이나 지식, 판단력 등은 군주의 보약이요 모태의 젖줄 같은 생명력이다. 이것이 알면 힘이다 하는 말의 뜻이다.

그러나 세상에는 알아서 병이 될 때도 있다. 식자우환識者憂患이라 했던가! 쓸데없이 너무 알면 그 지식이 독이 되고 판단력이 흐려지게 되며 오히려 군주의 국정 운영에 우유부단한 파행을 가져온다. 밥을 너무 먹어서 체하는 결과와 같다 해서, 건강에도 아주 안 좋다. 몸과 정신을 다 망가지게 하는 어리석음이다. 지나치면 모자람만 못하다 하는 말을 실감하고 만다. 군주의 심신이 망가지면 나라가 거덜난다. 그래서 군주는 과식을 삼가고 중도를 지켜야 한다.

또 나무 그늘이 너무 크면 그 밑에 있는 나무나 풀은 자라기 어렵다. 동물들도 새끼들이 성장해서 독립할 때가 되면 스스로 부모 자식 간의 정을 넘어서 어미 품에서 내보낸다고 한다. 이것이 동식물의 이치이건만, 인간에게 있어서 간혹 어미가 자식을 성장해서도 끼고 밥먹여주는 사례가 많다. 만약 군주가 그 새끼라면 제대로 군주라고 하겠는가! 마마보이 군주는 결국 자신과 함께 나라를 망가지게 하고 말 것이다. 이것은 부모의 과잉 보호로 말미암은 자녀의 무력함을 증대할 뿐이다.

5. 국정 운영의 묘책

이처럼 간단한 군주의 정치 관계만 알면 명식의 해석은 쉬워진다. 신왕하나 신약하냐는 곧 군주의 정치적 역량을 말한다. 신왕하면 신하나 백성을 다스릴 만한 능력과 정치술이 있다는 것이요, 신약하면 다스릴 만한 능력이나 역량이 모자라서 힘센 신하들의 입김에 놀아날 수도 있다는 것이다.

그래서 신약하면 반드시 군주는 자신의 정치 역량을 보필해 줄 신하를 등용해야만 그 나라의 국정이 제대로 돌아가게 돼 있다.

군주가 신왕하더라도 정도껏 신왕해야지 너무 신왕하면 이것도 문제다. 군주 마음대로 전횡하면 신하들의 고유한 권리도 사라지니, 이때 신하의 입장에서는 맞서지 않고 슬슬 비위맞추면서 힘을 분산시키는 전략이 필요하다.

이를 사주에서는 설기洩氣시킨다 한다. 너무 세면 대들지 않고 유화책으로 힘을 빼는 계략이 필요한데, 군주뿐 아니라 어떤 신하라도 너무 세면 이런 방식으로 설기시켜야만 탈이 없다. 결국 군주의 안녕이요 나라의 평화를 위해서 취하는 국정 운영의 묘책이다.

군주가 역량 있고 힘세면 좋으나, 다른 신하들이 군주의 위엄을 능가할 만한 하면 반드시 군주와 나라의 안녕을 위해서라도 이를 견제해야 하는 것이 제왕학의 요체다. 왜냐면 서로 견제하고 균형을 이루면서 군주에게 충성하는 것이 바람직한데, 군주보다 많은 권력을 쥐게 되면 아무튼 군주에 대한 충성도가 낮아지고 따라서 속에서는 은밀히 쿠데타하려는 마음까지 들 수 있어서 군주나 백성을 위해서도 항상 그 힘센 자에 대한 견제는 필수적이다. 이를 사주에서는 제극制剋이라 한다. 그러니까 제극은 정공법이기도 하다. 정치에서 가장 많이 쓰는 방책은 역시 제극이라는 정공법이고, 너무 힘센 자에 대해서는 저 설기라는 유화책을 쓰는 것이다. 이 두 정치술은 전체적인 구조와 흐름에서 선택되는 것이다. 간혹 그런 와중에서 미인계美人計를 쓸 때도 있을 것이다.

이를 명식에서는 합이나 합거合去라고 부른다. 정치판에서 첨예하게 대립할 경우에는 이런 미인계가 매우 중요한 역할을 한다. 이렇게 보면, 군주에게 충성하고 나라의 녹祿을 평화스럽게 먹으려는 관계에서는 위 3 가지 방책이 늘 쓰이게 되며 이것이 제대로 되어 중화, 즉 세력간에 균형을 이루게 되면 군주에게는 기쁨이요 나라에는 풍요롭고 영화로와진다. 이와 같이 어떤 명식이나 반드시 중화를 목적으로 해석되어진다. 균형과 중화 속에서 군주의 태평성대는 지속되기 때문이다.

6. 군주의 역량과 서열

이것은 군주의 정치적 행위에 얼마나 보탬이 되느냐 하는 급수(사회적 계급)와도 연결되어 있다. 중화와 균형이라고 하더라도 그것의 정도 차이가 있을 것이며, 그 특징이나 특색도 있을 것이다. 세력 간의 특징이 있을 것이니 이것이 바로 격국의 등급이다. 그래서 중화와 균형된 정치 판도라고 해도 정도와 특색에 따라서 어떤 형식의 등급(格局)이 주어지게 마련이다. 어떤 군주에게라도 서열이 있고 한계가 있으며 나름의 그릇이 있다.

이것은 애당초 하늘이 군주의 됨됨이와 역량의 규모를 섭리해 놓았다는 것을 말하고, 이 점에서 우리 평민은 불평등하고 억울하다고 말할지도 모른다. 그래서 한 날 한 시에 태어났더라도 저 상류층에서 난 자와 어려운 서민층에서 난 자의 명식은 똑같을지라도 해석에 있어서는 달라지는 법이다.

부모와 환경(특히 직업)이 이미 달리한 불평등한 출발선이기에 해석도 불평등하게 하는 것이다. 속담에 꿈보다 해몽이 더 낫다는 말이 있는데, 이것이 곧 명리 해석학의 요체라고 해도 지나치지 않는다.

따라서 똑같은 격국이더라도 해석에 있어서는 똑같을 수 없다는 것이 해석학의 어려움이자 통변通變의 극치인 것이다. 이렇게 말은 하나 실제로 온전하게 이를 가려서 판별한다는 것은 통상적으로 무수한 경험을 통해서만 감지되는 고유한 지혜라고 할 것이다.

7. 사례

a.〔男8〕(입추 후 7일째생)

시일월년	68	58	48	38	28	18	08
甲甲甲庚	辛	庚	己	戊	丁	丙	乙
戊戌申子	卯	寅	丑	子	亥	戌	酉
辛辛戊壬							

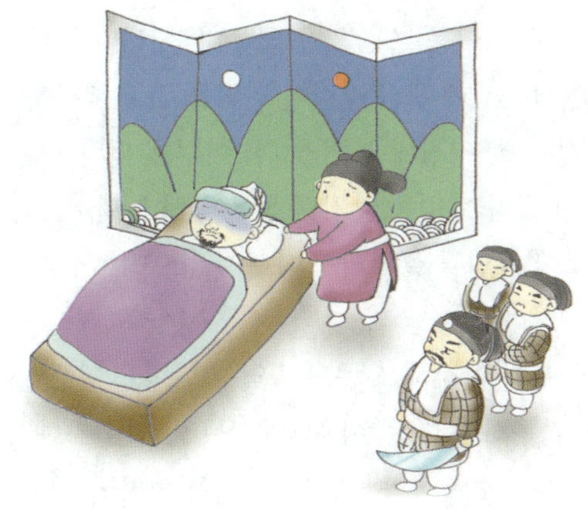

〔그림 10〕 申월 오후 8시 경, 임금을 삥 둘러싸고 군부에서 시위하고,
군주는 골머리 싸매고 병상에 누워 있다.

(1) 임금 甲日 나라에는 풍부한 물자들이 즐비하고 막강한 군사력이 버티고 있어서 외침을 받지 않고 독립 자존의 길을 걸을 수 있다. 乙酉 丙戌 시대에는 그 엄청난 국부와 군사력이 오히려 임금에게는 짐이 되고 버거운 일거리로 등장하고 있다. 재성은 관리할 자산이요 백성이며 처리해야 할 국책 현안들이다.

결재 서류들이 산더미처럼 책상 앞에 쌓여 있다. 하루 종일 앉아서 국사를 봐도 끝이 없는 미결재 서류들 때문에 임금은 과로에 쓰러질 지경이다. 또 군사력은 어떤가? 군부가 세지다 보니, 이제 중앙청사를 군부에서 차지하고 군인이 정치를 시작하겠다고 나선다. 아예 '군정軍政'이라고 문패까지 내걸고(年干 庚七殺) 임금에게 은근히 권력을 이양移讓하라고 협박하는 참이다.

(2) 군대가 그렇게 세어진 것은 국부인 물자들이 풍부하게 생산되고 힘있는 군부에서 독차지하는 까닭이다(財生殺). 임금이라고 하지만 결재하는 의무만 있지, 실제로 알맹이를 쓰는 곳은 군부다. 이러다 보니, 임금은 허수아비 비슷하고 실세는 군부에서 막강한 권력을 쥐고 행사하려고 한다. 지금 역성 혁명이 일어날 지경에 놓여 있다. 이렇게 되면 임금은 밤새도록 잠 못 이루고 고민에 빠져 병을 앓거나 몸을 상하고 만다. 종묘 사직이 넘어갈 판인데 어느 임금인들 골머리가 아프지 않으리오?!

(3) 그러나 아무리 군부가 막강해도 좀처럼 역성 혁명을 일으킨다는 것은 여간 어렵지 않다. 잘못하다간 3족이 아니라 9족이 멸문지화滅門之禍를 당하고 말기 때문이다. 명분이 약하고 단지 세력 하나만 믿고 쿠데타를 하다간 반대 세력의 반동이 있으면 만사가 어긋나는 것이다. 군부 세력은 막강한데 쿠데타는 어렵고, 반대로 임금은 모든 자기의 권력을 휘둘러야 하는데 마음대로 안 되는 그런 어정쩡한 정국으로서 진퇴양란에 놓여 있다. 이럴 때엔 명분 싸움이 승패를 가름한다. 명분에 동조하는 세력이 있으면 임금에게 승산이 있는 것이다.

(4) 어느 시대에서나 충신은 있는 법이라, 甲임금에게도 후원 세력(比肩)과 충신이 있어서(印星) 군부를 다독거리면서 임금에게 충성하도록 협상한다. 충신은 대개 초야에 묻혀 사는 게 보통인 것 같다. 임금은 수소문해서 그 충신 年支 正印을 등용한다. 그는 명분을 가지고 군부를 설득한다. 직

접 나서서 청사를 장악한 참모청장과 협상하고 거래한다(子申合水). 그 거래란 군부에게 충분한 국록國祿과 표창을 주겠다는 것이다. 결국 명분 없는 군부는 못이긴 척 충신들의 간곡한 협상과 설득 끝에 돌아서서 임금께 충성할 것을 맹세한다.

(5) 이로써 험악한 군인들의 철권통치는 丁亥 시대를 맞이하면서 막을 내리고, 정상으로 돌아가 임금의 충실한 비호 세력이 된다. 임금이 임금답게 노릇을 할 때 나라가 편안하고 백성이 걱정하지 않는다. 여기 저기서 충신들이 나타나서 군부와 임금 사이를 잘 조절하고 명분을 선양함으로써, 이제 임금은 갈수록 태평성대를 누릴 것이다.

그러나 역시 임금은 충신들의 역할에도 불구하고 군부의 입김을 무시 못하고 눈치를 봐야 하는 것이다. 亥子丑 시절은 분명히 충신들의 활발한 활동에도 불구하고 나라의 물자들은(戊己) 상당히 군부로 들어가니 임금으로서도 어찌할 수 없는 형편이다. 이렇게 되면 사직은 유지하되 허수아비 임금은 아닐라나?!

b. [男1] (小寒 후 2 일째생)

시일월년	61	51	41	31	21	11	01
庚丙己乙	壬	癸	甲	乙	丙	丁	戊
寅申丑丑	午	未	申	酉	戌	亥	子
戊戊癸癸							

〔그림 11〕 어려운 환경(亂世)에서도 더욱 빛을 내는 翼宿(丙日). 익은 太微垣의 三公(백
관들을 조회하는 곳)을 관장하고 법도를 이루게 하며 문서들을 담당한다.

(1) 丙日 군주는 후원 세력(比印)과 지지 기반(通根)을 굳건히 가져야만 정치
역량을 발휘할 수 있다. 만약 그런 자기 세력을 도무지 갖지 못하면 대세
를 따라갈 수밖에 없다(＝從勢). 丙 군주는 후원 세력 乙을 믿고 寅에 유근
하고 있어서 제법 자임自任할 수 있는 정치적 역량이 있는 듯하다.

하지만 년간 乙은 멀리 떨어져 있으면서 庚과 요합遙合하며 사랑에 열중
하니 군주에게 큰 도움이 못되는 형편이고, 지지 기반이라 할 寅도 寅申
충출로 뿌리 뽑히고 무리 지은 金星(庚申)에 포위돼 있어 군주는 사고무

친四顧無親의 형세로 전락하고 마는 듯하다. 이러면 어떻게 군주는 이른
바 군주 노릇할 수 있는가요?

(2) 절대 군주제 사회에서는 무력한 군주라고 해도 갈아칠 수는 없다. 그런 군
주에게는 어리면 뒤에서 섭정이라도 해서 정치하든가 또는 성장하면 좌
우에서 보필해서 국사를 다루는 것이 상례였다. 일단 군주라면 어디까지
나 군주의 정통성과 합법성을 갖추게 되므로, 모든 권력은 군주에게 여전
히 집중하게 된다. 이것을 군주 스스로 감당할 수 없는 환경이라면 군주는
국정을 장악한 세력에게 권력을 이동시킬 수밖에 없다.
즉 군주는 자신의 권력을 대세 집단에 실려 국정을 통치하는 것이다. 나라
전체로 보아, 그 대세 집단이 양호하고 천하를 지배하는 움직일 수 없는
커다란 세력이라면 그것이 바로 군주의 권력을 능가하는 황권皇權이 되
는 셈이라 분봉왕分封王 격인 일간은 황제 격인 그 대세에게 알현謁見할
수밖에 없을 것이다.

(3) 이런 구조의 명식을 종격이라 부른다. 이제 천하를 무력으로 통일하고 대
세를 장악한 그 세력은 마침내 황제위에 등극하고, 여태까지 군주로서 행
세했던 일간은 저 황제에게 왕권을 바치고 다시 분봉왕으로 책봉받는 형
식을 밟게 된다. 일간 군주에게는 전결권이 없이 모두 황제의 윤허允許를
받아, 군주는 그 범위 내에서만 국정을 다스린다.

(4) 이를 어기고 월권越權을 하게 되면, 황제는 군주를 엄벌하게 되니, 일간은
재앙을 만나서 왕위에서 쫓겨나 결국 빈천해지고 만다. 그러므로 일단 왕
과 황제 간의 상하 정치 관계가 성립되면, 절대 권력이 황제에게 있게 되
니, 일간 군주는 오로지 황제권에게 의지해서 국사를 다스릴 수밖에 없다.
'이 관계만 튼튼하면' 군주는 실익實益의 군주로서 부귀영화를 충분히 누
리게 된다. 이것이 종격이 갖는 특징이며 보통 부귀해지는 비결이다.

(5) 그러나 이 명식에서, 지금 丙 군주는 천하를 통일한 황제 재성에게 대권을
바치고 분봉왕으로서 하사받는 형국으로 돼 있지 않다. 음일간은 쉽게 그
렇게 할 수 있지만, 陽日干은 좀처럼 그러하지 않으려 한다. 丙日 군주는
황실이나 조정 안에서 후원 세력과 지지 세력이 미약한 관계(乙寅)로 전
혀 동조 세력이 없는 듯하지만, 사실은 황실(年支 丑)에서나 조정(월지
丑)에서 은밀하지만 든든한 지지 세력을 확보하고 있다(2 戊癸合火). 그
러므로 丙 군주는 천하를 어지럽히고 국정을 농락하고 있는 재성을 제거
할 계략을 모색할 수밖에 없다.

(6) 모색한 결과, 丙 군주는 중앙을 벗어나 초야草野에 있되 유능한 백성 중에
서 폭 넓게 지지받고 후원받는 정치 세력을 얻게 된다. 이것이 행운에서의
火木 동조 세력들이다.

(7) 子亥 시절에는 워낙 추워서 안으로 뜻을 품고 있다가, 戌酉申 시절에는 점
점 많이 조후되니 그 만큼 군주의 권위가 회복되고 정국政局이 안정돼 간
다. 未午巳 시절에는 대지에 조후가 온전히 됐으며, 대기엔 천간의 壬癸庚
辛이 있어 조후에 좀 미흡하나 여름의 지열地熱(巳午未)로 말미암아 오히
려 수분과 냉기가 증발돼(乙) 부귀해지고 남음이 있다. 최고위 정치인으로
요직要職을 두루 거쳤다.

(8) 2004년 壬申(80세) 총선에서 물러났다.

2 · 경제 형국론

1. 물자物資는 곧 수원壽元이다

우리가 이 세상에서 사노라면 반드시 필요한 게 물자, 즉 경제적 충족이다. 먹고 입고 자는 모든 것들이 다 경제적 영역을 떠나서 이루어질 수 없다. 왜 사람들이 빈곤을 이기지 못하고 죽는가? 빈곤이 사람을 너무나 고통스럽게 하고 죽기보다 힘들게 하기 때문이라고들 말한다. 불교 경전에도 나오는 것으로, 빈곤은 죽음보다 더 무섭다고 했다.

이러니 우리가 사주를 해석할 때에도 당연히 이런 경제적 측면을 들어 충분히 인생 방정식을 풀어볼 수 있다고 하겠다. 오히려 더 적확한 명식의 해석이 나오기도 한다. 우리의 삶의 현장이 바로 사주라고 한다면 그 인생 방정식을 푸는 바탕도 역시 경제적 구조를 따라서 잘 해석될 수 있다는 것이 나의 지론이다.

2. 족벌 회사

여기서 경제라 하나 무슨 거창한 것은 아니다. 명식을 볼 때 해석하는 틀을 경제적 구조에 맞추어 보자는 것이다. 기업의 사장이나 회장을 일간이라고 상정한다. 기업은 물자를 다루고 무역하고 거래하며 이윤을 남기는 장사다. 사장은 그 모든 것들을 관장하고 다루어야 하는 자리이며 기업이 잘 되면 사장은 성공하는 것이며, 또 사장이 잘 하면 기업이 성공할 수 있다.

사장은 1이며 직원은 7명으로 구성된 기업체다. 숫자는 적지만 아주 정예 엘리트들이라고 자부하는 직원들이다. 사장은 그들을 데리고 점포를 운영하고 물자를 팔아 장사한다. 식상은 투자 자금처요, 재성은 점포 직원이요, 관살은 관할 관청이요, 인성은 가정 휴식처다.

3. 사장이 곧 회사다

比肩과 劫財

사장의 권속이다. 항상 사장의 피를 나눈 피붙이이기에 기업이 잘 되면 같이 성공하고 망하면 같이 망한다. 점포들이 늘고 사업 규모가 커지면 각 점포들과 직원들을 관리 감독할 사람들이다. 사장 대신에 파견해 사장 노릇하는 가족들이다.

기업이 잘 되어 점포들이 늘면 가족들도 파견되어 대기업을 형성하겠지만, 장사가 안되고 점포가 형편없으면 사장 가족들은 배를 옮켜쥐고 손가락만 빨아야 할 지도 모른다. 일차적으로 기업의 성공의 열쇠는 사장의 역량과 사업 수단에 달려 있다. 물론 운도 따라야 한다. 가족은 모두 사장의 능력을 쳐다 보고 있다. 한 배를 탄 운명체이기에 사장의 운명에 가족도 생사를 같이 한다.

食神과 傷官

사장이 하는 투자요 자금의 조달처다. 사장은 돈이 있으면 있는 대로 투자하려고 한다. 투자해야 물자를 생산하고 이것을 팔아 직원들을 먹여 살리고 기업을 운영할 수 있기 때문이다. 그래서 투자는 곧 생산이며, 그것은 다시 확대돼 재생산하는 구조를 갖는다. 그래서 사장은 항상 기업체를 늘리려고 자금을 긁어 모은다. 점포들이 잘 돌아가면 자금이 순환돼 회사가 성장하고 성공하지만, 세상 일이 마음대로 안 되는 법이라, 자금 회전이 잘 안되고 돈줄이 막혀 허덕일 때도 많은 것이다. 사장은 이런 일련의 과정과 상황을 잘 파악하고 미리 대처하는 지혜를 가지고 있어야 한다.

그러나 누가 그걸 모르나! 하지만 인간이란 욕심의 동물인지라 여태의 경험상 또는 상황을 판단하건대 여기서 좀더 돈을 빌려다가 투자하면 이전 처럼 점포들이 돌아가고 위기를 기회로 잡아 성공할 수 있으리라고 믿곤 한다. 명식에 식신 상관이 아주 적으면 그럴 염두도 못내지만 너무 많으면 그런 무모한 투자욕이 불길처럼 솟아 일을 저지르고 만다.

투자욕이 없어도 장사로 성공하기 어렵겠지만, 투자욕이 지나쳐서 일을 벌려 놓기만 하고 뒤처리를 못해 도망가는 사장들이 참 많기도 하다. 사장 이 사고내고 도망가면 꼭 능력있는 마누라가 해결하든가 부모가 나서서 처 리하곤 한다. 그래야 사장이 감옥에 안가니까. 그들 중에는 해결 능력이 전 혀 없어 결국 갇히는 자들도 많다. 속빈강정이 따로 없다!

명식에서 식상이 많게 되면 사장이 자신의 분수를 생각지 않고 마구 투 자하거나 돈을 물쓰듯 뿌리는 바람에 수지收支의 균형이 깨져 부도나기 십상이다. 돈을 쓰는 데에 있어서 일에만 쓰겠는가. 섭외비며 로비 명목 으로 유흥비를 쓰게 되면, 그런 판공비 지출이 오히려 사업에의 투자보다 더 들어갈 경우도 있다. 이러면 적자를 가져올 수 있다.
인간 사이에 벌어질 사업이기에 그런 일을 잘 되도록 조성하려면 갖은 로비금을 뿌려야 하는 것이 동서고금의 현실이다. 그 만큼 주색酒色의 재 난도 많이 따를 것이라고 생각된다. 과거에는 돈이 많을수록 비례해서 처 첩도 많았다고 하는데, 요즘에도 크게 벗어나지 않을 것이다.

偏財와 正財
사장이 원하는 것은 편재와 정재, 즉 돈을 벌어들이는 것이니, 곧 기업의 성공과 실패와도 연결된 목적이 되는 셈이다. 너나 할 것 없이, 자본제 사회에 살면서는 돈이라고 하는 것에 매이지 않는 자는 없을 것 같다. 당장 돈이 없으면 아무것도 못한다. 돈이 있으면 가능한 일들을 할 수 있다. 황금만능 이라고 하지 않던가! 사장은 누구보다도 이런 돈의 위력을 잘 알고 있어서, 사업에 뛰어들어 성공하려고 발버둥친다.

財는 물자이며 누구나 가져야만 사는 귀중한 생명의 원천이다. 이것을 남보다 더 갖겠다고 열심히 일하는 이를 두고 나무랄 수는 없다. 오히려 격 려해 주어야 한다. 사장의 능력에 따라 이 재물도 적게 벌릴 수도 있고 많이 벌릴 수가 있다. 사업할 능력이 없어서 재산이 적은 이들도 있고, 일을 벌리 기만 해서 빚더미에 나앉은 경우도 있다.

자기 능력과 재산 관리력도 갖추어야 하는데, 세상엔 자기 분수도 모른 채 카드를 긁어 부채를 안고 죽어가는 이들이 의외로 많다. 다행히 가족 친 지들이랑 배경이 든든해서 척척 사업 자금을 대주면야 그런 대로 기업체를 이끌고 가겠지만, 빈손으로 사업한다든지 조그만한 종잣돈으로 사업하려 면 그 만큼 위험도가 높아진다. 점포들이 많이 늘어날수록 그들을 관리할 권속과 배경 자금이 필요하게 된다.

아무나 기업의 회장하고 사장하는가?! 이때 중요한 것은 점포들과 직원 들이 많더라도 그들을 관리할 수 있으면 부자요, 없으면 거덜나니 가난해 진다는 사실이다.

偏官과 正官
사장에게 있어서 관살은 관청이다. 기업하려면 관청에서 허가받아야 한 다. 합법적으로 기업하면 관청은 법적으로 보호해주고, 불법으로 하면 관 청의 벌을 받아야 한다. 그래서 사장은 관청과도 유대 관계를 잘 가져야 한 다. 사업 규모가 커지면 법적으로도 보장되어야 하니 사장은 보통 능력의 소유자 이상이어야 기업을 유지할 수 있다.

그러나 아무리 사장이라고 해도 사업을 잘못해서 부도라도 나면 관청은 인정사정 없이 법적으로 처리한다. 이것이 관재官災다. 신약에 재다하거나 신약에 관살다하면, 사장의 사업 장악 능력이 힘에 부치다고 여겨 부도나거나 관재까지 걸린다고 본다. 만약 옆에서 든든한 배경이나 가족들이 부추겨 주면서 자금을 대주면 능히 점포들과 관청도 관리하면서 사업할 수 있다.

사장 본인의 능력이라도 없으면 가족의 도움이라도 반드시 있어야만 성공하는 사장이 될 수 있다. 세상에는 본인의 능력 말고 가족들의 후원으로 잘 사업하는 사람들도 있지만, 그런 환경을 못 타고난 사장들도 많다. 이런 경우를 적수창업赤手創業하는 팔자라 부른다.

빈손으로 일어나는 사장은 결혼 후 배필의 덕이 커서 된 경우가 많다. 부모의 유업 자산은 없고 객지 나가 둘이서 일어서는 사장을 흔히 말한다. 이것도 사장의 복이라고 할 수 있다.

세상에는 이런 복마저 없는 이들이 수두룩하니 많으니까. 이럴 때 빈천의 사주라고 한다.

偏印과 正印

사장도 잘 먹고 힘을 길러야 사업을 감당할 수 있다. 경영 마인드나 유대 관계 등 모든 것이 건강한 마음과 체력에서 나온다. 회사에서 돌아와 쉬는 곳이 가정인데 인성은 사장의 안식처며 배경이며 어머니다. 가정이 든든해야 밖에 나가 일도 잘 한다.

어떤 사장은 안식처가 부실하면서도 사업한다고 자신을 혹사하는 경우도 많다. 그래 가지고 사업이 성공하기는 힘들다. 자신의 분수 문제인데, 자기의 분수를 잘 알고 거기에 맞게 대처하면서 활로를 찾으면 설령 가정이 부실하더라도 사업에서 성공할 수도 있다. 자신을 알고 나서 길이 보인다는 것이다. 이런 길을 보여주는 것도 편인과 정인이다.

사장에게 있어서 더욱 중요한 버팀목이요 어머니 젖줄과도 같다. 남의 덕이 없으면 홀로라도 일어서야 한다. 이 일어서는 길이 곧 지혜며 세상사는 방법이다. 그래서 신약하고 재다하는데 또 재성운이 오면 그 젖줄을 떼는 것과 같아서 생명이 위험하기도 하다. 사장은 이 점을 명심해야 한다. 적어도 뇌물 같은 것으로 명예가 추락하고 좌천되는 등 고약한 일을 당하고 만다.

4. 사장의 역량

수백 수천 명의 가족을 거느린 사장이란 우선 건강하고 기업을 통솔하고 요리할 수 있는 역량이 가장 중요하다. 사업적 수단이라고 할까 하는 능수능란한 능력을 발휘할 줄 알아야 한다. 물자를 유통하고 투자한 것 이상의 이윤을 남긴다는 것은 보통 수단이 아니고는 불가능하다. 금전을 융통해야 하고 공장 가동을 부지런히 하며 감독 관청과의 관계 등이 다 사업적 로비에 속한다. 로비는 숙련된 돈과 섭외력이 필요하다. 이런 것들이 없이는 사업을 전혀 할 수 없다.

그래서 점포와 거느린 직원들이 많다는 것은 그들을 먹여 살릴 수단과 능력이 탁월함을 의미한다. 그 들어간 로비 비용이나 투자 비용에 비해 이문을 많이 남기면 성공한 기업인이 되는 것이요, 투자만 했지 그 이상의 이윤을 내지 못하면 적자를 가져와 이것이 쌓이고 나서도 흑자를 내지 못하면 마침내 부도로 도산되고 마는 것이다. 그런데 사람들은 조그만한 재주와 남다른 재능만 있어도 이걸 과신한 나머지, 다 내 호주머니에 들어올 것

같이 믿고 일을 저지르는 경우가 적지 않다.

처음 시설 투자나 기초 투자에 동원된 비용이란 거의 자신의 것과 후원자 가족들의 자산이다. 또 모자라면 은행에서 융자받아 투자하기 일쑤다. 이것을 가지고 잘 해서 성공하면 어엿한 사장님이 되겠지만, 실패하는 날이면 자신과 가족들에게 무거운 빚만 안겨주고 만다. 그래서 사장 자신의 품질과 역량을 잘 살펴야 하고 다음에 후원자들의 자금 동원 능력을 알고 나서 사업을 벌려야 할 것이다. 둘 다 미약하다면 사업가로서는 실패하기 쉽다.

사주에서 신왕하고 재왕하면 부자된다. 신왕하고 관왕하면 잘 승진하고 출세한다. 신왕해서 왕한 재관을 잘 감당할 만하면 부귀를 겸전한다. 우선 신왕하면서 재성이 왕해야 무슨 일이든지 할 수 있다. 돈을 벌고 만질 줄 알아야 부자되고, 이걸 기반으로 사회적 권력 같은 야망도 달성할 수 있다. 반대로 재성이 미약하거나 없으면 돈버는 요령과 재주가 별로라서, 가난하기 쉽고(미천업), 관성이 없거나 상처받으면 맘대로 행동하는 버릇이 있고(범법자) 준법 정신과 권력욕이 줄기차게 솟구치지 않아 성공 출세하기 힘들다(주변인).

5. 사례

a. [男5]

시일월년	55	45	35	25	15	05
壬乙庚壬	丙	乙	甲	癸	壬	辛
午未戌寅	辰	卯	寅	丑	子	亥

〔그림 12〕 단풍철이라, 동서남북에 즐비한 점포들의 확장

(1) 사장 乙에게는 동서남북에 점포가 많다(火土多). 투자 유혹이 강하고(食
傷局) 사업 수단도 좋아 타고난 사업가다(財星局). 부지런하며 성실하고
(月支正財) 집안이 넉넉하며 어릴 때부터 걱정없이 유복하게 자랐다(年月
에 財官印). 보는 눈이 있어 동분서주 자금을 모아(吉한 印星 大運) 사업을
확장하고(財多) 직원들을 거느리며 사업하니(正財格), 사람들이 관가官
家에 나가라고 부추긴다(財生官에 合官). 대사업가로서 여기 저기서 감투
주니(生印), 나는 그 값으로 돈뭉치를 내어 준다(生官). 부귀가 함께 오니
성공한 사장이다(財官印).

(2) 辛亥 壬子 癸丑 시절엔 부모 형제들의 후원 속에서 아무런 불편없이 공부하고(吉한 印星大運) 사업수단을 익힌다(吉한 正財格). 공부도 경영이나 예술 상경商經의 길이며, 주위에 내 이름 석 자를 널리 알린다(合官).

(3) 甲寅 乙卯 20년 시절엔 내 역량의 전성기다(用劫). 사업이 잘되고 성공한다(得比理財).

(4) 누구는 말하리라. 일간이 실령한 데다 월과 시에 착근하지 못해 태신약 재다 형이니 투자욕이 심하고 일만 벌이기만 하지 뒷수습은 못하는 빛 좋은 개살구라고. 그러나 원국이 50%, 행운이 50% 의 길흉간의 비중을 갖는다고 할 때, 지금 대운은 매우 양호한 중화를 이루고 있다(好命, 不如 好運).

(5) 원국에서 약점은 태신약한데 길신 시간의 壬 정인도 착근하지 못해 무력하다는 것(=浮印). 지지에서 강력한 식상 火殺局을 이루어 가을의 남은 수분을 다 증발시키며, 2 壬 庚이 있더라도 치열한 화염과 메마른 대지를 식히는 데에 역부족하다. 그러나 戌월에서 서리가 내린다는 상강절에 있어서, 조석으로 기온 차가 커가지만, 특히 정오시라서 대지는 여전히 지근지근 덥고 자칫 산불이 나기 쉬운 환경 조건이다. 다행히 하늘에서 짙게 먹구름이 끼고, 庚의 펌푸질과 戌의 辛의 관정수 덕에 상당히 개선되고 있다.
이런 기후 상황은 대운에서 더욱 조후해 주니 안성맞춤으로 멋있고 가을 풍광을 보려는 나들이 관광 수입이 참 좋다. 큰 백화점을 지어 운영하고 있다. 이렇게 원국과 행운의 멋진 조후에 의한 중화 명식이 가장 아름답다. 간혹 원국만 가지고 중화 여부를 이러쿵 저러쿵 하는데, 이는 아주 위험한 일이다.

(6) 그렇다고 언제나 승승장구 성공하는 명식으로만 보면 안 된다. 행운의 길

흥 요소에 따라 기복이 있기 마련이다. 먼저 子 대운은 강력한 火局의 중심인 午를 충하고 있다. 동시에 壬 정인이 陽刃에 통근하니, 내적으로 동요하고 방황하며 사고치나 점점 개선돼 안정된다는 의미다. 충하더라도 강력한 회국會局은 쉬 깨지지 않으며, 대신에 어느 정도 조후되기 때문. 丑 대운에서도 마찬가지다. 丑戌未 형이 갖추었어도 이미 튼튼한 火局이기에 동요는 있어도 깨져서 망가지지는 않는다. 사업가가 동요하면 무얼까? 사업 확장과 투자욕에 따른 금전 고충과 부도 같은 것이리라.

〔女3〕(立秋 후 10일째생)

시일월년		43	33	23	13	03
辛辛癸庚		戊	丁	丙	乙	甲
卯卯未申		子	亥	戌	酉	申
甲甲乙壬						

(1) 든든한 후원자(인성)와 사장들도 많으며(비겁) 역량과 자본금이 넘쳐나고(식상), 그만큼 계열 점포들도 즐비하다(재성). 활동하는 대로 돈이 돼 들어오니 하루 밤새고 나면 산더미처럼 쌓인다(재관의 行運). 부지런하고 경제통이라서(정재격), 내가 벌어서 가족들을 부양한다(月정재에 일시 편재 득위). 곧 辛日은 점포 만들어 사장들을 파견 근무토록 한다.

(2) 신왕 재왕하면(財局) 일찍 돈 버는 일에 뛰어들어 사장된다(식상생재). 金-水-木으로 기류가 모인다. 이공계나 예능계로 진출하는데 피아노 전공해서 학원 강습하다.

b.〔男8〕

시일월년	48	38	28	18	08
丙丙癸甲	戊	丁	丙	乙	甲
申子酉午	寅	丑	子	亥	戌

〔그림 13〕 무한한 소유를 향해서! 세상은 넓고 곳곳에 내 점포들을 가져야지……!

(1) 사장 丙의 점포들이 東西에 즐비하고(月時) 이를 감독하는 행정 관청도 우호적이라(月癸正官) 능력이 탁월한 사람이다(月正財에 正官). 요령과 수단이 교묘하고(偏正財의 交集) 로비를 잘해서(財生官) 사업을 확장하고 단장하는 일에는 베테랑이다(身弱財多). 천하가 내 호주머니에 들어올 만큼 보이는 것이 생산 공장이요 생산된 물자다(月支時支財).

(2) 아쉬운 것은 사장 건강과 역량이 마음만큼 못 미친다는 것이다(身弱). 욕심은 앞서고 문어발식 사업 확장은 여전하고(財多) 나중에 금전 융통을 못해서 부도나는 형국이다(行運마저 不利). 애당초 선업先業은 없고(年支午沖), 내 노력으로 장사꾼의 일가一家를 이룬다(日時에 地支財星). 족벌회사라고'해도 후원 세력이 너무 미약해서(年印, 沖劫) 다 내가 해치운다.

(3) 甲戌 시대엔 무난하나(午戌半火局), 乙亥 시절엔 관청과 문서의 일들로 바쁘다(亥子水局). 丙子 시절엔 丙의 뿌리인 午陽刃을 겹으로 충출冲出한다. 관재官災가 겹치고 사업 부진에 부도나서 매우 힘들다. 丁丑 시절엔 酉丑合金局으로 다시 사업을 일으켜 확장한다. 戊寅시절에는 사업처를 옮겨서(寅地殺) 투자하고 더욱 사업에 매진한다(食神에 長生).

局 이란?

국局에는 회국會局과 격국格局이 있다.

회국은 삼합三合 지합支合 방합方合에 의해 그 합된 오행이 연대 단결 유정해서 강력해 짐을 말하며, 보통 합국이라고도 부른다. 일단 합국되면 그 오행의 세력이 세어지며 자기네끼리 유정하게 된다.

격국은 사주 명식의 형세 · 형식 · 구조 · 틀을 일컫는데, 크게 일반적인 형식과 특별한 형식을 가진 종류로 나뉜다. 사주해석학에서 역점을 두어야 할 부분이다.

c.〔男7〕

시일월년	57	47	37	27	17	07
乙甲壬戊	戊	丁	丙	乙	甲	癸
丑戌戌子	辰	卯	寅	丑	子	亥
癸辛辛壬						

〔그림 14〕 회장이 그룹 사장단 회의를 주재하고 있다.

(1) 사장 甲은 동서남북 곳곳에 점포들을 마련하고 있다(四柱). 행정 관청도 우호적이며(辛金이 吉神) 오히려 사장의 일이라면 무조건 다 도와준다(土生金 金生水 水生木). 재물이 따르고 법이 보호해 주며(官의 護財), 이로 인해 더욱 사장의 건강과 역량이 성장하니(水生木) 호시절을 만난 영웅이다(中和命). 재물 공장 문이 수시로 열리고 닫히니 날이 갈수록 재물이 산더미처럼 쌓인다(財庫의 刑出). 원래 사업 수단이 좋고(財多) 인품이 정직하며 부지런하고(月支正官) 웃 어른을 잘 모시는 정이 깊다(官生印).

(2) 癸亥 甲子 乙丑 시절에는 좋은 환경에서 사업 경영을 공부하고 부모를 따르며 가업을 잇는 학습기다(온전히 中和). 명석하며 하는 일마다 잘 풀린다(왕한 吉神運). 丙寅 시절엔 투자 의욕과 과욕이 넘치며(火局의 炎上) 사업 경영상 빚더미에 앉기 쉬워(燥命되다) 골머리가 아프다(燥熱 上昇). 丁卯 시절엔 子卯 刑出로 水源이 마르고 丁壬으로 水氣가 증발함에

보약이 무효이고 처방이 없어졌다. 후원 가족이 떠나니(印星이 合) 홀로 버거운 사업 문서를 해결할 수 없었다.

(3) 월이나 시에 辰戌丑未 있으면 이를 창고라 하는데, 고庫는 열고 닫는 열쇠, 즉 형충이 있어야 떼돈을 벌 수 있다고 한다. 원국에 형출하니 기쁜데, 행운에서 또 형충이 오면 형충의 전실塡實이라 해서 기류氣流가 막히고 답답해지니 흉해진다. 癸未년은 형과 충이 함께 온다.

(4) 언제나 길신이 월이나 시에 착근하고 있는지 유력한지 등을 잘 살펴야 한다. 월간 壬 편인이 길신이며 子丑에 통근, 丑戌에 유근하고, 土-金-水-木으로 기류가 모아져서 아주 양호하다. 특히 壬이 월戌에 유근하고 居관대하며, 時丑에 통근하면서 金水가 투출해 그 壬은 마음껏 안심하고 내외적으로 조력을 받는다.

년월의 인성은 부모다. 壬이 陽이니 부친된다. 壬은 원래 탁신 편인이라도 길신되니 청신 정인 역할한다. 그 壬이 月에서 길신이면서 日月이 준합準合(戌戌)하니, 부친 사랑이 지극하며 가권을 잇는 반열에 오른다는 뜻으로 부친의 후광이 크다.

그러나 만약 이 명식에서 월 乙丑이고 시 壬戌이라면—물론 그럴 수 없지만, 공부하는 입장에서 보면—시 壬 편인이 길신이고 똑같이 월시에 착근하지만, 일시는 자력의 영역이요 성가成家 성업된 공간이라서 여기에 壬 있음은 곧 부친의 후원보다 자력의 성공이 된다.

시 인성은 부모의 동생이나 일간의 형제이니, 그 壬이 길신이라도 부친의 직접적인 후원은 아니다. 같은 육신이라도 자리한 위치에 따라 해당 육신이 다소 다르고 역할(의 강약)이 많이 다를 수 있다는 원리를 다시 강조하고 싶다.

(5) 명식처럼 월일시지에 재성이 산더미같이 쌓여 있으면, 타고날 때 상재商
財에 뛰어나다. 그 이재술을 간판이라도 하듯 년간에 '편재의 집'이라는
명패名牌로 내걸어 놓고 있다. 년간 편재가 득령하고 상하지 않았으니,
『자평』에서 말하는 세덕부재격歲德扶財格이다. 이러면 가업이 부유해서
상속받으며 그 후광 속에서 일찍 사회적 기틀과 성공을 거둔다.

물론 월지 편재라서 나의 피나는 노력도 한 몫 해서 인정받아 계승한 나의
성공이다. 또한 일시에 편재라서 안팎의 노력이 있었음은 당연하다. 그러
나 정재와는 달리, 편재는 유통의 재요 대중의 재물이기에, 불한不汗의 재
물이나 눈 먼 돈이 수없이 왔다 갔다 한다. 이것들을 소홀히 다루다가 투명
치 못한 재물(예, 뇌물, 공금 횡령 등)에 치여 그 명리를 잃기도 한다. 그래
서 이 격은 재물에 대해 항상 투명해야 그 생명 같은 영예를 온전히 지킬 수
있다. 나는 늘 재물의 홍수 속에 살면서도 삶의 지향점은 명예에 둔다. 명
예가 곧 생명이다. 명예를 잃으면 다 잃는다.

(6) 丁卯 대운에 癸未(2003) 세운, 재벌 기업의 촉망되던 회장이지만 갑작스
럽게 유명幽明을 달리했다. 재다하고 인성을 길신으로 하는 명식은 행운
에서 거듭 재성이 오는 걸 가장 무서워 한다. 인성은 명예 신용 덕망으로
서 생명의 젖줄과 같은데, 재성이 와서 인성을 파괴하면 백년 쌓아 놓은
명리가 하루 아침에 추락해서 치명적인 몰골을 세상에 드러내는 형세를
이룬다. 보통 이를 탐재괴인貪財壞印이라 부른다.

행운 丁卯-癸未에서, 丁壬합 戊癸합으로 수분이 증발되고, 子卯형 戌未형
丑未충으로 수원水源이 고갈된다. 재성이 와서 길신을 합거한 것인데, 고
전에서 이를 두고, '길신이 재성을 탐내서 제 본분을 잊어버려 흉해진다'
한다. 見物生心이란 말도 있듯이, 누가 돈을 싫어하는 사람이 있겠는가!
그러나 유독 인성이 길신이면 그 좋던 돈이라도, 운에 따라서는 마침내 독
이 돼 돌아올 수 있다는 것은 명리학의 오랜 통설이다.

d. 〔男7〕

시일월년	47	37	27	17	07
丁丙己丁	甲	乙	丙	丁	戊
酉申酉未	辰	巳	午	未	申

〔그림 15〕 과도한 점포 확장과 금전의 압박으로 부도나 버린 형세

(1) 丙 사장이 동서남북에 점포들을 두고(金財) 관리하느라고 동분서주 바쁘도다. 게다가 자꾸 문어발식 무리한 투자를 하면서까지(傷官) 점포들을 늘리고 직원들을 채용하고 있다(극심한 身弱財多). 점포 운영비와 직원들 월급이 제대로 안 나오니, 각 점포들과 직원들이 연대 파업을 하며(財星의 殺局) 생존권 보장을 요구하며 버티고 있다.

그래도 사장은 가족과 친척들을 동원해 각 점포에 파견토록 하고 운영을 맡겨서 족벌체제를 구축하고 있다(南方鄕地). 원래 사장은 너무 심약하고 우유부단하면서도 재물을 탐내어 점포확장에만 몰두하니, 늘어나는 게 빚이요 곧 공중 분해될 위기로 위태위태하다(丙 주변에 濁神들이 우글거리다).

(2) 37세는 丙午 환경에서 乙巳 환경에로 사업환경이 상당히 다르게 바뀌었다. 丙午 시절에는 후원자인 족벌이 강력히 힘으로 밀어주어 버티었지만(丙이 陽刃地), 乙巳에는 丙사장이 자신 있다며 큰 소리 치면서(日干이 巳祿地), 파업 노조에게 형사 고발한다며(巳申刑) 문서를 작성해 관청에 제출한다(乙正印). 그러나 그건 사장의 오만스런 행동이었다(太身弱의 不從性). 이미 노조는 관을 매수해(申중 壬水 偏官을 연대合) 관은 노조 편이 되었고, 오히려 사장의 고발 사건은 불난 집에 기름을 끼얹은 격으로 빌미가 돼 재앙이 촉발되었다.

(3) 癸未년에 사장은 형세 파악도 없이 또 빚내어 투자하면서(傷官) 잔뜩 성난 노조의 비위를 건드리며(傷官 生財) 관청이 왜 노조 편 드느냐고 나무란다(傷官이 正官을 치다). 이에 노조와 관청은 사장에게 뇌물수령죄(財剋印)와 무고죄(巳申刑)로 얽어 묶고, 또 주색으로 공금을 횡령해서 낭비한 죄(月時桃花殺)와 과거에 남의 재물 강탈죄 허물을 물어(日劫煞) 몽땅 뒤집어 씌워 그를 투옥시키고 말았다(月時囚獄殺).

3 · 자연 물상론

1. 오행은 물상物象이다.

정치적 구조나 경제적 형태를 빌어서 사주를 해석한다고 했으나, 거의 십신론十神論으로 집약되고 있다. 명식의 해석은 실로 십신론을 떠나서는 불가능하다고 할 정도로 아주 필수적이다. 그런데 십신론을 빌리지 않고 거의 음양과 오행만으로 명식을 해석할 수 있는 방법이 있다. 이 점은 아마 명식의 해석상 가장 원론적이며 확실한 근거일 수 있다. 정치 경제적인 틀에서 해석하는 일은 다분히 인위적인 냄새가 나지만, 음양 오행을 가지고 해석하면 자연의 원초적인 냄새를 소박하게 느낄 수 있어서 명식의 원론에 가장 근접할 수 있는 것이다.

자연 물상론이란 원시적인 자연관을 토대로 한 소박한 이해를 말한다. 해는 동쪽에서 떠서 낮엔 남중南中 했다가 저녁엔 서쪽에 기울었다가 밤에는 고요히 잠든다는 천동설 비슷한 자연관이다. 우리가 일상에서 느끼는 그런 자연물을 그냥 그대로 파악하되 전체적으로 木 火 土 金 水의 5가지 요소로 이해했다. 木도 다시 크고 작고 하는 식의 음양으로 나눠 보는 정도니까 그 범주는 모두 10(= 2×5) 가지다. 원시인들은 왜 이렇게 생각했을까?

우리 몸을 보면 손가락이 한 손에 5개로 두 손을 합치면 10개가 된다. 발가락도 그렇다. 눈도 양쪽에 붙어 있고, 귀 코도 구멍이 2개다. 같은 게 2개란 곧 음양으로 배열돼 있음이요, 한쪽의 가장 큰 수는 5이니 양쪽 합치면 10이다. 그래서 우주와 세계는 음양으로 짝지어져 있으며 그 기초수는 5고 큰 수는 10이라고 하면서 음양 오행론을 생각했을 것이다.

사람이나 동식물을 보더라도 음양으로 짝지어져서 생존하니, 저 우주도 그러한 양식을 가지고 있을 거고, 우리의 몸에 음양오행이 있으니, 저 세계에도 그렇게 구성돼 있다고 믿었을 것이다.

그래서 저 자연 속에 우리 인간이 들어 있고, 동시에 우리 안에 저 자연이 그대로 들어 있는 형태, 즉 천인 동형론天人同形論을 고대인들은 사유했었다. 인도의 고대 우파니샤드 철학이 그러하고 불교나 중국인의 고대 철학이 그러하다. 물론 그리이스·로마 신화도 그러하다. 이런 관념은 고대인에게 있어서 세계 어디서나 보편적이었던 것 같다.

오늘날 우리가 보면 하찮은 세계관일지라도, 그것이 실제로 오늘날에도 막강한 영향력을 가지고 병을 고치는 한의학의 체계를 이루는 세계관이자 이론적 틀이라는 것을 생각하면, 오히려 그런 고대인의 사고 방식이 더 자연적인 발상일지도 모른다고 하겠다.

한의학뿐 아니라 동양 사상의 근저를 이루고 뼈대를 형성하고 있는 음양 오행론은 사주 팔자에서는 100% 적용되며 해석된다고 보는 것이다.

2 상생 상극법

그러기에 우리가 명식을 풀이할 때, 음양 오행의 배열이나 계절적 시간적 특색을 잘 살 살려서 고찰하면 명식에 대해 탁월한 해석이 나오리라고 생각해 본다. 우선 오행의 상생 상극법을 알되 오행의 다소多少에 따른 상생 상극법을 익혀야 한다. 여기에 오행의 묘법妙法이 들어 있는 것이다.

1) 일반적인 상생법:

木生火 　　 火生土 　　 土生金 　　 金生水 　　 水生木 (5개)

2) 일반적인 상극법:

木剋土 　　 土剋水 　　 水剋火 　　 火剋金 　　 金剋木 (5개)

3) 母旺子衰 상생법:

土生金하지만　土가 많으면 그 속에 金이 묻힐 수 있다. (土多金沒)
火生土하지만　火가 많으면 土가 깡그리 굳어진다. (火多焦土)

木生火하지만 木이 많으면 火가 치솟아 연기를 뿜으며 탄다.(木多火煙)
水生木하지만 水가 많으면 그 나무가 물에 뜨고 만다.(水多木漂)
金生水하지만 金이 많으면 水가 탁해지고 만다.(金多水濁)

4) 母衰子旺 상생법:

金生水하지만 水가 많으면 金을 침몰시키고 만다.(水多金沈)
水生木하지만 木이 많으면 水가 졸아들고 만다.(木多水縮)
木生火하지만 火가 많으면 木이 다 타버린다.(火多木焚)
火生土하지만 土가 많으면 火가 어두워지고 만다.(土多火晦)
土生金하지만 金이 많으면 土가 약해져 흩어지고 만다.(金多土弱)

5) 夫衰婦旺 상극법:

金克木하지만 木이 우람해 견고하면 도끼 톱날(金)이 망가지고 만다.
             (木堅金缺)
木克土하지만 土가 굳어 단단하면 쟁기가 무너지고 만다.(重木折)
土克水하지만 水가 많으면 홍수가 나 제방(土)이 무너진다.(水多土流)
水克火하지만 火가 하늘 높이 치솟으면 물이 펄펄 끓고 만다.(火焰水灼)
火克金하지만 金이 많으면 불기운이 식어버린다.(金多火熄)

6) 夫旺婦衰 상극법:

火克金하지만 火가 치성하면 금이 다 녹아버린다.(火熾駱)
水克火하지만 水가 많으면 불이 금방 꺼지고 만다.(水多火滅)
土克水하지만 土가 많으면 水는 흙탕물로 변한다.(土多水泥)
木克土하지만 木이 많으면 土가 후벼져서 바람에 날린다.(木多土遷)

金克木하지만 金이 많으면 木이 꺾어지고 만다.(金多木折)

7) 强必泄精 상생법:

旺金은 水를　　만나야 그 예봉을 꺾을 수 있다.
旺水는 木을　　만나야 그 세력을 완화시킨다.
旺木은 火를　　만나야 그 답답함을 풀 수 있다.
旺火는 土를　　만나야 그 불꽃을 공경하게 된다.
旺土는 金을　　만나야 그 완고함을 순화시킨다.

3. 물상 형국론

다음은 물상物象 형국론을 알아야 한다. 명식은 간지干支로 돼 있는데, 그 간지의 원래 오행을 많고 적음에 따라 그 물상을 형태나 형국적으로 파악하려는 방법이다. 이것은 명식이 하나의 자연 물상을 닮았다는 전제 위에서 출발한 발상이기 때문에 해석도 그렇게 하는 것이다.

간혹 설명하는 면에서 조금씩 나왔으나 여기서는 전체적으로 파악할 수 있는 물상을 내보인 것이다.

1) 간지론

甲.寅	동량목. 거목. 쟁기	다왕하면 우람. 울창한 나무들.숲
乙.卯	화초. 전원수. 초목. 곡식	다왕하면 무성한 화초. 잡초. 풍성한 곡식
丙.巳	태양. 용광로	다왕하면 내리쬐는 뙤약볕.치솟는 폭염. 불길
丁.午	등촉. 난로. 군불	다왕하면 잘 타는 군불. 따뜻한 아궁이. 방. 캠프파이어
戊.辰戌	평야. 제방	다왕하면 넓은 논밭. 커다란 제방(둑)
己.丑未	문전전답. 전원. 논둑. 화분토	다왕하면 튼튼히 쌓은 둑. 버려진 옥토들. 우거진 옥토들
庚.申	전기톱. 철. 금강산. 도끼. 水路桶	다왕하면 거대한 금. 철광산. 철덩어리
辛.酉	낫. 전정가위. 손도끼. 금은철	다왕하면 거대한 금괴. 은철
壬.亥	대해. 호수. 댐. 홍수	다왕하면 망망대해.넘실대는 호수.넘치는 댐
癸.子	빗물. 시냇물. 옹달샘. 꽃병물	다왕하면 불어난 냇물.샘물.흐르는 개울물. 꽃병물

2) 생극 형국론

木과 火 = 캠프파이어. 불지피기. 난로. 아궁이. 화덕. 방
火와 土 = 가뭄에 갈라진 논밭. 바닥드러난 방죽(저수지)
土와 金 = 금은철광산. 철덩이
金과 水 = 맑은 시냇물. 호수. 옹달샘. 석간수. 지하용출수
水와 木 = 떠도는 통나무. 물 위에 뜬 화초.
　　　　　 병에 꽂힌 꽃. 꽃꽂이
木과 土 = 화분. 논밭갈이
土와 水 = 방주. 정원. 늪. 수렁
水와 火 = 밥짓기. 솥. 약탕 끓임. 온천수
火와 金 = 용광로. 화덕. 제련과정
金과 木 = 벌목(산판). 통풍관계

이상이 자연 물상에 관한 오행의 원리나 이론이다. 사실 물상에는 위의 자연 현상에 빗댄 물상론과 동물에 비견하는 동물 물상론이 있다.

이 책에서는 후자를 제외시켰다. 역사적으로 물론 전혀 시도된 적이 없는 것은 아니다. 자평학이 체계화되기 전에는 의례 년주의 띠(동물) 중심으로 월-일-시에 따른 그 동물의 생태적 현상을 가지고 운명을 판단하곤 했었다. 그 전통은 흥미롭고 이해하기 쉬워서 자평학이 대세를 이뤄가던 전성기에서도, 그런 동물 물상적 사주 해석학은 한 켠에서 면면히 전승되고 있었다.

그러나 여기서는 그런 식으로는 해석할 수는 없고, 보다 세련된 연구와 체계의 밑 그림이 서 있지만, 더 다듬어야 할 여지가 있어서 생략하기로 했다.

4 사례

a. [女10]

시일월년	70	60	50	40	30	20	10
庚壬己戊	壬	癸	甲	乙	丙	丁	戊
戌戌未子	子	丑	寅	卯	辰	巳	午

〔그림 16〕 한여름 가뭄에 바닥이 드러난 저수지

(1) 日干 壬水와 거의 土로 돼 있다. 토와 수로 된 구조라면 저수지나 정원 늪 수렁 등을 연상하면 된다. 저수지로 보면, 당연히 저수지 물이 알맞게 수위 水位를 유지하고 있어야 한다. 그런데 한 여름 가뭄철처럼 바닥을 드러낼 정도로 가물어진 저수지를 생각하라. 가물으니 온 논밭이 갈라지고 마른 흙먼지만이 휘날리고 심어진 곡식들은 타들어가 흉작이 예고되는 형국이다. 모든 생물들은 적당한 물이 있어야 살기 마련인데, 이처럼 오뉴월 가뭄철 논밭이나 저수지라면 우리는 우선 어떻게 해야 하겠는가?

(2) 두말 할 필요없이 하늘에서 비가 내려야 한다. 아니면 다른 곳 저수지에서

물을 대오던가 땅을 파고 지하수를 끌어올려서 논밭을 적셔주어야만 곡
식과 작물이 살아날 수 있다. 하늘에서 오는 비나 지하수나 샘물은 癸나 子
요, 저수지물이나 댐물이나 담수는 壬이나 亥다. 예의 경우, 壬 저수지의
담수는 다 말라 가는데 다행히도 년지에서 子 샘물 정도가 솟아나고 있다.
형충되어 샘물 터가 포크레인으로 파헤쳐지지 않아서, 그나마 졸졸 흐르
는 수원水源에 의지하려는 심정은 누구나 갖는 고마운 마음이다.

(3) 그러나 이미 내리 쬐이는 수 만 평되는 불별 논밭들을 그 옹달샘 같은 수원
이 어찌 적셔 주리오? 거의 불가능하다고 보아야 한다. 이러면 하늘에서
장작비가 내려야 하는데 壬癸는 없고 해서, 저 먼 곳에서라도 큰 댐물을 한
시 바삐 끌어와야 가뭄을 조금이라도 면한다.

(4) 생물의 생존을 위해서는 매우 급박한 상황임을 느껴야 한다. 모든 일의
처리에는 반드시 선후先後 문제가 있고 완급緩急 문제가 있기 마련이다.
세상에는 이를 잘 알아 처리하는 사람을 그 분야의 달인達人이라고 부른
다. 인생이란 매사 이런 일의 선후와 완급 사이에서 선택을 하며 사는 것
이라고 하겠다.

(5) 행정을 그렇게 잘하면 행정의 달인이라 하듯이, 생물의 생존에도 그런 관
련된 일의 선후와 완급은 반드시 수반되므로 우리는 그걸 찾아야 하는 것
이다. 이것이 바로 자연 생태적으로 요구되는 물상이며, 사주상 그걸 중화
의 길신吉神이라 한다.

(6) 위 여명에서, 가장 먼저 요구되는 것이 가뭄 들어 하늘의 비는 오지 않으
니 마냥 기다리지 말고, 인력으로써 저 먼 팔당댐 물을 끌어다 써야 하는
게 적당한 자연의 이치가 아닌가. 그러므로 時干에 있는 庚金이 그런 물을
끌어대는 양수 장치라고 보면 되겠다. 철로 만든 수로통 같은 것이다. 지

금 수로관도 많지 않아 마음만 탄다. 겨우 焦土 戌 속에서나마 辛金 쇠파이프 라인들이 매장돼 있어 곡식들이 다 타버릴 정도는 아니고 간신히 연명할 뿐으로 하루하루 겨우 숨만 헐떡거리고 누워 있는 정황이다.

(7) 필수적으로 水氣가 모자라니 오장육부가 잘 돌아가겠는가? 질병을 끼고 살며 머리카락 등 모발이나 시력 등이 온전할 리 없이 빠지고 약할 수밖에 없다. 자녀도 없게 된다. 다 말라가는 작물이 어떻게 새끼를 칠수 있겠는가. 제 몸 가누기도 힘든데 어떻게 낭군을 상대할 수 있으리오? 만약 있다면 그 낭군은 벌써 도망가고 말 것이며, 나는 병상에서 혼자서 링겔 주사를 꽂고 누워 있을 것이다.

(8) 다행히 행운行運에서 비가 내리든가 여러 곳에서 수로통을 거쳐 양수된다면 오뉴월의 단비가 되어 아름다운 생물들과 곡식들이 잘 자라고 풍작을 기대할 것이다. 戊午 丁巳 남향南鄕은 불볕 더위가 치승한다. 특히 午는 옹달샘 수원을 파헤쳐 놓는다. 대지 기온이 40도 이상으로 올라가니 정상적으로 살 수 없다. 삶이 곤혹을 치르고 만다. 죽지 않으면 몸 망가진다.

(9) 동방 향지는 동산의 숲이요 나무들이다. 메마른 논밭이라도 쟁기로 곡식을 심기로 마음먹고 갈아엎으나 흙먼지가 바람에 휘날린다. 수기水氣가 부족하니 애당초 곡식 농사는 될 수 없다. 북방 향지는 말년인데, 추운 겨울이라 대지는 차가와지고 겨울 장마가 퍼붓는다. 비로소 조후가 되니 대지는 생동감을 찾아서, 큰 비닐하우스 안에서(戌土) 겨울 농사를 짓는다.

(10) 지금은 1월(甲寅)에 있다. 寅月은 아직 추워서 대지의 화기火氣는 땅 속으로 갈무리한 채 있지만, 온도가 높아 비닐하우스 농작물이 그런 대로 자란다. 甲은 여기서 자란 직물이요 곡식인데 여전히 땅 속을 뚫고 나오지 못하고 엉거주춤 나오는(甲己合土) 중이다. 수분이 모자라 연약한 작물

이다. 癸丑 향지鄕地가 되어야 땅 속 열로 말미암아 언 땅이 풀리고(丑) 비도 내려(癸) 농작물은 무럭무럭 자라게 된다. 땅 속으로 물이 흐르고 하늘에서는 단비가 내려 농사짓기에 안성맞춤인 기후 조건이 형성된다. 늦게나마 60 넘어 만년이 행복하다. 하나 壬戌日 여명에 庚戌時라서 봉사奉祀할 후손이 없어 걱정된다.

(11) 월주에 정관이 득령했으며 칠살이 맹위를 떨친다. 이미 정관도 칠살과 한덩어리가 돼 이른바 鬼殺로 변한다. 귀살이 전체를 지배하면 생명이 위험해진다. 戊午 丁巳 시절엔 귀살의 향지라서 가시밭길이었다. 공문에 들어 황면에 향 사르니 그나마 연명하고 있다.

(12) 또 이렇게 비겁이 지나치게 제압 당해 형제 자매를 일찍 잃거나 장애를 보게 된다. 일반적으로 남녀명에서 陽星은 남성이고 陰星은 여성을 상징한다. 지금 칠살이 더 많고 양성이니 집안의 남성들이 화를 당한다. 일찍 큰오빠를 잃었고, 남동생도 술독에 절은 폐인이다.

(13) 년주에 정재나 정관은 맏이를 말하고, 월지 정재나 정관은 적손嫡孫임을 뜻한다. 년주에 칠살과 겁재가 있어 맏이는 아니나, 월지 정관이 형충되면 맏이 아니라도 맏이 노릇하게 된다. 월 정관이 일에서 戌未형되니, 일간이 여자지만 집안의 가장家長으로서 동분서주하다.

b.〔女3〕

시일월년	53	43	33	23	13	03
己癸辛己	丁	丙	乙	甲	癸	壬
未丑未亥	丑	子	亥	戌	酉	申

〔그림 17〕 한여름 가뭄을 씻어주는 단비가 너무 쏟아지고 있다.

(1) 오뉴월 삼복 시절에 그것도 오후 2시경 한창 뙤약볕이 내리쬐는 때에 낳아서 천지가 불볕 더위라 한시라도 급히 하늘에서 소낙비가 내려야만 대지의 열과 땡볕 기온을 식혀준다. 마침 癸日은 하늘에서 내리는 단비라서 아주 고마운데, 水源인 지하수 丑이 관정한답시고 포크레인으로 파헤쳐져서 물이 딸린다.

(2) 하는 수 없이 저 멀리 있는 팔당댐 亥에서 관을 묻어 물을 끌어와야만 대지를 적시고 초목이 살 수 있다. 다행히도 月干 辛은 작은 수로관이나마 능히 팔당 댐물을 끌어다 빗물 癸水에 댈 수 있어 아주 귀중한 의지처다. 그 수로관 辛은 상처도 없는 온전한 A급 유명 메이커 제품으로 그 기능을 톡톡히 하고 있다.

(3) 오뉴월에 오후 2시의 풍경이란 분명히 단비를 요하는 상황이며, 지금 충분히 비가 내리고 큰 댐물에서 급수돼 있어 작물이 자라고 생물이 생육하는 데엔 충분하다. 그런데 亥未 속의 작물은 어리고 파헤쳐진 상태로서 여름 장마로 씻겨 떠내려 갈 판으로 위험하다.

(4) 壬申 癸酉대운은 장마가 심해 화천댐 팔당댐의 수위가 높아 수문을 열어 놓은 상황이다. 저녁 밤으로 밤새(西北鄕) 비가 내리면서 전국이 우중충한 장마철 전선이 드리워져 있다. 비가 많이 오면 사람들이 집이나 건물 안에서 사무나 보고 책 읽는 등 앉아서 하는 일은 할지라도, 밖에서 활동하며 하는 일은 할 수 없다. 오랜 장마이면 사람이 우울하고 게으르며 비관적으로 침울해지며 공상적이다. 삶이 음적으로 흐르며 유별나게 보인다.

(5) 게다가 농작물도 피해를 보고 (많이 자란 농작물이라면 무방하나), 약간이라도 햇살이 비추어야 장마철에 빨래도 널고 작물도 자랄 것인데, 방이 눅눅하고 곰팡이가 일며 농작물에 병충해만 극성이라 수확이 걱정된다. 이러면 침울하다 못해 신경이 날카로와지며 조그마한 자극에도 성깔부리며 매섭기 쉽다. 앉아서 제법 술 마시는데 마시면 본색 나온다.

(6) 그래도 나는 천명으로 온 대지에 비뿌리는 것만이 사명인 것처럼 여기고 (癸日과 辛) 사니, 늘 만물을 육성하고 기르는 업을 천직으로 안다. 비오는 날엔 책 읽고 음악 들으며 작문하니 문학 예술가에게는 금상첨화라 문장력 좋다. 그래서 장마철 생활이란 게 좀 괴이하고 괴팍한 습성을 강요하지만, 나의 취향이고 천직인데 어찌하랴!

(7) 丙子 시절에는 한밤에 천둥 번개치며 비가 내려(丙辛合水), 온통 장마철 수해가 막심하다. 밤잠을 설치며 긴 외로움에 뒤척이며 별난 공상에 젖는다. 피부병이나 水厄이 걱정이고 식중독 소화불량을 챙겨야 한다. 신장 방

광이 약해서 질환 오기 쉽다.

(8) 丁丑 시절은 명식의 동량棟樑인 辛未를 위 아래로 충출한다. 다시 단비가
그치고 지열地熱이 높아간다. 안팎으로 환경과 신분에 동요 있고 상신傷
身하기 쉽다.

(9) 월지에 칠살이 득령하고 곳곳에 득세하니, 귀살鬼殺로 변한다. 형제 자매
중 일찍 잃고, 조실부친한 남편과 인연되며, 시댁과 시집살이에 고정 많으
며, 친정은 기운다.

(10) 또 자유 연애로 배필을 맞으며, 모친을 닮아 총명하고 모사謀事 잘하며 앞
장 서 처리하며 두루 챙긴다. 조급하고 승부욕이 강하며 강단剛斷 있고 사
교적이라 교류交流 잘 한다.

(11) 신약 귀살격에 월지(生家)와 시지(配子宮)에 화개요, 일지(配宮)에 월
살이며 충하고 土多라, 전형적인 승니 무속 환자지명이다. 화개는 신앙과
고독이요, 월살은 장애물과 산실散失이며, 충은 갈등 파경破鏡과 파산이
요, 土多는 예술 무속을 상징한다. 선대로 종교 집안이며, 우울증이 심하
고 접신증接神이 비상하며, 하는 일마다 고정苦情과 실패수 많다

c.〔男8〕 (입춘후 4일째생)

시일월년	38	28	18	08
壬癸癸壬	丁	丙	乙	甲
戌丑丑寅	巳	辰	卯	寅
辛癸癸戌				

〔그림 18〕 한여름, 폭풍우와 태풍으로 홍수 나서 재산과 사람들이 떠내려간다.

(1) 한 겨울에 온 천지가 물바다요 겨울 홍수가 난 상태다. 흙이며 나무들도 모두 물에 씻겨나가서, 의지할 데 없이 마냥 성난 물결에 몸을 맡기고 이리 부딪히고 저리 부딪히니(刑) 몸에 상처투성이다(急脚殺까지). 간신히 떠내려오는 나무토막을 붙잡고 의지해 구사일생하는데, 甲寅乙卯 시절에는 뗏목과 돛단배가 마련되어 환자로서 그나마 편히 살 수 있었다.

(2) 행운 丙辰 시절에는 태양이 떴으나(丙) 옛날에 호랑이 시집 장가가는 것처럼(戊癸合火) 천둥 번개치며 날씨가 요란하고 갰다 비왔다 하곤 하며, 땅에서는 논밭이 잠기고 마을이 잠수되는 등 피해가 막심하다(辰戌충). 다시 그 의지했던 가냘픈 나무토막(寅木)은 휩쓸려 떠내려가면서 만신창이가 됐다.

(3) 꼼짝 못하고 누워서 반신불수가 돼 있다가 丁시절에는 壬과 합해서 木되니 뗏목 타고 명을 근근히 유지하다가 巳시절에는 그 의지하던 나무 토막마저 부러지니 그만 생을 마감했다(寅巳형).

(4) 축요사록격인 듯하나, 戊戌 정관이 있어 파격으로 일반격이 된다. 巳운은 전실되며 刑되면서 흉하다.

참고-[女8] (小寒 후 6일째생)

시일월년	48	38	28	18	08
辛癸乙癸	庚	己	戊	丁	丙
酉丑丑丑	午	巳	辰	卯	寅
庚癸癸癸					

(1) 전형적인 축요사록격丑遙巳祿格이다. 가장 꺼리는 신약 子未巳가 없고, 시에 酉가 있음이 좋다. 癸日이 허공에서 巳 속의 丙戊를 合來해서 정재 정관으로 삼으니, 원국에 巳가 있으면 격이 깨진다. 子는 子丑합으로 묶고(=羈絆), 未는 丑未충하니, 파격에 흉해진단다.

(2) 시절이 양호하고 격이 온전하니, 독실하고 선량하며 평안한 인생이다. 戊시절엔 년간 癸가 戊癸합으로 무방하나, 己巳 시절이 걱정된다.

4 · 사주 그림 정경情景 감상 하기

인생이란 신비하면서 복잡하며 희비애락이 얽히는 영원한 물음표이다. 그러기에 더러운 면도 있지만 아름다운 면이 더 있는 악마와 천사의 복합 물이라 할 수도 있다. 사주 명식에서도 그러한 양식은 분명하다.

아래에서는 인생의 다양한 면을 가지고 있는 명식을 해석함에 있어서, 많은 실례들을 싣고자 한다. 인간이 정치적 동물이라면 그런 모습으로 정치적 형태로서 풀어볼 수 있고, 또 경제적 동물이라면 경제적 제도로써 해석할 수도 있으며, 또한 그런 인위적인 제도를 빌려 풀이하는 것 이상으로 사주가 바탕하고 있는 음양 오행론으로써 자연의 생태론적으로 설명할 수도 있는 것이다.

그래서 위에선 그런 입장에서 가능한 해석론이 있을 수 있다는 걸 원리적으로 밝혔고, 이제 실제의 현장에서 파악할 수 있도록 많은 실례들을 열거하며 학습의 기회를 가지도록 하겠다. 여기서는 위 3가지 해석론의 범주를 구별하지 않고 명식을 알기 쉽게 이해하려는 입장에서 설명하려 한다. 아마도 물상론적 설명이 대부분이 되겠다.

1. 〔女4〕

시일월년	54	44	34	24	14	04
辛戊己戊	癸	甲	乙	丙	丁	戊
酉戌未戌	丑	寅	卯	辰	巳	午

〔그림 19〕 가물고 너른 논밭이지만, 무진장한 보물을 간직한 부자구나!

(1) 8자 중 6자가 土요 시의 2자가 金이다. 온 논밭에 백금과 금은들이 무한정 들어 있어 이를 캐기만 하면(戌未刑) 부자가 된다. 황금 밭이라서 사람들이 모여들고(土生金), 나는 오는 이들을 그냥 내보내지 않고 하나씩이라도 손에 들려 보내니(喜泄氣) 누구나 좋아라 하며 구름 떼처럼 모여든다(生財). 워낙 매장량이 많아서 아무리 캐내도 모자람이 없다(土多).

오는 사람 막지 않고 가는 사람 붙들지 않으니(不見凶神), 사람 다루는 솜씨가 자유스럽고 해결사 노릇 잘 한다(戊戌日). 무한한 대지와 옥답沃畓들이 즐비해서 일을 추진함에 자신 있고 대범하며 행동의 규모가 커서 여장부라 부른다(戊戌日). 일의 성취가 보이니 사람들이 존경하며 황금알을 낳는 손이라며 다들 부러워한다(土生金).

(2) 戊午 丁巳 시절엔 땅 속의 보화가 감추어 있듯이 사람들의 눈에 뜨이지 않다
가, 丙辰 시절엔 그 보배들이 솟아나오니 주위에서 놀라며 타고난 재주를
칭찬한다(辰土와 丙辛合水). 가정에서나 사회에서 두각을 나타내는데 하
룻밤 자고 나면 금은이 마루에 산더미처럼 쌓인다(土泄과 生財).

(3) 乙卯 甲寅 시절에는 황금을 캐낸 땅을 일구고 논밭에 곡식을 심는 농사에 주
력한다. 쟁기질로 땅을 일구고 다 옥답으로 만들었지만 워낙 메마른 땅이
라서 곡식이 자랄지는 걱정된다. 未 속에 들어 있는 하늘이 준 어린 싹(乙
木)은 수분이 없어서 좀처럼 자라지 못하고, 곧 말라 죽는다(甲己合土).
봄이 되자(寅卯) 여기에 다시 종자를 뿌리고 식목하려고 마음을 품는다
(再緣하려고). 그러나 그럴수록 오히려 땅 속의 수분만 고갈할 뿐, 마침내
다 말라죽고 말 것임을 스스로도 잘 안다.

(4) 시상에 길신 상관이 앉아 있어 전체를 조율하고 있다. 시 탁신이 길신이면
유업遺業은 없더라도 빈 손으로 창업하고 만다. 그러나 탁신인 만큼 주위
로부터 도움받기보다는 내가 보살펴줘야 하는 위치에서 희생, 봉사 활동
을 많이 해야 한다.

2. 〔男7〕

시일월년	36	26	16	06
壬丁己丙	癸	壬	辛	庚
寅未亥申	卯	寅	丑	子
서남동북				

〔그림 20〕
안개와 이슬이 자욱한 새벽에 별빛이 초롱하게 비추고 있다. 그 별이란 입동에 寅時이니 루수婁宿로서, 하늘의 감옥天獄이며 제물에 쓰일 희생犧牲 짐승을 길러서 제사 때 바치는 일을 맡고 있다.

(1) 단풍도 떨어져 가고 으스스 낙엽지는 이른 겨울, 앙상한 모습을 드러내기 전에 뿌리에로 양기를 거둬들여 생명력을 응축해 가고 있다(寅未亥). 새벽 4시경이라(寅시) 기온 차가 심해 상당히 추운데 지상엔 안개가 가득하고(壬) 지표면에는 이슬과 수분이 많이 머물러서 새벽 안개가 자욱한 가운데, 안개 속으로 별들이(丁 음 11월 7 일생)이 어렴풋이 떠 있는데, 어엿한 북극성은 북쪽에서 밝은 빛을 발하며(丙) 천하를 비추고 있으나 수명은 길지 않네(丙이 居病, 逢月絶). 燕山君(1476~1506, 재위1494~1506)

(2) 예부터 군주는 남향한다 했던가! 丁임금이 홍염의 칼날 위에(丁未日) 정좌하면서 좌우의 궁녀들과 밤낮으로 주색에 탐닉하니(明合과 暗合) 임금은 권위를 잃고(正官의 貪合으로 貴를 잃음) 건강도 해쳐 가는데다(더 身弱해짐), 황실은 술렁거리며 불안해 하고 있다(寅申충). 다행히 壬寅 癸卯 시절에는 차가와진 새벽 방에 군불을 지펴 따뜻해지지만, 허약해진 몸으로 또 방탕의 극을 달리니(丁壬合) 마침내 관살의 화살 속에 묻혀버렸네(癸壬의 混雜).

(3) 壬寅 시절은 시주의 전지살이고 일간과 쟁합하고 년지에 중충重冲 하고 있다. 1506년은 丙寅(31세) 이다.

3. 〔男6〕

시일월년	56	46	36	26	16	06
甲己丁壬	癸	壬	辛	庚	己	戊
戌未未寅	丑	子	亥	戌	酉	申

〔그림 21〕 여름에 가뭄 들어 논밭이 갈라지다.

(1) 오뉴월 문전 옥답이 가뭄에 타들어 가고 나무마저 시든다. 거대한 담수호엔 물이 바닥나 물고기들이 몰사할 지경이다. 다행히 행운에서 서−북방향지로 달리니, 가문 땅에 물기가 스며들고 비가 내리고 물이 고여 작물들이 잘 자라는 환경이 조성됐다. 하지만 申酉 시절 戊己 황무지 논밭이 보태지니 아주 갈증으로 힘들었다.

(2) 壬은 정재 처인데, 丁과 간합하면서 관살로 변하고 있으니, 처가 애인과 내통해서 나를 괴롭히고 있다. 그 처는 뿌리를 두지 않으니 나에게 관심도

없어 곁을 떠나고 말았다. 원국에 비견 겁재가 우글거리면 내 것을 빼앗아
간다. 또 이들은 부왕父王인 년간을 보호하지는 못하고 은근히 따돌림하
는 형국을 이루어 불효를 범하고 있다. 이렇게 되면 국사를 잘 다루지 못
한 책임이 일간 군주에게 돌아가니 그 불효의 죄가 정통성과 혈통상의 결
함으로 나타나서 부부 인연이 고약하게 꼬이게 된다.

(3) 己日이 甲己化土하고, 丁壬은 化木해서 서로 財官 관계를 이루나, 丁壬이
官이 되므로 회살會殺이 되고 寅이 있어서 이른바 가종화토기격假從化土
氣格이 되매, 일반격의 丁 편인격으로 보게 된다. 편인은 탁신이라 곧 탁
신격이겠으나, 다시 丁壬化木으로 정관 甲이 되매 정관격으로 변환됐다.
정관은 청신이니 곧 청신격이며 칠살이 섞이지 않아 기쁘나, 투간된 甲 정
관이 탐합망본貪合忘本해서 그 귀기貴氣를 잊기 쉽다. 그렇지만 월일이
준합되고 일시 간합하니 정관과 편인이 상생해서 생주生主하는 꼴을 이
루는데, 일시에서 刑되니 형권 다루는 군인 경찰 수사 정보기관…등에 종
사한다.

(4) 특기할 것으로, 일시에서 간합지형의 곤랑도화가 있음이다. 간은 밖(사
회)이요 支는 안(가정)이니, 밖은 합하고 안은 형하는 형세다. 도화나 주
색 잡기로 패가한다는 살로, 인물이 술을 좋아하는 풍류인이면서 독선과
비관이 심해 밖에서는 잘하면서도 가족에게는 주정부리며 주사가 심하다
는 암시다. 주로 직장에서 받은 스트레스를 술로 달래면서 화풀이로 가정
에 퍼붓는 것이니 금실이 매우 나빠진다.
곤랑도화도 일간에게 미치는 영향이 日時와 日月의 것이 가장 심하고, 日
年의 것은 약하며(60%), 더구나 時年의 것은 더 낮아진다(40%). 이것은
육신처럼 같은 신살이라도 자리한 위치에 따라 그 작용력이 다름을 알려
준다.

4. 〔女2〕

```
시일월년    42   32   22   12   02
乙己己乙    甲   癸   壬   辛   庚
亥未丑丑    午   巳   辰   卯   寅
서남동북
```

〔그림 22〕 한겨울 앙상한 나무들이 북서풍에 시달리지만 땅엔 온기 있다.

(1) 한 겨울에 戌시라, 천지가 춥고 황량한 벌판에 앙상한 나무들이 서 있고 북서 바람이 세차게 불어 흔들거리고 있다. 지표면에는 물이 졸졸 흐르고 지면에 온기가 있어 거기에 의지한 겨울 나무는 생생히 버티고 있다.

(2) 행운에서 지표면은 그런 대로 중화돼 기쁜데, 천간에서 햇볕이 없고 차가운 소낙비를 내리고 먹구름만 잔득 끼여 우중충하다.

(3) 丑未 충출하고 년간 乙木은 뿌리 약해서 남편은 먼저 세상 떠나자, 일시에

서 亥未 암합하니 시동생 乙을 남편으로 맞았다. 乙木은 너무 멀리 떨어져 있었고 칠살이라 왠지 편부 같은 느낌이었으나, 시乙은 항상 가까이에서 다정했다. 선先, 즉 년월의 乙은 형이요 먼저 부군이며, 후後, 즉 일시의 乙은 동생이요 두 번째 남편이다. 지금처럼 관살이 암합하고 쌍출雙出하면 음란하기 마련이며 비정상적인 혼인 관계를 맺는 경향이 농후하는데, 일간이 후의 乙과 암합暗合, 합신合身하고 있어서 그러하다고 해석하는 것이다.

(4) 세상이 그러하고 남녀간이 그러하듯, 일간은 연약한 남정네보다 유력하고 친근한 남편을 사랑하기 마련이다. 년간 乙은 丑 속 癸에 유근한다고 하나, 衰에 앉아 있고, 己丑土에 둘러싸여 일간과 무정할뿐더러 무력하다. 같은 모양의 시 乙은 일시 支의 암합한 가운데 亥 중 甲과 함께 관살 혼잡을 이루며 유정 착근하고 있다. 甲은 장생지에 앉아 합으로 乙 보다 유력하다.

일간은 저절로 보다 강하고 유정한 甲에게 사랑을 품게 된다. 일간이 亥 중 甲과 인연 맺지만, 세상 사람들은 시간에 나타난 乙이 년간의 그 乙인 것처럼 알고 있을 뿐이다.

명합과 암합에 대해

명합明合은 천간에서 간합干合함을 일컫는다.
암합暗合은 어느 천간이 지지와 간합되는 경우와 지지의 장간藏干끼리 간합되는 경우, 또 그냥 지지의 삼합 지합 방합을 말하기도 한다.
합신合身은 신身이 일주日柱를 의미하므로 어느 육신六神이 일주와 합됨을 말한다. 가령, 甲寅日에 乙亥나 己卯 등……

5. 〔男9〕

시일월년	69	59	49	39	29	19	09
丙甲乙癸	戊	己	庚	辛	壬	癸	甲
寅戌丑巳	午	未	申	酉	戌	亥	子
서남동북							

〔그림 23〕 새벽녘에 달빛을 받으며 독서 삼매에 드는 가운데 고요한 정취가 흐른다.

(1) 한 겨울의 寅시라도 지면은 온기가 가득하고(寅戌巳) 지상에는 時干에
은빛 조각달(음 26일)이 떠있어 훤하게 천지를 비추고 있다. 북쪽에서
동쪽으로 흐르는 개골물가 옆에는 아름다운 정자(甲)와 나무(乙)가 서
있어 새벽녘의 사색은 그만이다. 따뜻한 방에서(日時의 寅戌火) 책읽다
丑戌 형출로 나툰 辛 백금 검劍의 반짝함을(甲丙의 通明) 생각한다. 이
것을 어디에 쓸고?

(2) 년에서 시작해서 水生木, 木生火, 火生土, 土生金, 金生水 처음에로 다시 돌고
돌아 상생하니, 총명하고 인물이 출중하며 신출한 능력을 지니고 있다. 본

래 황실과(年巳) 백성에 뿌리 깊은 인연을 둔(日時의 寅戌火) 時干 그 조 각달님은 칼날의 도움을 받아(丙辛合水) 곧 제 2의 햇님으로 떠오르려고 한다. 毛澤東(1893~1976).

(3) 원국에서 오행이 골고루 갖춰진 상태에서는 그 중에서 모자란 오행을 통 관 길신으로 삼는다. 여기서는 金 관살이다. 행운에서 서방 향지에 들어서 자 일약 발신하니 모두 원국의 잘 된 중화 덕분이다. 원국에서 중화가 잘 되면 왠만한 안 좋은 행운도 무사히 넘어간다. 일주와 년주, 월주와 시주 가 서로 같은 순旬으로 교차하면서 격국이 청하니(=一旬交叉格), 중원中 原의 범이 됐다.

(4) 甲日이 時에 寅을 두고 命중에 관살을 보지 않으니 온전한 귀록격으로 대부 귀해진다. 년지 巳가 형하려 하나 丑이 반합하니 형을 잊는다. 일찍이 성공 의 기틀을 잡는다(靑雲得路) 했으니, 풍운에 크게 명리를 얻는다. 辛酉 시 절엔 丙辛 합거合去되고 巳酉丑 三合되니 무난하고, 庚申 시절엔 乙庚 합거해 서 무방하나 寅申 충하거나 寅巳申 형출하니 어려웠다. 고비를 넘기는 것은 세운에서 유리하면 가능하다.

6. 〔女6〕

시일월년	56	46	36	26	16	06
乙丁丙壬	庚	辛	壬	癸	甲	乙
巳未午午	子	丑	寅	卯	辰	巳

〔그림 24〕 한여름 한낮, 집에 불난 형세로 치솟는 화염이 다 태우고 있다.

(1) 온통 천지에 불바다로 화염을 숭상하는데, 년간 壬水 남편이 북쪽 귀퉁이
에 의지할 데 없이 따돌림당하고 있다. 달구어진 가마솥에 물이 금방 증발
하는 형상이라 水가 오면 흉액해진다. 1974년(甲寅) 11월(甲戌) 남편이 다
른 여자와 춤추다 불나는 바람에 타죽고 말았다.

(2) 그 壬은 일간 나와 명합明合하면서 午 속의 丁 여인과도 암합暗合하고 있고
꽃들 속에 둘러싸여 있을 정도니 얼굴이 제법 반반하게 생겼겠고 여기저
기서 서로 손을 잡으려고 유혹도 했겠지요? 사이에 丙 겁재가 버텨 서서

가로막고 있으며 힘없는 년간 코너에 몰아넣고 따돌림시키니 나와는 의사 소통이 덜돼 무정하게 떨어져 있다. 癸卯 시절에 칠살 水가 겹쳐 오면서 센 화염에 못이겨 물이 튕겨 나간다. 관살이 혼잡하게 됨으로써 남편궁에 이변異變이 일어남을 암시한다.

(3) 년간은 부왕父王의 권위요 가문 혈통을 상징한다. 황실에 너무 많은 배다른 왕자들이 생산돼 있는 관계로, 그 왕자들이 무모하고 불효하게도 서로 부왕께 핍박을 가하는 형국이다. 이렇게 되면 황실의 정통성에 도전하는 꼴이 돼 우선 일간 군주가 이를 수습하지 못하고 부화뇌동한 허물로 황실의 권위가 땅에 떨어지고 스스로 재앙을 맞이하고 만다. 일단 문제가 발생하면 그 모든 책임은 군주에게 돌아가기 때문이다.

(4) 그렇다고 평생 독신으로 늙는 것 아니다. 시지 巳중 庚金이 유정하고, 행운에서 겨울로 접어 들기 때문이다. 시간 壬과 시지는 너무나 동떨어져 있을 뿐 아니라, 년월은 선이요, 일시는 후다. 선은 불행하더라도 후는 나아진다. 丁日은 그 庚金에 의지할 수밖에 없다.

이와 비슷한 예로, 壬寅년 丙午월 甲午일 乙丑시(女6)와 친구이자 시만 己巳(女6)로 다른 것이 있다. 앞은 丑중 辛金이 좌고坐庫하나 형충해 등이 없어 열리지 않는데, 뒤는 巳중 지하 암반 庚金이고 유정한 干合하지만 년지와 요형遙刑(멀리 형)하고 있다. 뒤는 혼인했지만 부군의 무능함과 경제고로 풍전등화 같이 부덕夫德 없어 한숨이 크다.

7. 〔女3〕

시일월년	53	43	33	23	13	03
辛己己己	乙	甲	癸	壬	辛	庚
未未巳丑	亥	戌	酉	申	未	午

〔그림 25〕 수만 평 되는 부동산 땅 속에 금은 보화가 가득하다!

(1) 巳월에 己土가 비견들을 많이 거느리고 있으면서 바짝 메말라 있는데, 시간 辛金이 巳丑에 통근하니 가히 아름답다. 뜨거운 대지를 식혀주면서 재물이 창고에 쌓이니 주위에서 부자라 부른다. 명식이 잘 중화됐다.

(2) 행운에서도 차가운 金水운이 다가오니 만지는 것마다 재물과 돈으로 변해 창고에 쌓인다. 그러나 남편이 보이지 않고 가로챌 동성同性 여인들만 우글거리니 내 남편을 빼앗아 가고 나는 빈방만 지키고 있어 화가 머리끝까지 치솟는데 눈물이 베개를 적신다.

(3) 원래 일지 未 속에 乙 남편이 있었으나, 충출돼 나오니 옆에 있는 여인이 가
로채 가는구나! 이렇게 되면 시간 辛金이 남편 노릇한데, 이미 딴 여자 위
에 앉아 있으면서 여러 여성들의 시중을 받고 있다. 저 辛夫는 본래 내가 만
들어 놓은(낳은) 내 것인 줄로만 알았는데(土生金), 알고 보니 딴 여자가
있어서(時支 未) 이미 내 것이 아니네.

(4) 별 볼일 없던 가난한 그를 돈주어 가르쳐 사람 만들어 결혼했더니, 이제
날 쳐다보지도 않고 여자들 속에 늦도록 묻혀 살고 있다. 그러면 헤어지면
되지 않는가? 나의 운명이 오로지 비서실장에게 매달린 상태이니(辛 喜
神) 그래도 비서실장의 도움으로 왕권, 즉 본실 자리와 국정 운영, 즉 식구
생계비는 제 때 보내주니 마지못해 살아간다.

(5) 년지 丑墓 속에 己辛癸 들어 있어, 癸 편재는 안전하고 나오질 않는 인색한
편이다. 丑未 충이라 하지만 墓일 뿐 아니라 巳丑 반합으로 열리지 않는다.
창고庫는 개건開鍵해야 하지만, 년월에서 굳게 합국된 묘墓는 일에서 충하
더라도 개건될 수 없기 때문이다.

8. 〔女8〕

시일월년	58	48	38	28	18	08
@壬庚壬	甲	乙	丙	丁	戊	己
@子戌辰	辰	巳	午	未	申	酉

〔그림 26〕 가을 단풍이 무루 익어가고 들판에는 볏짚단들이 옹기종기 널려 있고 개울물이 흐른다.

(1) 한로가 지나 초겨울이 다가오는데, 단풍이 무루 익어 산은 붉게 물들었고 들에는 추수가 끝난 자리에 황량히 볏짚만 놓여 있다. 이곳저곳에는 질퍽한 논의 물길이 있고, 커다란 담수호도 2 개나 아름답게 자리했다. 황량한 들녘에는 찬 기운의 겨울 바람이 감도는데, 보슬비가 내리고 구름이 자욱하여, 용이 들녘의 호수에서 구름을 타고 승천할 기세다. 그러나 그 검은 용이 들판에서 여의주를 놓고 싸우다 상처를 입고 추워지는 겨울을 맞고 있다. 뜻은 높고 기세는 있으나 용이 여의주를 놓치니 구름을 타지 못하는구나(= 이무기)!

(2) 잘 남을 이해하고 포용도 잘 하며, 행동의 반경이 커서 어려운 일도 척척
해결해 나가는 능력이 있고, 남을 지도하고 거느리며 관리하는 통솔력이
강하다. 치마만 둘렀지 장부라, 가정에서나 사회에서 두드러지게 남자 두
몫 일하고 해결사 노릇하니, 사람들이 잘 따르고 좋아하되 감히 범접치 못
하는 위력을 가지고 있다.

(3) 왜 여자로 낳던고! 뜻이 높고 능력이 크되 여의주 잃은 용인지라 승천치
못하니, 기가 꺾이고 울분나고 상심해서 몸이 아프도다. 항상 약탕기를 끼
고 살아야 하니 싸움에서 상처난 자국을 치유함이더라.

(4) 추수하고 귀가하는 농부의 즐거운 콧노래하는 마음 같아서, 문장력이 좋
고 예술적 소질이 크다. 무관·경찰·군인·교사·작가·관공서 등에서
능력을 발휘한다. 또는 식당업·식품업·빵집·건어물 장사 등으로 생업
한다. 승천하지 못한 용은 이무기라 한다. 능력이 탁월해서 어려운 가운데
에서도 스스로 활로를 열어 나간다. 난관에도 불구하고 재물복은 보통이
며 그런 대로 살아간다.

(5) 여의주를 다투다 잃고 상처만 남았으니, 부덕夫德이 아예 없으며 하는 일
마다 어려운 난관이 놓이더라도 난관을 잘 헤쳐나간다. 용이 싸우다 다쳤
으니, 허리·다리·신장·콩팥이요 심장 시력도 약해 혈압 당뇨 두렵다.
건강을 잘 챙겨야 하며, 신앙하면 많은 상처가 아문다. 늦가을 쓸쓸한 바
람을 맞으니, 우울증과 상실감이 사무쳐 몸과 마음을 다치니 신앙을 돈독
히 해야 한다. 부처님께 귀의해서 살아감도 좋다. 구름 타고 하늘에 닿는
문이 열렸으니(天關), 기도하면 영험이 있으리라.

(6) 壬子日은 일인日刃이라 하는데, 칠살을 만나야 길해지고 합을 기뻐한다.
戌 중 戊와 합하고, 辰子 반합에 壬을 투간하니 더욱 좋다. 또 2 칠살을 庚 편

인이 화생化生하니 구슬끈을 쥔 여장부다. 문무, 기술, 예도, 교육에 조예
깊고 종사한다.

<table>
<tr><td>

칠살에 대한 술어 정리

식신(상관)이 칠살을 제어하면 편관이라 부른다. 칠살의 탁기와 살기를 순화시켰기 때문이다. 이를 제살制殺이라 한다.

화살化殺은 칠살의 탁기와 살기를 인성으로써 순화시킴을 말한다. 보통 이를 살인화생殺印化生 또는 살인상생이라 한다.

합살合殺은 칠살을 합해서 칠살의 탁기와 살기를 순화시킴이다. 이렇게 칠살은 순화돼 편관이 되면 그만한 명리를 차지한다. 만약 제살 화살 합살되지 못하고 칠살이 거듭되면 귀살鬼殺이라 해서 일간에게 매우 흉해진다. 장애, 질병 낙오자로 인생고가 비상해진다.

扶殺=재성이 칠살을 생하거나 칠살이 상함이 없이 건재하면서 칠살이 길신이 된다.

生殺=재성이 칠살을 생조한다. 주로 칠살의 살기와 탁기가 발동하므로 흉해진다.

</td></tr>
</table>

9. 〔男1〕

시일월년	61	51	41	31	21	11	01
丙己壬丙	己	戊	丁	丙	乙	甲	癸
寅亥辰辰	亥	戌	酉	申	未	午	巳
서남동북							

〔그림 27〕 새벽녘에 두 용이 구름을 타고 승천하는 기상

(1) 辰月은 濕土이며 봄의 환절기로서 기온 차가 심하나 청명이 훨씬 지나 바야
흐로 나쁜 농사철이 임박함을 말한다. 땅에는 충분한 수분을 잔뜩 머금고
(辰辰亥), 파종하기 좋은데(寅亥) 북극성(年干 丙)이 밝게 빛나고 새벽
인 데도 서쪽의 각수角宿(＝時干 丙)가 빛을 크게 발해서 아름다운 새벽
정경情景이다. 각이란 별은 군주의 위엄과 신용을 백성에게 널리 베푸는
일을 담당한다고 한다. 별빛에 반사된 빛을 받아 자욱한 구름과 안개(壬과
亥)는 마치 쌍용(辰辰)이 승천하기에 알맞은 여건을 조성하고 있다.

(2) 앞에서 손을 잡고 조상이 이끌어 주고(年干 丙), 뒤에서 따르는 심복心腹이 힘껏 밀어주니(時干 丙) 하는 일마다 어른이 도와주고 후배들이 따라 후원해 준다. 그것은 두 丙이 나라의 예산 및 기획 조정실에 깊이 뿌리를 두어 적극적으로 지지와 후원을 받고 있기 때문이다.

(3) 사당과 북망산은 원래 북쪽에 있으면서 후손의 공양과 봉헌을 받는다. 제사와 봉양을 잘 하면 그 조상이 자손에게 복을 내리시는 법이다. 년간 丙은 정인으로 청신淸神이며 길신이다.

이 정인이 년월의 조정과 황실의 재물과 권위(辰중 癸재, 乙관)를 호관護官하면서 군주에게 소통시키고 있어 답례로 군주도 지극히 효성스럽다. 일간은 혈통적인 유대에 의한 조상덕이 매우 커서 그 유업으로 술술 풀리는데, 일시의 후원을 받는 시간 丙정인은 나와 동기 같은 인덕들로서 그들은 사회에서 얻어진 지인知人들의 유대와 지지다. 두 丙 중에서 시간 丙이 훨씬 양호하고 활동적이니, 곧 일간이 후천적으로 가문과 황실의 위엄을 더욱 빛냈다.

(4) 저변에(地支) 재관인이 잘 유대하고 소통되면서 그 대표로 인성, 즉 구슬 달린 인장(時干 丙)을 투간시켜 정치 무대에서 활동하게 하니(時干), 강력한 지지와 배경을 업고(寅亥 木局) 국가의 경제(財) · 입법(官) · 행정(官印) · 문화(印) 등을 한때 두루 주관하기도 했다. 부총리 역임.

10. 〔男4〕(寒露 후 11 일째생)

시일월년	64	54	44	34	24	14	04
壬癸甲己	丁	戊	己	庚	辛	壬	癸
戌未戌丑	卯	辰	巳	午	未	申	酉
丁乙丁辛							

〔그림 28〕 방에 둘러앉아 담소談笑하는데 구름 사이로 조각달이 아직 떠오르지 못한 가운데 고요를 깨고 개울물이 졸졸 흐른다.

(1) 가을걷이가 다 끝난 황량한 산야에 붉게 단풍들며(甲) 기온 차가 심한 戌 환절기에서도 가족들이 저녁을 마치고(戌時) 따뜻한 방에 다 함께 화롯불 가(月 戌중 丁)를 중심으로 모여 가을에 걷어들인 고구마 같은 걸 구워 먹으며(未중 乙) 즐거운 담소를 나누는 시기에(日時가 木生火로 有情) 세상에 나왔다.

가을 저녁 하늘 저 멀리에는 뭉게 구름이(壬) 두둥실 떠다니고 낮은 산야

山野 사이로 개울물이(癸) 졸졸 흐르고 있다(丑). 압구정 같은 풍광 있는 정자에 앉아(甲) 떠가는 구름을 보며 나즈막하게 천천히 흐르는 개울물 소리의 아름다움에 취해 또 옆에서(劫財) 권하는 술 한잔을 드니(辛生水), 산 너머에 아직 뜨지 못한 그믐의 조각달이 아쉬운 듯 정적을 이루고 있네(時丁壬합).

(2) 지난 1년의 농사일을 총 마무리하고 결산하는 가장 풍요롭고 즐거운 철이다. 열심히 일한 일꾼들에게(吉神 比劫) 품삯도 넉넉히 주어야 하고(金生水) 그 동안의 노고를 위로해 주는 자리다(水生木). 그래서 집안 마당에는(土多) 동네 사람들이 모여 뒷풀이의 대잔치를 벌이며 춤추고 노래하고 축제하는(傷官) 등 오순도순 이야기 꽃을 피우고 있다(月干 甲).

(3) 행운에서 인연있는 사람들이(壬癸) 모여서 서로 술잔들을 돌리며(庚辛), 주인집의 넉넉한 살림살이(土生金)와 두둑한 인심(金生水, 水生木)을 칭송하며 모두 감탄해 하고 있다(吉한 行運)!

(4) 월지 戌 금고 속에서 丁 편재가 대표로 뽑혀 격을 이루고 부모 형제들이 밀어주나(月干 甲과 時 乙이 木生火), 신약한 군주는 덩치 큰 편재의 신출귀몰하는 재주(偏財의 生殺)를 감당하기에 벅차서(태왕한 財殺局) 고민한다. 편재들은 노골적으로 심약한 군주에게 권력을 과시하며 위협을 가하려고 하는데(身弱 殺重格), 보다 못한 황실에서(年支 丑) 조정을 장악하고 정국을 조율할 유능한 편인偏印 辛을 내보내어 번민에 빠진 군주를 보필하려고 한다.

이런 난세에서는 점잖은 정인正印 군자보다는 조조曹操 같은 임기응변에 능하고 지략있는 참모가 아주 필요한 법이다. 황실의 배경을 안고 조정에 등장한 辛 편인은 그 극악무도하고 무력만 아는 무장 세력들을 달변의 세

치 혀끝으로 설득시켜 살기殺氣를 무마하고 임금에게 절대 충성하도록
맹세를 받아내니, 그야말로 일등 공신이 아닐 수 없다.

(5) 이런 공신의 후원과 지략 속에서 시간 壬 비서실장은 힘을 얻고 국정 운영
의 탄력을 받아 적극적으로 일간 군주를 보위하며 국사를 챙기고 있다(劫
財가 吉神). 모두 황실의 지지와 후원 덕분에 가능한 일이다. 간혹 그 壬실
장이 본분을 잠시 잊고 헛눈 팔 때(壬이 支 丁과 暗合)도 있어서 국정 운영
에 혼란과 파행이 있겠으나(殺局) 우여곡절 속에서도 착실한 실장이라(戌
중에도 有根) 군주를 잘 보필하니 보위는 유지된다(時干이 吉神).

(6) 이렇게 격랑이 가끔 이는 것은 신약身弱 살중殺重한 데다가 년월에서도 살
국으로 장악된 상태이기 때문인데, 항상 관재와 구설 시비 우환이 끊이질
않을 가능성을 가지고 있다. 황실의 전권 특사인 辛이 게으르던가 壬 실장
이 헛눈 팔 때면 저 무장 세력들이 몽니를 부리기 시작한다. 몸을 상하며
일이 꼬이는 등 칼날의 표적이 될 수 있다.
그러니 군주는 항상 재관, 즉 재물 관청에 접근하고 다룸에 있어서 신중히
해야 한다. 소홀히 하면 군주의 체면이 깎이고 나라 위신이 안 선다(行運의
重要性). 辛과 壬이 손발이 맞아 국정이 잘 돌아가면 군주는 태평성대를 이
룬 군주라며 회자膾炙돼 사해四海에 이름 석 자가 드날린다. 대기업 및 일
간지 사장 역임했다.

(7) 간혹 이 경우, 월지가 土이니 잡기격인 줄 아는데, 년간에 己土 칠살이 투간
돼 있어 잡기격이 아니다. 甲己 합거 하니 칠살이 관으로 화하고, 丑未 충출
로 거살되니 정관만 남아 아주 맑아졌다. 이를 서배 거살 유관舒配去殺留官
이라 한다. 또 財 丁은 戌 고庫 중에서 형출로 투출돼 있고, 월시지가 같아
서 통근한 셈이다. 고재庫財가 득시得時하면 부해진다.

11. 〔男2〕

시일월년	62	52	42	32	22	12	02
丙戊丙丙	癸	壬	辛	庚	己	戊	丁
辰寅申戌	卯	寅	丑	子	亥	戌	酉
서남동북							

〔그림 29〕 들에는 나락(벼)들이 누렇게 물결치고 오곡 백과들이 익어간다.

(1) 추석이 가까우매 산과 들에는 황금 물결이 넘실대며(火克金) 한창 곡물들이 익어가는 철이다(木生火). 새들도 배 부르고 메뚜기도 제철이라 살찌는데, 하늘은 높고 맑으며 햇볕은 내리쬐여(3 丙) 일조량이 많아지니(寅戌火局) 여기 저기 작물들이 툭툭 영글게 굵어지며(土金食神格) 토실토실한 열매들을 하나 둘 선보이고 있다(食神生財局).

(2) 월과 시로 연결된 재성국(申辰 半合局)은 평생 부유함을 의미하는데, 열쇠가 있어 자유자재로 열고 닫으면서(辰戌충) 필요할 때 내주고 또 들여

오니, 항상 곳간에서 인심 난다고 하듯이 사람들이 구름처럼 모여서 그 재물과 인심 받아가려 한다.

특히 時支 辰은 좀처럼 마르지 않는 지하수이기에 퍼내고 퍼내도 아침에 보면 도로 가득차 있는 그런 옹달샘 같은지라, 비록 천간에서 재성이 사회적 활동을 하며 재물을 벌어들이지 않더라도 은연중 재물이 곳간에 쌓인다(暗合 財局). 신왕해서 土生金 金生水가 저절로 이루어지고 있기 때문이다.

(3) 그 뿐이랴! 戊 일간은 寅 칠살 위에 앉아 있는데 식신 申이 제살制殺함에 편관으로 순화되고 다시 寅辰의 半合 木局을 이루어 재국이 관국을 형성하니 부귀의 자랑스런 감투가 멀지 않았다.

관은 반드시 재가 있어서 생조 받아야만 감투가 씌워지고 빛나게 된다. 이 재를 관의 유근有根이라 한다. 만약 재가 없으면 뿌리 없는 외로운 감투라 해서 고관孤官이라 부른다. 고관은 별볼일없는 감투를 말한다. 이름 있는 감투라면 3일 천하의 감투에 불과하다.

지금 이 명식에서 寅 편관이 갑자기 유력해진 것은 時辰의 공로에 있다. 시지는 월지 다음으로 국정의 운영에 필수적인 핵심 부서인데, 寅이 時支와 긴밀한 유대 관계를 유지하며 전폭적인 지지를 받고 있기에(水生木) 일시의 시절, 즉 혼인 후로 발신하기 시작해 세월이 흐를수록 일취월장한다는 뜻이다.

(4) 명식에 재관이 있더라도 덕망과 명예를 의미하는 인성이 없으면 관을 보호하지 못해서 감투는 썼으나 이름이 없는 거나 같아서 인심과 인망을 얻기 힘들다. 이런 경우를 무보無補라 부른다. 노력은 했으나 그 공이 나지 않는 것이니, 한숨이 절로 나기 십상이다. 그러나 이 명식에서처럼 火 인성이 유력하면서 관을 감싸주면 어떤 감투라도 명성과 덕망이 붙어 사해四海에 회자된다. 이렇게 인성이 관을 호위함을 호관護官이라 해서 부귀하

는 한 조건으로 여긴다. 관이 유근되고 호관되면 반드시 부귀해진다.

(5) 사람은 누구나 감투를 쓰기 원하며 출세하기 바란다. 성공 출세란 것이 명식에서 관성을 중심으로 재성과 인성의 적절한 배합과 구조를 이루면 가능한 일이요, 관이 있더라도 고관무보孤官無補라면 있으나마나하는 경우가 많아서 세상에 나와서 제대로 대접받는 사람 구실 한번 못하고 허송세월하게 된다.

(6) 신왕하면서 식신 재성 관성 인성이 고루 균형과 중화를 이루고 있어 처공의 내조에 의한 출세가 빠르다. 특히 관이 유근되면서 호관되고 있어서 아름답다. 다시 원국에 火가 치염熾炎하는 듯한 것을 행운에서 잘 조후하고 조절해 주니 금상첨화다. 대통령 역임.

(7) 표리 즉 년시와 월일은 충하고, 선후 즉 년월과 일시는 반방합되고 있다. 이러면 현 상황이 불리해도 마침내 유리하게 반전되는 칠전팔기의 기적을 낳곤 한다. 표리가 형충되면 내가 처한 상황이 고난하고 내외적으로 힘든 격랑이지만, 선후에서 합되면 귀인들의 도움으로 시간이 흐르면서 호전된다는 의미로 해석하면 된다.

만약 선이 형충되면 천우신조하기 어려우며, 후가 형충되면 내 노력과 정성이 마침내 실패하고 만다. 선은 타력적 후원이요 후는 자력적 성공을 뜻하기 때문이다. 지금 표리 관계는 일간日干이 처한 공간적 상황을 말하는데, 그 분위기가 형충이더라도 시간적 조건(自他力)이 회합會合되면 곧 해충解沖, 해형解刑하는 원리에 의한다.

만약 이런 구조의 반대가 되면, 즉 표리는 합되고 선후는 형충되면, 이를 선청후탁先淸後濁이라 해서 끝이 좌절되는 불행을 겪는다. 반방합이라도 천간에 같은 오행이 나투면 유력해진다. 천간은 통상 +1 힘을 가지니, 당연 회합이나 회국되면 그 만큼 강력해진다. 이 명식에서는 불투不透됐으니, 단순히 반합된 상태에서 년월의 금기金氣와 일시의 목기木氣가 서로 싸우는 격전장이 된 셈이다. 金은 식상이요 木은 관살이니 투쟁 관계를 이루면, 늘 논쟁과 구설거리를 낳는다. 이럴 때에는 꼭 인성이 있어야 길해지는데, 지금 년월시에 버젓이 버티면서 싸움을 말리고 있어 기쁘다.

(8) 2006 丙戌년(61세)은 회갑해며 전지살-도식- 충이 겹친다. 丙도식은 火액이라, 국운도 걱정된다.

12. 〔男6〕(立春 후 12 일째생)

시일월년	66	56	46	36	26	16	06
丁庚壬壬	己	戊	丁	丙	乙	甲	癸
丑子寅午	酉	申	未	午	巳	辰	卯
辛癸丙己							
서남동북							

〔그림 30〕 추운 겨울 새벽 2시 경, 세차게 바람이 불어와서 따뜻한 햇볕이 빨리 내리 쬐야 하는데, 언제나 봄이 오려나?

(1) 입춘이 지났으나 한 겨울의 추위는 여전하고(丑) 살을 에는 북동풍은 세차게 불어 온다(壬寅). 땅은 얼어붙어 있는데(己癸辛) 따뜻한 봄을 재촉하는 먹구름을 머금은 보슬비(雙壬)가 자욱한 안개 구름을 일으키며 금강산에서부터(庚金) 내리치고 있다.

(2) 그러던 음침한 날씨와 꽁꽁 언 추운 환경에서도 오전 10시쯤 되자(寅중 丙 =巳), 먹구름을 헤치고 밝은 태양이 떠오르며 날씨가 개이며 천지가 따뜻해지기 시작했다(月支 寅중 丙 투출). 시간 丁은 진수軫宿인데 장군將軍과 예술을 주관하는 별자리다.

(3) 월지는 생가라 그곳의 태양 丙은 가장인 아버지일 것이요, 거기에 뿌리둔 시간 丁은 그 정기를 이어받은 아들일 것이다. 부자가 힘을 합쳐 불모의 동토凍土의 나라를 봄날의 화창한 나라로 꾸려가고 있는 형국이다. 너무나 추운지라 작물이나 초목들이 보이지 않고 모두 땅 속에 웅크리며 어서 화창한 봄날을 학수 고대하는 중이다(月支 寅중 甲木).

(4) 아무리 세찬 바람의 겨울일지라도 천명에 의해 봄은 오고야 마는 법이라, 동산의 햇님과 먼 하늘의 진수가 떠서 비추고 행운에서 동-남-서 향지에로 흐르면서, 천지간(干支)에 조후가 잘 돼 감에, 평생 아무런 걱정 없이 부귀영화를 누린다.

(5) 월지 丙 칠살격이다. 사람됨이 총명하고 교제에 능하고 사람을 다루는 솜씨가 뛰어나고 술책과 모험을 좋아하며 영웅 호걸처럼 민첩하고 과단성 있으며 통솔력이 탁월하다. 무예와 문학 예술을 좋아하고 성급하며 교쟁交爭을 즐기고 목적을 위한 권모술책이 교묘하다. 의협심이 강하며 영민해서 기회를 잘 잡으며 계획을 곧 실행에 옮겨서 시원하고 화끈한 느낌을 준다.

(6) 겨울에 워낙 추워서 더욱 아름다운 시간 丁 정관은 부귀해지는 감투다. 비록 관살의 혼잡이라고 하나, 사실 나툰 것(透干)은 丁 정관뿐이다. 또한 월지에서 투출한 丙칠살의 살기를 時支 丑 습토濕土에서 흡수해(殺印相生格) 인생주印生主하고 있어서 丁 정관은 더욱 맑아지고 고귀해진다. 시지에서

나라의 전체적인 예산과 계획을 짜고 조정하는 곳이라서 이러한 국책상의
조율이 충분히 가능한 것이다.

(7) 火 관성과 水 식상이 서로 막상 막하로 다투고 있는 모습은 집안의 권력 투
쟁을 의미한다. 여기서 관성은 정통성이나 가권 질서를 의미하고, 식상은
반항 변혁을 말한다. 남녀를 불문하고 이런 형국이면 집안에 우환이 끊이
질 않는다. 또 간에서 丁이 투합妬合을 공공연하게 하고 있어 걱정된다. 가
정이 편안해야 모든 일이 이뤄진다는 격언처럼 국사의 첫 번째 현안으로
다스려야 할 과제라고 생각된다.

(8) 납음오행으로 년주와 시주, 일주와 월주가 같은 순旬으로 짝 고리 지어져
안팎으로 천하에 귀격을 이룬다(= 一旬表裏格). 또한 표리로 시주에서
년주에로 水生木, 일주에서 월주에로 土生金하니 이른바 자녀가 어버이를
효성스럽게 봉양하는 이치다.

(9) 전체적인 오행상으로 보면, 水火가 상제相濟하는 형상을 이룬다. 水는 음
의 대표요, 火는 양의 대표다. 水와 火의 관계는 밥 짓는 솥이나 약 끓이
는 약탕기같이, 조화의 극치를 말한다. 자연에서는 火인 태양이 높이 떠
있고, 水인 물은 가장 낮은 데 위치한다. 사람에게는 심장이 火요, 신장
이 水다.
오행학에서는 水火가 반드시 서로 어울려 이루어짐(相濟)을 중화로 여긴
다. 솥에 쌀과 물을 넣고 밑에서 불을 지피면 적당한 때에 밥이 된다. 약탕
기에 약재를 넣고 적당한 조건으로 불을 때면 약이 잘 우러난다. 우리 몸
에서 심장의 열기와 신장의 한기가 잘 상제돼야 신진대사가 이루어진다.
기혈氣血의 신진대사야말로 건강과 장수의 요체니, 이를 水火의 상제라 부
른다.

13. 〔男3〕

시일월년	73	63	53	43	33	23	13	03
辛丁庚戊	戊	丁	丙	乙	甲	癸	壬	辛
亥亥申子	辰	卯	寅	丑	子	亥	戌	酉

〔그림 31〕 하현달이 저수지에 비쳐 달이 물 속에서 예쁜 자태를 나툰다.

(1) 아직 더운 계절에 머지 않아 추석이 다가 오는데, 밤 亥시에 나고 주위엔 금산들이(庚辛) 우뚝 서 있으며 개울물이 졸졸 흘러서(金生水) 큰 호수를 이루고 있다(申子亥局). 하늘에는 하현의 조각달(丁 음 26 일)이 산야를 청초롭게 훤히 비추고 있는 가운데, 들판에는 오곡들이 익어가고 있으며 붉은 쥐(丁과 子)는 무엇을 바삐 찾아가는 지 큰 호수 속을 헤염쳐 가고 있다. 고요하고 풍성한 가을걷이를 앞둔 농부의 마음을 아는지 저 반달도 미소짓는다!

(2) 차가운 밤 기온인데, 행운에서 서-북-동 향지로 달리며, 처음 시절에는 천

간이 辛壬癸 등으로 입추 치고는 매우 추워서 곤고했다. 부친이 6.25 때 일찍 가시매 가세가 기울고(身弱에 月支財多) 모친 밑에서 힘들게 살았다. 亥중 甲 정인이 長生에 앉아서 오로지 일간을 생조하고 있으나, 아직 약한데 행운에서 조후되면서 나아지기 시작했다.

(3) 희한하게도 이 명식의 현재 살고 있는 데가 명식의 주위 환경 그대로 비슷한 시골이다. 낮은 산들이 앞뒤로 둘러져 있고 앞에 내려다 보이는 곳에는 상당히 큰 저수지가 있으며 가끔 여름이면 수영도 할 수 있고 달이 뜨면 호수에 비친 달을 볼 수 있어 그야말로 전원 생활의 극치를 맛 볼 수 있는 곳이라 신기하기만 하다. 어려서부터 수영도 잘 했다.

(4) 이런 명식의 경우처럼 재관이 일색을 이룬 듯하고 일간이 의지할 데가 없으면 보통 종재살한다고 보지만, 丁 일간이 亥를 보면 亥중 甲木이 亥에 장생해서 능히 일간을 생조하니 일간은 종재살하지 않고 모친인 甲木에 기쁜 마음으로 의지하는 게 사실이다.

(5) 丁亥日은 좀 특별하다. 亥 중 甲은 坐장생이요 壬은 坐건록인데, 水生木으로 甲이 유력해지니 모친이 살아 장수한다(= 무失父親). 그러나 만약 원국 중에 己土가 있으면 甲己의 탐합망본으로 모친의 덕 없이 모친을 잃게 된다.

지금 丁亥日에 또 亥 있고 申子 水局으로 甲木은 유력해지고 己土가 없어 모친이 장수했다. 신약재다 하면 조실부친하거나(= 嫡子) 아니면 異父 異母를 모신다(= 庶出). 월지에 정재라 본실 소생이다. 신약하고 년월에 관살국이 태왕하면 형제가 없고 고독하다.

14. 〔男6〕

시일월년	66	56	46	36	26	16	06
丙丁丁戊	甲	癸	壬	辛	庚	己	戊
午未巳子	子	亥	戌	酉	申	未	午

〔그림 32〕 도자기를 잘 구우려고 1,500 도 이상으로 불을 지펴서 훨훨 탄다.

(1) 이른 여름에 들어 섰지만 불가마들이 많고 하늘에도 강렬한 뙤약볕이 내
리치고 있다. 도자기 굽는 불가마처럼 실내 온도가 매우 높으니, 년지 子水
라도 午충돼 고갈됨은 뻔하다.
월지 巳중에 庚金이 있더라도 丙丁 화염 때문에 뜨거운 온천수마저 얼마 내
지 못하고 녹아버리고 만다. 어쩔 수 없이 치솟는 화염을 숭상할 수밖에
없는데, 생김새도 영락없이 검붉은 화상火象이다.

(2) 도자기 굽는 불가마에 金水는 금물이다. 나무를 더 넣고 지펴서 가마의 온
도를 일정한 상태로 올려야 한다. 火는 예禮이며 직시直視함인지라 바른
생활 규범과 민주적 사회 질서를 향해 목청을 높힌다.

어두운 우리의 지난 시절에 불같이 일어나 횃불을 쳐들고 앞장섰다. 염상
焰象은 투명하고 정의로운 기질을 의미하는데, 저 밝은 태양의 문화의 상
을 상징하기 때문에 그저 순수한 염원으로 민주화와 인권 운동에 앞장서
고 있다.

(3) 그러나 행운의 시절은 남-서-북 향지로 달리고 천간도 金水운이라서 화상
火象에 거슬리니 불길하다. 일찍 황면黃面을 향해 분향하고 있다.

(4) 월주가 비겁이고 日月干이 같고 시지에 건록을 이루면 귀록격 중에서 전형
적인 분록격分祿格이라 해서 재록이 빈약해진다. 형충 공망 해를 꺼리는
데 년지 子가 와서 충하니 매우 흉하다.

(5) 요즘도 가끔 TV에 잘 나오는 인권 투사다. 그 힘은 어디서 나올까? 巳午未
方局과 丙丁戊 동류의 굳은 모임으로 불가마 그대로 형상이다. 巳午未는 땅
의 불기둥이요, 丙丁은 하늘의 태양의 밝은 불볕을 상징한다.
리궁離宮에 맞닿는 불기둥은 세상의 어둠을 밝히고 민중을 인도하는 표상
이다. 불기둥을 앞세우려면 주장이 세며 이사理事와 판단에 비판적이야
한다. 투명해서 복잡한 것을 싫어한다. 탁하고 잡된 것을 훨훨 태워버리고
싶어한다. 불가마 아궁이에 들어가는 것은 다 타고 말 것이며, 그래야 불
기둥이 더 힘차게 타오를 것 아닌가!

(6) 丙午 天河水라 水星山인 진산鎭山에서 노니는 검붉은 산양(丁未)은 의지가
곧고 험난한 돌과 바위에도 외롭지만 잘 적응한다. 말과 더불어(午未합)
맹렬하며 외곬으로 달린다. 행운 시절에서 불리하니, 때를 못 만난 영웅처
럼 평생 투사로 남을 것 같다.

15. 〔男9〕 (立春 후 4 일째생)

시일월년	69	59	49	39	29	19	09
辛壬庚丙	丁	丙	乙	甲	癸	壬	辛
亥子寅戌	酉	申	未	午	巳	辰	卯
戊壬戊辛							

〔그림 33〕 고요한 한밤, 개울물이 졸졸 흐르고 구름 사이로 북극성은 빛나고,
나무 밑 정자에는 정적靜寂만 감돈다.

(1) 입춘이 막 지나서도 상당히 추운데, 동산에 안개가 자욱하고(庚壬) 서산
에서는 돌 틈에서 나는 개울물이(辛壬) 내리 흘러 큰 호수를 이루고 있다
(亥子). 호수 주위에는 정자와 나무들이 둘러 서 있고(亥寅), 밤이지만(亥
時) 북쪽의 북극성은 환히 빛나고(丙) 지면에는 화염이 치솟고 있어서(寅
戌火局), 水火가 잘 조화를 이루니(水火旣濟) 신진대사가 원만하다.

(2) 월지 寅중에서 戊 편관이 투출되니 편관격이다. 형충이 없고 水火를 조절

하는 길신이 되면서 득령하니 행운에 따라 크게 명리를 드날린다. 행운에서 중화를 이루니 평생 걱정없는 인생이다. 길신 편관격이라 항상 감투운이 있고 두령운으로 통솔하고 사람을 다루며 일을 도모하는 지모가 뛰어나다. 이렇게 유리하면 정치계로 나갈 만도 한데 그는 황면 제자衲子로서 본분을 지키고 있다.

(3) 시지에도 편관이 자리하고 월과 합국合局해서 유정한데, 辛이 투간해 호관護官하고 있으니 당상관에 이름이 높이 걸리며 사람들이 우러러 본다.

(4) 壬子日 양인이 칠살과 균정을 이루면서 살인화생하니 아주 귀해진다.

(5) 壬日이 시지에 건록을 둔 귀록격이 인수와 재성을 時年에 대봉帶逢해서 아주 길한 듯하지만, 월지에서 칠살이 투출해서 파격된다. 고로 귀록격이 아닌 일반 칠살격이다.

16. 〔男7〕

시일월년	67	57	47	37	27	17	07
己癸戊癸	辛	壬	癸	甲	乙	丙	丁
未亥午酉	亥	子	丑	寅	卯	辰	巳

火水火金
서남동북

〔그림 34〕 한더위에 반가운 소낙비도 내리고 작물들은 무럭무럭 자라고 있다.

(1) 한더위가 성할 때라 나무들이 가지와 잎을 무성하게 뻗고 영양분과 수분을 엄청나게 필요로 한다. 오후 2시 쯤이라 매우 찌는 더위가 극성을 부리는데(午未, 戊癸), 마침 남산(日癸)과 북산에서(年癸) 반가운 빗줄기가 쏟아져 내려 온 대지를 적셔주고 남쪽 저 멀리에 큰 호수를 이루어 한여름에 조후를 잘해 주네(癸亥).

대지에는 열을 빼앗는 수증기가 무럭무럭 피어 오르고(午未속 亥) 대기에도 적절한 수증기가 포함돼 있어(戊癸合) 상쾌한 여름이라 좋은데 좀 더운 기후는 어쩔 수 없다(月時에 火土).

(2) 행운에서 동방 향지는 좀 차가운 계절이라(寅卯辰) 지표면은 적절하게 조
후되고 있는데, 천간에서는 丁丙乙甲이라 대기상의 수증기를 바짝 빨아들
여 매우 건조하고 더워지고 있다. 다행히 지면의 큰 호수에서 증발되는 수
증기 덕분에 대기는 적당한 습도를 유지하고 있다(癸亥).
북방 향지에 이르면 지면은 열기를 차가운 기운이 식혀주고(亥子丑) 대기
에는 다시 여름 소낙비 같은 시원한 비를 뿌려주니(癸壬辛) 작물과 식물
들이 자라고 열매를 맺는 데에는 안성맞춤이다. 올해 농사는 풍년들 것 같
다! 장관 역임했다.

(3) 일주日柱을 중심으로 월주와 시주가 같은 순旬으로(＝一旬同出格) 부귀
한 청기淸氣를 타고 났다. 또 2火 1金 1水라 용광로 불에 의해 금광석이 금
그릇으로 담금질 돼 만들어져 나오니 이른바 화금성기격火金成器格으로
부귀해짐을 암시한다.

(4) 戊癸합으로 칠살을 남기고 정관을 제거하니 명식이 한결 맑아졌다. 이러
면 칠살이 편관이 돼 격에 어울리는 권귀權貴를 반드시 누린다.

17. 〔女4〕

시일월년	84	74	64	54	44	34	24	14	04
丙丁癸辛	壬	辛	庚	己	戊	丁	丙	乙	甲
午亥巳酉	寅	丑	子	亥	戌	酉	申	未	午

〔그림 35〕 한낮에 뜨거운데, 숲은 무성하고, 필요한 빗물은 흘러 담수호를 이룬다.

(1) 입하를 훨씬 지나 무더운 여름을 재촉하는 철에서도 한낮에 낳다. 한여름
철에는 수목들이 잎을 뻗고 무성히 자라서 꽃피고 열매를 맺어야 하니까
수분과 영양분이 아주 많이 필요한 때다. 북쪽 돌산에서 구름이 일더니(辛
癸) 동쪽 하늘에서 소낙비가 내려서(癸) 저 남쪽 큰 담수호로 모인다(亥).
지표면도 적당한 조후로 온도 습도가 맞고 대기 상태도 적절한 듯 하나,
역시 계절의 월시가 불가마 같은지라 여름의 더위는 피할 수 없을 것 같다
(巳午 半合局에 丙丁).

(2) 행운에서 서방 향지鄕地까지에는 천지가 무더운 계절이라 덜 발신하다가 북방 향지에서부터 조후가 잘 되니 부귀해졌다. 癸 칠살이 투간되고 바로 옆에서 왕한 편재가 생살生殺하고 있어 칠살격을 이루어 여장부로서 권세를 쥐고 행사하려 한다. 다행히 亥중 甲 정인이 巳亥 충출로 나오면서 그 등등한 살기를 순화시켜 주고 있어 기쁘다(=殺印相生格).

또 亥중 壬 정관이 午중 丁 비견과 암합하니 천간의 癸 칠살만이 남고(=合官留殺), 즉 관살이 혼잡하는 혼탁함을 피했다는 것이며, 그 칠살마저 甲 정인에 의해 순화되어 일간을 생조하고 돕는 편관으로 변했으니 명식이 아주 맑아졌고 부귀하게 됐다. 이렇게 인성이 큰 몫을 역할하면 남녀를 불문하고 구슬 달린 도장을 가지고 막강한 재정 및 인사의 결재권을 행사한다. 큰 학교 이사장 역임했다.

(3) 巳月이나 년월에 辛 투간과 巳酉 金局하고 癸亥도 득위해서 전체적으로 시주 火와 년월의 金水로 대립한다. 巳午가 火局하려 해도 먼저 巳酉 金局으로 어려워 신약해져서 빨리 조력이 필요하다. 먼저 巳酉 탐합하니 巳亥 충출은 면한다(1/3). 탐합망충貪合忘冲하기 때문이다. 그래서 조금 亥가 온전해질 수 있는데, 丁亥日은 亥중 甲木에 의지한다. 甲은 모친이요 길신인데, 壬水 정관이 동궁하니, 그 富가 친정의 덕과 상속이며 부군도 친정을 따랐다.

단지, 월일에서 간지가 충하는 형세니, 夫를 처음 친정이 반대했고 부군 덕이 모자람을 의미한다. 시주에서 丙이 월시에 득령 득위하매 불굴의 자력으로 일가를 이룬다. 시도화와 丁日의 암합은 시사한 바 크다.

18. 〔男1〕

시일월년	81	71	61	51	41	31	21	11	01
辛辛辛戊	庚	己	戊	丁	丙	乙	甲	癸	壬
卯未酉寅	午	巳	辰	卯	寅	丑	子	亥	戌

〔그림 36〕 천지에 철광석이 즐비한데, 이를 녹일 용광로가 적고 불도 약하다.

(1) 오곡 백과가 결실을 맺고 첫 수확한 것을 따서 조상님께 올리는 감사의 추석 명절을 바로 앞둔 때라, 마음만은 가장 넉넉하고 풍요로운 계절이다. 하늘은 높아지고 대기는 건조해지는데 아직 앞뒤 많은 돌산과 금광산에는 잡초만 자랄 뿐(支寅卯) 이를 제련해서 녹여 금을 생산해낼 용광로가 없어 아쉽다. 불가마에 불을 지피려면 나무가 필요하다. 그래도 부지런했던지 지난 여름에 땔나무들을 하다가 여기저기에 많이 쌓아 놓았네(寅亥未). 제련할 때가 오면 충분히 때고도 남을 땔나무 같다(未중 乙와 卯未 半合局).

(2) 동–남방 향지에 이르러 불가마에 불을 마음껏 지피니 그 많던 금광석들이 모두 금덩이로 변해 나온다. 주유소 사업으로 거부巨富가 됐다.

(3) 일지 未중에 乙木과 丁화를 간직하면서 卯未半合財局을 이루니 혼인후 처공
이 지대하다는 것이요, 木財가 길신 노릇하면서 행운에서 받쳐주니 그 힘
으로 부유해졌다.

(4) 비견이 많고 월지를 점령하고 있어서, 말하자면 일간 임금의 자산과 권력
만을 나누어 먹을 황족 형제들만 득실득실 할 뿐 아니라 월지 조정을 장악
한 격이라서 일간은 자연히 빈천해지고 만다. 그들은 임금 것을 마음대로
가져가 먹고도 임금께 고맙다고 하지 않는다. 임금은 그들의 횡포에도 보
고만 있어야 하는 형편이다. 형제들에게 다 빼앗기면서도 아무 말 못하는
군주라면 실속 없는 허수아비 임금에 불과하겠지요?

(5) 그런 것도 도가 넘치면 어느 때에 역전되는 법이다. 그 동안 조정의 횡포
에 숨죽여 있다가도 틈틈이 국사에 대한 계획과 조정을 마치고 자금을 축
적한 다음, 적당한 기회를 노리고 있던 기획조정실인 시지가 국혼國婚을
빌미로 해서 국모와 연대하고 자금력을 앞세워 대대적인 국정 개혁과 시
책을 발표하고 실행함으로써 임금의 권위와 위엄을 되찾게 되는 이치와
같다. 이것을 선빈후부先貧後富라 부른다.

(6) 월지 건록격이다. 반드시 재관이 있어야 타향에서 빈손으로 성공하는데,
다행히 재성회국을 이루고 있어 처공으로 치부함을 말한다.

19. 〔女3〕

시일월년	43	33	23	13	03
壬戊己丁	甲	癸	壬	辛	庚
戌子酉巳	寅	丑	子	亥	戌

〔그림 37〕 황금 물결이 넘치고 풍성한 가을걷이를 기다리는 농부의 흐뭇한 마음.

(1) 백로가 지나고 산야엔 황금 물결이 넘실대는 풍요의 계절, 戌시라도 기온 차가 커서 저녁 서리와 안개가 끼었지만(壬) 오히려 곡식들이 더 영글어 가는데, 집안에 식솔들과 일꾼들이 많아서(身旺) 아무리 많은 논밭이라도 척척 일을 하고 추수할 준비가 다 돼 있다(傷官生財格). 또 온 논밭에는 금은 보화가 지천으로 깔려 있고 식솔들이 일하면서 캐어가고 캐어내도 모자람 없는 무궁한 보배이니, 꿩 먹고 알 먹는 황금알 낳는 부자로다.

(2) 土金 상관격인데, 정관이 없고 재성이 유력하게 있으면서 상관을 상진시키고, 행운마저 북·동 향지에로 흐르니 금상첨화다. 대지에 여전히 뜨거

운 대지열이 솟는데 행운에서 식혀주고 있으며 대기에서도 잘 조후되고 있다. 상관은 기예 운동 등에 능숙한 소질이다. 골프계 여왕女王.

(3) 보통 시간에 壬편재를 놓고 월일의 子酉에 착근하니 시상편재격이라 해서 거부 명식으로 본다. 상관은 반드시 재성이 있어야 그 꽃을 활짝 발하며 결실을 맺는다. 단지 丁壬으로 요합하니 옥에 티로 인수(＝문서 학문 덕망) 청신이 탁해져서 복력이 반감된다.

<table>
<tr><td colspan="1">줄기의 뿌리 종류</td></tr>
</table>

유근有根은 어느 천간이 지지에서 생조해 주는 오행을 만남이다. 가령, 甲日이면 지지 장간에 壬癸를 만남逢이다.

통근通根은 어느 천간이 지지에서 같은 오행을 만남이다. 가령, 丙이면 지지에 丙丁을 만남이다.

착근着根은 유근과 통근을 함께 함이다. 가령, 戊이면 지지에 丙丁戊己를 만남이다.

20. 〔男〕

시일월년
丁丁壬戊　　戊　丁　丙　乙　甲　癸
未丑戌辰　　辰　卯　寅　丑　子　亥
水水水木

〔그림 38〕 가을 단풍이 아름다운데, 개천에서 용이 여의주를 물고 구름 타고 승천하고 있다.

(1) 한로가 지난 너른 들판에는 여전히 황금 물결이 넘실대는데(土多 黃色),
오후 2시 쯤이라 따가운 햇볕은 눈부시게 내리쬐고 단풍은 더 붉게 물들
며(丁壬合木) 매우 건조하고(天干) 밤 아침으로 구름은 자욱히 끼여(年
月柱) 기온 차가 심한 전형적인 환절기 날씨 같다.

(2) 辰戌丑未가 다 있고 충은 안되므로 용(辰)은 무사히 개천에서(丑辰) 구름
을 타고 승천할 수 있다. 다행히 여의주를 다투어(妬合) 마침내 잡으니(丁
壬合木이 吉神) 남쪽 하늘엔 밝은 햇님이 떠있고, 서쪽 하늘엔 심수心宿가

멀리서 떠 있네. 심이란 별자리는 앉아서 천하를 호령하는 천자의 바른 위치正位다. 곧 심수의 천명을 받아 지상의 태양 일간 丁이 그 소임을 다한다는 의미다.

(3) 辰戌丑未는 여기餘氣 음간陰干이 관대冠帶에 거居하며 동시에 음인陰刃(또는 羊刃)이다. 따라서 혁명성이나 낭폭성을 내포하는데, '대인은 제왕위에 오르게 되고, 소인은 패가 망신한다'. 지금 辰중 乙도식, 戌중 辛편재, 丑중 癸칠살, 未중 丁 비견이 다 대인帶刃한 셈이다. 辛편재는 乙도식을 순화시키니 길해졌고, 癸칠살은 丁비견을 제압하고 있다. 신약이라 흉한데, 그 칠살이 재성의 생조를 받아 극성을 부린다. 이러면 행운에서 화살化殺, 즉 왕한 칠살을 설기시키는 인수운이나 신왕운 火가 와야 권기權貴를 누린다.

(4) 火土상관격에 정관을 월에서 보고 초년 시절이 불리해 아주 곤고했으나, 형살을 갖추고 시에 陰刃이 강력하니 군인으로 출사해서 좋은 시절에 일약 역성혁명을 도모해 황제 위에 올랐다(1368 戊申년, 41세). 상관격은 치받고 반역하는 기질이 농후한데 다행히 壬 정관이 일간과 合돼 길신으로 변하니 다행하다. 신약한데 시에서 유력하고 월에 득고得庫하니 시절만 만나면 가히 승천할 태세다. 明 태조 洪武 황제 朱元璋(1328~1398).

(5) 납음오행으로 3水가 年木에게 생조하는 형세를 취하고 있다. 년은 조상이요 황실이며 북극성의 정통성을 의미한다. 아래의 만조 백관과 백성이 머리를 조아려 한결같이 충성을 맹세하는 下生上하면서 황제로 옹립하니 드디어 면류관을 쓰게 된다(日干合官).

21. 〔女4〕(立春후 11 일째생)

시일월년	64	54	44	34	24	14	04
壬壬壬壬	乙	丙	丁	戊	己	庚	辛
寅辰寅辰	未	申	酉	戌	亥	子	丑
丙癸丙癸							

〔그림 39〕 천지가 눈으로 덮혀 있고 시냇물도 언 상태에서 바람 부는데,
땅 속에는 바야흐로 따뜻한 온기가 번지고 있다.

(1) 천간이 壬水 일색이고 습하며 지지마저도 풍습하다. 寅중 丙火가 투출됐다
하나, 입춘 추위에 새벽이라 저 창공에는 황량하고, 천지가 온통 추워서
꽁꽁 언 시냇물과 가득 낀 구름과 안개로 뒤덮힌 상황이다. 늦 겨울에 숲
속 얼어 붙은 늪지에 안개가 자욱한 가운데 쌍용이 두 호랑이로 변하는 형
세다.

(2) 행운도 북~서 향지로 달리며, 천간에서 조금 댐 노릇을 하나 역부족하다. 방

바닥이 亥子丑 겨울 향지에는 냉굴 같아 고생이 많았고, 戌酉申 향지에는 좀 조후돼 따숫해졌으며, 방 공기도 온기가 감돌아 이 한 몸은 그런 대로 살아 간다.

(3) 수다화몰격水多火沒格이며 수다토류水多土流다. 丙은 리離궁이니 자연에 선 하늘이요 사람에겐 얼굴, 이마, 눈이다. 오장육부에선 소장이나 심장 이다. 이처럼 水多하면 丙火가 꺼지는 꼴이므로, 하극상이 돼 옥황상제의 노여움을 사서 하는 일마다 파란이 많게 되며, 얼굴 이마 눈이나 심장 등 에 반드시 고장이 나거나 허약해서 치료비가 많아진다.

水火가 적당히 균정을 이루면 명리가 현달하지만, 水多火沒되면 빈천하거 나 장애로 연명하고 만다. 또한 土는 관夫다. 년日의 塵土는 진흙같은 습토 로써 벌써 홍수난 물결에 씻겨내려가듯 산실되는 형세다. 여명에서 재火 가 꺼지고 관土夫가 씻겨 흩어지면 어떻게 살란 말인가?

(4) 흔히 임기용배격壬騎龍背格이요 육임추간격六壬趨艮格이기도 하는데, 戊 戌 己亥 시절에 고생했으며, 남향지에로 달려야 발복하는데 때를 얻지 못 했다. 행운이 원국보다 나아야 발신하기 때문이다. 때 못 만난 영웅처럼, 오히려 상신傷身하고 환경의 부조화로 고생한다.

22. 〔男1〕

시일월년	41	31	21	11	01
己乙庚辛	乙	丙	丁	戊	己
卯未寅亥	酉	戌	亥	子	丑
甲丁戊戊					

〔그림 40〕 한겨울 북서풍이 세차게 불어 작은 나뭇가지들이 흔들거리다.

(1) 明의 황제로서는 마지막 황제인 숭정崇禎(의종毅宗 1611~1644)의 명식이다. 그는 1628년(戊辰 18세)에 등극하고 1644년(甲申 34세) 3월 청淸의 순치 세조 황제에 의해 망하자 자결(縊死)한다. 뒤를 이어 격하된 몇 왕들이 짧게 왕통을 계승하다가 영명왕(永明王 1629~1662)을 마지막으로 명조明朝는 역사에서 사라진다.

(2) 지지에 유력한 木 회국會局을 이룬 乙 일간이 시지에 건록을 놓아 태신왕하다. 정재격에 관살이 버티고 있어 아주 양호한데 乙庚 合和로 칠살만 남아

격이 한층 맑아졌다(= 合官留殺).

(3) 여전히 추운 寅月에 陰이 가세하니 대지가 매우 냉풍한 기후다. 대기도 매서운 상태다. 천지에 한기류가 가득해서 따뜻한 온풍이 불어 와야 할텐데, 행운에서 북-서 향지로 달린다. 북 향지는 차갑다. 다행히 戊丁丙乙甲의 양은 대기상에 조후를 이루고 있어 기쁘나, 워낙 한풍이 심해 걱정이다.

(4) 고가古歌에, '귀록격을 놓고 신왕하면 관성을 아주 꺼리는데, 천간에 관이 있어 파격해버리면 소년부터 외로이 눈물을 흘리며 고생만 한다' 한 것에서 이 명식을 보면 어떨까?

(5) 丙戌 시절 34세 甲申년에 나무에 목맸다. 丙辛합으로 辛이 본분을 망각하는데, 甲申이 월지를 寅申충출하니 庚정관의 유근 戊정재가 뽑히며, 甲己합으로 己土도 본분을 망각한다. 乙日이 그토록 의지하던 財官들이 상황이 달라졌다고 하루 아침에 안면을 바꾸어 배신한다(= 貪合忘本). 庚辛己는 나라의 녹을 먹던 신하(財星)요, 측근(官星)들이다. 이들이 탐합으로 뿔뿔히 떠나가니, 木왕족들이 지켜 보는 가운데 인심 무정함을 한탄하면서(燥未화개), 외로이 죽어갔다(乙未白虎). 년월의 관살이 탐합해서 시간 己 편재를 보호하지 못하니(護財) 제자帝座를 빼앗기고 만다. 時干은 황제가 앉는 용상龍床이기 때문이다.

(6) 일지의 焦土 未가 木局에 눌러 싸여 그 본성인 화개의 조급함과 조울기가 심히 압박 받는다. 이때 화개는 매장하는 고장살이며 날삼재의 기류의 살기와 탁기를 함께 갖추고 있다. 乙日의 입장에서는 비겁들이 흉신 도적으로 변해 맹위를 떨치며 빼앗아 가려고 처궁(未)과 내실(己)을 구박하는 형세라서(木剋土), 甲申년이 오자 지금 속수무책으로 제좌 즉 시일의 己未 土를 내어주는 꼴이 되고 있다.

23. 〔男〕

시일월년

丁戊戊甲　　乙　　甲　　癸　　壬　　辛　　庚　　己
巳申辰午　　亥　　戌　　酉　　申　　未　　午　　巳

〔그림 41〕 씨 뿌리고 한창 농사에 바쁜 농부들의 부지런한 모습. 땅 갈고, 땅 고루고,
　　　　　씨 뿌리다.

(1) 중국 청나라 제 4 대 황제인 강희康熙 대제(1654~1722)의 명식이다. 환절
기 봄 辰月은 논밭에 씨앗을 뿌리고 작물을 심는 시기로서 적당한 햇볕과
수분이 필수적으로 요구된다. 申辰 半合 水局으로 광활한 저 너른 논밭(2
戊)에 관수灌水되고 있으며 봄볕은 내리쬐고 있어서 작물이 자랄 습도와
온도가 알맞게 조성돼(好調喉) 있으니 하늘 중앙인 북극성의 나무(甲)는
무럭무럭 자란다.

(2) 甲은 천지의 개벽을 알리는 천명의 메시지를 가문의 혈통으로 전하고 있다
(년간). 戊土 황제는 조정의 전폭적인 지지 위에 군림하는데(通根) 그 대권
의 정통성을 북극성으로부터 대물림 받고 있어서(甲辰 通根), 합법성과 정
당성을(申辰合身) 충분히 부여받아 위엄이 크다(時干 丁火에 의해 殺印相
生).

(3) 행운에서 여름-가을을 거치면서 그 개벽의 문화의 꽃(甲)은 충분한 수분
(庚辛壬癸)을 조달받아 활짝 피였으며 천하에(2 戊土) 시원한 녹음綠陰
과 먹을 열매들을 제공하고 있다(水-木-火-土-金으로 新陳代謝). 그는 8
세에 즉위해서 61년간이나 오래도록 치세했다.

(4) 지지에 辰-巳-午-( )-申인데 戊日의 천을귀인 未가 ( )에 들어갈 수 있는 이
른바 협귀격夾貴格을 이루어서 고귀해진다. 이러면 辰巳＝風이요, 午＝離
요, 未申＝坤이라, 곧 문명의 바람을 온 땅에 널리 펼친다는 뜻이니, 이를
누가 하겠는가?!

(5) 시에 건록 두고 칠살이 있으면서 혼잡되지 않아도 귀록격이 칠살을 만난
격으로 午중 丁 인수가 화생주化生主해서 고귀해진다. 또 칠살을 제어하는
운에 발복한다. 시간 丁은 년지 午에 건록이니 곧 인수가 왕해서 저절로 살
인화생한다.

24. 〔男〕

시일월년	62	52	42	32	22	12	02
甲己癸乙	丙	丁	戊	己	庚	辛	壬
子未未亥	子	丑	寅	卯	辰	巳	午
壬丁丁戊							

〔그림 42〕 한여름 한밤, 논밭에 무성하게 자라나고 있는 농작물은 고요하다.

(1) 조선 태조 이성계(1335～1408)의 명식이다. 오뉴월에 한밤이지만 여전히 무더웠던지 밤 비가(癸水) 내려 온 대지를 시원하게 해주는데 흐르는 물은 넉넉한지라(亥子癸) 여름의 나무들과 작물들이(甲乙) 잘 자라 무성하다.

(2) 水 재성이 왕하면서 木 관살국을 이루는데 甲乙이 투간돼 재관이 유력하지만 신왕해서 능히 감당할 만하다. 월간 癸水는 년간 乙이 칠살을 생조하니 가히 일찍이 무장으로서 출세의 길을 걷는다. 甲은 정관이요, 乙은 칠살이라서 곧 전형적인 관살혼잡으로 혼탁할 것 같지만, 甲己合去로 오로지 칠

살만이 남아 명식이 청순해지니 군부의 당상관에 앉게 된다.

(3) 전체적인 기류에서 水生木-木生火-火生土로 己土 일간에다 뭉치고 있다. 甲
己合土로 동서남북 모든 것이 군주 己土에게 조공하듯 하니 고귀해진다.
先, 즉 년월의 乙 칠살이고, 후後 즉 일시의 甲 정관은 일간과 합해 있으니,
군사문화와 권력에서 문민문화와 권력에로 전환됨을 말한다.

년간은 혈통 가문인데 칠살이니 조선祖先이 무장 집안이지만, 시간 비서
실장 甲 정관은 문신文臣을 말하며, 甲子 즉 '다시 시작'을 말함이니, 그가
무장으로서 쿠데타를 일으켜 고려를 무너뜨리고 새 왕조를 세운 것임을
암시한다고 하면, 우연인가 필연인가(?).

(4) 행운에서 남-동-북 향지로 흐른다. 대지가 온전히 조후되고, 대기 상태도
양호하게 음양이 잘 조후되고 있다. 丙丁戊는 양이요, 己庚辛은 음인데, 戊
寅 시절부터 크게 발신했다.

(5) 원국에 金 식상이 없다. 이런 구조에서는 행운에서 金運이 오면 크게 발신
한다. 오행이 주류周流하는 까닭이다. 庚辛 시절도 뛰어났다.

25. 〔男〕

시 일 월 년

丁癸乙癸　　戊　　己　　庚　　辛　　壬　　癸　　甲
巳巳卯卯　　申　　酉　　戌　　亥　　子　　丑　　寅

〔그림 43〕 아직 찬 바람 부는 늦은 겨울이라 아궁이에 군불을 지펴 방을 덮히고 있다.

(1) 조선초 유명한 청백리인 방촌 황희(1363~1452) 정승의 명식이다. 卯月은 여전히 춥고 바람이 세차게 분다. 년지 卯도 더하니 습풍하지만, 일시지에는 巳로 군불을 지펴 때니 방구들이 아랫목에서(年支)부터 윗목으로 갈수록(時支) 은은하게 더워지고 있다. 방 공기에도 음양이 1:1로 배대되니 습도와 온도가 적절하여 몸과 정신이 아주 건강하다.

(2) 얼핏 보면 癸水 임금이 사고무친해서(無根) 어쩔 수 없이 신하를 따라야 (從) 한다고 말 하겠지만, 지금 임금은 卯에 장생이요 巳중 庚에 유근하고 있어 자립할 수 있으며 충신의 충언을 듣기만 하면(= 吉神 印星) 국사를

능히 감당할 만하니 신하에 전권을 넘기지 않는다(不從)고 하겠다. 상당한 후원 세력이 뒤에서 버티고 있기 때문이다.

(3) 원국이 水-木-火의 3行으로 짜여져 있다. 기류의 뭉치와 결실이 火 재성에 모이는 형세다. 이러면 이른바 신약하고 재다한 형태로서 전통적으로 火 재성을 다스릴 金水가 와야 중화를 이루어 아름다워진다. 행운에서 그 점이 잘 조화되고 있다.

(4) 행운이 북-서 향지로 달리니 그 뭉친 巳火 재성이 절로 火生土-土生金-金生水하는 오행의 주류周流와 중화 관계를 이루니, 부귀를 쌍전雙全하고 현달한다.

(5) 癸日이 월지 卯식신이니 식신격이며, 형충이 없고 살성이 없으며 巳卯가 천을귀인이라서 4支에 몽땅 귀인이 앉아 있다. 식신격이 청순하고 복집福集으로 둘러싸여 있는 까닭에 시험은 합격하고 지위가 절로 올라가며 요직에 두루 오르는 영광을 누린다.

(6) 주귀일晝貴日에 낮시로서, 순수한 인격에 덕이 많고 자비롭고 겸손하며 고귀해진다.

(7) 식신격은 청순하면, 몸이 풍부하고 도량이 크며 의식주도 넉넉하고 인망을 얻게 된다. 또 원국과 행운이 잘 중화를 이루고 복집되며 오행이 주류되면 가문이 흥융하게 되고 현량한 자녀를 두게 되며 더불어 요직을 거친다.

26. 〔女〕

시일월년
戊戊戊辛　　癸　　壬　　辛　　庚　　己
午申戌亥　　卯　　寅　　丑　　子　　亥
서남동북

〔그림 44〕 설악산 단풍과 구경하는 사람들. 산봉우리에는 예쁜 무지개가……

(1) 명성明成 왕후(1851~1895)의 명식이다. 戊土 일간의 비견과 인성이 곳곳
에 장악하니 신왕하다. 한로寒露가 지나고 金 식상이 득위 득세하니 이 또
한 왕하다. 년지 亥 편재는 옆의 식상으로부터 생조받으니, 전체가 土生金·
金生水하는 구조로 돼 기류氣流가 재성에 모아진다(＝食傷生財格). 이러면
亥중의 甲木 칠살이 생조받으며 상함이 없어(無형충) 건실해지니(坐長生)
마땅히 길신된다(＝財滋弱殺格).

(2) 한로는 가을의 환절기며 기온차가 심하고 산야에 붉게 물드는 단풍을(赤
黃白) 보러 사람들은 설악산(3土金)을 찾는다. 산들과 바위가(戊辛) 아름
답게 보이는 것은 동서남북의 단풍들이 붉게 반짝이면서 동산-서산에 노
을(午戌 半合)진 풍경에, 남산-북산에는 예쁜 무지개들이(申亥 水氣) 피
어있기 때문이다.

(3) 일간 시간이 같고, 지지 午-( )-申의 ( )에 천을귀인 未를 안고 있어 이를 이
른바 공귀격拱貴格이라 하는 바, 신왕하고 형충 공망이 없어 고귀해진다.
이로써 천관天關 戊亥와 지축地軸 未申을 함께 갖추니 가히 건곤乾坤을 쥐는
자리에 앉게 된다.

(4) 격국을 명식의 골간으로 여기는 『자평』에 따르면, 월지가 비견이니 戊 속
의 辛 상관이 투간돼서 곧 상관격이 된다. 월과 시는 인성과 비겁으로 가득
해 태신왕하니 마땅히 土를 설키시키는 金水가 길신이다. 이러면 상관격
에 상관 용신이라 재주가 민첩하고 기질이 강교하며 총명하다. 순간 포착
력이 강하고 구변이 좋으며 반항심과 분노심도 남다르다.
亥 중의 甲은 장생에 앉아 있으나 암장된 채 나투지 못하고 있다. 일지 申
식신은 夫宮으로서 길신이니, 귀인될 남편이다. 부군의 부귀 영화에 의해
일간도 부귀해졌으나, 간판과 문패인 년간 상관이 길신으로 종횡무진 활
동하니 구설과 공격이 따르기도 한다(坐목욕살. 나형도화).

(5) 또한 土金 상관격도 되며 꺼리는 정관이 없어 부귀격이다. 그런데 길흉의
정도는 월지와 시주에 의혜 크게 달라진다. 지금 월시는 午戌 半火 편인국
이며, 午양인이기도 해서, 40이후 불행해질 수 있음을 암시한다. 寅 시절
엔 온전히 火 편인국을 이루며, '양인이 행운에서 형충 합되면 대흉하다'
는 고언古言에 따르며, 1895년 乙未에 刑까지 한다.

27. 〔女2〕

시일월년	72	62	52	42	32	22	12	02
丁丙丙己	甲	癸	壬	辛	庚	己	戊	丁
酉寅寅亥	戌	酉	申	未	午	巳	辰	卯

〔그림 45〕 추워서 모닥불 피우고 밝은 보름달이 비추니 주위에 사람들이 모인다.

(1) 寅월 편인이 亥와 더불어 인성국을 만들어 편인격을 이룬다. 丙 일간이 비겁과 인성의 태다해서 태신왕하다. 태왕한 것은 설정시켜야 중화됨으로 상관 정재가 길신되니 곧 인중용식재격이 성립한다. 이렇듯 인성격이 유력하면 학자, 정치가로 현달한다.

(2) 입춘이 지났으나 여전히 춥고 매서운 겨울에 속한다. 亥寅이 거듭하니 대지는 풍랭風冷하지만, 활활타는 모닥불(丁과) 밝은 달빛이(丙) 내리 쬐니 천지가 바야흐로 추위를 물리치고 포근하고 따뜻한 봄날을 맞이하려고 한다.

(3) 행운에서 남-서 향지로 달리니, 대지는 마침내 따뜻해지고, 대기도 잘 조후되니 아주 아름다운 음양의 조화를 이룬다. 나라와 학계에서 크게 발신한다. 又月 박사(1899~1970).

(4) 丙은 亥酉가 천을귀인인데, 년시에 자리하고 있으며 형충되지 않았으니 절로 고귀해진다. 편관 인성이 강력하고 합신하니 정치가로도 이름난다.

(5) 길신이 년시에 자리하고 양호함은 인물의 역량과 품질이 상격임을 말한다. 丙 군주는 寅月 조정의 전폭적인 협조 아래 위엄을 만방에 떨치는데, 그 정통성과 법통인 己는 寅亥로 조정과 화정和情하고, 국가의 정책을 조율하는 시지 酉에 득위하면서 총리대신 역할을 충실히 하고, 행운에서 잘 받쳐주니 일취월장 성공한 군주로 이름을 사해에 떨친다.

(6) 월일이 전지살이니, 조업을 떠나 적수로 창업한다.
轉趾殺이란 '길 가다가 발을 삐어 엎어져서 다친다' 는 뜻이나, 해석상으로는 크게 2가지 의미가 있다. a) 신분이나 계급의 위계 질서를 능멸하거나 무시한다는 압복성壓伏性 때문에, 생가나 부모 형제를 떠나지 않으면 일간이 다친다는 것이요, b) 동일한 간지가 거듭되면 숨통이 막혀버려 질식한다는 전실성塡實性 때문에, 반드시 하는 일이나 가정사에 액사厄事가 낀다 할 수 있다. 주로 년주나 일주의 전지살을 보지만, 시주의 전지살도 볼 때도 있다. 원국에서 보다 행운에서 오면 흉사凶事가 배가된다.

년주는 옥황상제요 황실 자미원인데 이를 능멸하면, 상제가 재앙을 내리며, 일주는 현실적 군주인데 이를 무시하면, 군왕이 곧 노해서 벌을 내린다. 시주는 군주의 비서실(장)인데 이를 무시하면, 곧바로 나라에 재앙이 미친다.

28. 〔男6〕

시일월년	56	46	36	26	16	06
己丙壬丙	戊	丁	丙	乙	甲	癸
丑子辰寅	戌	酉	申	未	午	巳

〔그림 46〕 농사철이나 여전히 춥고 바람이 불어 냉습한 한밤인데, 구름 속에서 북극성만이 희미하게 빛을 보내오고 있다.

(1) 청명이 지났으나 환절기라서 여전히 바람이 불고 차가운데 亥子辰寅 모두 냉습하다. 마치 방 구들은 냉굴이나 방 공기는 온도 습도가 적절한 상태와 같다.

(2) 이제 농사철이나 구름과 안개가 잔뜩 끼고 논밭에는 작물 심어도 좋을 만큼 물이 가득한데 좀 습윤한 게 허물이다. 그래서인지 밤의 북극성은 밝게 빛나고 있지만(丙寅), 환경은 썩 그렇지 못하고 있다. 앞으로 진작 대지를 밝혀줄 군주인 丙日을 적극적으로 보좌할 비서실장 시상 己丑이 습토濕土

로서 구름에 가려 좀 흐린 날씨로 인해 이변을 연출하고 있다(丙壬). 이러
면 낮이 되어도 작물에 병충해가 끼어 흉작할 수가 있다.

(3) 시상 己는 저수氐宿의 자리에 해당한다. 별은 빛을 발하는 것이 본분인데
흐린 날씨 때문에 빛을 잃어가는 현상이 된다. 저라는 별자리는 네 개로
된 주홍색 별인데 마치 말斗을 기울여 쌀의 양을 헤아리는 형상을 하고 있
으며, 이 별이 보이지 않거나 자리를 이동하게 되면 쌀 말의 균형과 존재
가 흔들리는 꼴이 돼 나라 안에서 재앙이 일어나서 황제가 다친다고 한다.

(4) 행운에서 남-서 향지로 달리니, 냉굴이 금방 따뜻해지는 것 같이 조후돼 곰
팡이와 작물의 병충해가 사라지는데, 방 공기도 한층 온난해져서 아주 쾌적
하다.

(5) 신약한데 水局을 이루어 壬 칠살이 맹렬하다. 년지 寅 편인이 木局을 이루
며 살인화생殺印化生하니 가히 그 칠살을 순화시켜 편관으로 만드니 부장
역임하면서 권세의 인장印章을 쥔다.

(6) 년은 고기古基와 조업祖業을 의미하는데, 길신이 자리하고 양호하니 그 음
덕을 크게 입었으나, 시주는 만년이며 전체 명식을 조율하고 조절하는 자
리인데, 상관이 자리해 거역하는 탁신인데다 흉신으로 작용하고 있다. 이
를 선청후탁이라 하며 끝이 비참함을 암시한다.

(7) 월의 칠살은 형충 양인 괴강 등이 와서 상처냄을 대흉으로 여긴다. 丁酉 시
절에는 양인 丁이 壬과 합살하며 酉 정재마저 생살하고 있다. 고서古書의,
'양인이 칠살과 합살하려는데 재성이 생살하면 흉사하게 된다' 는 원리 따
라, 시해죄弑害罪로 형장의 이슬로 사라졌다.

29. 〔男4〕

시일월년	64	54	44	34	24	14	04
丁庚己乙	壬	癸	甲	乙	丙	丁	戊
丑辰卯亥	申	酉	戌	亥	子	丑	寅

〔그림 47〕 대지에 온기가 돌고 새싹들이 돋아나는데, 아직 바람은 세차게 분다.

(1) 중국의 유명한 장작림張作霖(1875~1928)의 명식이다. 얼핏 보면 土인성과 木재성이 서로 막상막하로 겨루는 현상이다. 이러면 재인쌍중용관격에 해당하니, 시간의 丁 정관이 길신된다. 이럴 때, 시간이 1위 칠살이면 더할 나위 없이 귀격이 되는데(＝時上一位偏官格), 지금은 시상에 1위 정관격이라 상당히 역부족하다. 이런 경우에는 시지에 반드시 통근해야 힘을 얻는데, 丑에 거묘居墓요 무근無根이다. 다행히 월지나 년에 유근하니 명리가 높다.

(2) 경칩 지났으나 춥고 대지가 습냉하다. 대기도 己庚으로 상당히 차갑고 습도가 높다. 매마른 북풍(乙)이라 하나 아직은 습냉을 없앨 수 없는데, 천우신

조로 서산에서 희망의 횃불이 (丁) 타오르며 온 대지를 밝히며 온기를 불어 넣고 있다.

(3) 행운에서 북-서 향지로 달리나, 亥子丑 시절엔 여전히 춥고, 천간에서 丁丙 乙甲으로 다행히 조후되고 있어 기쁘다. 마치 방바닥은 냉굴이고 방 공기 는 온기가 도는 경우 같다. 이러면 외화내허外華內虛로서 고단하다.

(4) 54세는 운로를 바꿔 타는 교운交運이면서 癸酉(상관 양인) 이니, 丁 정관이 빛을 잃는다. 괴강일을 戌이 충출하는 영향이 커서 재앙온다.

(5) 언제나 제 6 대운은 월주와 간충지충 관계다. 주로 회갑回甲되는 시절이 며, 인생에서 길흉이 가장 강력하게 엇갈리는 전환기며(70%), 은퇴기 황 혼기다. 가정과 직장에서 여러 가지 변화를 예고한다. 제 5- 제 6, 제 6- 제 7 간지에로 교접되는 나이에 아주 위험하다. 마치 운명의 배를 갈아타는 것 같아서 실족사할 수 있기 때문이다.

이때 제 6간지 중 지지에 양인 상관 칠살 도식이나 12 신살 흉살⋯ 등이 모 이게 되면 월주와의 관계에서 크게 흉사가 일어난다. 이를 재앙의 요소가 모였다 해서 화집禍集이라 한다. 그 시기에 중대한 일에 걸려 있는 사람일 수록 위험도가 높아진다.

덧붙여서, 항간에서 흔히 환갑 잔치 해 먹느니 안해 먹느니⋯ 하며 물어오 곤 하는데, 이때 제 6 간지가 길신이냐 흉신이냐, 복집福集이냐 화집이냐 를 잘 따져서 봐야 하며, 년주 간지가 곧 전지살로 임하게 되니 이것의 길 흉도를 함께 봐야 한다. 대개 년주가 길신이고 제 6 대운도 양호하면 회갑 잔치를 잘 차려 대접받아도 된다. 만약 년주가 흉신이고 제 6 대운이 화집 이면 잔치하고 나서 큰 재앙이 일어난다.

(6) 보통 대운수 셈에서 정순이나 역순이나 일자를 합해서 3 으로 나누어, 몫

으로 대운수로 삼되, 나머지가 1이면 버리고 2이면 그 몫에 +1 한다. 이 대운수는 우리 동양에서 계산해 오던 속칭 '동양 나이'로서, '만滿~세' 하는 식이 아니다. 1개월 30일을 10년으로 치환하니 3일이 1년이 된다. ÷3 해서 나온 몫으로 대운의 관장 년수를 삼는다. 이때 나머지 1의 실제 는 4개월이 된다.

(5)나머지 2이면 8개월이니 1년에 가까워서 1捨(버리고) 2入(올림)하는 것 이지만, 개인마다 운명의 배를 바꿔 타는 시기를 볼 때는 ±4 개월을 고려 해야 한다. 교운交運은 입춘으로부터 셈하며, 대개 1-6, 2-7, 3-8, 4-9, 5-10… 세로 교차되며, 이때 ±4를 함께 봐야 한다. 1 2 3 4 5 6 7 8 9 10 되려는 교운에 길흉 작용이 크며, ~6 ~7 ~8 ~9 ~10 ~11 ~12 ~13 ~14 ~15 되 려는 교차 때는 조금 덜하다. 교운에는 길흉간의 크고 작은 신변 및 환경 변 화가 있다.

(7) 이 명식에서 54세는 戊辰(1928)년이고 6월 5일 일본군의 흉계에 걸려 폭 사 당했다. 입춘이 2월 5일이니 꼭 4개월 되는 때다. 54세부터 63세까지가 癸酉 대운이다. 대운 역순이라 셈하면 13일간이고 ÷3 하면 몫이 4이고 나 머지 1이니, 1928년 입춘으로부터 4개월 후인 6월에 54세로 교운된다. 그 때까지는 甲戌 대운이다. 그러니까 甲戌 대운 戊辰 세운 (丁巳 월)에 죽은 셈이다.

30. 〔男7〕

시일월년	67	57	47	37	27	17	07
丙甲辛辛	甲	乙	丙	丁	戊	己	庚
寅辰卯丑	申	酉	戌	亥	子	丑	寅

〔그림 48〕 높은 당상관에 올라 백관百官들의 조회朝會를 맡고 있다.

(1) 일본의 수상首相이였으며 노벨 평화상까지 탄 사토(佐藤榮作 1901~1975)의 명식이다. 卯月(＝양인격)에 寅卯辰 방국方局이니 태신왕하고, 또 시지에 건록을 두니, 반드시 년월에 재관을 만나야 일찍 집을 나서서 출세하고 명리를 이룬다고 고서古書는 전한다. 년일에 재성이요 년월간에 2辛 정관이 나투면서 유근有根하니 그 당상관의 위엄이 눈부시다. 형충과 상함이 없어서 고귀한데, 시간 丙 식신이 전체를 밝게 조후시키고 있어 금상첨화다.

(2) 이로써 木-火-土-金, 즉 정관에 기류氣流가 뭉치니 쌍 벼슬을 달고 있다. 이런 구조에서 수기水氣가 필요한 법인데, 丙辛合水로 辰丑에 통근하며 오행

이 주류周流하고 있으니 아주 아름다워졌다.

(3) 卯月은 아직 추운데, 기후 성분이 냉풍하다. 행운에서도 북 향지에서는 냉굴 같다. 戌酉申 시절 기후 성분에 이르러야 조후되고 있다. 천간에서는 戊丙丁甲乙 모두 조후에 안성맞춤이다.

(4) 申 시절은 시 건록을 충출하다. 1975년 乙卯(75세)는 陽刃으로 양인이 겹치니 사거했다. 이미 월지 양인격을 이루며, 년월에 관살이 투간되니 귀록격은 성립되지 않는다.

(5) 4 청신(＝식신 재성 정관 인수) 중 식신은 간합해도 귀기貴氣를 잃지 않고 오히려 승진 발복한다. 지금 시간 丙 식신이 2 辛의 투합 대상이라서 흉할 것 같으나, 오히려 년간 1 辛만이 남아 더욱 밝고 귀해지는 호명을 이룬다.

(6) 입춘이 지나고 춘분도 훨씬 지나서, 시간 丙은 28 수宿 중 방수房宿다. 방은 4 개로 된 주홍색 별로 명당 즉 천자가 정치하는 궁궐이다. 방수 가운데엔 하늘의 큰 길로서 태양이나 7 요가 지나가는데, 이것들이 순조롭게 운행하면 천하가 평화롭고 남북 어느 쪽에 치우쳐서 지나가면 가뭄이나 홍수가 나서 사람들이 죽고 전쟁으로 나라가 피폐해진다고 한다.
이 방수의 빛이 밝게 뚜렷하면 임금이 어질고 지혜롭고 나라에 풍작이 들고 부강해진다. 만약 방수에 일식이나 월식이 들면 천자의 정치하는 궁궐에 병란이 일어남 같아서, 곧 임금이 정사를 돌보지 않거나 권신들이 전횡해서 나라가 망해진다.

(7) 이 명식의 경우, 시간 丙 방수는 밝은 길신으로서 주무 장관인 북두칠성 월간 辛 정관과도 유대 관계가 참으로 좋아서(丙辛합), 그 빛이 찬란하며, 온 천하에 풍년 들고 백성들이 기뻐하며 임금을 칭송하고 있다.

31. 〔女3〕

시일월년	63	53	43	33	23	13	03
甲乙壬丁	己	戊	丁	丙	乙	甲	癸
申亥子酉	未	午	巳	辰	卯	寅	丑

(1) 子월 乙木이 申시에 나고 水局을 이루어 마치 물 위에 떠 있는 나무 같다. 甲乙은 비록 亥에 통근하고 있으나 겨울 수양水洋에 얼어붙은 가운데 있어서 앙상한 벌거숭이 나무 신세로서, 생기를 뿌리인 지지 戊土에 간직한 채 수류水流에 쓸려 내려가지 않으려고 버둥대고 있다. 하늘엔 겨울철 먹구름이 퍼져 있고 메마른 바람이 부는데 乙木은 넝쿨 나무라서 건장한 甲木에 의지해 겨울을 나려고 한다. 그래도 반가운 북극성(丁)은 하늘이 증명한다는 의미에서 밝게 빛나고 있다.

(2) 水 인성이 너무 강하니 공망된 관살이라도 설기시키면서 甲乙木을 뜨게 하고 있다. 관은 도설돼 미약해지고, 일간은 너무 먹은 것처럼 잘 체해서 항상 식물과 약에 의해 병 온다. 공망된 官夫는 쉬 인연되지 않고, 일간은 체증이 있어 잘 먹질 못한다.

(3) 금-수-목-화-(토)-에서, 양양한 水가 범람하니 이를 막아둘 土 둑을 쌓아야 한다. 화-토는 같은 뿌리이니 곧 남방 향지로 나아가야 저수지 둑이 쌓아지고 견고해지니 이에 발신한다. 43세부터 남향이다!

(4) 향지가 북-동-남으로 달리는데, 북동은 여전히 춥고, 남향으로 가야 따뜻한 훈풍에 甲乙木이 생기를 발해 잎과 탄소동화 작용을 충분히 할 수 있다. 동향에서는 추우니까 인성의 온실 속에서 甲에 의지한 乙木은 함께 겨울을 나는 것이다. 모친을 줄곧 모시고 살았다.

(5) 년월에 인성이 강하니, 부친을 일찍 잃고 모친이 가권을 쥔다. 丁壬합木으로 동기에 배다른 형제가 있다.

(6) 명에 인성이 강하면 학문에 밝고 뜻을 두며, 교단이나 학술 작가로 이름을 드날린다. 대운에서 민위-군위-신위로 달리니, 초년 어려움으로 가방끈이 짧다가 군신위로 들어서면서 다시 학문을 배운다. 이제 행운이 길하니 자동차가 달릴 도로가 잘 정비된 상태다.

(7) 丁巳 시절은 말 탄 인수 학문(乙亥)을 채찍질하고 있다. 학교도 멀리 다니더니, 아예 바다 건너 멀리 유학 가려고 한다. 잘 이루어지리라!

(8) 이 명은 편인격이지만, 그래서 물 위에 뜨는 꽃을 사랑하는 것으로 교단에 서게 된다. 편인은 기예 디자인 학원 예술…등에 조예가 깊고 그런 방면에서 성공한다는 소질을 타고 난 것이다. 고로 늦게 피는 꽃병의 꽃처럼 그만큼 아름다울 것이다.

32. 〔女7〕(大雪 후 7 일째생)

```
시일월년     57     47     37     27     17     07
癸庚戊乙     甲     癸     壬     辛     庚     己
未戌子未     午     巳     辰     卯     寅     丑
丁辛壬丁
```

(1) 한겨울에 너른 산야 돌틈에서 개울물이 흐르고 서산에는 비까지 내리며 차가운 북풍이 휘몰아치니, 산과 들에는 하얀 눈이 자욱하게 쌓여 있다.

(2) 대기에는 바람불고 차가운 기온에 눈이 펼쳐져 있지만, 지면에는 응축된 지열이 뿜어 나와 얼었던 얼음이 녹아 흐르고 들판을 가르는 개울에 물이 많이 불어나 졸졸 흐른다.

(3) 지금 癸巳 여름 시절이라 대기는 다시 비 오는 차가운 날씨지만, 지면은 여름의 열기가 솟는다. 지면과 대기 상태가 아직 부조화된 상태로 겨울의 한풍한 기류가 오래가는구나.

(4) 밖의 일이 한풍 같고 깊은 겨울 날씨이니 일에 힘들고, 건강에도 상초上焦와 하초下焦가 원만한 신진대사를 못 이루어 관절통 · 신경통 · 생리통 · 소화불량 · 피부염에 시달린다.

(5) 대기와 지면의 음양이 여전히 부조화되어 있으니, 가정과 사회 일이 부조화되고 사랑에 눈물이요 일에 한숨 잦다.

(6) 식신격에 상관이 투간이라, 남을 돕고 봉사하며 신앙으로 달래며 업을 닦는 자세가 나머지 인생을 편안하게 하는 것을 본인은 아는지 모

르는지…….

(7) 여명에 합과 귀인이 많음은 남정네 등쌀에 사랑의 눈물을 많이 흘린다더
니만.

(8) 괴강일이라 과단성 있고 총명하며, 신강이라 일처리는 잘 하지만, 형충이
가해지면 흉액이 뒤따르니 인생이 가시밭길 같다.

(9) 여명에서 먼저 남편의 길흉과 품질의 상태를 살펴야 한다. 배필궁은 일지
의 辛 겁재요, 배필성은 년시지의 丁이다. 남편궁 자리에 겁재가 들어 좌정
하고 있음은 내 남편을 빼앗기고 나는 독수공방한다는 뜻이다. 그 겁재가
坐관대하고 유근한 터라 매섭고 살기가 등등하다.
원래 8字에서 夫星은 보이지 않다가, 년시에 나투고 있지만, 그 2丁이 壬
과 더불어 투합하고 있어, 부군의 성정이 호주색가임을 알 수 있다. 년 丁
은 월 壬과 탐합으로 내 남편이 아니요, 時 丁이라도 일 겁재와 시간 상관
에 둘러싸이고, 刑으로 따돌림 당하고 있어서 일간에게 어울린 남편감이
아니다.

(10) 이렇게 선후의 부성마저 일간에게 인연이 없다면, 어떻게 살란 말인가?
합이 지나치게 많은 데다 천을귀인까지 갖추고 있으며, 길신도 탐합으로
명식이 매우 탁해졌다. 이러면 홍등가나 주색업에 종사한다. 탈관奪官하
는 인성이 지배적이니 당연히 기둥서방 모시고서라도 일간이 벌어서 생
계를 유지한다. 게다가 화개가 많음도 크게 한 몫한다.
만약 이를 면하려면, ① 문화 예술 공예 종교 가무 ② 의료 군인 경찰 수
사관 형권직 정치가… 등에 종사해야 한다.

제3장 격국론

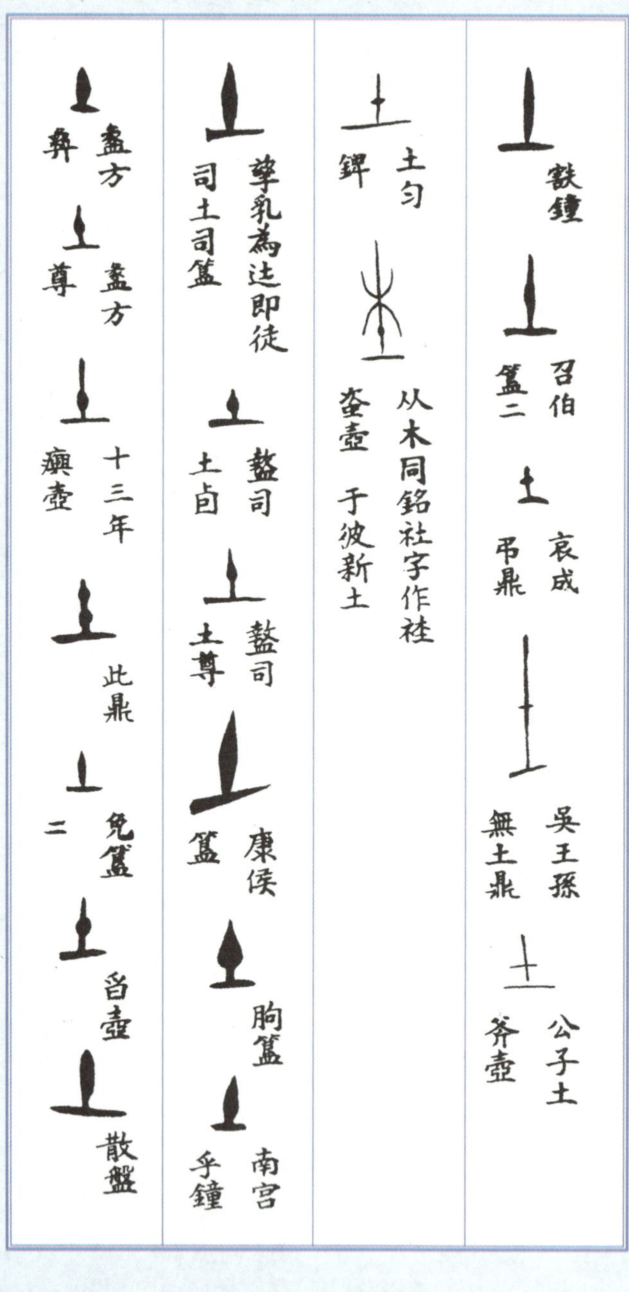
戜鐘
召伯簋二
哀成弔鼎
吳王孫無土鼎
公子土斧壺
土匀鐸
查壺　于彼新土
从木同銘祉字作袿
孳乳爲辻即徒
司土司簋
土卣鼖司
土尊鼖司
簋康侯
胸簋南宮
乎鐘
盉方舉
盉方尊
癲壺
十三年此鼎
免簋二
舀壺
散盤

1 · 총론

1. 신약과 신왕을 보는 법

사주를 간명하려고 하면 우선 신약한가 신왕한가부터 판별할 줄 알아야 한다. 신身이란 거의 일간日干을 말하며, 간혹 일주日柱(예, 合身의 경우)를 의미할 때도 있다. 신약, 신왕을 잘 가리면 사주 해석은 적어도 1/3 이상은 한 셈이다. 그 만큼 중요한 관문이다. 명식마다 특징이 있으며 애매한 점도 있어서 간혹 신약인가 신왕인가를 판별키 어려운 경우도 상당히 있는 줄 안다. 그래서 더 어렵지만, 아무튼 이 관문은 통과해야만 제대로 간명할 수 있는 자격이 주어진다.

예부터 신약, 신왕의 판별은 다음의 3가지 기준에 따랐다.
일간이(= 日主가),
(a) 월지月支를 얻었느냐 잃었느냐(득령/실령)
(b) 세력勢力을 얻었느냐 잃었느냐(득세/실세)
(c) 향지鄕地를 얻었느냐 잃었느냐(득지/실지)

월지를 령令이라 하며, 월지가 정인, 편인, 비견, 겁재되면 일간이 득령 했다고 말하며, 반대로 월지가 식신, 상관, 편재, 정재, 편관(또는 칠살), 정관이면 실령했다고 말한다.

세력이란 일간과 같은 오행이나 생해 오는 오행, 가령 甲乙 木 일간이면 사주에 木(= 甲乙 寅卯)이나 水(= 壬癸 亥子)가 많으면, 일간이 득세했다고 말하며, 반대로 사주에 火 土 金가 많으면 실세했다고 말한다.

향지란 12 운성運星에서 양·장생·목욕·관대·건록·제왕을 왕지旺地라 하고, 쇠·병·사·묘·절·태를 약지弱地라 말하니, 일간이 사지四支에 인종引從해서 왕지를 타면 득지라 말하고, 반대로 약지를 타면 실지라 말한다.

이 3중, 2가지 조건을 갖추면 성립한다.

시일월년(男)
癸甲癸癸
酉戌申未
사양병묘

(a) 월지가 칠살이니, 일간은 실령했고,
(b) 癸水가 3개이고 지지地支에는 없어서, 일간은 실세이며,
(c) 일간이 약지를 만났으니, 실지다.
고로 이 명식은 신약한 사주다.

시일월년(男)
戊乙丁庚
寅亥亥寅
왕사사왕

(a) 월지가 水정인이니 득령했고,
(b) 木2, 水2로 地支를 차지해 득세했고,
(c) 일월는 死, 년시는 帝旺이니, 조금 실지다.
고로 이 명식은 신왕한 사주라 말한다.

시일월년(女)
辛乙乙乙
巳丑酉巳
욕쇠절욕

(a) 월지가 칠살이니 실령했고,
(b) 乙 비견은 2인데, 나마지는 金殺局이니, 실세했고,
(c) 실지다.
고로 이 명식은 태신약한 사주라 한다.

시일월년
乙丙甲乙
未午申巳
쇠왕병록

(a) 월지가 편재라, 실령했고,
(b) 월지만 빼놓고 모두 火象局을 이루니, 대득세요,
(c) 년일에 건록 제왕이니, 득지다.
고로 이 명식은 태신왕한 사주라 한다.

　일반적으로 신약은 여성적이고, 신왕은 남성적이다. 실제의 남녀 명식이 이렇게 되면 천지 자연의 이법에 맞는 형국이지만, 여성이 신왕이고 남성이 신약이면 여성은 자기 주장이 세어 남을 능가하려는 입장을 가지며, 남성은 박력과 용감성이 모자라 사회적으로 큰 일을 하는데 어려움을 맞는다. 그러니 태신약하거나 태신왕하게 되면 그런 성향은 아주 두드러진다.
(물론 특별격, 즉 외격外格이나 종격從格, 잡격雜格일 경우는 예외다.)

여성이 신왕할수록 남편 복이 모자라진다. 일부종사가 되더라도 그 남편이 잦은 외도를 하고 해서 속상하기 일쑤며 독수공방하거나 재혼하기 쉬워진다. 그 이유는 타고난 기질이나 인격이 너무 세어서 남편을 공경한 다거나 시부모를 봉양할 줄 모르고 멋대로 기분나는 대로 하며 성급하게 성질부리며 처리하곤 하기 때문이다. 자기 성질은 풀릴지 모르나 남에게 끼친 영향을 아랑곳하지 않아서 문제다. 대신에 사회적 활동면에서는 장점 도 있어서 맞벌이 여성으로는 적절하기도 하다.

그래서 여성이 신왕할수록 여장부가 되어 사회생활이나 직장여성으로 서 크게 성공하며 큰 돈도 모아 여사장이 되기도 하는 등 현대에서는 환영 받기도 한다. 요즘 남성들이 거의 맞벌이할 여성을 배필로 선호한다는데, 그러면 그만큼 여성의 남성화를 수용해야 하고 반대로 남성의 여성화를 인 정해야 하는 시대라고 하겠다. 물론 사회생활에서 그러하다면, 가정에서 의 남녀 역할도 그만큼 중성화돼야 하며 그런 가정일수록 평등하고 원만 한 관계가 이루어질 것이다. 간명에서도 이 점은 중요한 시사라고 하겠다.

또 여성이 태신약에 가까우면 어떤가? 뻔히 보이는 재물을 모으는데 힘이 모자라는 격이다. 동서남북에 할 일과 돈 덩어리가 즐비한데 그것들 을 다 호주머니에 넣기엔 역부족이다. 재주는 비상하고 요령도 있으나 재 물이 호주머니에 들어오기가 바쁘게 빠져나간다. 빛 좋은 개살구라고 할 까. 부자 집에 사는 거지 격이다. 겉은 화려하고 부자인 듯하나, 실상은 빚 더미에 나앉기 일보 직전의 거지다. 병자가 과로하는 형국이니 집안이 시 끄럽고 구설이 따르며 사고만 치며 큰 소리만 치지 이루어지는 건 별로 없다.

애정면에서 시부모 등살이 심해서 결혼 생활이 편안하지 않으며, 대체로 시댁이 가난하므로 내가 경제적 가권을 쥐고 이끌어 가다 보니, 고달프기 그지없다. 나이 들수록 드는 건 여기 저기 쑤시고 절리는 병이요 남는 건 빚이기 싫다. 남편은 비교적 재주 없고 답답하게 보이며 어느 때엔 무능하기까지 한다. 그래서 내가 경제 전선에 나서나 공은 적고 돌아오는 건 무거운 책임만 있다.

남성이 태신약할수록 어떤가? 항상 바쁘게 뛰나 실속이 없고 부모 유산을 무엇 한답시고 투자해서 다 까먹기 일쑤다. 허송한 세월이 많으며 풍류를 즐기고 남들한테 잘한다. 처음부터 화려하게 거창하게 일을 시작하나 멋은 있되 점점 시들어 마침내 아무런 성과도 없고 빚만 남는다. 한번 실수를 두 번 세 번씩이나 반복해서 실패를 거듭해도, 또 무언가를 자꾸 벌리려고 고집부리면 아무도 못 말리고 만다.

이런 자는 평생 봉급생활자로 남아야 하는데, 대부분 열에서 여섯 일곱은 처음에 직장에 있다가 어느 날 사업한답시고 사표 쓰고 나와 일을 벌인다. 사람이 워낙 좋아 보여 먹고 마시니 사람들이 주위에 많이 모이나 친구나 직장 사업 관계에서 속아서 재산을 몽땅 날리기도 하며, 보증 같은 걸로 피해를 많이 입기도 하지만, 본인은 반성은 커녕 오히려 가족이나 아내 부모에게 분풀이하기 일쑤다. 아무튼 세상 풍파가 많고 가족을 힘들게 하는 위인이나 본인은 세상을 멋있게 사는 편이다.

이런 명식의 남성은 가정에서는 폭군이거나 무책임한 가장으로 일관한다. 입으로는 큰소리치고 거칠게 행동하지만, 실상은 아내나 부모에게 응석부리면서 자꾸 사업 자금 대어달라는 식의 시위를 하는 등 가장으로선 빵점이다. 남에게 내보이는 걸 자존심 삼아 좋아하면서 벌려 사고만 치고는, 나중에 수습이 안되면 몸을 감추고 도망가서 마누라가 다 수습하면 그때에 나타나 수줍다는 미소만 짓는다.

본래 천성은 낙천적이라서 젊었을 때 연애의 상대로서는 아주 알맞다. 잘 쓰고 분위기를 잘 조성하며 여성을 위해 배려를 아끼지 않아, 여성들이 줄줄 따라 다닌다. 거의 자유로 만나 연애하다 혼인한다. 그러나 결혼식장에서 나와 여행 갔다 집으로 오자마자 연애 때의 장밋빛 꿈은 사라져 가고 혹독한 현실의 배반, 상실감, 무력감 등이 몰아치면서 한숨이 길어지곤 한다.

다시 남성이 태신왕할수록 어떤가? 고집불통이며 독립 자존형이다. 사람은 좋지만 불도져처럼 밀고 나가는 의지의 실천가로서 타협이나 의논이 없다. 내 인생 내가 산다는 뜻이지만, 남들이 그를 가만 놔두질 않고 짓누르려 하니, 마찰이 있고 공격의 타켓이 되기도 한다.

인덕이 모자라며 부모 형제 덕 없이 홀로 자립할 운명이다. 대체로 초년 고생이 심하고 사고치는 바람에 수감되기도 하는 등 부모 형제의 속을 썩히다가 중반 이후 부터에나 나아지기 시작한다. 주로 대기大器에 물이 늦게 차듯이 천천히 성공한다.

아내는 썩 나은 자를 얻기는 힘들어도 집안에서 알뜰살뜰 잘 하는 형에 속한다. 가끔 싸우는 부부 싸움의 주된 내용은 남편의 수입 부족으로 인한 불화다. 그래서 아내가 파출부라도 나갈 판이다. 태신왕할수록 재성이 자연히 태약해지기 때문에 일어나는 현상이다. 아내를 폭력으로 누르려 하고 구박하기도 해서, 아내가 잔질에 시달리거나 병약하다. 나는 부모 형제 덕을 크게 보지는 못했어도 나중에 내가 편친(주로 母親)를 모시는 경우도 많다.

요컨대, 사주란 중화를 으뜸으로 삼는다. 중화되어야 부귀해지며, 중화를 깨면 빈천해진다. 중화란 오행의 균형적 구조와 배열을 말한다. 균형을 잃고 한쪽으로 치우치면 성질과 운명이 편굴하고 편협해져서 자신과 주위를 속이거나 군림하거나 횡포부리거나 거칠며 잔인해서 소인배가 되기 쉽다.

강자에게는 비굴하고 아첨하며 고자질하고 약자에게는 폭군으로 나서며 월권을 하면서 사람을 괴롭힌다. 이들이 수행하고 마음을 다스려 행동하면 후천명後天命이 아주 좋아지기도 한다. 그리고 중화된 명식은 공평무사하며 이사와 정리에 밝아 사람들로부터 존경을 받는다. 다정다감하며 이지가 밝아 인품이 높고 예의 바르며 능소능대하다.

대체로 신약하면, 온화하고 요령 있고 의존적이며 변덕스럽고 냉정하며 용두사미이고 역부족하다는 속성을 지닌다. 조금 신약함이 좋고, 심할수록 길조는 줄어들고 흉조는 가해져 인생이 고생스럽다.

신왕하면, 강직하고 성실하며 자존적이며 의리적이고 명랑하며 감당하려 하고 일편단심으로 나아간다. 조금 신왕하면 좋고, 너무 신왕할수록 길조는 줄어들고 흉조가 배가돼 인생이 고단해진다.

태신약하면, 더 변덕스럽고 졸렬하며 의존적이고 우유부단하며 체념도 잘하고 비굴하며 경솔한 성향이 많아서 실패수 잦다. 너무 빈약해서 줏대 없으면서 극단적으로 변신을 잘한다. 사람을 잘 속이고 이용하는 등 편법을 너무 좋아한다.

태신왕하면, 더 우직하고 독립적이며 과격하고 대담하며 교만하고 허풍 잘 하고 자해自害하기도 하며 기풍 있다. 너무 강하면 꺾인다는 말처럼, 매사 막힘과 부딪힘이 많아 고생한다.
행동과 사고방식이 극단적이라 제 마음대로 하려 하고 간섭을 싫어하며 탈법도 잘 한다.

편중된 명식일수록 자신의 수양과 마음의 덕성을 기르는 공부가 절실히 요구된다. 사주의 형식은 그렇더라도 내용을 바꾸는 작업이 곧 마음의 수양 밖에 없기 때문이다. 힘든 일이지만 수행을 통해 내용을 바꿔서 명식의 구조나 형태를 조금 벗어나는 것이다. 이것은 운명을 개척하는 한 길이며, 실제로 수행하는 자의 사주는 그러한 경우가 많다.

다시 말하면, 사주란 세속의 재물, 관직, 명예 등의 오욕락의 추구를 궁극적 목표로 하고 있기에, 이에 대한 추구 대열에서 벗어나 유유자적하게 수양하면 명리에 대한 과도한 경쟁에서 오는 피해를 막을 수 있다는 논리다. 살아가는 것이 온통 오욕락의 추구고 여기서 파생되는 고통이란 패배자의 몫이라면, 자신이 이런 구조의 명식이라면, 애당초 이를 알고 조금 빗겨 앉아 관조하면서 슬기롭게 대처하는 것도 운명 개척의 큰 열쇠라고 하겠다. 이것은 지혜의 영역에 속한다. 우리가 명식을 알고 푸는 것도 사실은 이런 지혜를 배우고자 함이다. 만약 이를 어기고 무모한 도전을 하는 자가 있다면 당연히 운명의 화살을 맞고 말 것이다.

2. 격국을 보는 틀

그 다음으로 격국이란 게 무언가 알아야 한다. 격국이란 명식을 어떤 구조나 형태로 보려는 해석 도구로서 보통 사주의 내용을 담는 그릇과 같은 것이라고 보면 무난하리라 생각한다. 내용도 중요하지만 먼저 그릇의 형태나 모양에 따라 내용의 겉모습도 달라진다는 것에서도 알 수 있듯이, 명식의 구조를 이해함으로써 그 속에 담긴 내용을 일정한 틀에서 해석해 내는 것이다. 그러니까 형식이 내용을 규정한다는 말처럼, 구조적 형식을 통해서 그 속에 들어 있는 내용의 속성을 읽어내려는 것이다.

붕어빵 틀을 통과하면 어떤 반죽이나 내용물도 바깥 형식은 반드시 붕어빵 형태를 띠고 나오게 되어 있어서, 먼저 보는 즉시 '아, 붕어빵이구나!'

하는 이미지나 생각이 떠오르게 마련이다. 그리고 나서, 그 붕어빵의 내용물을 먹거나 음미하면서 그 맛이나 재료들 그리고 요리 솜씨 등을 따져 보는 것이다. 같은 내용물이라도 만약 호빵 틀에 부어 넣으면 형식은 호빵이 돼 나오니, 우리는 그 호빵을 맛있게 먹는다.

사주를 해석함에서 이처럼 격국의 이해는 아주 필요하다. 사주의 비조 『연해자평』에서부터 강조돼 온 이론이지만, 사실 터득은 참으로 어렵다고 말해야 할 것이다. 그러다 보니 고전마다 조금씩 취격取格하는 그 이해의 틀을 달리 말한 곳도 있어서, 후학들은 어리둥절할 때가 많다.

나는 이 점을 고려해 신약한 명식과 신왕한 명식에 따라 다시 일목요연하게 정리될 수 있도록 취격론을 간추렸으며, 격에 따른 설명도 하려고 했다. 이것은 제2장의 해석론이 가능하도록 하는 이론적 근거 노릇을 한다는 점에서, 반드시 먼저 이해돼야 할 단계다. 해석이란 그렇게 되도록 하는 내용과 형식이 벌써 충족되어야 가능한 작업이기 때문이다.

일반적으로 격국은 크게 일반격(正格＝內格)과 특별격(＝外格, 잡격)으로 나눈다.

일반격(＝사주의 十中八九에 속하며, 아래 a와 b가 가장 많이 통용되고 있다.)

a. 형상격形狀格＝전체적 구조에서 중화를 중심으로 취격되는 경우로 내8격의 변화격이다. 주로 억부법에 따라 격과 용신이 함께 짜여진다는 점에서 많이 활용되고 있다.

b. 내8격內八格＝일반격의 가장 기본되는 취격법으로 월지月支를 중심으로 한다. 먼저 이 내격이 온전히 소화된 상태라야 다른 변화격이나 외격

도 소화되는 골격을 가지고 있다는 점에서 중요시된다.

특별격(= 사주에서 일부 20% 남짓 정도로 해당하며, 개체의 구체적인 사
실을 설명한다.)

c. 외격外格 = a b의 경우를 제외한 나머지 구조와 형태를 가진 사주를 말한다.

d. 잡다격 = 아주 독특한 구조와 특이한 요소를 가진 것으로 격을 삼는데,
매우 드물지만 그 개수는 상당히 많다. 고인古人들이 일반적인 구조에
의한 해석으로는 미진함으로써 보다 확실한 명식의 해석학을 위해 설
정해 놓은 것들이니 만큼, 후학들은 눈여겨볼 가치가 많다. 크게 부귀
해지고 특출한 인물일수록 이런 명식을 가지고 있음은 결코 우연이 아
니니 무시할 일은 결코 아니라 하겠다. 영웅호걸과 걸출한 인물일수록
이 격에 많이 속한다.

아래에는 일반격의 형상격을 중심으로 나머지 격국들과 용신을 도해圖
解로 표시한다. 신약한 사주와 신왕한 사주에 속한 것들은 형상격이고, 태
신약한 사주나 태신왕한 사주에 속하는 것은 종격이다.
여기서는 격을 일반화해서 서술한다. 개인마다 개인차가 분명히 있으며
구체적인 형태나 행운에 따라 길흉의 가감승제加減乘除가 있기 마련이므
로 아래의 내용만을 가지고 왈가왈부해서는 곤란하다. 큰 틀은 같더라도
중화가 잘 될수록 부귀한 명식으로 내용이 해석돼야 하고, 중화가 안 될수
록 빈천한 명식으로 그 내용이 설명돼야 한다.
이 점을 놓치면 틀린 간명이 되며, 동시에 죄업을 짓는 것이 되고 만다.
따라서 아래의 격국들의 설명이 누구에게나 100% 적용된다고 보면 큰 오
류를 범하는 것이 되며, 반드시 개인차 별로 수많은 변수들이 존재함을 상
기하고 겸손히 간명에 임해야 할 것이다.

　1차적으로 원국에서도 중화 여부를 보지만, 중화되고 안 되고는 원국과 행운의 상호 대비해서 나오는 억부와 조후 관계를 말한다. 원국의 구조도 중요하지만, 오히려 행운의 길운이 더 좋다. 그러니까 원국이 원만한 구조고 행운에서 잘 조후해 주면 아주 좋은 명식이라고 판단한다. 행운이란 대운과 세운을 말한다.

　아래의 격국론 설명은 원국의 구조를 놓고 그 경향성을 말한 것으로, 결코 이것만이 운명의 전체인 양 떠들어서는 안 된다. 길하고 흉함은 반드시 행운의 구조에 따라 가감승제가 이루어진다 함을 잊어서는 안 된다. 따라서 원국은 이렇다 하더라도 행운에서 유리한 중화를 가져오면 발신할 것이요, 원국이 좋은 구조라 하더라도 행운에서 불리하게 중화를 잃으면 크게 발복하기는 어렵다 할 것이다. 하지만 원국이 더 중요하다(대체로 5.1:4.9 정도로).

　그리고 또 하나 밝혀 둘 것은, 아래에 모든 격국들을 신약-신왕-태신약-태신왕으로 나누어 설명했는데, 이 중 태신약과 태신왕은 바로 위에서 설명한 태신약-태신왕의 것과는 다르고, 그저 종격 명식들을 이렇게 이름해 붙힌 것에 불과하다는 점이다. 아래에서 중요한 것은 각 격국들의 정확한 이해라고 하겠으며, 번호별로 차근차근 숙지함이 좋을 것이다.

3. 격국의 분류법

(신약한 사주의 경우)

(a) 食神 傷官이 많으면 · · · · · · · · · 食傷重用印格 1
　　(印星이 없으면) · · · · · · · · · · · 食傷重用劫格 2
　　(財官이 없으면) · · · · · · · · · · · 眞傷官格 3
　　制殺이 태과하면 · · · · · · · · · · 制殺太過用印格 4
(b) 財星이 많으면 · · · · · · · · · · · 財重用劫格 5
　　(比肩 劫財가 없으면) · · · · · · · · 財重用印格 6
(c) 官星이 많으면 · · · · · · · · · · · 殺重用印格 7
　　(印星이 없으면) · · · · · · · · · · (以)食傷制殺格 8
　　(食傷 印星이 없으면) · · · · · · · · 殺重用劫格 9
(d) 印星이 많으면 · · · · · · · · · · · 印重用食財格 10
　　(財星이 없거나 財星이 미약하면) · · · · · 印重用官格 11
*(e) 食傷 財星이 많으면 · · · · · · · · · 食財雙重用劫格 12
　　財星 官星이 많으면 · · · · · · · · · 財官雙重用劫格 13
　　官星 印星이 많으면 · · · · · · · · · 官印雙重用印格 14
　　官星과 食傷이 많으면 · · · · · · · · 官食雙重用印格 15

(신왕한 사주의 경우)

(a) 食神 傷官이 많으면 · · · · · · · · · 食傷用財格 16
　　制殺함이 지나치면 · · · · · · · · · 制殺太過用財格 17
　　制殺함이 지나치면 · · · · · · · · · 制殺太過用官格 18
　　(財官이 없거나 미약하면) · · · · · · · 食傷用食傷格 19
　　(財官이 없으면) · · · · · · · · · · 仮傷官格 20

(a) 印星이 많고 地支의 印星局일 때 · · · · · · · 從强格 31

(b) 比劫이 많고 地支의 比劫局일 때 · · · · · · 從旺格 35

· · · · · · · · · · 一行得氣格

41-1, 2, 3, 4, 5

(c) 化氣가 많고 地支의 化氣局일 때 · · · · · · 從化氣格 42

(나머지 형태의 사주의 경우)

(a) 從일 듯, 不從일 뜻 하면서 애매한 때 · · · · · 假從化格 43

(b) 二行이 상생하거나 상극하고 구족할 때 · · · · 兩神成象格 44

(c) 특별한 잡격의 한 예 · · · · · · · · · · · 暗冲格 45

*표시된 것은 좀 특이한 것으로 이 책에서 알기 쉽게 하려고 덧붙인 것이며, 나머지는 종래에 쓰이던 용어들이다. 대략 위 45 종류의 격국론이면 충분하리라 생각되어진다. 이밖에도 잡다한 많은 격들이 고래로 전해오고 있어 어느 것 하나 소홀히 할 수 없이 장점들을 가지고 있지만, 여기서는 이 정도로 그치고 독자들의 공부로 남기고자 한다.

2 · 신약한 명식

(日干이 실령 실세 실지 중 2개 이상이고, 생부生扶가 적은 경우)

1. 식상중용인격食傷重用印格

신약한데 식신이나 상관이 너무 많은 경우로, 우선 인성으로 식신 상관을 제어해야 한다는 격국이다. 간명하면 보통 상당히 많은 편이다. 식상으로는 남명에게 조모나 장모의 별이고, 여명에게는 자녀별이다. 인성은 남명에게 모친 조부 장인이고, 여명에게는 모친 조부 사위에 해당된다. 모두 나를 후원하고 돕는 위치에서 뒷바라지하는 별이므로 고귀하다.

특히 월지가 상관이고 식신이 있어 신약하면, 이를 진상관격이라 하며 인성을 용신하는데, 식신 상관운이 오면 절단난다. 그래서 인성이 곳추세운 상관의 힘을 빼야 한다 해서 '상관의 상진傷盡'이라 하고 이렇게 되면 기뻐한다.(또 다른 의미로는 명식에 정관이 없고 상관이 있으면 이를 상진이라고도 말한다. 상관이 정관을 제거해버렸다는 뜻이다. 그러나 나는 이런 의미를 취하지 않는다.)

이때 인성이 양호하면 부모덕이 있어 일찍부터 넉넉하게 학문을 닦아 출세의 길을 달리며 남보다 먼저 사회적 호기를 잡는다. 만약 인성이 양호하지 못하면 부모덕이 별로라서 뒷바라지도 어렵겠지만 본인도 학문에 대한 미련은 강하나 그 뜻을 이루기 참 힘들고 만다. 공부를 할라치면 꼭 장애가 끼여 중도에 그만 두고 마는 꼴이 비일비재하다. 이렇게 되면 공부의 한이 사무쳐 자녀에게서 보상을 받으려는 심리가 발동해 자녀 교육에는 물불을 가리지 않고 빚내서라도 교육을 시키려 한다.

인성은 학문 문서 도장의 별이니, 명식에서 재성이 유력하거나 행운에서 강하게 오면 학문의 길이 막히고 그 재성의 운에는 땅문서, 집문서, 보증 등으로 고생하고 명예 훼손이나 뇌물 수수로 좌천되는 등 손실이 크다. 재성은 본질적으로 인성을 붕괴시키기 때문인데, 우리 주변에서도 학문이나 무슨 진리를 말하면 고귀한 듯 보이고 맨 날 돈타령이나 하고 재물만 탐하면 천하게 보이고 인격이 떨어지는 것으로 생각하는 것은 이런 사회적 암시가 그대로 운명에도 적용된다고 보아진다.

재성은 말 그대로 재물이요 사람이 세상을 살아가는 데에 꼭 필요한 물질적 자원이다. 물질이 강하면 정신적 자원인 인성은 저절로 약해진다. 아무리 많이 아는 박사라 하더라도 돈이 없으면 남의 집에서 식객食客 노릇을 해야 한다. 정신적 학문은 물질적 자본의 지배를 받기 마련이기에, 많이 배웠어도 결국 돈 있는 자의 밑에서 참모나 자문 역할하는 종속 관계를 못 벗어나는 게 인류 문화사의 오랜 전통이다.

즉 인성은 재성을 보면 길에서 호랑이를 만난 듯 꼼짝 못하고 주눅들고 만다. 물론 인성이 강하고 재성이 약하면 인성은 능히 버틸 수 있고 재성은 함부로 하지 못한다. 너무 알아서 학문적으로 부자를 압도하고 감히 넘볼 수 없는 위엄을 갖추는 것과 같다.

식신이나 상관은 그런 재물을 생하는 근원이다. 식신은 말 그대로 복덕의 신이요 식신이 건전하면 오히려 재관이 부럽지 않을 만큼 부유한 자원이고, 상관은 열매 맺지 못하는 꽃처럼 꽃은 화려하고 만발하되 열매 없는 별로서 상관은 반드시 재성을 만나야만 식신처럼 구실을 다한다.

식신은 꽃도 아름답고 그 열매도 풍족해서 여유롭고 낭만적이며 풍류와 멋을 아는 예술 학문의 별이고, 상관은 식신보다 더 화려하고 기교적이고 자유로운 풍류를 자랑하지만 결과가 별로인 다노무공多勞無功이다. 허무한 결과를 메꾸려면 그래서 반드시 재성이 있어야만 비로소 상관이 재물을 만들어 부유해진다.

그런데 식신이나 상관이 많게 되면 지나쳐서 흉조로 변한다. 무엇이든지 지나치면 병이 되고 만사의 어긋남이 된다. 식상은 설기시키므로 자유방종하고 기존 질서를 무시하며 히피족처럼 예술이나 문학, 창작활동 등 방임주의에서 삶의 창조를 좇는다. 또 식상이 많으면 저절로 재성을 낳게 된다.

이렇게 되면 일간은 더욱 허약하게 되며 병든 환자가 밤새 방사를 하고 중노동까지 하는 격이어서 생명이 위험하다. 일간은 하루 빨리 값진 음식과 보약을 먹고 휴식을 취하면서 몸을 추수려야 한다. 이 음식과 보약과 휴식이 바로 인성이다. 일간이 살려면 반드시 필요한 인성을 쓴다 해서 용인격用印格이라 한 것이다.

인성을 쓴다 함은, 먼저 식신과 상관의 동물적인 방종함을 누르고 절제함이며 그러기 위해서는 진리와 학문을 알아야 한다는 것이다. 몸이 망가지고 제 명을 재촉하는 줄 모르고 날뛰는 것은 일간이 무지해서 그런 거라고 보는 것이다. 동물의 자연스럼처럼 놀고 사귀는 데에는 잘하지만 책상머리에 앉아 연구하는 선비가 되기에는 죽어도 싫은 경우, 그 유흥과 놀이가 마침내 자신의 사회적 망가짐을 가져온다는 것을 모르는 것과 같다. 우선 좋다고 육체적 유혹을 좇아 춤추고 노래하며 네온사인이 흔들거리는 밤거리를 누빈다. 재미나는 것을 찾아 헤매고 어깨동무하고 어울리며 돌아다닌다.

그래서 이 격을 가진 자는 선천적으로 놀이와 사랑 재물에 약하고 그 덫에 자주 걸리는 비운을 맞기도 한다. 펑펑 돈 쓰며 몸을 치장하느라 빚내어 카드 긁는다. 만발한 꽃을 유지하고 뭇 시선들을 끌려면 보통 노력과 돈이 들어가는 게 아니다. 내일 어떻더라도 오늘 즐기고 보자는 현실주의가 자리잡는다. 늘어나는 건 카드 빚이요 그 화려한 춤과 회식 뒤에는 파산만이 기다리고 있다. 이것이 중화를 잃고 지나치게 고삐 풀린 망아지처럼 방종 사치한 까닭이다. 남녀가 예술, 문학, 음악, 미술 등에 조예 깊고 아주 잘한다.

이런 경우, 인성은 사람답게 살게 하고 사회적으로 출세하려는 강한 인내력과 희망을 의미한다. 학문을 한다는 것은 도덕적 양심이 잘 다듬어지는 것이기도 하거니와 세상을 사는 지혜와 경륜을 익히는 것이다. 인류 역사와 문화를 통해 동물적 삶의 방식을 벗어나 보다 더 고귀한 삶의 질을 향해 나아가려는 것이다.

그래서 이 격은 자신의 절제된 도덕률과 인격을 요구하고 있다. 명예를 생명으로 여기는 행정관리 교육자 저명 인사들에는 이런 격이 많은데, 그만큼 공부해서 이룩한 성과임을 뜻하지만, 만약 인성이 약하다면 평소 뇌물이나 재물에 대해 신중한 처신을 해야만 하고 재물 관리를 잘 해야 여생이 편안할 것이다.

또 이 격은 능력과 재주가 비상해서 바삐 일도 잘 처리하며 동분서주 하지만, 인성이 양호치 못하면 식상의 방종 사치함을 제어하지 못해서 정신이 쇠약해지고 신들린 것처럼 몸이 찌뿌뚱해지며 골치가 지근지근 아파 병원엘 자주 찾게 된다. 만약 식상이 지나치고 살국殺局을 이루면 몸을 다치고 몸과 마음에 장애를 앓는 수 있다. 살殺이란 일간의 몸을 직접 친다는 의미니, 식신 상관의 살국을 이루면 일간이 심히 설정을 당해 병을 앓게 됨을 말한다.

게다가 재성까지 있으면 남명에게는 아내나 여자에 해당하니 곧 식상과 재성이 흉신이 되어 용신 인성을 마구 파괴해서, 그 처가 어리석고 못 생겼으며 독사같이 사납고 냉혹해서 결국 아내(여자 돈 재물)로 인해 큰 재앙을 초래하기 일쑤며 심하면 무자無子하기 까지 한다.

여성의 경우, 재성은 시어머니이니 식상이 생재生財하므로 시모의 기세가 등등하고 대단해서 자꾸 나의 기혈을 빼앗아간다. 시모로 인해 갈등이 심하고 정신병이 도질 정도로 이유 없이 날 달달 볶는다. 아무리 잘해도 시모의 눈엔 가시라서 맨날 날 나무라고 욕한다. 참는 것도 한도가 있어 폭발하고 마나 더욱 사태는 악화될 뿐이다. 게다가 재성에 관성을 가지면 재성이 칠살을 생조하는 꼴이라, 즉 시모가 남편을 충동질해서 더욱 날 코너에 몰아 넣고 볶아 죽이려 한다.

시모는 돈먹는 귀신이라 갖다 주어도 고맙다는 말 없고 더 돈 타령하기 십상이다. 하다못해 부업이라도 해서 가계에 보탬이 될까 싶어, 재물 모아도 그 공로는 어디가고 이젠 아예 내가 움직여야 집안이 돌아갈 판으로 변화고 만다. 나는 시댁의 돈주머니요 노예다! 시모등살에 가계 책임지랴 고생이 말이 아니다. 이런 명식이 홀어미 모신 남편을 만나면 거의 100% 정신이 돌거나 이별하고 만다. (그러나 재성, 관성이 아주 미약하면 이런 뜻이 약화된다.)

요컨대, 식신이나 상관이 많으면 자연히 재물을 생하게 됨으로, 용신 인성은 쇠약해진다. 이러면 여명은 남편덕이 없고, 애 낳은 후 남편이 외정을 해서 이혼의 단초를 끼운다. 자신은 애를 데리고 살며 부업 따위를 해야 가정을 유지한다. 시집오자 친정은 시들고 시댁은 조금 나아진 편이나, 별부別夫는 아니더라도 남편보다는 자녀에게 사랑이 극진해 항상 부부싸움의 빌미가 되곤 하며, 점차 부부의 정이 없어져서 남보다 권태기를 빨리 맞는다.

아무튼 자녀 낳고서 남편과는 멀어지는 형국이라 결국 남편이 딴 눈을 팔게 하는 원인 제공을 스스로 한다는 점을 모르고 있다. 또한 그렇게 공을 드린 자녀도 좀 커서는 그런 부모의 공을 모르기 십상이다. 식상이 흉신이기 때문이다. 만약 남편이 건재健在하다면 남편의 수입이 신통치 않게 되며 이제는 돈 때문에 부부 싸움이 잦고, 부대끼다가 맞벌이로 직업을 갖게 되나, 십중팔구 바람나는 자유부인이 되기 십상이다.

애 낳을 때 고생하고 보통 복부 수술해서 낳으며(3.8kg이상 체중아), 유산도 자주 해서 애기 낳은 후 산후병으로 고생한다. 2.7kg 이하로 난 유아나

조산아도 또 3.8kg 이상 과체중 아들은 대개 자라면서 비만증이나 각종 성인병에 시달린다. 인성운에는 그래도 순산하고 기쁘나, 식상운이면 난산으로 산망産亡하든가 부자夫子를 잃는다. 그래서인지 과부가 참 많다.

허리나 사지, 허리, 머리 등이 지글지글 아프고 신들린 것처럼 몸이 병약하다. 낙태, 유산, 산후 관리 소홀 등으로 오는 부인병으로 평생 골골한다. 인성이 양호하고 건장하면 능히 식상을 누르고 중화를 이루어 좋고, 행운에서 받쳐주면 흉함은 사라지고 길함만 있게 되니 부귀 공명을 이룬다.

남명에게서 식상이란 사업 자금이나 오락 유흥 풍류 여자다. 놀기 좋아하고 무리하게 자금을 끌어다 쓰며, 가족이나 친척의 돈까지 몽땅 모아서 사업 출발을 거창하게 한다. 대부분 얼마 안 있어 거덜내기 시작하면서 적자 인생의 꼬리표를 떼지 못한 채 두 번 세 번 자꾸 반복해서 빚내어 사업하려 한다. 속기도 하고 돈도 많이 떼이기도 하며 흥청망청 술집에서 돈을 뿌리는 등 식상의 동물적 근성을 발휘하면서 가족을 괴롭힌다. 아내만 힘들게 뒤처리하느라 발버둥친다.

중화가 안 되면 바람둥이가 많으며, 가족의 애물단지로 변한다. 마약, 도박, 경마 등 주색잡기를 좋아하며 수입보다 지출이 많아서 항상 가족이 고생하며 이로 인해 부부갈등이 심하지만 이별하지는 않는다. 부친에게 실망한 자녀들이 일찍이 공부는 제쳐놓고 사회에 나가서 자유로이 활동하며 돈을 모으나 신통치 못하고 자녀들이 만나는 배필 문제로 부모와 또 갈등하며, 늘 속 썩이는 사이로 변한다. 자녀들의 가정도 순탄치 못하며 파행으로 치닫는다.

[女10]

시일월년	60	50	40	30	20	10
己丁己丙	癸	甲	乙	丙	丁	戊
酉未亥申	巳	午	未	申	酉	戌

(1) 식신이 많고 정재 편재가 교집交集하고 신약하다. 인성은 亥속에 있는 甲木
인데, 다행히 상처 나지 않고 있으며 亥未 반합 木局으로 겨우 길신 체면을
유지한다. 그러나 길신이 이렇게 지지에 쳐박혀 머리를 숙이고 있으면 개
운하지 못하고 길신 노릇이 제대로 안 된다.

(2) 서방 향지는 재성의 왕지旺地라 만사가 불성인데, 丙申 시절에 다 거덜나
고 말았다. 년 丙申과 전지살이 되는 丙申 시절은 그래서 대흉하다고 말한
다.

(3) 길신 甲도 명암明暗으로(= 월간 己와 未중 己와) 합하고 있어서, 부군夫君
의 외정으로 갈라섰다. 이렇게 용신이 합해서 흉신으로 변하면 배필이나
그 해당 육신이 외정해서 가정에 파란 일게 된다. 또 일간은 큰 일 한번 제
대로 못하고 무위도식 등 허송세월하기 쉽다. 이를 보통 길신의 기반羈絆
(= 꼭 묶여 꼼짝 못하게 함)이라 한다. 길신이 묶여서 제 기능을 못하니
군주 일간은 손발 없어 무능하게 되고, 기반된 길신은 일간을 향해 충성하
지 않고 배반해서 엉뚱한 짓을 하게 된다고 해서 그렇게 해석하는 것이다.

〔女4〕

시일월년	64	54	44	34	24	14	04
庚戊壬甲	乙	丙	丁	戊	己	庚	辛
申申申午	丑	寅	卯	辰	巳	午	未

(1) 다 양陽이며 식신이 4개나, 午火 인성은 저 멀리서 미약하다. 화끈하고 자유 분망하며 남편을 우습게 여긴다. 甲칠살은 년간 코너에 몰려 벌벌 떨고 있어 공처가임이 분명하다.

(2) 애 낳자 별부別夫하고 따로 살고 있다. 부부갈등이 심했고 시모의 등살까지 겹쳤다. 식신이 많아 상관으로 변질해서 官夫를 치기 때문이며, 시에서 하극상하는 까닭이다.

(3) 년상 甲 칠살을 時 庚이 하극상하고 있어 매우 흉하니 고생이 부절不絶한다. 년 칠살은 식신이나 충형 극 당함을 아주 흉하게 생각한다. 정통성인 부왕을 거스르기 때문이다.

〔女4〕(立春 후 11 일째생)

시일월년	54	44	34	24	14	04
辛壬丙甲	庚	辛	壬	癸	甲	乙
丑寅寅午	申	酉	戌	亥	子	丑
辛丙丙己						

(1) 지표면에는 寅월이라 늦겨울인데 2寅丑으로 매우 춥고 습냉하다. 대기는 대체로 음양이 조후됐으나 좀 차가운 기운이 감돈다. 행운에서는 亥子丑은 춥고 냉습하며, 申酉戌은 더운 시절이다. 甲乙은 양적인 재질이나, 壬癸

庚辛은 차가운 음적인 재질이다. 고생이 많다.

(2) 화창한 계절(丙寅)이나 늦겨울이라 북서풍이 세차게 불고(甲) 한밤이라
(丑) 구름끼고(壬) 차갑고 건조한(辛) 날씨가 계속되지만, 남동에서부터
점점 따스한 봄기운을 맞이하(寅午火局)려고 땅 기운의 온기가 크게 돌고
있다.

(3) 식신격에 식신이 많아서 상관격으로 변환됐고, 그래서 신약해졌다. 다행
히 火氣 재성이 상관의 곧추세운 탁기와 살기를 설기시켜 온화케 하니 식
상의 생재로 기쁘다. 음식업

(4) 時 辛丑은 전체를 관할 조율하는데, 丙辛으로 탐합해서 길신의 본분사를 잊
고 있다. 일지 간이 시와 丙辛한다. 부군이 딴 눈 팔아 달아났고, 나는 빈방
만 지킨다.

(5) 부궁에 丑寅으로 탕화상천살이 지살에 임하니, 윤화로 잃었다.

(6) 壬日 寅月이니 水木 식신격이며, 그 식신이 편재를 생하니 식신생재격을 이
룬다. 몸이 통통하고 붙임성 있으며 흰 살결에 사글사글한 웃음에 부드러
운 분위기다. 전체가 합으로 구성된 듯해서 유정하고 상냥하나, 년월일에
火局이 맹위를 떨치며 일간을 탈진시켜서 힘든 인생이다. 시 辛丑이 행운
의 호기를 타고 정국政局을 조후하고 조절하니, 자녀들이 부모 공을 알아
효성스럽게 봉양한다.

(7) 甲 식신은 아들이요, 癸 상관은 딸이다. 甲은 시지 丑에 이끌려 관대冠帶나
암합暗合하고, 癸는 관대다. 특히 딸이 아들 못지 않게 잘하니 만년이 기쁘
다. 일시가 유정하고 길신으로 진행하니 자녀에게 공들인 만큼 그 보람도

크다. 이를 먼저 가난해도 뒤에 부유해진다(先貧後富)고 부른다.

〔男7〕

시일월년	77	67	57	47	37	27	17	07
丙庚癸癸	乙	丙	丁	戊	己	庚	辛	壬
戌子亥酉	卯	辰	巳	午	未	申	酉	戌

〔그림 49〕 천둥 번개치고 비 퍼붓다가 별안간 구름 걷히고 활짝 개인 날씨다.

(1) 水 식신과 상관이 천지간에 살국을 이루고 있고 신약하며 한랭해서 반드시 乾土 인성과 남방 향지를 원한다. 서방 향지는 평운이고, 37세 남방 향지부터 발신했다. 적어도 丙 시절까지는 중화돼 있어 대학교 부총장 역임했다.

(2) 時 丙戌은 명식 전체를 감독하고 조절하는 위치인데, 길신으로서 형충 없이 잘 본분을 수행하고 있어 매우 아름답다. 또 그 丙은 벽수壁宿인데 두 개

의 주홍색 별로 된 문성文星으로서 책이나 교육 토목 문신文臣을 맡고 있다. 빛이 밝으면 도서관의 기능이 높아지니 문예와 문명이 발전하고 토목 공사가 잘 된다고 한다.

(3) 입동이 지나고 갑자기 차가운 겨울비가 쏟아져 천지가 온통 일찍 깊은 겨울에로 접어들었다. 겨울 장마비로 다 떠내려 갈 판인데, 丙戌이 힘겹게 훈풍을 불어넣고 서-남 향지에서 조후되고, 己戊丁丙이 오면서 곧 화창한 맑은 날이 돼 아름다운 인생이다.

2. 식상중용겁격食傷重用劫格

식신이나 상관이 많아서 신약하게 된 명식으로 마땅히 인성이 일간을 생조해 주어야 하는데, 인성이 없거나 있더라도 형충돼 제 기능을 못할 경우로서, 부득이 비견과 겁재가 일간을 부조하는 구조를 식상중용겁격이라 말한다. 이런 경우는 차라리 인성이 없으면 재성이 인성을 붕괴시키지 않으니 낫고, 비견 겁재가 마음 놓고 식신 상관을 생조할 수 있어서 기쁘다.

그러나 비견 겁재가 용신으로서 기능한다는 것은 차선책이고, 실제로는 인성 비겁이 다 건장하고 양호해야 식신 상관의 태왕함을 제어할 수 있다. 건장健壯이란 유력함을 말하고, 양호란 형충극 당하지 않음을 의미한다. 미약하거나 형 충 극 당하면 반신불수가 된 것처럼 제 기능을 충분히 수행할 수 없어 하격下格이 되고 비천해지고 만다.

이 격도 식상중용인격과 같은 내용의 해석을 갖는다. 조금 다른 점은, 식신이나 상관의 방자함을 마땅히 인성이 제어해야 함이 제격인데, 이것이 마땅치 않음으로써 비겁이 나서니 결국 격국이 낮아지는 것이며, 그 흉조가 더해질 수 있다는 암시를 풍기고 있다.

여명은 과부되기 쉽고 애 데리고 애 믿고 한평생 사는 경우 많다. 친정 부모나 형제의 도움으로 살아가고 있는데, 이것도 인성이 길신으로 작용하니까 시집갔더라도 안식처는 친정 그늘이 낫다는 운명적 암시라고 봐도 될 것 같다. 보통 시집살이는 지옥살이가 되든가, 집어치우고 애와 사는데 외로움에 지쳐 방종함은 어쩔 수 없는가 보다. 특히 관성과 식상이 명합이나 암합하면 자유부인이 되나, 명식에 관살이 없으면 오히려 정조 관념과 자존심이 세서 부군의 사후死後에도 수절한다고 한다.

남명도 식신이나 상관의 방종함을 억제치 못하고 마구 향락이나 도박 잡기 등에 매달리고 범죄의 늪에 빠져 허우적거리기도 한다. 유처작첩有妻作妾하기 쉽다. 유흥업소나 밤무대, 건축 현장의 막노동에 종사하며 방종한다. 이런 방종은 40 넘으면 지병으로 도지는데 백약百藥이 무효로 골골하며 연명한다. 대체로 질병을 앓고 부부에 고정苦情이 심하고 자녀 문제로 골머리 썩힌다. 본인이 사는 인생 형태를 자녀들이 닮아 밟아가기 십상이다.

첫 자녀는 딸이기 쉽고 아들은 늦게 두기도 한다. 만약 첫 아들이면 잃기 쉽다. 아들보다 딸들이 더 나은 편이고 아들의 하는 일들이 마냥 실패해서 부모 형제들이 고생한다. 아들은 기대와는 전혀 다르게 실패를 거듭하고 무능하기까지 하며 혼인생활도 파행을 맞는 등 집안의 사고뭉치로 자란다. 있는 돈 다 말아먹으면서도 마침내 사고로 횡액 당하기도 해서 가족의 애물단지로 변한다. 심한 갈등과 가정 파행을 겪으면서 독신獨身하는 딸들이 있으며, 부모는 만년에 딸의 보살핌으로 살아가며 병치레한다.

〔男5〕

시일월년	85	75	65	55	45	35	25	15	05
辛丙壬戊	辛	庚	己	戊	丁	丙	乙	甲	癸
卯申戌辰	未	午	巳	辰	卯	寅	丑	子	亥

(1) 식신이 너무 많고 태신약하다. 인성이 있으나 편재 정재에 의해 제극당하고 있어 미약하다. 하는 수 없이 행운에서 동방과 남방 향지를 기다려야 하는데, 35세 이후 기사회생한다.

(2) 식신의 범람으로 풍류를 즐기고, 딸 여럿에 아들 하나 두었다. 딸도 속 썩였으나 아들은 사고뭉치로 전과자 인생이다.

(3) 日干은 정재와 합하나 처궁엔 편재가 자리하고 있으며, 時에 목욕살이다.

〔男7〕

시일월년	70	60	50	40	30	20	10
庚丁戊丙	乙	甲	癸	壬	辛	庚	己
戌巳戌戌	巳	辰	卯	寅	丑	子	亥
辛戌辛辛							

〔그림 50〕 단풍철에 극심한 가뭄이 들고 대지는 메마르다.

(1) 상관이 너무 많고 태신약하다. 인성은 없고 丙과 巳가 있다. 火土상관격에 관이 없어 좋은데 행운에서 관살이 오니, 그 시절에 재앙이 많다.

(2) 한로 지나 극심한 가을 가뭄인데 다행히 백금白金들이 밤이 다가오자 대지를 식혀주고 있다. 처공妻功이 무엇보다 크다!

3. 진상관격眞傷官格

신약하고 식신과 상관이 많은데 재성과 관성이 없을 때, 즉 인성 비겁 식상으로 돼 있고 식신이나 상관이 많은 경우는 진실로 상관격이 된다 해서 진상관격이라 말한다. 신약하니 자연히 인성이 용신이 되며, 위 1 식상중용인 성격의 것과 비슷해진다. 식상이 많아서 예술, 문학, 기예 등 자유 방임하는 업종에 뛰어난 재능을 가지고 있으며, 많은 구설수와 함께 남의 입에 오르내리고, 부부에 고정苦情이 많다.

그러나 차이는 분명하니, 재성과 관성이 없고 식신 상관이 많아서 이루어진다는 점이다. 또 식신이 여럿이면(보통 3개 이상) 상관 작용을 하므로 진식신격이라 하지 않고 진상관격이라 한다 함도 알아야 한다. 식신과 상관이 뒤섞여 있으면 식상의 상혼相混이라 해서 아주 탁해져 감복해진다. 더럽고 치받는 기질 때문에 가정에 시끄럽게 분란을 일으키고 밖의 일에는 헌신하며 남들로부터 좋은 점수를 얻는다.

가까이 있는 가족의 화합은 등한히 하거나 싸움하고, 남들 좋은 일에는 발벗고 나서며 과시하고 자랑하는 외부 지향적인 생활을 즐기고 늘 동분서주한다. 자유업이나 자영업으로 생업하며 종교, 예술 등 탈속적인 세계를 좋아하고 시기 질투가 강하며 사촌이 논밭 사면 배가 아파 뒹굴고 일탈逸脫을 잘한다.

인성은 덕망 · 학식 · 젖줄 · 명예 · 인장을 상징하니, 인성이 건장하고 양호해야 이 격을 가진 사람은 가정에서나 사회적으로 성공하고 출세하는 것이다. 주로 공직, 학자, 교육, 언론계에 진출한 이들이 많다. 격이 맑을수록 고위직에 오르고 탁할수록 낮은 지위에 머물거나 하천한 직종에 종사할 것이다.

또 인성운엔 발신하되 식신 상관운에는 아주 운로가 막히고 거덜나고 만다. 이 격이 갖는 독특한 면이기도 하며, 심하면 생명을 잃을 수도 있다. 그러니까 이 격은 인성의 양태와 중화 정도에 따라 길흉이 크게 달라지며, 특히 행운의 길흉의 작용이 크다.

〔男2〕

시일월년		62	52	42	32	22	12	02
戊庚辛壬		戊	丁	丙	乙	甲	癸	壬
子辰亥辰		午	巳	辰	卯	寅	丑	子

(1) 재관이 없고 식신 상관이 많으면서 상관국을 이루어 곧 진상관격이라 한다. 월지 식신이 상관 교집으로 상관으로 변한 것이기도 하다. 辰土는 水庫(＝癸水가 暗藏)로서 상관의 殺局을 이룬 셈이라 시간의 戊土 편인이 용신 되니, 이때 편인은 인수 노릇을 한다.

(2) 이른 겨울이니 수기水氣에로 나아가는데 4 지가 수기를 잔득 머금고 壬水가 투간됐다. 辰은 습토이며 庚日이니 돌산에서 거침없이 물이 펑펑 쏟아지면서 흙탕물을 이루면서 저수지 둑이 무너져 가는 격이라서 이 범람을 막아야 한다. 戊土로써 댐을 견고히 만들어 그 물을 가두고 가라앉혀서 식수와 농업공수로 쓰이도록 해야 한다.

(3) 물 속에 잠긴 쌍용은 이제 구름이 자욱 이는 이른 겨울에 승천할 기세다. 단풍이 무루 익어가고 들판엔 가을걷이한 후라 황량하지만 거침없이 용은 오르기에 좋은 환경이다.

(4) 庚辰日에 壬辰 있고 관성이 없어서 괴강격이다.

〔男6〕

시일월년	56	46	36	26	16	06
戊庚戊庚	甲	癸	壬	辛	庚	己
子辰子子	午	巳	辰	卯	寅	丑

〔그림 51〕 한밤이라도 홀몸을 돛배에 싣고, 망망 대해에 이리저리 흐르는 대로 떠돌아다니다.

(1) 월지가 상관이며 수국水局을 이루었으며 재관이 없다. 戊편인이 흐르는 물을 담아두는 댐 노릇을 한다. 여기저기 세계를 편력하고 영어를 잘하며 매우 총명했다. 상관은 日干의 정화精華를 吐秀하는 별로서 구변口辯 기예 技藝 교육에 재능 많기 때문이다.

(2) 남 향지로 달리며 조후되는데, 천간에서는 조후가 매우 미진하다.

(3) 정란예격. 辛卯 시절에 子卯 刑이니, 공문空門에 들다.

4. 제살태과용인격制殺太過用印格

　이 격은 신약하고 식신이나 상관이 많아서 (미약하게) 있는 관살을 지나치게 제압한다 해서 붙혀진 이름이다. 식상이 많으면 저절로 관살은 약해질 수밖에 없는데, 이러면 사람이면 누구나 원하는 관록(＝관직 지위 권력 등)이라는 사회적 출세와 획득이 힘들어진다는 의미이니, 제살태과격은 아무리 공부해도 사회적 감투를 쓰지 못함으로서 빈한한 선비로서 마치게 된다. 중화가 덜되고 초년운마저 불리하면 빈한 가정에서 나서 고생하며 빈천하고 만다.

　또한 관성은 직업 감투 자리이므로 이것이 망가지면, 무위도식하는 한량이나 사고만 저지르는 무능한 인간이 되고 만다. 그러니 자연히 배필에게 기대어 살 수밖에 없고 이로 인해 가정에 찬바람이 나기도 하고 파탄되기 일쑤다. 더러 사회적으로 하천한 업종이나 기술직, 종교나 무당업 낮은 예술업 막노동 등에 종사하기 쉽다.

　고삐 풀린 망아지처럼 방임과 방종을 일삼기 때문에 기존 질서를 무시하고 충동적으로 저지르며 기인奇人처럼 행동한다. 대부분 몸에 불구가 있거나 정신적으로 허물이 있는 경우가 많다. 사회 적응을 잘 하지 못하기 때문에 좌절 속에 심신이 병들고 괴팍한 성질이나 일탈적인 습성을 지니고 살기 쉽다.

　남명에게는 식신운이나 상관운이 오면 자손이 불구되거나 횡사하고, 나는 관직을 박탈당하고 가정 풍파를 일으킬 만큼 고약해진다. 여명은 과부되며 부군이 횡사당하기 쉽다. 군인, 경찰, 수사관, 정보기관원, 간호사, 의사, 승니, 무관, 형권직, 살상업종 등에 종사하면 면액되기도 한다. 이처럼 이 격에서 식신운이나 상관운은 아주 불행해진다.

[男1] (大雪 후 3일째생)

시일월년	61	51	41	31	21	11	01
乙癸甲癸	丁	戊	己	庚	辛	壬	癸
卯卯子未	巳	午	未	申	酉	戌	亥
甲甲壬丁							

(1) 일간이 월지에 건록이나 식상이 많아 신약하고, 未土 칠살이 년지 코너에 몰려 있어 이 격에 속한다. 천간에 식신과 상관이 쌍출하고 지국支局을 이루어 자유 방임 방종을 일삼는데, 아예 인성 金은 보이지 않아 더 낮은 격이 되고 말았다.

(2) 다행히 서방 향지에서 조금 나아진 형편이었으나, 41세 이후 신약해지면서 식상과 관살이 투쟁하는 바람에 가정과 생업이 풍비박산됐다.

(3) 未속의 丁편재가 투출되면서 간합干合해서 상관으로 변하고 도화와 합하고 있으니, 아내와 여자는 바람나 도망간다. 재물이 사라지니 누가 굶으면서 함께 있으려고 하겠는가?!

(4) 주일귀晝日貴에 낮시생으로 일귀격이나 子卯 형돼 빈천해진다.

〔女2〕

시일월년	52	42	32	22	12	02
戊丙丁己	癸	壬	辛	庚	己	戊
戌辰丑亥	未	午	巳	辰	卯	寅

〔그림 52〕 한겨울 눈 덮히고 추운데, 따뜻한 땅 속의 온기가 돌아 점차 눈과 고드름 등 얼음이 녹아가고 있다.

(1) 일간이 태신약하고 식상이 많으며, 년지 亥(壬) 칠살을 심히 압박하고 있다. 亥丑 水局으로 맞서보려고 하나 그럴수록 더욱 재앙이 거듭된다. 태신약하기 때문이다.

(2) 다행히 해운이 동남 향지로 향하니 그나마 나으나, 천간에서는 여전히 일간을 돕지 않고 있다. 극도로 火日이 식상의 태다로 태신약해서 몸이 아프고 정신쇠약으로 고생한다.

(3) 원래 火土상관격에는 관성이 있으면 재앙이 속출한다 하니, 일찍이 공문 空門에 들었다. 사람이 사는 곳이라, 상관이 상진傷盡되지 못하고 자꾸 치받고 예리한 칼날을 세우니 주변이 시끄럽다.

(4) 시에 戊 식신이고 그 식신이 戌에 묘墓라는 홍란천인격이다. 이 격은 의외의 재물을 얻고 부유해진다는 것이나 너무나 신약해져서 감복된다. 월지 丑은 고庫인데, 년간에 己土 상관이 투간돼서 그냥 일반 상관격으로 본다. 시묘를 형충하니 의식에 구애받지 않는다는 의미이나, 신약하고 식신과 혼유해서 탁해졌다. 庚辰 시절은 충이 겹치니 전실돼 손재損財하고 일이 꼬인다.

5. 재중용겁격財重用劫格

신약하고 재성이 많아서 된 경우로서, 보통 신약재다身弱財多로 많이 불린다. 이런 때엔 비견과 겁재를 등용해서 재성을 제어하고 다스린다는 점에서 재중용겁격이라 한다. 중화란 것이 거의 힘의 균형을 말하는데, 보통 억부법抑扶法이라 하며, 일간을 중심으로 한 정치체제와 비슷하다. 일간이 임금이라 할 때 나머지 7신하로 구성된 내각제라 하면, 일간이 정치하는데 필요한 힘의 균형을 유지해야 한다. 어느 신하가 권력을 많이 가지면 일간에게 불리하게 작용하므로 총리대신을 등용해서 정국을 원활히 이끌도록 하면서 그 많이 권력 가진 자를 견제하는 것이 통상적인 권력의 중화다. 이 총리대신을 등용신이라 말한다.

지금 명식에서 재성이 많으면 나라의 권력이 재성 쪽으로 이동하니 일간의 입장에서는 이를 조정할 필요가 있다 해서, 곧 비겁을 등용해 재성을 제어하는 형식을 취한다. 용신의 등용은 전적으로 임금 일간의 재량이며 고유 권한이다. 임금이 활용하는 정치 수단은 크게 3가지로 나뉜다. 정공법과 유화책과 유인책이다. 정공법은 바로 상대를 힘으로 누르고 제어하는 힘의 우월성을 늘 확인하려 한다.

유화책은 처음부터 힘으로 공격했다간 되레 역공당할 수 있다고 판단할 때 취하는 것으로, 상대를 회유하며 다독거려 힘을 빼려는 정치 전략이다. 유인책은 정치 상황에 따라 그때마다 취해지는 것으로 일간에게 유리한 경우도 있지만 정반대로 일간을 배반한 경우도 있어 임금에게 있어서 그만큼 위험부담이 따르기도 한다. 그래서 정공법이 통치 행위 전체의 70% 이상이고, 유화책이 20% 정도이고, 나머지 10% 정도가 이것 저것일 것이다. 권력의 속성상 1차적으로 정공법이 많이 사용되므로 『적천수징의』등에서는 이를(억부법을) 모든 통치술의 왕도王道인 것처럼 확언하고 있기도 하다.

재중용겁격도 그런 범주에서 취하는 보통 흔한 명식이다. 남명의 재성은 아내妻妾이고, 여명의 재성은 시모니, 재성이 많다 함은 남명에게는 2, 3여인이요, 여명에게는 2, 3번 시집가는 형편이라는 뜻이다. 다 팔자가 고약하고 생활에 파란과 액란이 많다. 또 남녀에게 재성은 돈이나 재물이기에 항상 금전 출입이 많고 남 보기엔 능력 있고 화려한 부자인데 실상은 속빈 강정이며 겉은 번지르한 속 빈 거지라는 것이다.

이를 근거로 다시 신약재다형을 설명하면, 정재와 편재가 교집되니 태어나면서 바람기가 다분해서 공부보다는 노는 데에 더 관심 많고(주로 陽日干) 씀씀이가 헤프고 사교에 열중하면서 친구가 들끓고 이성들이 줄을 서는 경우가 많다. 약간 흐린 물에 고기들이 모인다는 속담처럼 조금 텁텁해서 앳띠면서 그저 사람이 끌리는 타입으로, 자신은 남에게 특히 이성에 대한 매너가 좋아 뭣을 잘 사주며 환심을 사기에 충분해서 한 번 사귄 사람은 떨어질 줄 모른다. 인간 좋다는 말이 절로 나온다. 돈과 이성이 줄줄 따르고 돈 융통도 잘 하며, 남녀 불구하고 사업한답시고 인기를 모으며 떼돈을 벌며 매력으로써 숱한 에피소드를 남기고 재계를 흔든다. 사장으로서 능력을 발휘한다.

편재는 유통하는 재물이니 활동적이고 수단 요령이 좋아야 그것을 내 것으로 할 수 있기에, 모사謀事나 비판이 들어있고 투기와 풍류도 있는 정치 성향도 다분하다. 그래서 사회적인 활동에 몰두하며 동분서주 교류에 돈 좀 뿌린다(주로 干偏財). 의협심이 남다르며 명분과 명예를 위해 재물을 아끼지 않으며 회식과 교유, 주색, 도박을 즐긴다.

만약 명식이 형충 공망 등으로 탁해지면 허세를 부리고 이익 때문에 남에게 피해를 주는 등 부도덕하다고 비방 받으며(주로 支偏財) 지나친 이재理財의 과욕으로 실패를 자초한다. 그 만큼 능수능란함을 말하며 변화가 무쌍하고 교류와 임기대처가 비상하다. 남의 돈도 잘 융통해서 마구 써버리는 대담성은 편재의 특질 중 하나로, 사기, 협잡, 투기 일확천금의 과욕에 휩쓸려 나중에 거덜내더라도 두려워하지 않는다.

정재는 노력과 땀으로 이룩한 성실한 재물이라서 자연히 아끼고 부지런하며 현명하나 우직스럽게 근검 절약해서 인색한 면도 있다. 횡재된 돈은 마구 써버릴지라도 피땀으로 번 돈은 함부로 허비할 수 없음이 인지상정이다. 특히 재성이 辰戌丑未 창고 속에 있으면 전혀 베품이 없다. 대신에 이성과 교정이 많이 있고 아내를 구박하거나 잃는 수 있다. 그 재물의 풍성함에도 처공이 크지만, 아내에게도 인색한 구두쇠이기도 하다.

이렇게 편재와 정재의 사이에 차이가 있더라도, 신약하고 재성이 많으면 사장이 되는 일간日干이 능히 재물을 감당하지 못하고 자꾸 늘어난 빚의 재물로 인해 고통이 크고 뜬 구름 같은 화려한 사업을 부도내고 만다. 사람이면 누구나 재물을 원하며 우리의 생활이란 사실 재물 얻는 데에 전력 투구하고 있다. 재성이 많다는 것은 내 주변에 재물이 즐비해서 손만 뻗치면 다

내 호주머니에 들어올 것 같은 생각이 가득해서 결국 다 집어넣으려는 욕심이 발동하기 쉽다는 의미다. 누가 집어갈세라 허둥지둥 재물 모으는 데 골몰하면서 다다익선多多益善인 줄 알고 빚을 내서라도 문어발식 사업을 확장하곤 한다.

돈이나 재물 보기를 원래 쉬운 놀이 쯤으로 여기는 인식 때문에 자꾸 남 보기에 거창하고 외형이 그럴싸한 겉치레에 치중한다. 회계분식이니 탈법 불법이니 하는 온갖 수단 방법을 총 동원해서 내용의 충실 보다는 외형의 화려함에 만족하며, 혹 문제가 있을 때엔 이것들을 다 정치적인 힘에 의해서 해결하려고 자신하고 백방으로 로비하기도 한다. 요즘 상가 분양한다고 해놓고서 로비와 정치 자금으로 다 들어가서 사기 분양을 한 결과를 가져오는 경우도 비슷하다.

재가 많으면, 저절로 관성을 생하며, 또한 식신과 상관을 탈기奪氣한다. 만약 식상이 약하면 마치 투자 자금이 말라 금전 고충을 당하는 꼴로 재물 탐욕에 인한 재앙을 불러온다. 자연히 많은 재성은 인성을 치게 되며 문서 결재 도장 보증 계약 카드 등 신용과 명예와 관련된 모든 것들이 막히고 뒤틀려서 부도나고 만다. 편법을 너무 좋아한다. 자금이 회전 안 되니 자금 압박으로 모든 거래들이 동맥경화 현상을 일으켜 거덜나는 형편이다.

이런 형편이면 꼭 어떤 사정으로 무리한 투자를 하거나 뇌물을 먹거나 천금을 노리는 주식에 손을 대든가 하는 비정상적인 물욕과 편법에 휘말리면서 갑자기 잘 되던 일이 막히는가 하면 꼬이기 시작한다. 말하자면 하늘은 그에게 불로不勞한 횡재를 허락지 않겠다는 의미인데, 사장은 너무나 과신한 나머지 더욱 일을 키우고 저지르며 이제 수습이 안 되면 슬그머니 도망간다. 일 벌리는 등 사고만 치고 뒤처리는 배필이나 가족에게 떠넘기고 마는 빛 좋은 개살구라 하겠다. 거짓말을 잘하고 모든 것을 장사 속으로만 사량하며 사람을 부리고 다룰 줄도 안다.

신약한데 재성이 많으면, 관을 생하더라도 곧 칠살을 생하는 꼴이 된다. 칠살은 일간을 치는 호랑이일 수 있어서 무서운데, 재성이 그 칠살을 생한다 함은 사장에게 사업 부도나 재물로 인해 관재가 발생함을 말한다. 심하면 생명이 위험하기도 하니, 이는 재성 칠살이 작당해서 일간을 괴롭히기 때문이다. 신왕하면 점포 재성들이 사장 일간의 지배를 받으니 재에 뿌리를 둔 관청 칠살도 사장에게 협조하기 마련이나, 신약하면 사장 일간의 지배권을 벗어난 재성들이 작당을 지어 단결하고 관청에 로비해서 칠살을 매수하고 더불어 어려운 사장을 배반하고 만다.

세상살이란 사장에게 힘있고 영향력 있을 때 사람들이 머리를 조아리며, "사장님, 사장님!" 충성을 바치지만, 조금이라도 회사를 잃거나 부도하면 매정하게도 쳐다보지도 않는 게 인심인 것 같다. 그래서 일간에게는 세상을 다스릴 만한 능력과 용인술用人術이 반드시 갖추어져야 사장다운 자질이 엿보이지만, 신약하면 허약하고 우유부단하며 어리석은 사장처럼 매사 막히고 답답하며 회사를 망하게 하는 언동만 하게 된다.

신약 재다한 남명은 그래서 아내에게 꼼짝못하는 공처가 恐妻家나 경처가驚妻家라 말한다. 이는 아내가 억세다는 말이나, 사실은 아내가 남편을 볼 때 무능하고 어리석어서 일을 하고 처리함에 눈에 차지 않기에, 아내가 나서서 두 팔을 걷고 동네를 휘두르고 다닌다는 의미라고 보면 어떨까. 다스린다는 게 쉬운 처세가 아니다. 이렇게 독해야 그 아내는 본실 자리를 지키는데, 만약 순하다면 그녀는 제 2, 3의 부인에게 자리를 내어 줘야 한다.

다스린다 함은 먹여 살리면서 북돋아 내 의도대로 일을 하게 만드는 요령이자 수단과 기술이다. 아내를 다스림은 처자식을 먹여 살리면서 가정의 편안을 가져오게 하고 나를 도와 내 뜻을 펴도록 힘을 보태게 하는 설득이며 능력의 지혜다. 이것이 모자라거나 없으면, 즉 재성이 약하거나 없으면 당연히 빈천할 수밖에 없으며 경제적 허리 한번 펴보지 못한 채 말지만, 신약하고 재다하면 일간 사장의 적절한 능력이나 힘을 훨씬 넘어서 도저히 관리하기에는 벅차서 그만 주저앉고 마는 것이다.

사장이 마구잡이로 점포들을 확장해서 투자해 놓고 빚더미에 눌리고 관리를 못해 어려움에 처한 것이다. 이러면 점포들이 연대해서 노조 같은 연합을 만들어 사장을 제치고 사장의 권리를 박탈하려 하고 사장을 갈아치우려 시위한다. 사장의 빗나간 재주가 너무 많아서 결국 재주로 망하는 꼴이 되는데, 지나치면 모자람만 못하다는 진리는 여기에도 통한다.

사장의 다스리는 수단과 요령이 너무 모자라도 세상 살기가 빡빡하지만, 너무 많아도 과신하고 교만한 나머지 무리한 투자와 확장을 하느라고 결국 재물로 재앙을 초래하고 만다는 이치다.

주력 점포인 본처가 강하면 독하게 나서서 사장 일간의 권리까지 행사하며 가정의 울타리를 지키고 사업과 경제가 그런 대로 돌아가게 만드는데, 그렇지 못하고 순하다면 사장은 그런 처의 공을 망각하고 배반하듯이 제2, 3의 주력 상품이 될 처첩으로 하여금 회사의 운명을 걸고 달릴 기회를 찾는다. 이러면 간택된 점포, 즉 그녀가 전권을 행사하며 회사 회생 운동에 나선다. 총애를 받아 애를 낳으면 이제 본실을 밀어내고 그 자리에 앉기도 한다. 이런 경우, 보통 본처는 순박하고 알뜰살뜰 살림만 아는 주부인데, 첩은 살뜰하고 예쁘게 가꾸며 여우짓을 잘하는 여인이다.

일간은 조강지처를 쳐다보지도 않고 마냥 여우의 시중에 웃기만 한다. 화난 처가 울면서 해어지자면, 일간의 하는 말, "난 절대로 조강지처와 이혼 못해준다!" 란다. 두 집 살림이 좋기 때문일까? 한쪽은 살림 잘하는 능력 있는 처고, 다른 쪽은 나의 긴장을 풀어주고 따뜻하게 해주는 보금자리처라서, 일간은 본처에게는 어린애가 되고 첩에게는 사장 노릇을 하려는 것이다. 사장 일간이 본인의 권위를 첩에게서 찾으려는 이기적 발상이나, 나이 들어 힘 떨어지면 본처에게로 돌아오는 순서를 밟는다.

그래서인지 신약 재다한 명식은 중년이 지나면 고향을 그리워 돌아가는 경향이 높으며, 아니면 고향과 관련을 맺으며 향우회나 사업 등을 조직해 크게 활동하기도 한다.

주력 상품이나 점포가 견실하면 본처가 독한 편이어서, 사장이라고 함부로 다른 여인에게 곁눈질 못한다. 간 큰 사장이라고 해도 시뻘겋게 눈을 부라리고 있는 본처를 어길 수는 없는 것이다. 곁눈 팔면 본처의 주먹에 맞아 죽을 지도 모르기 때문이다. 사장 입장에서도 모든 힘을 주력 상품 매출에 쏟아야 하니, 감히 사업 확장을 생각하지 않겠지만 회사를 정상적으로 운영하려면 마땅히 그러해야 할 것이다. 이런 상황인 데에도 사장이랍시고 무분별하게도 또 사업 확장을 시도한다면 회사의 재정 정도가 부실해지고 경쟁력을 잃게 돼 시장에서 밀려나고 말 것이다.

여명에게는 재성이 시모라서, 재성이 많다 함은 곧 시모의 등살이 심하고 신물이 나서 혼인 생활이 무덤인 양 지옥살이가 지속된다. 여자 팔자는 혼인해 봐야 안다고 했던가! 혼인의 첫 단추를 잘못 끼우는 즉시 모든 것이 뒤틀리기 시작한다. 처녀 적의 장밋빛 결혼 생활은 증발해 버리고 남는 것이라곤 현실의 잔혹한 시댁과의 갈등이며 경제적 고통으로 피가 마른다. 재혼, 삼혼하기도 하나 그 팔자가 더 나아지기는 힘들다. 재혼이 더 실패하기 쉽다. 조급하고 힘들다는 외로움에 서두르고 신중하지 못함에 따라 두 번째의 어려움에 부딪혀서 견디지 못하고 쉽게 거둬치우기 일쑤다. 일정한 행동은 관성과 타성을 갖게끔 하기 마련이라서, 남녀 간에 만나고 헤어짐을 우습게 여기며, 이제 성을 매개로 사업을 벌이기도 한다.

고추보다 맵다는 혹독한 시집살이를 견디며 희생한 여명이라면, 가슴 속 깊이 울화병이 치밀다 못해 응결이 돼 한으로 생을 보낸다. 한 평생 남편이나 자녀 또는 시댁을 위해 뼈 빠지게 일하고 봉사했지만, 40 넘어서 허무하고 허전하면서 불안하고 자신의 존재에 대해 외로운 공허감을 느끼게 된다. 지난 날 그 가혹한 시집살이를 하면서 참아온 대가가 고작 이것이었나!
하는 허탈감에 빠지면서, 여태 속아서 살아온 것만 같은 울분이 내면 깊숙
이서 치솟고 이제라도 내 인생 살겠다고 다짐하는데, 그럴수록 늦바람이
무섭고 이혼이 두렵다. 주로 시댁보다도 남편의 외정外情이나 무관심 소외
가 큰 원인으로 나타난다.

한편, 까탈스런 시모를 모시느라 고생도 했지만 남편을 부추기거나 매사
간섭하는 시모나 시집 식구가 밉다. 내가 돈 벌어다 주고도 욕만 얻어먹는
꼴이라 허리가 아프고 관절염에 류마티스나 위장병으로 고생한다. 어려운
시집에 와서 부업 등으로 돈 벌어다 가세家勢 일으켜 놓고 버젓하게 자녀
키워 놓았지만, 바람 잘 날 없는 시댁 문제에 시달리면서 한숨이 절로 나오
곤 한다. 그러나 보통 시댁의 모진 풍파에도 참고, 오직 남편의 건실한 사랑
의 힘으로 버티고 살아왔다고 할만하다. 또는 더러 남편이 부실하면 시댁
의 한 어른이 잘 챙겨주고 생각해 주어서 그나마 깨지지 않고 가정 생활을
하는 경우도 있다.
나는 직업 전선에 나서서 열심히 생업에 종사하느라고 분주하고, 남편은
한량 비슷하게 지낸다. 공통적으로 여명은 혼인 가정이 그리 평탄치 못하
고 파란과 고생을 많이 하며, 정도의 차이가 있어서 조금이라도 마음의 의
지처를 둘 데가 있으면 견디는 것이요, 그렇지 못하면 파경되는 것이다.

그렇지만 요즘 들어서 이런 희생적인 현모양처를 기대하기란 어려운 사
회 여건이 되고 있다. 도시화와 핵가족화로 인한 사회 환경에서 개인주의
가 극도로 발달해 가면서, 이런 명식의 여성은 이제 고된 혼인 관계나 가정
을 참아가면서 더 이상 유지하려고 하지 않기 때문이다. 신약하고 재다하
니, 모든 가정사나 가치관을 재물을 중심으로 두고 살아가려 하며, 여의치
않으면 사랑도 가정도 버리고 재물을 따라가려고 한다. 생물은 강한 것을
존중하고 섬긴다 했다지만, 재다하면 팔자대로 2, 3 혼한다 함이 현실화되

고 있다. 흉살이 있고 탁해지면 그 가능성은 매우 높아진다. 아니 혼인이 관건이 아니라 선택 사항으로써 인식되고 있으며, 성 개방에 따라서 번개같은 사랑의 확률은 높아지고 있다.

　요컨대, 신약하고 재다하면 반드시 비견이나 겁재가 건재해서 깨지지 말아야 하며 비겁 행운을 만나면 일약 발복해서 부귀해지나, 만약 비겁이 상하거나 비겁 행운이 유력하지 못하면 빈천해지고 만다. 기업하는 사장이 여기 저기에 점포들을 개점 확장하는 것과 같으며, 이것들을 잘 관리하고 수익을 올리면 떼부자가 되는 것이요, 관리 소홀이나 과욕에 의한 출혈 투자라면 빚더미에 눌려 그만 부도나고 말 것이다. 재다하다는 것은 평생 이성 문제나 재물 문제로 곤혹을 치른다는 의미로서, 반드시 꽃밭에서 노는 것만이 좋은 열매를 맺는다는 것은 아니다. 어렸을 적엔 잔질을 앓는다거나 공부는 안 하고 놀려고만 한다든가 해서 부모 속을 무척 썩여주더니만, 장성해서는 사업한답시고 빚내어 가족이나 배필을 힘들게 하는 것이 일반적인 성향이다.
　사람은 천하에서 호인이고 다정다감하며 매너 있고 경우 밝은데, 일을 벌리기만 하고 사고만 칠 줄 알지 뒷수습이나 성공의 열매를 거두지 못한다. 남 좋은 일만 하는 꼴이라 나가서는 평판이 좋으나, 들어와서는 가정사에 무책임하고 가족에게 힘들게 해서 좋은 평판을 듣기 힘들다. 배필의 말은 죽어라 안 듣지만, 귀가 얇아 남의 말은 곧잘 들으며 크게 확장하고 남 앞에서 과시하며 생색내는 일을 좋아한다. 정치적 요령과 술수나 모사도 대단하며 돈으로 감투도 쓰고 해서, 격국의 정도에 따라 지방 유지도 하는 등 명리를 얻기도 한다. 명함에 온갖 감투 명이 나열되고 밖의 각종 모임에서 명사들과 교유함을 세상 사는 보람으로 여긴다.

〔男7〕(白露 후 9일째 생)

시일월년	67	57	47	37	27	17	07
丙丙癸甲	庚	己	戊	丁	丙	乙	甲
申子酉午	辰	卯	寅	丑	子	亥	戌
壬壬庚丙							

(1) 신약하고 재다하다. 재성국과 칠살국을 동시에 이루고 있다. 재성이 칠살을 생조하는 형편이라 항상 재물이나 여성으로 재앙을 맞는다.

(2) 한창 가을 추수할 때라, 들에는 금빛 물결이 넘실대고 있다. 저녁 늦게 까지 여기 저기서 풍성한 알곡들을(金) 걷어들이느라고 분주하다. 일할 일꾼들과 가족이 너무나 모자라 들판에 탈곡할 곡물이 그대로 널려져 있네. 아쉽게도 가을 태풍에 비까지 내려 아직도 추수하지 못하고 있는데, 발만 동동 구르고 있으니, 곡물이 턱없이 적어 올 겨울나기가 걱정이다.

(3) 북─동 향지로 달리나, 북에선 천간이 인성 비겁이고, 동 향지에선 식상 재성이다.

(4) 년지 조기祖基를 일지 원성垣城에서 충출하니, 조기를 떠나 창업한다.

〔男4〕

시일월년	64	54	44	34	24	14	04
己甲丙乙	己	庚	辛	壬	癸	甲	乙
巳寅戌未	卯	辰	巳	午	未	申	酉

〔그림 53〕 단풍철에 가뭄들어 만물이 바짝 말라 있으나 단풍 놀이에는 좋구나!

(1) 월지 편재격이며 己, 未 정재가 있어 신약 재다형이다. 식상국도 이루어 재성을 생하고 있어서 태신약해지다. 戌월이라도 매우 메말라 있는 甲木이다.

(2) 가을걷이가 끝나고 들판은 메마르고 황량하며 산천엔 단풍이 붉게 물드는데, 온 종일 따가운 햇볕이 내리 쬐여서 바짝 마른 甲木에 금방 불이 붙을 것만 같다.

(3) 저녁 무렵이면(申酉) 땅 속 바위 틈새에서 나오는 수분에 의지해 겨우 연명하고, 낮에는(未午巳) 소낙비가 내려 잠시 적시나, 워낙 말라

비뚤어진 기진맥진한 나무라 겨울철 땔나무감이나 되려나?!

(4) 일시에 간합 지형이다. 일시는 부부-자녀로서, 밖은 온화한 듯하나, 안에
   는 자주 물건이 깨지고 퉁명스런 불협 소리 들려서 시끄럽다. 日寅이 時巳
   를 무은無恩으로 형하니 巳중 戊土 편재와 庚金 칠살이 다친다. 싸움의 발단
   은 늘 자녀가 주제다. 간합지형하니 곤랑도화이기도 하다.

(5) 甲寅日에 관살이 없어 전록격이나, 형출하니 庚 칠살이 튀어나와 파격되고
   감복된다.

[男5]

시일월년	55	45	35	25	15	05
辛甲己癸	癸	甲	乙	丙	丁	戊
未戌未巳	丑	寅	卯	辰	巳	午
묘양묘병						

(1) 월지 정재격이며 墓며, 정재가 많다. 비록 편재 있어 편정재가 교집됐어도
   이렇게 되면, 매우 인색하고 부지런하며 정직하나 아내를 구박하고 괴롭
   히는 형국이다.

(2) 가화토기격假化土氣格을 이루고 있으며 년간 癸 인수가 따돌림당하고 있
   다. 빈한한 출신으로 일찍 부친을 여의며 양자나 고아, 서출 신세 같으며
   고생 많이 한다.

(3) 월일에 간합 지형이다. 가정-형제간의 영역이다. 밖에선 잘 한 듯하나 안에
   선 힘들고 짜증난다. 한여름에 조열한 甲木이라 갈증나기 쉽다. 안의 괴로

움에 술독에 빠져 가슴을 달래곤 한다. 日戌이 月未를 세력으로 형하니 주사 酒肆로 인해 하극상하나, 2未에 1戌이라 가정의 잦은 동요에 그치고 절연絶 緣은 없다.

(4) 시묘격 이루나 己未月로서 압복壓伏되고, 辛 정관이 투간되니 파격되고 감복된다. 이 격이 만년에야 편안 발복하는 바라 하지만 신약이라서 많이 고생하고 어렵다.

6. 재중용인격財重用印格

앞 5 재중용겁격의 경우와 비슷하다. 비견이나 겁재가 없을 때 부득이 인성으로써 명식을 중화시키는 길신吉神으로 삼는다는 것이다. 사주란 스스로 중화를 향해 가면 부귀해지고, 중화를 이루지 못하고 어긋나게 향하면 빈천해지고 만다는 것을 요체로 한다. 중화시킬 길신도 가장 유력한 오행이 담당하거니와 그렇지 못하면 차선책이라도 다음의 중화 길신이 담당하게 돼 있다는 것이다. 모든 생물은 존재하고 있는 이상, 어떠한 악조건에서도 살아남을 수 있는 방법을 모색하고 조금이라도 나은 것을 선택해서라도 온전한 삶을 유지하려고 하기 때문에, 생존욕의 자연스런 행동으로써 최선책이 없으면 차선책으로로라도 자신의 생존의 길을 찾는다는 것이다.

사주도 하나의 생물체의 생존 방식과 같다. 재성이 많으면 당연히 비겁으로써 힘의 균형을 이루고 중화되도록 하지만, 만약 비겁이 없는 명식이라면 차선책으로 인성을 가지고 명식의 중화를 도모하려고 한다는 것이다. 이것은 생존의 전략이며 자연의 이치다. 물론 최선책과 차선책을 어울려 쓰기도 한다. 간명하는 자가 마음대로 정하는 것이 아니라 명식이 정해져 나올 때, 그 명식은 그렇게 중화시켜 가야만 생존할 수 있도록 중화의 길신이 정해져 있으며, 우리는 다만 그걸 찾아서 바르게 해석만 하면 되는 것이다.

그러니까 중화신을 우리가 만들거나 정하는 게 아니라, 이미 있는 것을 찾아서 잘 해석하면 된다. 이것을 망각하고 함부로 이러쿵저러쿵 멋대로 중화신을 만들어 정하는 경우가 있는데, 매우 위험하고 어리석은 소치가 아닐 수 없다.

대체로 재중용겁격이나 재중용인격이나 다 어릴 때 공부와는 거리가 멀고 놀고 사귀는 데에 재주를 부려 사회활동을 하고 사업하는 데 꽤나 성공적이지만, 항상 공부에 대한 컴플렉스를 가지고 있어서 배필은 공부 많이 한 이성을 고르는 경향이 있다. 놀고 사귀는 기회가 없었더라도, 가정 형편이 어려워 일찍이 식구나 가정의 경제를 도우려고 직장에 나서는 등 맏이 역할을 하기도 하며, 여명은 친정(의 오빠나 동생)을 돕느니라 학업을 포기한다. 그래서 여명은 늦도록 혼인의 기회마저 놓치기도 하는데, 그렇지 않더라도 시집가면 친정은 기울고 시집이 일어서는 경향이 있어서 속칭 이를 '복덩이'라 부른다.

이 격은 인성을 중화신으로 하기 때문에 인성의 품질에 따라 중대한 길흉의 정도가 갈린다. 인성이 형충극 등 상함이 없고 견실하다면, 중화신이 유력하므로 행운이 받쳐주면 크게 발신할 것이요, 형충극 공망 등으로 상처나 있거나 뿌리가 없어서 무력해 있다면, 중화를 이루지 못하므로 빈천하고 막힘이 많아 고생이 끝나지 않는다. 다른 경우도 마찬가지나, 특히 이 격에 있어서는 재성과 인성의 상호 관계를 잘 파악해야만 바른 간명이 나온다. 만약 편재와 정재가 많아서 살국殺局을 이루면 저절로 신약해지면서 잔질을 넘어 몸과 정신을 다치게 하는 장애를 앓는다는 의미가 강하다. 척추나 소아마비 관련 장애나 정신쇠약, 분열증, 지체장애, 자폐증 등 많다.

회사 사장에게는 인성은 휴식이요 음식이며 보약이고 후원자다. 또 일할 수 있는 충분한 능력을 배양하고 건강을 유지하는 비결의 신이기에, 인성은 목숨이며 생명수요 가정이고 안식처다. 사업을 하니 사업의 신용도이기도 하다. 신용만 튼튼해도 사업은 성공할 수 있다. 인성이 온전하면 가정과 건강이 온전하고, 인성이 상하면 가정과 건강이 불안해진다.

그래서 심하게 재성이 인성을 치면 생명을 잃는다 했고, 아니면 구사일생한다. 자리에서 좌천되거나 퇴직당하며 명예가 추락하고 하루 아침에 구속되는 등 추풍에 낙엽같이 재앙이 몰아쳐 오기도 한다. 사람이 사는 데 필수적으로 필요한 게 그러한 인성의 덕성이다. 명식에서 이 인성이 무력하거나 쓸모가 없으면 인품도 없고 신용도 떨어져서 살아가는 데 힘들다. 청렴을 요하는 직종일수록 인성의 청탁은 중요한 성공과 출세의 열쇠이기도 함을 알 것이다. 사회적 명예가 높을수록 인성의 맑음은 중요하다.

그런데 그렇게 되는 까닭을 보면, 많은 재성의 유혹에 홀려서 달콤한 맛이 독인 줄 모르고 자꾸 과욕을 부리다가 도가 넘쳐서 하늘이 벌을 내린 것이라고 보는 것이다. 분수를 모르고 사장이 빚내어 사업을 확장하면 배보다 배꼽이 더 커서 관리가 잘 될 일이 없을 것이요, 빚이 빚을 불러서 결국 빚더미에 나앉고 마는 것이다. 요즘 카드빚 때문에 가정이 파괴되고 부동산이 날아가고 모든 것이 거덜나서 고생하는 이들이 많다.

모두 많은 재성의 유혹에 휘말려서 비롯된 것이리라. 재상이 없거나 적으면 온 정신이 거기에 집중돼 재원을 확보하느라 근검 절약하며 수전노 전략을 써야 살아갈 판인데, 재성이 많게 되면 우선 헤프게 쓰며 보이는 것이 내 돈처럼 생각돼 마냥 긁어대고 본다. 이런 습성이 적절히 제어되고 중화를 이루면 아무런 사고를 일으키지 않으나, 제어가 덜 되고 중화를 덜 이루게 되면 고삐 풀어진 망아지처럼 유혹의 손길을 뿌리칠 수 없어 파놓은 함정에 빠져들고 만다. 그래서 명식은 중화되는 지를 최우선으로 보며, 여기서 격국의 고저와 품질이 결정된다. 재색財色은 재앙의 뿌리라고 했는데, 이 말이 적절히 들어맞는 격이라고 생각든다.

[男10] (立夏 후 3일째생)

시일월년	60	50	40	30	20	10
乙甲癸丙	己	戊	丁	丙	乙	甲
丑戌巳申	亥	戌	酉	申	未	午
癸辛戊戊						

(1) 신약하고 식신과 재가 많아서 결국 재다한 셈이다. 행운도 남방 향지에서 서방 향지로 달리고, 천간에서도 식상이나 재성으로 자리했다. 이리되면 과욕이 지나치고 편법을 즐겨 해서 과중한 무게에 눌려 살림이 거덜나는 형편이다.

(2) 태신약한데 동서남북에 많은 점포들을 확장한 것과 같다. 사업하면서 너무 벌리고 편법에 기울다 보니, 癸未년에 크게 거덜나고 말았다. 그 이전에도 2, 3번 실패한 적 있었다.

(3) 월간 癸水가 日干 甲의 생명수요 후원자다. 그 癸가 유근하고 천을귀인에 거하며 상함이 없어 기쁘다. 주위에서 후원해 주어 재기할 기회를 갖는다.

(4) 丙申 시절은 년주와 같은 전지살이라, 사업상 질곡이 많고 성패가 심했다.

(5) 甲日에 乙丑시라 금신격을 이룬 듯하나, 巳月에 신약하고 형출돼 파격이다.

〔男10〕

시일월년
丁甲癸丙
卯戌巳申
甲辛戊戊

〔그림 54〕 여름 땡볕에 나무 잎들이 무성한데 수분이 모자라 시들어 갈 지경이다.

(1) 위와 時만 다르고 연월일이 같은 명식이다. 위는 時支 丑에서 많이 조후되고 癸水가 착근하고 있어서 매우 중화된 경우이나, 지금 日時에서 화염이 치솟고 甲木이 더 메마르고 있어서 癸水가 상당히 딸리고 있다.

(2) 巳월의 甲木은 푸릇푸릇 잎사귀들이 무성하기 시작하며 한창 수분이 이파리에로 올라 증발하는데 수원이 고갈될 판이다. 다행히 지하수에서 모터 펌프로 퍼올려 물을 뿌려 주며 행운에서 상당히 조달되고 있다.

〔男3〕

시일월년	53	43	33	23	13	03
辛丁庚戊	丙	乙	甲	癸	壬	辛
亥亥申子	寅	丑	子	亥	戌	酉

(1) 태신약하고 재다한데 비견 겁재는 도무지 없다. 두 亥 속에 甲 정인이 착근하고 있으면서 장생長生이라 능히 일간을 돕는다. 그래서 丁日은 亥를 기뻐한다.

(2) 申월에 밤은 깊어 가는데(亥時) 큰 저수지 위로(支水局) 하현달이 떠올라 비춰주고 있다(음력 26일 생). 쪽달 빛에 사방에 있는 배금산白金山들에는 어스름한 흰 빛을 발하고, 호수에도 두 그루 나무 가지에 걸린 쪽달을 머금은 채 흰 빛을 발하며 커다란 나무 그림자를 드리우고 있구나! 쪽달이 지기 전에 우리는 나무들을 모아 횃불을 지펴야겠다.

(3) 살이 중하고 신약하다殺重身輕. 관살이 태다하면 첫 아들에 인연 없다는 암시가 강한데, 일시에 刑하고 있다. 경운기에서 떨어져 잃고, 줄줄이 딸 낳고 늦게 아들 두다.

(4) 월에 정재가 득령하고 신약하니, 조실부친하고 지살이니 유년에 타향에서 성장했다.

[女2]

시일월년	52	42	32	22	12	02
己庚甲壬	戊	己	庚	辛	壬	癸
卯辰辰寅	戌	亥	子	丑	寅	卯
甲乙乙戊						

(1) 辰중 乙이 투출돼 정재격인데, 刑하고 있어 옥에 티다. 격이 형충되거나 흉신이 되면 고생이 많아지고 비관하며 선부후빈해진다. 부지런하고 보수적이며 辰중에 있어 아낀다.

(2) 寅卯辰 方局을 이루고 甲이 투간돼 신약재다형인데, 시간 己土 정인이 길신한다.

(3) 매우 습윤한데 일지 辰중 乙木은 바람風이라 행운도 차가와 사지와 몸이 차고 우울기가 많은데(華蓋殺), 火氣가 너무 없어서 고생했다.

(4) 화개 辰丑은 우울기요, 未戌은 조울기다. 일월이 화개가 刑하니 乙木이 습냉해져서 상하니 정신에 쇠약 온다. 木 方局에 甲木이 투간됐고 水까지 재성을 생하고 있어서, 태신약하다. 辰月은 봄의 환절기라 바람이 세게 불고 감기 독감에 시달린다.

(5) 일단 작년의 묵은 나뭇가지와 풀들은 싹 자르고 전정시켜야 새해엔 새로운 수초의 성장과 보람이 있게 된다. 뒷뜰에 놔둔 작두와 전정 가위를 꺼내 갈고 닦아 풀과 수목들을 다듬어 그 수초들을 약재로 쓰려고 한다. 마치 한방에서 약초들을 썰어 제조하는 현상이다.

(6) 庚辰日은 괴강일 또는 일덕일이다. 모두 신약하거나 형충 공망되거나 재성 관살이 오면 흉해진다. 월에 甲辰이 병주倂柱해서 상극되니 조금 불길하다. 어려움에 처한다.

7. 살중용인격殺重用印格

　신약하고 정관과 칠살이 많으면 우선 인성으로써 일간을 생조해야 한다.
이런 명식을 살중용인격이라 부른다. 정관과 칠살이란 법이나 강제 규범,
통치 권력의 기반인 무력, 총구 등으로 사회나 국가의 공공질서를 유지하
고 국민의 생명과 재산을 보호하기 위한 공권력이다.

　명식에 이 관살이 많다는 것은 일간을 둘러싼 환경들이 온통 일간을 얽
어메고 규제해서 숨도 못 쉬게 하는 것과 같아서 일간은 주눅들어 꼼짝 못
하는 환자가 되고 만다. 이럴 때에는 일간을 구제하는 차원에서 인성이 나
서서 소통해야 기쁘다는 것이고, 오히려 잔혹한 관살들을 더 생조하거나
하면 일간이 견딜 수 없어 마침내 죽고 만다. 이 격도 의외로 많은 편인데
좀 더 자세한 설명이 필요하다.

　일간은 나라를 다스리는 군주와 같다. 군주는 곧 법이기 때문에 나라를
대표하면서 모든 권한을 갖는다. 절대적 권한을 행사하는 군주제라서 군주
의 향방에 따라 나라의 운명이 결정되곤 한다. 군주의 일거수 일투족이 곧
나라와 백성의 행복과 불행을 가져오는 중요한 정책으로 이어지기에, 누구
나 임금의 안녕과 건전한 정책 입안을 주시하고 있다. 임금의 건강 상태가
곧 나라의 안태와도 연결되므로 일간은 군주로서 갖추어야 할 제왕학의 제
1조로서 몸과 마음의 건강성을 첫째로 꼽는다. 군주가 건강한 몸과 건전한
정신을 가지면, 나라를 부강케 하고 백성을 배부르게 하며 행복하게 하는
토대가 된다. 이것을 신왕身旺이라 부른다.

　만약 군주의 몸과 정신이 허약하고 병들었다면, 그 나라는 부강할 수가
없고 백성은 헐벗고 불행해질 수 있다. 왜냐면 건강하지 못한 군주 주위엔
군주의 권력을 독차지해서 전횡하려고 하는 집단이나 세력들이 꼭 있어서,
조정과 황실을 짓밟고 정치를 어지럽혀서 마침내 백성을 도탄에 빠지게 하

기 때문이다. 군주는 아무나 하는 것도 아니고 조정과 황실의 정해진 법도에 따라 추대되는 것이므로, 한번 군주는 죽을 때까지 영원한 군주로서 군림할 수 있다.

그런 군주의 권위와 권력이 정상적으로 유지되고 행사되면 나라와 사직이 편안하고 부강해지겠지만, 군주가 허약하고 군주의 소임을 수행할 수 없을 정도로 어리거나 나약하고 병들었다면 이건 보통 문제가 아니라 종묘사직의 운명이 결부된 중대한 사안이 아닐 수 없다. 이것을 신약身弱이라 부른다.

신약하면, 어떻게라도 군주의 건강을 위해 일류급 의료진을 구성하고 정치를 보필할 현사賢師들을 뽑아 곁에 두고 국정에 임해야 한다. 이들은 다 임금에게 있어서 황실 가족이요 충신이며 나라의 보배들이다. 이들이 힘을 합쳐 잘 임금을 보필하면 비록 임금의 건강이 허약하더라도 국사와 조정이 잘 돌아가고 임금의 령슈이 제대로 서니 따라서 나라에 질서가 잡히고 백성도 편안할 것이다. 물론 신왕해도 반드시 충신이나 현사들은 필요하다. 나라를 잘 다스리기 위해서는 신왕해도 더 검증된 정책과 법의 발안을 위해서 충신들을 곁에 두어야 하는데, 하물며 신약하면 더욱이 곁에 충성스런 신하들이 요구되는 것이 당연하지 않는가!

그런데 권력의 속성이란 게 부자父子 간에도 함께 할 수 없다는 말이 있듯이, 일단 손에 쥔 칼은 마음대로 휘두르고 싶은 것이 사람의 마음이라 여기서 권력의 투쟁이 일어나곤 한다. 쥔 칼은 다시 빼앗기지 않으려고 휘두를 것이니, 칼이 크고 작든 간에 상대를 이겨서 더 큰 칼자루를 쥐려고 혈안이 되기 마련이다.

모든 권력은 군주에게서 나오되 나온 권력을 나눠 갖는 신하들 사이에 균형을 이루면 좋으련만 정치 권력이 늘 그렇듯이 힘의 균형을 잃고 어느 한 쪽이 과대한 권력을 쥐고 전횡을 행사하는 일이 많다. 임금이 신왕해서 각 세력들 간에 힘의 균형을 이루게 하고 조정해서 서로 유기적으로 질서가 잡히고 위계가 서는 것이라면 조정과 나라가 부강하고 행복하다고 할 것이다. 이것을 중화된 명식이라(中和命) 부른다.

그러나 세상 일이 그렇게 평탄하지만 않다. 언제나 권력을 더 쥔 집단이 있기 마련이고 그들은 그 권력을 행사해서 자신들의 이익을 최대로 하려고 발버둥치기 십상이다. 그러면 자연히 군주의 권위와 권력에 맞서기 쉽고, 이로 인해 조정에 회오리 바람이 불어오기 시작하며 냉기류가 형성된다. 이것을 중화를 잃은 명식이라(失中命) 말한다.

어느 군주가 자신의 권력을 모욕하고 찬탈하려는 자들을 가만히 놔두겠는가! 군주는 이를 수습하려고 법을 발령하고 정책을 세워서 스스로도 왕권을 지키려 하지만, 또한 천하에서 충신과 현사들을 등용해서 온전한 국사를 해결하고자 노력한다. 전국에서 반포령을 보고 충신과 현사들이 몰려들면, 임금은 이들 중에서 국정을 잘 이끌어갈 내각의 총수인 총리대신으로 등용시킨다. 이들이 길신이요, 뽑힌 총리대신이 곧 용신이다. 임금에게 충성스런 신하라 해서 길신이며, 그 중에서 낙점해서 등용된 신하라 해서 용신이라 부른다.

임금으로부터 임명장을 받은 총리대신은 내각을 관장하고 정책을 조율하며 국정이 원활히 돌아가도록 국정 전반을 장악해야 하는 부담을 안고 다음 날부터 중앙청사로 출근한다. 이제 사직과 나라의 부강이나 안태는 총리대신의 역량과 활동 여부에 달려 있다. 총리도 나름의 그릇이 있어서, 나약한 총리가 있기도 하고, 또는 강력한 총리도 있으며, 병든 총리도 있거나, 잡기에 능한 총리 등 여러 유형의 총리가 있기 십상이다.
　임금이 등용시킨 총리지만, 총리마다 나름의 역량이 있고 건강 상태가 있는지라, 일단 총리 지명이 되면 그대로 왕명은 수행되는 것이 관례다. 총리라고 해도 국정을 챙기고 처리하는 방식이나 역량이 저마다 다르기 때문에, 조정이나 나라에 미치는 영향이 매우 크다. 그래서 항상 총리대신의 생태를 눈여겨 봐야 한다. 이것이 용신의 품질과 역량에 관계된 간명법이다.

이 군주내각제의 비유를 지금 살중용인격에 대입하면 다음처럼 풀이된다.
군주 일간은 정치적 구도상 나약하고, 임금에게 충성해야 할 군대 무력집단이 비대해져서 급기야 왕권을 능가해 주인인 임금에게 밤 놔라 대추 놔라! 하는 식의 권력 편중 현상이 일어나서 종묘사직이 매우 위태로운 형국에 놓이게 된 상태다.
잘못하다간 총부리를 임금의 머리에 겨누고 권력 이양을 하라고 협박하는 쿠데타나 역성혁명이라도 날 것 같은 매우 긴장되고 험악한 정국이다. 이런 상황에서 어느 군주가 발 뻗고 편히 잠을 잘 수 있겠는가! 걱정 근심으로 날을 샐 것이며 몸도 마르고 오장육부가 타들어가 조만간 자리에 눕게 될 것이다. 그래서 이런 명식은 장부가 고장나 평생 지병으로 골골하며 살게 된다.

그러나 하늘은 지상에 군주를 내보낼 때, 그가 나라의 군주로서 능히 수행할 수 있도록 최소한의 환경과 여건을 마련해 놓는 것이 자연의 이치다. 누구나 저 먹을 복은 가지고 난다 했지 않는가! 따라서 군주는 자기 형편에 맞추어 이미 하늘이 보낸 충신과 현사를 등용하면 되는 것이다. 하늘의 뜻이기에 그렇게 할 뿐이다.
말하자면 하늘이 내려준 각본에 따라서 군주도 군주 노릇을 하는 것이고, 조정과 나라의 운명도 그 시나리오에 따라 진행된다고 하겠다. 그렇다고 하늘이 애들 장난처럼 조석으로 변덕스런 군주나 국가 운영을 맡기지는 않는다. 일정한 국가 체제의 수명을 내려 주는데, 더러 짧기도 하거니와 대개 70~80 넘게 유지되도록 하고 있다. 그러니 그 주어진 수명 동안에는 군주로서 나름의 역할을 충분히 행사할 수 있다. 길이 도무지 없는 게 아니고, 군주가 해야 할 군주의 도가 있는 것이다.

이 격에서, 총부리를 군주에게 겨누는 무력 집단을 다스리는 군주의 도는 무언가? 강성한 총구들을 완화시키고 무장들을 감화시킬 군주의 역할이란 군부와 황실 사이를 소통시키고 사이좋게 할 충신이나 현사를 등용하는 일이다. 이것이 애당초 정치적인 외교술인 만큼 섭외와 로비에 능수능란한 총리대신을 뽑아야 한다. 잔뜩 눈을 부라리고 총구를 쥔 군부를 달래고 충성스런 임금의 군대로 되돌리려면 무엇보다 인성이 총리로 등용돼야 한다. 유화책인 셈인데, 절대 군주라고 해도 이럴 때엔 이런 유화책을 쓸 수밖에 없다. 그래서 관살이 많아 신약하면 우선 인성으로써 용신을 삼는다 해서 살중용인격이라 부른다!

이때 총리인 인성은 눈치와 재주 등 역량이 비상해야 한다. 위기 상황에 대처하는 능력이 탁월해야 한다. 임기응변과 문장력 그리고 판단력도 잘 구비돼야 하고 국정 처리 능력도 돋보여야 한다. 문무에 정통해야 이런 국정을 원활히 수행할 수 있다.

그래서 이 격은 인간 관계를 능란하게 잘하며 남보다 일찍 출세의 길에 들어서며, 학계나 관리로서 출사하고 공무원이나 지식업종에서 많이 종사한다. 인성이 학문, 덕성, 명예, 공직, 도장, 문서 등의 별이므로 그런 용신 따라 직업을 갖게 된다고 하겠다.

인성이 용신이므로 재성이 옆에 있거나 재성운이 오면 인성이 파괴되니, 격국이 탁해지고 흉해진다. 뇌물 공세에 청렴한 총리라도 곤혹을 치르는 형국이기 때문이다. 남명은 딸만 주루룩 나며, 아들을 보기 힘들거나, 낳더라도 불초가 되거나, 아니면 일찍 잃는 등 장자 인연이 없고 또 자녀 인연이 적다. 손자 같은 아들을 두거나, 첩에게서 아들 둔다. 여명은 재성(＝시모)이 관살(＝남편)을 생조하는 꼴이어서 시모와 남편이 뭉쳐서 날 괴롭히는 형상이 된다. 즉 시집살이 지옥 같은데, 내가 힘들게 돈 벌어다 주고도 좋은 소리 한번 듣지 못하는 설움의 장본인이다. 보통 친정 부모를 일찍 여의거나 가세가 기울며 2, 3 재연再緣하는 등 풍파가 많다.

또 관살이 많으면, 비겁이 저절로 압박당하니 형제자매가 발신키 어렵고, 그 중에는 일찍 돌연사나 횡액사하는 이도 있게 되어, 내가 맏이 노릇하는 경우 많다. 항상 몸이 쑤시고 아프며 신병神病도 있으며, 배필의 무책임이나 등살에 시달린다. 여명은 시부없고 가난한 집안의 남편을 맞기도 해서, 시모와의 갈등으로 마음 고생 많이 한다. 신경이 날카롭고 앙칼지며, 모사와 처리 능력이 탁월하고 기회를 잘 잡으며 영민하고 자신을 높이며 거칠다. 항쟁심이 강하고 목적을 위해 남을 이용하는 술수도 대단하고 로비도 잘하나 남의 중상을 받기도 한다. 앞서서 일하기를 좋아하고 공명심이 높아 금방 뭇 시선을 끌며 사람들을 지휘한다.

재성이 생살하면, 남녀 모두 가정사의 어려움으로 우울증이나 정신쇠약에 시달리고 죽고 싶을 정도로 괴로워한다. 직장이나 일이 제대로 안 되고 꼭 장애가 끼여 부도나고 사퇴되고 거덜나는 일이 비일비재하다. 항상 집 문서나 보증, 도장, 계약 등 문서로 인한 문제로 고생하기 십상이고, 빚더미에 나앉는다. 카드 빚 인생이요 거덜난 살림살이로 빚 좋은 개살구다!

〔女2〕

시일월년	62	52	42	32	22	12	02
戊壬丁己	甲	癸	壬	辛	庚	己	戊
申戌丑丑	申	未	午	巳	辰	卯	寅

(1) 정관과 칠살이 명식에 가득 차서 신약하니, 時支 申 편인이 이들을 달래어 훌륭히 막후 교섭과 외교를 달성하고 있다. 세칭 이를 살인상생격殺印相生格이라 하는데, 행운이 받쳐주면 귀격으로 본다. 61세까지는 동방 향지와 남방 향지로 달려 불리한데, 천간에서만 金水운이다. 처음은 잘 될 듯해서 시작하나 점차 어려워져서 고생한다. 시집살이 지옥 같았으나 金水의 교화 덕분에 마음 다스리며 지탱해 왔다.

(2) 범처럼 무서운 홀어미 모시고(丁壬합) 살면서 병은 깊어졌다. 총리 대신인 白金은 4지와 중앙청에 특사를 보내 교섭하고 무마하니 살벌한 군인들이 다 본분 자리로 돌아가서, 구사일생으로 살아간다. 일간이 시에 장생하니 만년이 편안하다고 하겠다.

(3) 壬戌日은 소위 일덕일日德日인데 신약하고 형충되면 복감하고 관살이 나투면 성질이 총명하나 선행하고 친절함이 모자라고 더러워지고 사나와진다. 庚辰 시절에 구사일생했다. 신약하고 형충되면 壬戌日은 괴강일의 형충과 비슷해지는 인생과 성격을 갖음을 종종 본다.

(4) 일덕일은 甲寅 丙辰 戊辰 庚辰 壬戌의 5개, 괴강일은 庚辰 庚戌 壬辰 戊戌의 4개로 알려져 있는데, 『자평』의 「괴강시결」에 따르면 壬戌도 괴강에 넣고 戊戌은 빼고 있다. 요즘 일반적으로 괴강에 壬戌을 넣어 5개로 통설화하고 있으나, 원래대로 壬戌은 일덕일로 보아야 옳을 것 같다. 괴강일에 복덕이 병주하거나 복덕일에 괴강이 병주하면서 형충되면 탁해져서 흉하다고 한다.

일덕이나 괴강이 격이 되려면 일덕일에 또 일덕이 거듭되고, 괴강일에 또 괴강이 거듭되면서 신왕하고 재관이 없어야 성격된다. 신왕지에 이르러 발복한다. 또 편관, 편인도 좋아한다. 1 일덕일이거나 1 괴강일이면 일반 격으로 다룬다. 그러니까 일덕일과 일덕격, 또는 괴강일과 괴강격은 서로 그 성격이 좀 다르다.

참고-〔남5〕

시일월년	55	45	35	25	15	05
庚壬庚丙	丙	乙	甲	癸	壬	辛
戌戌子申	午	巳	辰	卯	寅	丑

(1) 壬戌日이니 일덕일이고 庚戌 괴강 있으나 형충 안 되고 신왕하니 호명好命 된다. 온전한 일덕격을 이루지 못하고 괴강이 섞여 있어 좀 탁해졌다. 그 래서 일반격으로 보는데, 그래도 일덕격의 암시는 좋게 작용한다. 선행을 잘하고 친절하며 남을 돕는 종교심과 봉사 정신이 강하다. (만약 신약해지 면 이런 길조는 1/2 이상으로 줄어들고 흉조가 커진다.)

(2) 월지 양인이니 양인격이고 子 중 癸와 戌중 戊 칠살이, 곧 임시로 합하는 이 른바 인살균정刃殺均停의 조화를 이룬다. 이러면 오매불망 감투 명리 추구 욕이 대단하며 순조로운 덕망을 쌓는 가운데에서 마침내 그 뜻을 성취한 다. (만약 신약해지면 투쟁과 파당을 지어 적을 사고 과욕을 부리다 오히 려 재앙을 초래하는 경우가 많아진다.)

(3) 일반적으로 일덕일이나 일덕격은 신앙이 돈독하거나 종교에 투신하거나 사회적 봉사 활동에 열심하는 경우가 많다. 격이 순수하면 순조로운 행업 行業이 진행되고, 편고되거나 탁해지면 분란과 파쟁이 일어나며 주위가

시끄러워지며 복력이 줄어든다.

(4) 壬戌日에 庚戌時는 자녀연이 없다고 한다. 여명은 무자無子하기도 한단다.

〔男3〕

시일월년	73	63	53	43	33	23	13	03
癸丙壬壬	庚	己	戊	丁	丙	乙	甲	癸
巳辰寅申	戌	酉	申	未	午	巳	辰	卯

〔그림 55〕 밝은 햇빛이 비추나 구름이 끼여 보슬비가 내리는 중 붉은 용(赤龍)이
　　　　　 승천하고 있다.

(1) 정관과 칠살이 혼잡돼 쌍출하고 있으며 신약한데, 편인 寅이 득령해서 능
　　히 그 소임을 다하려고 한다. 이를 시기한 년지 申편재가 충격해 걱정되나
　　寅辰 半方局하고 일간이 시에 건록하며 행운에서 전격적으로 뒷받침해 주
　　고 있어 성공한다. 대학교 총장 역임했다.

(2) 寅월의 한낮에 떠오른 밝은 태양이라서 온 천지가 훤하지만, 하늘엔 구름이 잔뜩 끼고 보슬비까지 내리고 있어 여전히 날씨는 추우며, 마침 붉은 용이 용궁을 벗어나 승천하려는데, 남동풍이(辰巳巽) 불어와 따뜻한 구름을 일으켜 준다.

(3) 丙辰日은 복덕일인데 재성 申이 辰과 반합에 壬의 투간으로 복력이 증대되고 있다. 관살이 혼잡되고 신약해지는 듯한데, 다행히 寅辰으로 형(＝寅巳申)과 충(＝寅申)을 잊도록 하면서 살인화생하고 있어 반전으로 그 탁함이 맑아져서 귀하게 됐다. 합은 解冲하거나 解刑하기 때문이다.

(4) 귀록격인 듯하나, 년월에 재관이 왕해서 귀록격이 되지 않는다.

〔男7〕

시일월년	67	57	47	37	27	17	07
庚壬甲丙	辛	庚	己	戊	丁	丙	乙
戌戌午戌	丑	子	亥	戌	酉	申	未

(1) 재성국을 이루면서 다시 칠살국을 이루어 매우 신약하니, 시간의 庚 편인이 용신한다. 戌 속에 유근有根하나 화염이 치성해서 녹아 내리려 하고 있다.

(2) 행운에서 서방-북방 향지로 달리니 유리하는데, 천간에서 재살財殺로 막아선다. 처음은 답답하고 막히지만 신왕지身旺地에 이르러 서서히 풀려 뜻을 이룬다. 대학교 교수다.

(3) 일덕일에 庚戌 괴강 있으며 신약하고 재성이 왕하니, 화액禍厄이 예고되는

바, 행운에서 일찍이 재관이 들어오니 피해가 막심하다. 일덕일이 신약에
괴강 등 있으면, 壬戌은 괴강같이 작용해서 흉액이 많아지고 맹렬해진다.

〔男6〕

시일월년	87	77	67	57	47	37	27	17	07
庚丁己乙	庚	辛	壬	癸	甲	乙	丙	丁	戊
子亥卯亥	午	未	申	酉	戌	亥	子	丑	寅
土土土火									

(1) 지지에 관살이 태왕하고 신약한데, 월지 卯 편인이 亥와 함께 木局을 이루고
乙이 투간돼 이른바 殺生印, 印生主 하는 살인화생격殺印化生格으로 고귀하다.

(2) 신약이 신왕으로 변하려 하는데 시간 庚財가 이를 적절하게 조절하고 중
화를 이룬다.

(3) 납음오행으로 태월胎月 庚午 土와 함께 4土, 1火로 고귀하다(=一氣爲根格).

(4) 행운은 북–서–남 향지로 달리지만 유리하지 않다. 대통령 역임했다.

(5) 丁亥日은 야귀夜貴로 일귀일인데, 밤에 낳았으니 좋다. 子卯 刑하고 亥亥 刑
해서 흉조가 비치는데 살왕을 乙이 亥未 木局으로 돌리니 흉이 길로 변했다.

(6) 월, 일에 辰巳戌亥(=천라지망살) 있고 이 중 1 이상 또 있으면, 구금 형액
관재수 당해 보며, 지살 역마를 타면 망명해 본다.

(7) 년지 황실과 일지 원성이 亥亥로 刑과 복음伏吟되고 있어, 처궁에 이변 있다.

8. (이)식상제살격 (以)食傷制殺格

신약하고 관살이 거듭되는 명식에서는 인성을 가지고 겹친 관살을 교화해야 할 충신이라 해서 살중용인격이라 하는데, 만약 명식에 인성이 없을 경우에는 어떻게 하는가? 겹치는 관살을 직접 제어하고 누르는 식신과 상관을 가지고 정공법으로써 나서는 길밖에 없을 것이다. 이것을 보통 식신이나 상관으로써 관살을 제어한다 해서 식상제살격이라 부른다. 관살은 호랑이처럼 무섭고 칼 든 강도 같은데, 이를 때려잡는 식상은 총포와 같이 가히 관살의 천적이다.

아무리 범이 무서워도 사람이 총 한방으로 맞추면 범도 죽일 수 있다. 그래서 식상제살격은 기세가 영웅 같고 사람들을 위압하는 힘이 있으며 행동거지가 화려한 면이 있다. 일 처리가 비상하고 해결사 노릇을 하며, 왠만한 상대는 눈에 들어오지 않고 간혹 거만스럽기도 하지만 경우가 밝아 어른의 눈엔 호감 가는 면이 있어 부러워하면서 서로 사귀려고 몰려든다. 여명은 두루 챙기는 여장부이기도 하다.

식상제살격에는 위에서 말한, 신약하고 관살이 거듭하나 인성이 없어서 부득이 식상으로써 관살을 제어하는 것과, 신왕한데 관살이 더 겹쳐서 식상으로써 제살하는 경우로 두 가지 형태가 있다. 후자는 뒤에서 다시 설명하기로 한다.

이 격의 특징은 신약하더라도 인성이 없으니 부득이 식신 상관을 가지고 관살을 제어하고 누른다는 것이다. 이렇게 되면 식상을 생조해 줄 비겁도 길신으로서 식상과 함께 관살을 누른다. 행운에서 비겁과 식상운이 오면 발신하고 성공하며, 인성운이 오면 대패한다.

그러나 이 격의 가장 꺼리는 것 중 하나가 재성이다. 재성은 식상을 설기시켜 겹친 관살을 더욱 왕성하게 생조하기 때문인데, 원국에 있거나 행운에서 오면 재앙이 백출하고 만다. 빈천하고 장애를 앓거나 백수 건달이 된다. 비록 이지를 겸비하고 똑똑하며 다정다감도 하나 생활에 풍파가 많고 질병으로 고생하기 쉽다. 남명은 아내나 재물로 인해 재앙을 불러 오며, 여자가 도무지 도움 안 되며 애물단지로서 가정과 일에서 애로가 많으며 가문이 기운다. 보통 본처에게 무자해서 소실에게서 득자하기도 하며, 아니면 늦게 손자 같은 아들 낳기도 한다. 여명은 시모와 남편 그리고 시댁의 문제로 갈등하며 등살에 못이겨 파경하며, 재연 삼혼하기도 하며, 공문空門이나 유흥업소나 화류계로 빠지기도 한다. 별부別夫한 후 자녀를 데리고 살기도 하나 한숨과 눈물이 많다. 친정을 쇠로케 하며 일찍 편친과 형제를 여읜다.

또 이 격의 가장 꺼리는 것은 인성이다. 식상이 중한 관살을 제어하려고 하는데, 인성운이 오면 식상이 도무지 제살할 의욕을 상실하고 말아, 그만 흉해지고 만다. 식상이 의연하게 합법적인 총리대신인데 무엄하게도 인성이 불법적으로 총리 관저를 폭파하고 공무를 못 보도록 방해하고 난동을 부린다면, 국정이 마비되고 나라에 혼란이 가중돼 사직은 위태롭고 백성은 도탄에 빠지고 헐벗어 불행해지고 만다.

인성이 흉신이니 문서, 계약, 부동산, 보증 등 도장에 관한 재앙이 도사리고 있으며, 윗 사람이나 부모 덕이 모자라고 오히려 도움은 안 되고 사사건건 걸림돌이나 애물단지가 돼 일을 망치기도 해서 원수 사이가 된다. 그러나 부모인데 어찌하랴! 자녀 도리를 잘 할 일이다. 간혹 이 격은 부모를 고려장 시켜 내버린 경우도 있다 하지만, 노인 문제를 유발하는 장본인들이다. 어려서라면 부모 곁을 떠나서 자라야 서로 안전하다. 양자가거나 공문에 들거나, 부모를 여의고 고아로서 자란다. 내가 낳자마자 가세가 기운다.

그리고 이 격은 식신 상관이 용신이니, 조모나 장모의 덕이 후하다는 뜻이며, 여명에게는 자녀요, 남명에게는 사위가 되니, 결국 할머니와 자녀 덕이 크다는 말이 된다. 그래서 부모의 사정상 곁을 떠나 할머니 밑에서 자란 경우도 있고, 나도 늙어지면 자녀의 도움을 받는 경우도 있다. 성장기에 가장 중요한 부모의 사랑을 못 받아서 대체로 인생이 굴절되며 평생 가정사나 직업에 애로가 많다. 교육은 그리 못 받았어도 총명하고 재치와 눈치가 빠르며 정도보다는 편법에 익숙하고 오락 잡기나 도박 주색 등에 몰입하면서 그럭저럭 살아간다.

〔女7〕

시일월년	57	47	37	27	17	07
丁甲乙庚	己	庚	辛	壬	癸	甲
卯戌酉辰	卯	辰	巳	午	未	申

〔그림 56〕 풍요롭게 가을걷이를 기다리는 아침의 풍경

(1) 재성과 관살이 합국을 이루어 신약하며, 인성이 없어서 시상 丁 상관을 용신으로 하고 비겁을 희신 삼는다. 그러나 재성이 자꾸 관살을 생조하는 꼴이어서, 아주 흉하다. 낳자 울음을 그치지 않다가 곧 부친이 사망하자 울음을 그쳤단다. 얼마 안 있어 오빠도 잃다.

(2) 년월에서 재성과 관살이 작당을 지어 살중신약해지니, 친정 부모와는 이별하고 가세는 기운다. 관살혼잡같이 다부多夫나 살중殺重은 시댁의 융성이요 친정의 쇠몰을 말하기 때문이다. 또 '양인이 칠살과 합하려는데 재성이 있어 칠살을 생조하면 유년시 요사하거나 재앙이 크다' 한 고언이 있다(羊刃合殺, 不宜財多, 財多必咎. 故曰財生殺黨, 夭折童年).

(3) 백로가 지나 들판에는 오곡 백과들이 무루 익어 추수를 기다리고 있다. 산
들 바람이 불어 황금 물결이 넘실거리고 햇볕은 뜨거워 곡물들이 잘 익고
있다.

[男6]

시일월년	46	36	26	16	06
丙甲乙庚	庚	己	戊	丁	丙
寅辰酉戌	寅	丑	子	亥	戌

(1) 위와 비슷하며, 시상丙 식신이 용신한다. 일찍 부모 곁을 떠나 공문空門에
의지해서 산다. 태신약에 년칠살이 財에 의해 생살生殺되고 있어 건강이
안 좋다.

(2) 亥子丑 북방 향지는 인성운으로 생가生家에 흥한데, 천간은 재성운이라 生
殺하고 있다.

(3) 인성운에는 그나마 공부하는 기회를 탔으며, 경찰행정 학과를 졸업했다.

(4) 년일에서 간충 지충하니, 조업과 인연 없다.

(5) 귀록격인 듯하나, 년월에 관살이 있어 이 격을 이루지 못하고 일반격이다.

[女10] (입춘 후 3일째생)

시일월년	60	50	40	30	20	10
乙戊庚辛	丙	乙	甲	癸	壬	辛
卯寅寅卯	申	未	午	巳	辰	卯
甲戊戊甲						

(1) 관살이 천지라, 인성이 없어 식상으로써 용신한다.

(2) 관살이 暗合 곧 지지에서 연합하고 투간되고, 明合 곧 간합하고 있으니, 의처증 남편으로 고생 많이 했다.

[女7]

시일월년	57	47	37	27	17	07
乙戊辛壬	乙	丙	丁	戊	己	庚
卯寅亥辰	巳	午	未	申	酉	戌

(1) 재성이 칠살을 생조하니, 시댁으로 고생이 많았다. 위와 비슷한데, 친구 사이다.

(2) 부득이 寅속의 丙火로써 용신한다. 남방 향지가 기쁘다. 재성이 강해서 식상제살격이 아니고 살중용인격에 속한다. 물론 비겁은 藥神이다. 태신약해서 호운好運이 오더라도 발신이 신통치 않다.

(3) 亥月에 년월에 金水로 인해 戊土는 水氣로 무력해진다. 또 일시에서 관살이 괴롭히니 戊 위장이 골똘한 생각에(思結) 병 난다. 위장은 따뜻한 상태로 유지돼야 제 기능을 수행한다.

(4) 亥月은 이른 겨울이고 가을걷이가 끝난 시점이라 황량한 들판에 울긋불긋한 단풍잎이 땅에 떨어지는 풍경을 연상케 한다. 건조해지는 시기에 06시경인데 안개가 자욱하고 간혹 서풍이 불어오며 공기가 메마르고 돌산에서는 개울물이 졸졸 흐르고 있는 정경이다. 기온은 갑자기 내려가 벌써 한겨울인가 싶더니 땅에는 서리와 흰 눈이 내려 하얗게 쌓였다. 따뜻한 방안이 그립다.

9. 살중용겁격殺重用劫格

관살, 즉 정관과 칠살이 많아서 신약하면, 먼저 인성을 용신으로 해서 살중용인격이라 하며, 인성이 없을 경우에는 식신과 상관을 용신으로 해서 이식상제살격以食傷制殺格이라 한다 했다. 그런데 관살이 겹치고 신약한데, 인성이나 식신 상관마저도 없을 경우에는 어떤가? 이때 비견이나 겁재를 용신으로 한다는 것이 살중용겁격이다. 그래서 명식에 관살이 많고 재성과 비겁으로 구성된 경우 같은데, 해석 구도는 살중용인격에 준한다.

재성이 관살을 생조하면, 매우 흉해지는데, 생가가 기울어지고 맏이(장자)가 제 구실을 못하며 부친이 병약하거나 조실부失된다. 질병과 액운으로 시작은 있되 끝이 막히고 실패로 마치니 걱정이다. 딸들이 많고 오히려 잘 되나 아들들은 별로거나 무능하고, 겨우 얻은 아들이라도 사고만 치지 제 구실을 제대로 하지 못해 가족에게 피해만 준다. 형제자매 중에서 조실된 자 있거나 방탕한 자 있어서 가정이 맨날 시끄럽고 자꾸 우환이 낀다.

편관이 많으면 형자兄姉가 먼저 가고, 정관이 많으면 동생이 먼저 죽는다. 형제가 부부 싸움 잦고 재산을 탕진하며 교통사고 등 몸을 다치기도 하는 등 형제자매의 일로 바람 잘 날 없다. 만약 칠살과 정관이 살국殺局을 이루어 일간을 심히 공격해 오면 몸과 정신에 장애를 가져 온다. 오장육부가 고장나서 시들시들 아프고 병원 문턱이 번지르 하도록 드나든다.

남명은 자손궁이 불미해서 불초 자식 두며, 두 집에서 애 낳거나 남의 자녀 기르기도 한다. 첫 아들은 잃게 되고 딸을 많이 두며 집안이 기울어 간다. 40 넘어 낳은 자녀는 효자인데, 그가 가문을 지킨다. 모처가 불화하고 악처로 고생한다. 외정으로 가정 풍파 일어난다. 대체로 빈천하게 살며 병마에 시달리다 생을 마치며, 대신 자녀들은 바르게 자라 어느 정도 성공한다. 재물이 많으면 관재수나 횡액을 당하고 자녀들이 싸운다.

여명은 남편으로 인해 고생 많고 별부하고 재연하거나 소실, 기생되거나 공문空門에 든다. 혼인하자 친정은 기울어 가고, 시댁 갈등으로 병든다. 일주에 음양차착살이 들면 시댁도 기울어간다. 시모와 불화하고, 홧병과 울화병으로 지옥살이한다. 홀어미 모신 남편과 혼인하며 시모로 인해 정신쇠약이나 분열증, 우울증 앓는다.

인성운·비겁운·식상운은 길하고, 재성 관성운은 흉해진다. 행운에서 많이 중화되면 길해진다. 원국이 자동차(상품이)라면 행운은 도로와(시장과) 같다. 행운이 유리하면 발신發身 한다.

〔男1〕

시일월년	71	61	51	41	31	21	11	01
丙庚丁丙	乙	甲	癸	壬	辛	庚	己	戊
戌午酉寅	巳	辰	卯	寅	丑	子	亥	戌

(1) 地支에서 火局을 이루고 天干에서는 관살혼잡됐다. 월지 양인으로 용신하나, 백금 일간이 용광로 같은 화염에 둘러싸여 금방이라도 녹아 사라질 것

만 같다.

(2) 다행히 북 향지에서 화염을 식혀 주니 46세까지는 뜻대로 장사하여 큰 돈
도 벌었다.

(3) 동방 향지에 들면서 다 까먹고, 멀리 객지로 나가 남의 땅에서 농사로 여
생을 보냈다.

(4) 庚日이 녹아내리니 지병은 대장암. 庚日이 양인격이나, 庚은 양금陽金으로
조기燥氣가 심하며 수렴 작용이 대단해서 매우 건조하며 화염이 치솟아
조열하다.

〔男6〕

시일월년	66	56	46	36	26	16	06
戊癸戊癸	辛	壬	癸	甲	乙	丙	丁
午丑午未	亥	子	丑	寅	卯	辰	巳

〔그림 57〕 오뉴월 한낮 땡볕에 온 대지가 가물어서 빗물을 기다리고 있다.

(1) 재관이 많고 신약하고 인성이나 식상도 없어서, 비겁이 용신한다.

(2) 오뉴월 누시생은 온 대지와 논밭에 물이 모자란다. 다행히 癸丑日이 반갑다. 처공이 크다. 처궁은 시원한 오아시스로 모두 의지하고 있다.

(3) 戊癸합이 두 개로 가화화격假化火格을 이룬다. 장안에 유명한 역리가다.

(4) 46세 이후 북방 향지로 달리면서 발신했다. 癸丑 시절이 일주의 전지살이나 길신이라서 호사다마가 있다.

〔男7〕

시일월년	57	47	37	27	17	07
癸壬丁壬	癸	壬	辛	庚	己	戊
卯戌未辰	丑	子	亥	戌	酉	申

(1) 관살이 겹치고 신약하며, 火財가 생살하고 있다. 시지 卯상관은 이미 火局하니 비겁을 용신한다. 행운도 서-북 향지로 달리며 간지에서 잘 조후하고 있어, 아주 길하다.

(2) 壬戌 일덕일에 壬辰 괴강 있으며 신약하고 형충되고 있어 재액을 초래한다. 戊己庚戌 시절에 고초를 겪는다. 년일에서 干은 같고 支는 충하니, 불효하고 하극상하며 건강이 안 좋고 작배作配에 액이 낀다.

(3) 월간 丁 정재를 놓고 쟁합하려 한다. 정재는 재물, 여자, 처이니 이로 인해 다투고 갈등 시비한다는 의미다. 또 시 겁재가 있어 부부궁에 구설이 흐른다.

10. 인중용식재격印重用食財格

　신약한데 인성이 많은 경우가 있다. 흔히 이를 모왕자쇠母旺子衰, 즉 모친은 건장한데 아들이 그 그늘에 깔려 허약한 꼴이라 해서 불길한 상태로 본다. 이때는 그 인성을 제어하고 눌러야 하는데, 정공법으로 재성이 가장 적임자다. 보통 인중용재격이라 하지만, 여기에 식상이 받쳐주는 경우가 많으니 그래서 인중용식재격이 성립된다.

　이렇게 명식이 형성되면, 인성에 속하는 일, 즉 문서 명예 도장 · 신용 · 학문 · 공부 · 계약 · 부동산 매매 · 수표 · 부모 어른 등에 재앙이 끼기 쉽다. 인간사가 거의 문서로 주고받아 이루어지는데, 인성이 흉신으로 둔갑하면 마땅히 재성으로 조절해서 중화해야 한다고 보니, 곧 재성에 속하는 아내나 재물, 시모 시댁 등이 길신으로 작용해 행복해진다. 그러니 남녀가 혼인해서 발복하는 셈인데, 혼인 전에는 놀던 한량도 혼인 후에는 가정이 날로 발전해서 금방 사회적으로 성공함을 말한다.

　이 말은 반대로 인성을 조심하고 멀리해야 내가 생존하는데 도움이 된다는 뜻이기도 하나, 사실은 부모 덕이 모자라서 곁을 떠나야 하는 신세가 된다. 부모가 가난해서 내가 자력으로 성업해야 하는 처지든가, 부모가 부유하면 나는 서출이나 사생아로 부모 덕을 보지 못한 채 고생해야 한다. 이래저래 나는 부모 품을 떠나 일찍부터 생업에 종사하며 오히려 가정을 돕는 만이 역할한다.

　일찍 편친(주로 부친)을 여의고 가세가 기울어서 모친이 가권을 쥐고 사나 힘들어서, 더욱 나는 직업을 갖고 부모 형제들을 도우며, 나중에도 편친(주로 모친)을 봉양하며 산다. 남녀가 일반적으로 그러한데, 여명은 그러다가 혼인을 놓치는 경우가 많다.

부모가 늦게까지 생존하면 모친이 둘 셋인 경우로 나는 서출인 경우가 많고 결국 나는 부친 곁을 떠나 살아야 하는 형편에 놓인다. 이런 경우 조모가 둘 셋이기도 하다.

또 이 격은 많은 인성을 재성이 제어해서 중화해야 하는 꼴이니, 마음의 모든 집중력이 재물, 사업 등 재성에 가 있다. 사람은 누구나 자기가 필요로 하는 것을 얻고자 한다. 마치 밥을 많이 먹어 속이 답답하면 소화제라도 먹어서 속이 시원해지도록 하는 것과 같이, 생물은 스스로 생존을 위해 오장육부의 원활한 신진대사를 요구한다.

감기의 바이러스가 체내에 침투하면 몸 속에는 벌써 면역체계를 가동시켜 감기 바이러스에 대항한다. 감기가 몸에서 떠날 때까지 꾸준히 싸운다. 이것이 생물의 생존 욕구다. 명식에서 어느 한 오행이 많아지면 오행간에 균형이 깨어져 있어서 삶의 신진대사에 지장을 가져 옴으로, 저절로 생존 욕구대로 오행의 균형과 중화를 향해 진행된다는 것이다. 그 진행이 우리의 생존 방식인데 개인마다 다르고 차이가 있어서 세밀히 살펴볼 필요가 있다.

몸에 침투한 감기 바이러스는 마땅히 없어져야 할 균이지만, 명식에서 많은 인성을 그런 균처럼 보고 해석해서는 곤란하다. 없어져야 할 대상이 아니라 자연의 이법상 함께 공존해야 할 대상이며 필요한 것이라고 본다. 왜냐면 자연법에서는 어느 것 하나도 불필요한 것이 없기 때문이다. 다 생존해야 할 필요성이 있어서 존재하는 것이며, 그런 존재 이유로 해서 공존의 법칙을 숭상한다. 공존해야 하므로 어느 쪽에 과중한 힘이 쏠리거나 지나치게 허약하면 그것이 공존에 병질이 되고 죄악이 된다고 보는 것이다.

공존의 미학을 살리기 위해서 서로 간에 힘의 균형이나 중화를 도모함이다. 그러니까 서로 사는 전략상 좀 많은 오행은 제어하고 모자란 오행에게는 힘을 실어주어 고루 균형을 맞추자는 것이다. 그런 관계가 사실 우리의 오장육부의 시스템이라는 것이 오행학의 결론이기도 하다.

그래서 이 격처럼 인성이 많다 함은 없어져야 할 대상이 아니라, 인성의 과대한 힘을 좀 빼고 생존 전략상 필요한 재성에게 힘을 보태주어 오장 육부의 오행 간에 균형과 중화를 도모하자는 것이니, 인성이 지닌 작용이나 속성은 여전히 유효하고 영향력이 있어서 삶에서 많은 부분을 좌우하기 마련이다. 즉 인성의 특성은 공부, 학문 같은 것이니 선천적으로 삶의 성향이 그런 쪽으로 쏠리며 어려운 환경에서도 자꾸 공부하고 학문을 숭상하려고 한다는 것이다. 명식에서 인성이 많으면 공부나 학문, 학교, 연구 등에 많은 관심이 있고 무의식적으로 그런 쪽으로 행동이 쏠리는 것이어서 마침내 소기의 뜻을 이루기도 한다.

그런데 인성이 지나치게 많으면 오히려 오행의 중화를 깬다고 오행의 시스템이 인식을 하게 되면, 반대로 그런 학문 숭상적인 성향을 제어하려고 힘을 모은다. 학문의 반대는 재물이니, 돈이나 사업 같은 물질 자원을 욕구해서 성취하도록 명식의 구조는 지원한다. 그래야 인성과 재성 간에 균형을 이루어 행복한 인생이 될 수 있다는 자연법의 시스템이다. 학문도 하고 돈도 벌리고 하면 이게 조화와 중화의 미덕이라는 것이다. 오행은 인성과 재성을 함께 살리는 그런 식으로 명식의 구조를 운영한다.

이것을 현실적으로 고찰하면, 인성이 많으면 일상의 직업적 소양도 인성적인 업종을 택하고 사는 것을 볼 수 있으며, 학교 · 학원 등의 교사 노릇을 하면서 넉넉한 여유를 가지지만, 상대적으로 재성 쪽은 약해서 재물을 아끼고 인색한 편으로 나타나서 이 사람이 자기의 부족한 부분인 재성 쪽에 무척 신경을 곤두세우고 진력하고 있다 함을 읽을 수 있다.

이런 현상이 일어나는 배경으로서, 인성적인 업종이나 행동이 여유로운 것은 전생의 익혀온 생업이라서 금생에서도 남보다 쉽게 그것에 접근해 익숙하다고 보며, 상대적으로 재성이 요구되는 것은 금생에서의 성공할 수 있는 생업이지만 우선 생소해서 아직 미숙한 것이라고 일단 생각해 본다. 그래서 인성적인 업종은 쉽게 시도하더라도 크게 성공할 수 있다는 보장은 없고 중도에 장애도 생기지만, 재성적인 업종은 처음은 어렵더라도 꾸준하면 원활하게 굴러가 마침내 크게 성공할 수 있다는 보장이 된다는 차이가 있다.

그러나 인성이 많으면 일단 누구에게나 고귀한 관성이 지나치게 탈기奪氣되므로 관록이나 감투운이 모자란다 해서 흉하게 본다. 인간은 본래 권력지향적 동물이다. 이것은 소유욕과 지배욕의 충족을 의미하는데, 이것을 관성이 담당한다. 관성이 건장하고 양호하면 그래서 사회적으로 능히 출세하고 성공한다. 하지만 이것이 인성에 의해 지나치게 탈기되면 권력지향적 의욕이 꺾여 사회적으로 뜻을 이룰 수 없다는 말이 된다.

이때는 인성이 탈관奪官 작용을 한다. 비록 학문을 하고 배웠어도 감투운이 부족해서 그 배운 바를 크게 써 볼 수 있는 기회와 자리를 잡지 못해서 변두리에서 훈장 노릇이나 하는 정도로 마친다. 말로 배워서 되로 써먹는 형편이다. 감투가 없으면 세상 사람들이 알아주지 않아서, 몸값이 올라가지 않기 때문이다. 물론 문장력도 좋고 박식하며 지적으로 훌륭하나, 감투가 없어서 가난하며 시골이나 주변부 서생이나 종교, 학원 등으로 그치고 만다.

그래도 재주와 구변 눈치가 있어 이것저것 다 보며 자격증을 많이 따며, 기술 · 정치 · 종교 · 무업 · 예술 · 탈렌트 · 의료 · 미술 · 창작업 등에 관심을 갖고 투신한다. 병약하고 찌뿌둥하며 몸이 무겁고 부으며, 또는 바싹 말라 건강의 부조화로 신음하기도 한다.

그러기에 인성이 많을 경우는 반드시 재성이 용신한다. 인성보다 재성에 관심 갖고 노력하다 보면, 우선 재물을 모으는데 몰두하면 부유해질 것이고 그 재물이 저절로 감투를 생조해서 감투 쓰게 된다. 감투 쓰면 원래 있던 인성적인 학문과 덕망이 빛을 발한다. 재생관, 관생인, 인생주 하는 셈이다. 그러므로 인성이 많으면 먼저 재성적인 생업에 전력하는 게 나중에 사회적으로 감투를 써 출세할 수 있다.

그렇지 않고 간혹 그냥 인성 쪽에 줄달음질하는 사람도 있는데, 학문이나 학위는 있을망정 재물이 없어 감투도 못 쓰고 해서 결국 사회적으로 주변 훈장에 그치고 마는 경우가 많다. 누구에게나 관성은 고귀한 사회적 계급이요 자리며 감투며 당상관堂上官이기에, 이것이 탈기되거나 생조받지 못하면 관성이 있더라도 부관浮官 또는 고관孤官이라 해서 사회적으로 아무런 성공을 거둘 수 없는 명식으로 본다. 그래서 재성을 관의 뿌리有根이라 하고, 인성을 호관護官이라 부른다. 감투를 중심으로 재물도 명예도 주어지는 것이다. 지금 이 격에서는 인성이 많아서 호관이 아니라 탈관 작용을 해서 문제되고 있다.

여명에게 인성이 많아 탈관되면, 남편복이 없어 내가 벌어다 가정을 꾸려나가야 살아갈 수 있다. 남편이 무능하기도 하고, 수입이 신통치 않아서 그럴 수도 있다. 대개 남편이 불효하고 행실이 바르지 못하고 함부로 주색, 도박, 방탕으로 생활하는 바람에 자녀들까지도 불만을 갖고 삐뚤어지게 나간다. 자녀복도 없는 셈이고, 나도 남편에 대한 불만으로 직장에서 외정하고 외부外夫 따라 놀기도 한다. 부자夫子 복이 없는 대표적인 케이스로 가정적으로 불행하다고 보아진다. 만약 재성이 유력해서 잘 중화를 이루면 시댁이나 시모의 덕이 커서 모든 일이 술술 풀리며 행복해지기도 한다. 그러면 남편복이나 자녀복도 따라오기 마련이다.

남명에게 인성이 많아 탈관되면, 자녀복과 감투복이 없어 평생 번듯한 직업 한번 갖고 살아 갈 수 없다. 역시 자녀 걱정이 심하고 생활고에 시달리면서 겨우 아내의 활동에 의지해 살아간다. 나는 편할지 몰라도 아내는 생활에 힘들고 고단하기 그지없다. 처덕이란 게 자신은 무능에 가깝고 사실은 아내가 가권을 쥐고 식구를 먹여 살리는 꼴을 말할 뿐이다. 내가 하면 안 되고 실패하며 까먹으나, 아내가 하면 되고 재물이 불어나서 결국 나는 셔터맨으로 전락하고 만다. 그러나 재성이 양호하고 상함이 없이 중화를 이루면, 남녀가 합력해서 금방 부자 되니, 주위에서 다들 부러워한다.

정관正官에 있어 술어述語

護財 = 재성을 보호함. 재 없는 관은 유명무실하게 되고, 관 없는 재는 이름도 없이 잘 튄다. 재성과 정관은 균형있게 유력해야 발신한다.

奪財 = 재성의 기운을 빼앗아 누설시킴. 재성은 적고 약한데, 정관이 많으면 재성이 탈진된다. 적자 인생이 되기 쉽고 주변의 치다꺼리로 속 썩인다.

孤官 = 재성이 있어야 정관이 유지되고 빛을 발하는데, 재성이 없게 되면 뿌리 없는 외로운 자리라서 설령 감투를 얻어도 곧 옷을 벗게 되거나 시들게 된다.

虛官, 浮官 = 허약한 정관. 천간에 뿌리도 없이 외로이 떠 있는 허약한 정관.

生官 = 재성이 정관을 생조하면, 재관이 유정해서 길해진다.

〔女8〕

시일월년	58	48	38	28	18	08
丁乙庚丙	甲	乙	丙	丁	戊	己
亥丑子午	午	未	申	酉	戌	亥

(1) 乙日干이 신약하고 인성국으로 태왕하고 한랭하다. 마땅히 土 재성으로 인성을 제어해야 하는데, 乙木이 미약하고 물에 씻겨나갈 판이라서 시급히 왕한 火식상으로써 火生土 하도록 한다. 火土는 같은 뿌리라 남방 향지로 가면 발신한다.

(2) 북—서방 향지에서는 원국의 水氣 범람에 홍수가 나는 격으로 곤고하다. 다행히 천간에 식상 재성이 그나마 버텨 주어 곤고함 속에서도 학문해서 미국 유학까지 할 수 있었다. 원국의 인성이 많은 덕분이다.

(3) 년월 사이 상관이 정관을 치고, 년지 조기祖基와 월지 생가生家가 충출되니 인연 없어, 일찍 공문空門에 들어가 불전佛前에 향을 사른다. 乙丑日이고, 잎 떨어진 넝쿨나무 乙이 바위 庚을 휘감고 물 속에 잠긴다. 관살이 침수되고 水旺에 표목漂木되고 있어 어디 가서 의지하겠는가?!

〔男8〕

시일월년	48	38	28	18	08
甲甲丁庚	壬	辛	庚	己	戊
戌辰亥子	辰	卯	寅	丑	子

(1) 甲日이 신약하고 地支에 水局을 이루어 식신과 재성으로써 길신하는데, 명식이 子亥辰으로 되고 행운에서 북—동 향지라 한풍하다.

(2) 의지하던 土도 辰戌 충출이라 무력하니 수류水流를 막기 힘들어 사업이 자
　　주 실패했다.

(3) 그나마 처공으로 버티며 살아간다. 월간 丁상관은 戌財의 원천이기 때문이다.

(4) 일시는 간합지충하니, 밖은 고요한 듯하나 안은 시끄럽고 고충 많다.

〔男4〕

시일월년	64	54	44	34	24	14	04
丙甲辛辛	甲	乙	丙	丁	戊	己	庚
子子丑卯	午	未	申	酉	戌	亥	子

〔그림 58〕 깊은 겨울 천지가 얼어 있어, 실내 썰매장에서 썰매 타며 즐거워하고 있는 사람들

(1) 甲日이 신약하고 水 인성이 많은데 재성은 미약하고 관성이 보이나 生水한
　　다. 재성은 벌써 인성으로 변해서 길신 작용으로써 명식을 중화시킬 수 없
　　다. 부득이 시간 丙火 식신을 중화의 신으로 삼는다. 丙火가 상당히 미력하

274　　사주 핵심 강의

나 행운에서 힘 받아 다행이다.

(2) 행운에서 서-남방 향지에 이르러 대지가 좀 온난해지고, 천간에서 土火木
  이니 조후가 잘 돼 기쁘다. 대학교 교수다.

(3) 丙辛합 子卯형, 즉 곤랑도화를 이루고 있다.

참고-[女5]

시일월년	55	45	35	25	15	05
壬丁甲戊	戊	己	庚	辛	壬	癸
寅卯寅戌	申	酉	戌	亥	子	丑

(1) 신약하나 木 인성이 매우 많아서 재성으로 중화시켜야 하지만, 재성은 없
  고 상관 土만 있다. 壬정관도 丁壬合木하니 구조가 木土로 돼 있다. 木剋土하
  니 통관할 火가 나서야 한다.

(2) 이러면 설정시켜야 하니 火土가 나서야 중화된다. 火土는 동근同根이라 寅
  戌半合 火局에 통근 유근하나, 행운이 이롭지 않다.

(3) 불씨는 머금고 있으나(寅戌중 丙丁) 寅月은 여전히 춥다. 또 寅時라 새벽
  녘 아랫목 방도 춥기도 한데 행운에서 북 향지라 덥히지 못하고 있다. 酉申
  시절이 돼야 나아지겠고, 壬癸는 불리하고 庚辛戊己는 조후된다.

(4) 이 경우는 이 격의 드문 형태로 간혹 보는데, 너무 다왕하면 이를 설정시
  키는 것이 중화의 이치란 점을 잊지 않으면 무난하리라 생각된다.

(5) 낭군 壬은 무근無根이라 고관孤官이며 木 인성에 의해 심히 탈관奪官되고 있다. 다행히 일간과 합돼 인성화하고 대세를 따르니 처갓집에 의탁해 장모의 힘으로 산다.

(6) 일간 丁은 寅月 寅時라서 각수角宿다. 만물을 생성 소멸하는 조화의 별이며 군주의 위신을 베푸는 일을 맡고 있다. 빛이 밝으면 나라가 편안하고, 망동하면 불안하다. 그럼에도 이 별은 빽빽이 들어선 숲속의 나무들 끝자락에 빛나는 형상같이 가물거리고 있다. 많은 모친에(多인성) 고아처럼 고독하고 베푸는 일이 모자라고 인색하다. 인수가 원래는 단정하고 인자하나, 이처럼 많으면 게으르고 자기 위주로 되기 때문이다. 보통 음일에 인수격은 일이 시원치 못하고 인색하다.

11. 인중용관격印重用官格

신약하고 인성이 많으면 당연히 재성으로써 용신해야 함에도 불구하고, 재성이 없거나 아주 미약한 경우가 있다. 여건상 재성을 용신으로 해서는 중화를 도모할 수 없다는 것인데, 이런 구조의 명식이라면 관성을 용신으로 삼는다는 것이다. 중화와 균형적인 구조를 우선으로 하는 까닭에, 천명天命은 그렇게 하도록 이미 설정해 놓았고 우리는 그걸 찾아서 해석만 하면 되는 것이다. 그 천명의 방정식을 잘 푸는 행위는 그래서 엄숙하고 경건해진다.

물론 정도의 차이는 분명히 있겠으나, 이 격은 앞의 인중용재격보다 뒤진다. 하지만 이것도 전체적인 구조에서 중화를 먼저 생각하고, 중화만 잘되면 부귀해짐을 잊지 말아야 한다. 오히려 관성은 권력, 지위, 자리, 감투, 당상관 같은 것이니, 낮은 자리나 한직은 몰라도 일단 좋은 자리, 일명 노른

자위 자리에는 분명히 부귀가 딸려 온다.

여기서 관성은 호재護財 역할도 하고 인성의 유근有根 작용도 한다. 관성이 제 기능을 함으로써 재관인이 다 사는 것이다. 관성은 사회적 출세와 성공으로 이끄는 감투의 품질과 힘을 말하기 때문이다. 힘이 없으면 아무것도 못한다. 강력해야 그 힘에 따라서 환경들이나 요소들이 움직여진다. 따라서 명식에 관성이 양호하면 관성의 품질과 품격에 따라 확실히 명리를 얻게 된다. 교육, 학교, 연구소 등에 많이 종사한다.

만약 신왕하면서 인성이 많은데 관성이 오면 매우 흉해진다. 이 점을 혼동해서는 안 된다. 여기서 신왕이라 함은 일간이 왕함을 말하고, 인성이 많으면 일간이 힘을 얻어 강해진다 해서 신강身强이라 하나, 결코 신왕이라 부르지 않는다. 신약한데 인성이 많으면 일간에게 힘을 실어주니 길하고 인성의 뿌리인 관성이 뒤받쳐 주면 안성맞춤이 되는 것이다.

임금이 병약하면 황실의 존속을 위해 황실이 강하게 후원함이 좋고 그것을 군부에서 받쳐주면 조정과 사직이 안정되는 이치와 같다. 그러나 임금이 건왕한데 황실까지 나서서 임금을 돕는다고 설치며 군부에서 그 황실을 두둔하고 나서면 임금의 입지가 좁아지고 국사가 어그러질 것이 뻔하다. 그래서 신왕한데 인성이 많고 관성이 강하면 재앙이 속출하고 하는 일마다 실패하며 비천하게 산다고 했다.

〔女10〕(立夏 후 3일째생)

시일월년	60	50	40	30	20	10
己辛癸辛	己	戊	丁	丙	乙	甲
丑丑巳丑	亥	戌	酉	申	未	午
癸癸戊癸						

〔그림 59〕 이른 여름 한밤이지만 부지런히 금광석과 사금砂金을 캐어 흐르는 시냇물에 씻겨 고르는 작업을 하고 있다. 이렇게 해서 용광로에 녹여 내린다.

(1) 辛일간에 土多한데, 신약하고 인성이 많다. 재성은 없고 火 관성이 득 령하고 기쁘다. 행운은 서—북 향지라 불리하다. 학원 강사다.

(2) 입하 지났는데 산(己, 丑) 여기 저기에 금광석이 묻혀(丑) 있고 빗물 에 씻겨(干癸) 금광이 노출돼 있다(辛). 철철 흐르는 물에(支癸) 사금 과 금광을 씻겨 걸러내고 나면(金生水), 이제 용광로에(巳중 丙丁) 넣 어 녹일 일만(火克金) 남았다.

(3) 간혹 辛丑日에 2丑이 더 있으니 축요사록격으로 볼 지도 모르나, 巳月이라
전실돼 파격된다. 辛丑日의 축요사록격은 가을생이 좋다.

〔男1〕(小寒 후 2일째생)

시일월년	51	41	31	21	11	01
甲甲乙癸	己	庚	辛	壬	癸	甲
子子丑巳	未	申	酉	戌	亥	子
壬壬癸戊						

(1) 한겨울 한밤중에 거대한 담수호 주변에 몇 그루 나무와 함께 정자가 서 있
는데, 겨울 보슬비가 밤새껏 내리고 있으며, 찬 북서풍이 불어와 살결을
세차게 스치네.

(2) 인성 水가 많아 마땅히 財土로써 제방을 쌓아 범람을 막아야 하지만 너무
나 미약하고 오히려 물에 녹아 버렸다. 이러면 관성 金으로써 더욱 물길 따
라 잘 흐르도록 수로를 만들어(巳丑합) 놓음이 낫다. 대학교 교수다.

(3) 호운이나 조후는 보통이다.

(4) 얼른 보면, 자요사록격 같은데, 월지 丑이 있어 子丑으로 기반되니 파격으
로 일반격으로 보니, 혼동을 안 해야 한다. 이렇게 월주에서 기반이나 전
실이 되면 성격될 수 없다. 甲子日 甲子時는 자녀를 극하거나 액이 따른다
고 고서는 전한다.

12. 식재쌍중용겁격食財雙重用劫格

신약하는데 식상과 재성이 많아서 日干이 설기 당하니, 비겁으로써 용신 삼는다 해서 붙혀진 이름이다. 주로 비겁 식상 재성으로 이루어진 명식의 구조다. 식신 상관은 투자요 재능이며 자금이고, 재성은 재물이요 열매다. 그래서 식상 재성이 많으면 돈 버는데 천재요 교재하거나 일처리하거나 하는 문제 해결의 전문가다.

손댔다 하면 일이 벌어지고 무에서 유가 나온다. 인간 관계에서 성사되는 일은 몽땅 도맡아 처리한다. 그러니 자연히 사업할 것이요 상업, 무역, 금융, 건축업, 호텔업, 숙박업 등에서 치부하려고 한다. 그러나 성공의 비결은 명식이 잘 중화될 경우에 그러하고, 만약 편중되거나 중화를 이루지 못하면 실패하기 일쑤다.

이 격으로 중화가 덜되면, 여명은 다정다감하며 상냥하고 붙임성이 좋아 다들 좋아하지만, 자녀 덕과 부군 덕은 없다. 재혼 삼혼해도 고독은 어쩔 수 없다. 하늘은 공평해서 그러면 재물이라도 벌어서 살라고 장사해 돈을 모으게 한다. 벌더라도 온 식구 먹여 살리느라고 지출이 많다. 예술적 소질도 있으며 예능계, 요식업, 여관업, 패션업 등에서 두각을 나타내며 제법 소득을 올린다. 활동해서 돈을 모으나 신약해서 모두 빠져나가고, 남는 건 구설과 질병이다. 벌어다 주어도 시맥에서는 욕하고 트집잡아 신경을 곤두세운다. 재는 생관하니 여러 남성들과 사귀게 되고 돈 때문에 색정이나 관재, 구설, 돈, 문제도 발생하곤 한다.

남명은 착실하고 재주꾼이나 아내의 손에 맡긴 채 살며, 열심히 사나 치부하지는 못하고 그저 처의 가권행세로 빚 반 지출 반 식으로 고생만 한다. 수입보다 지출이 더 많아 고달픈데, 아내 하는 꼴도 비위를 거슬리고 자존심만 상해 자주 부부싸움만 한다. 맞벌이 해도 고달픈 인생이기에, 가끔 운명가를 찾아가 언제나 나아질 것인가 묻곤 한다. 본래 이 사람은 장사나 실업, 건축업자로서 호탕하고 도박, 경마, 주색을 즐기며 멋을 부리나, 집안에 대해서는 무관심하여 가계가 엉망이고 부부갈등이 심하다.

남녀가 호색호음하며 부부싸움이 잦아 가정 교육이 엉망이 되고 재물 문제, 교육 문제로 늘 고민하나 해결책이 보이지 않는다. 구설수와 이별수가 항상 잠재돼 있으며 현재만 있고 내일은 없는 낙천가며 엔조이파다.

신왕되고 중화되면, 이런 문제는 길조로 변하여 남명은 아내덕으로 치부하고 성공한다. 재물이 생관하니 마을의 유지급 정도로 감투도 쓰게 되며 남들이 부러워한다. 자녀덕도 있어서 잘 자라고 공부도 잘 해 앞으로 촉망되는 기둥이 된다. 여명은 자녀 덕이나 남편 덕이 있고 재물도 쌓여져서 금방 부자 되며 하는 일마다 술술 풀려 재미가 좋다.

〔男8〕

시일월년	58	48	38	28	18	08
丁乙丁丁	辛	壬	癸	甲	乙	丙
丑巳未酉	丑	寅	卯	辰	巳	午

〔그림 60〕 아열대 현상으로 땀이 뻘뻘 흐른다. 어서 지열地熱이 내려야 할 텐데……

(1) 乙일간이 오뉴월에 나고 신약한데, 火土가 많다. 다행히 한밤에 나고 巳酉
丑金局으로 식혀주고 다독거리니 기쁜데, 시지에서 옹달샘처럼 지면을 적
셔주고 있다. 甲辰 시절부터 양호하다.

(2) 화염이 치솟아 붉은 상모相貌인데, 월지 편재라 몸도 가느다란 작은 나무
(乙) 같다. 한여름에 식상 화염이 치성해서 설기를 좋아하고(酒色, 風流)
자유분방하다.

(3) 乙日에 巳酉丑 있고 未月이면, 한가지를 오래 못하고 쉽게 싫증을 내버려서
일을 이루기 힘들다.

〔男8〕

시일월년	48	38	28	18	08
己乙丁丁	壬	癸	甲	乙	丙
卯巳未酉	寅	卯	辰	巳	午

(1) 未월이며 온 천지가 무더운데, 수분이라곤 없다. 다행히 甲辰 시절부터 대
지에 물이 흐르고 비가 내려 수목이 비로소 무럭무럭 자라기 시작한다.

(2) 위와 비슷하고 時柱만 다르나, 丑시 보다 卯시는 조후 면에서 많이 뒤진다.

(3) 귀록격인 듯하나, 일년지에 관살이 왕하고 충되니 파격이고 일반격이다.

13. 재관쌍중용겁격財官雙重用劫格

　재성과 관살이 함께 많으면 신약할 수밖에 없다. 고로 비견 겁재가 용신한다. 보통 비겁과 재성 관성으로 구성된 명식이다. 비겁이 유력해서 중화를 이루면 재관을 능히 감당함으로써 크게 발신한다. 사실 신약한데 재관이 많으면 보이는 게 돈이요 자리이지만 내 호주머니에 넣을 힘이 없는 환자라서 마음만 굴뚝 같지 다 놓치고 마는 형편이다. 마치 환자가 수천 마지기 논밭을 경작하는 꼴이니, 그게 욕심뿐이지 실제로 가능하겠는가? 온 천지에 재관이 즐비해 널려 있으나 주워 담을 그릇과 힘이 없어서 그냥 두는 것과 같으니, 사람이 과욕에 눈이 뒤집히고 분수를 망각하고 허풍과 자랑, 과신 등으로 일을 저지르고 사고치는 바람에 빚만 잔뜩지는 결과를 낳는다. 과욕은 몸과 가정을 망가지게 한다.

　남명은 아내와 자녀에게 의지해서 살아간다. 나는 일을 한답시고 저지르고 벌리기만 하지 뒷감당은 하지 못하고 도망간다. 아내나 부모가 다 처리해 놓으면 멋쩍게 웃으며 나타난다. 신약해서 그런 것인데, 일찍 부친을 잃고 홀어미와 함께 사나 부모 속을 너무 썩힌다. 그러나 모친은 아들 의지하고 오랜 세월을 수절한 채 살아왔다. 그러다가 혼인하자 아내가 날 억누르고 모친까지 구박한다. 고부 갈등이 벌어지고 사니 못 사니 하루 걸러 싸움이다. 2, 3여인을 거느려야 하는 팔자라서 그런지 나도 조강에겐 마음 없고 첩들과 정이 오간다.
　첫 사랑의 상처가 깊고 여자의 말에는 꼼짝 못하는 귀얇은 공처가다. 평생 돈과 여인의 홍수 속에 살지만 고달프기 그지없다. 돈이 넉넉하면 색란이, 가정이 화락하면 돈 부족으로 애태운다. 이 둘 다 건재하면 몸이 아프고 일할 의욕이 없이 한량된다. 특히 별 이유 없이 아프는 경우는 명식에 신약이고 신병살이나 탕화살 형살 현침살 등이 있어서 괴로워 한다. 이런 사람은 직업을 바꾸거나 거주처를 옮겨서 좌향坐向을 맞추어 살면 나아질 수 있다. 농어촌에서 농사지으며 살면 면액될 수 있다.

여명은 내가 벌어서 가정을 유지하되 좋은 일하고 구박받는 형편이다. 돈에 속고 정에 우는 기막힌 팔자다. 가정풍파가 잦고 빈천이 대물림된다. 요정이나 술집 또는 주색업, 낮은 서비스업에 종사함으로써 직업여성이 되나 돈은 벌지 못하고 지출이 많아 빚더미에 산다. 무언가 해보나 주식 부동산 등의 투자도 실속이 없어지고 셋방살이 면하지 못하는 어려움에 봉착한다.

시모나 시댁 등살이 심하고, 용돈 안 준다고, 자주 안 찾아온다고, 투정하고 구박하는 사람들 때문에 눈물샘이 마를 날이 없다. 사면초가의 삶에서 벗어나 다시 재연해도 그 팔자가 고쳐지지 않는다. 아예 처음부터 빈천하나마 농사 어업하며 살면 면액된다. 모두 신약해서 온 병이다. 강력한 비겁운이 오면 금방 재물운이 트이고 협동 투자나 협업에 의해 성공할 수도 있다.

자주 언급하거니와 재관이 왕하면 동시에 걸맞게 신왕해야만 개운되고 발신한다. 재와 관은 인생에서 필수적인 물자이기에 세간에서는 그것의 다과를 가지고 빈부귀천을 따진다. 지금 재관이 함께 거듭되면 자연히 신약해질 수밖에 없는데, 그런 만큼 원국에 비겁이 있고 동시에 행운에서 잘 받쳐주면, 즉 (인성) 비겁의 조력이 오면 재관을 능히 감당할 만해서 일간은 마땅히 부귀해진다.

이때 일간이나 비겁 등이 상처나지 않고 양호하거나 유력해야 함은 물론이다. 상처란 형충됨이요, 양호란 극됨이 없이 유정함이며, 유력이란 착근 (유근 통근) 하거나 생부됨이다.

길신이 만약 본분사를 잊고 탐합하면 자신을 등용한 임금 일간을 저버린 꼴이 되니 재앙이 곧 닥칠 것이요, 만약 형충돼 상처투성이라면 애당초 등용된 신하(＝用神)로서는 무능력한 존재에 불과할 것이다. 고로 길신이라면 건강할 뿐 아니라 양호한 행운의 향지를 만나야만 일간이 크게 발복할 것이다.

〔女2〕

시일월년	32	22	12	02
辛乙甲乙	戊	丁	丙	乙
巳酉申丑	子	亥	戌	酉
戊庚戊癸				

〔그림 61〕 벌써 찬 바람이 불며 숙살지기가 가을을 재촉하는데, 덜 여문 곡식들이라도 농부는 탈곡하려고 한다.

(1) 乙日에 재관이 많아 신약하며 행운도 서-북 향지로 달리매 평운平運된다.

(2) 시지 巳는 약신藥神이다.

(3) 입추 조금 지났는데에도, 찬 바람이 불어오고(년乙) 가을의 서리 같은 숙
살지기가 맹위를(申酉) 떨치고 있다. 들판의 곡식들은(甲乙) 일조량이
모자라서(巳) 아직 덜 여물었는데 벌써 추수할 탈곡기는(辛) 시동을 걸어
놓고 준비하고 있네(時干).

(4) 乙日에 巳酉丑 놓고 辛 칠살이 투간됐다. 제살해야 길해지는데, 대체로 능
력은 특출하되 풍파가 많다.

14. 관인쌍중용인격官印雙重用印格

이 명식은 좀 독특하기도 하나, 인성격의 하나인데 신약身弱하고 지지에
인성국을 이루거나 태다해서 된 격으로서 자연히 관성도 인성으로써 용신
하는 것을 말한다. 관성과 인성이 많고 비겁이 있어서 신강해짐을 말하는
데, 그러니까 반드시 조후됨을 요하는 조건에서 인성이 용신한다. 조후 조
건에서 벗어나면 이 격을 취하지 않는다. 앞의 11 인중용관격이나 31 종강
격과도 비슷한 경우다. 이들을 잘 비교해서 숙지해야 한다. 만약 신왕하고
인성이 많은데 관성이 많아지면 아주 흉해지며, 게다가 조후를 잃으면 더
욱 재앙이 많고 인생 풍파로 고생이 끊이지 않는다.

관성은 관록이요 인성은 덕성 학문이니, 이들이 많으면 관인상생해서 부
귀하게 된다. 정계나 관료로 나아가 성공하는데, 다만 격국이 크고 완강해
서 자칫 행운에 따라 풍운을 거듭 겪을 수 있다. 고초 끝에 성공하는 케이스
가 많은데 외교관, 정치계, 행정계, 무관, 학계 종사가 많다. 외교가 능하고
외국어 구사도 잘하며 처신도 잘해서 출세가 빠르다. 특히 정치계에 투신
해 출세하는 이 많다. 여명도 집에서 보다 직장, 사회에서 크게 행동하고 여
장부로서 두각을 나타낸다. 관성과 인성이 많아서 인성이 용신하니, 재성

이나 식상은 흉신이 되니 도움이 덜된다.

　남명은 아내가 무능하고 답답하며 못생겼고 하는 일이 복 까먹는 일만 한다. 처로 인해 재앙을 초래한다. 여명에게 식상이나 재성이 근접하면 남편의 출세길이 막히고 가정을 어지럽게 만들며 스스로 복바가지를 깬다. 남녀 모두 관성과 인성이 성할 때에는 식상 재성이 없어야 길하고, 행운에서 이를 뒷받침해 주어야 크게 성공한다. 강직하며 주어진 일을 잘 하며 총명하고 상황에 잘 대처한다. 중년 이후에 까탈스런 성질 영향으로 병질이 오고 풍파도 크나 성공률도 높아 세상이 요지경 같다며 뇌까린다. 행운이 양호하면 크게 발신함은 물론이다.

[女6]

시일월년	56	46	36	26	16	06
甲戊戊戊	壬	癸	甲	乙	丙	丁
寅午午午	子	丑	寅	卯	辰	巳

(1) 午 인성이 태다하며 寅午 半合 火局까지 돼 거의 종강격에 가깝다. 하나 엄연히 시상에 甲寅 칠살이 버티고 있으니 아직 종강은 아니다. 전체적으로 戊土 일간에 木火土의 3行으로 된 명식인데, 이렇게 되면 대세를 따른다는 원칙따라 인성이 길신이 된다.

(2) 午月에 화염이 치성하고 거대한 산에 숲나무들까지 불난 형국이다. 온 산에 워낙 불길이 거세게 치솟아 어찌할 방도가 생각 안 난다. 이럴 때엔 다 타도록 놔둘 수밖에 없다. 마치 도자기 굽는 불가마에 2,200 도 이상으로 치솟도록 나무 장작들을 더 쑤셔 넣는 형편으로 일정한 온도 이상이 돼야 질그릇들이 적당히 구워져 나오니 이 또한 오행의 이치다.

(3) 『연해자평』의 「羊刃」에도 있는 명식이다. 여기서 분명히 밝혀 둘 일은, 꼭 같은 명식이 여기 저기 있다고 하더라도 모두 같은 해석이 나올 수는 없다는 것이다. 입절한 후 몇일 째에 낳았느냐에 따른, 즉 사령司令이 다르기 때문이요, 그 사령에 따른 지지상의 장간들의 투출이 있어서 상당한 운명의 변수를 가르쳐 주기 때문에, 장간의 투출로 명식의 간지 인자 수는 12자字 개인 셈이다.

단순히 장간의 투출을 고려하지 않는다면 사령에 상관없이 언제나 8자字로서 간명하는 오랜 전통에 따르는 것이지만, 지장간의 논리와 미묘한 운명의 암시를 중요시한다면 사령에 따른 명식 해석이 더욱 명료해지는 것임을 알 수 있다. 이것은 중국의 전통에서는 없었고, 요즘 각광을 받고 있는 아베 오야마(阿部泰山)의 설에 근거한 것이다. 물론 이것도 하나의 설이지만……

(4) 도자기 굽는 불가마의 경우, 도자기가 구워질 때까지는 2천 수백 도를 천천히 올려야 하고, 다시 천천히 식혀야 하는 과정을 밟는다. 온도를 높이는 단계에서는 (木와) 火土의 불기운을 넣어야 하고, 식히는 과정에서는 金(水)의 찬 기운이 요청된다. 이 명식에서는 온도를 최고조로 올려서 그릇들을 굽는 단계로서, 오행으로 (木) 火土가 필요하다.

〔男6〕

시일월년	36	26	16	06
戊戊丙壬	庚	己	戊	丁
午午午午	戌	酉	申	未

〔그림 62〕 2,500℃ 이상으로 달구워지는 불가마로, 곧 온전히 구워진 질그릇들이
예쁘게 나올 판이다.

(1) 도자기 굽는 불가마에 최고조로 훨훨 타올라가는 형상으로 아마도 실내
온도는 2,000℃ 이상일 것 같다. 년간 壬 한 점의 부재浮財가 무슨 숫돌물처
럼 옆에 놓여 있으나 지금 아무런 소용이 없고, 오히려 가마의 온도를 빼
앗을 우려가 있어 안 좋다.

(2) 행운에서 未申酉 가을로 여전히 더운 기후라 기쁘고, 丁戊己도 가마를 보온
하니 금상첨화다. 이렇게 막바지 화염이 치솟고 나면, 아마 질 좋은 그릇
이 쏟아져 나오겠지요?

(3) 임신한 줄도 모른 채, 몸이 약해 7개월 이상 산모가 중환자실에 있다가 나중에 임신 중임을 알고 반대 속에 고민하다가, 10년 만에 처음으로 출산했는데 아이는 건강하게 나왔다고 한다. 모 방송국에서도 그 일련의 과정을 방영한 바 있다. 나에게 작명作名해 갔으며, 워낙 신비한 출산 인연을 가지고 있어서 특기해 둔다.

15. 관식쌍중용인격官食雙重用印格

신약하고 관성과 식상이 명식 안에서 막상막하로 싸움을 할 때 이를 말리는 육신이 중화의 길신이 된다 해서 인성을 용신한다. 일종의 통관법으로 중요한데, 지금 이 격은 편의상 지어 놓은 것이다. 관성과 식상이 싸우는 것이므로 남녀의 가정과 일이 흉하다.

신왕하면 재성이 통관하는 길신으로 등장한다. 이러면 남명에게는 처가, 여명에게는 시모가 덕 있는 처지가 된다. 남녀 모두 아주 길한 명식이 된다.

남명은 처와 자녀덕이 없고 일이 자주 막히며 실패수 잦다. 가정이 시끄럽고 놀기 좋아하며 호색하며 진득한 맛이 없으며 천방지축으로 부산하다. 하나 세상사는 처세는 능하고 사람 다루는 솜씨는 있어서 술수가 많고 정치 집단에 뛰어들어 골몰하기도 한다. 하는 짓은 꽤요 요령이며 정치다. 가정에는 등한히 하고 명리에는 밝아 쫓아다니나 달성이 어려우니 인생이 고달프다. 개혁, 반골, 보수, 동화적 요소가 상황에 따라 선택되어지는 인생관을 가지고 있다.

여명은 자녀와 남편운이 없어 고생이 부절한다. 일찍 혼인해서 부부싸움 잦다가 애기 낳자 별부하고 혼자 생계를 꾸려 간다. 신왕인 경우는 그나마 그 흉조가 약화되나 신약하면 흉조가 배가된다. 관식이 형충돼 있으면 그 재앙이 일간에게 크게 미친다. 관은 남편이요 식상은 자녀이니 그 둘이 싸우면 가정은 풍비박산난다. 여자로서 아주 불행한 명식이다.

이같은 명식은 인성으로써 중화시켜야 한다. 인성은 모친이요 모성애니 가정싸움을 말리고 편안케 한다. 이해와 포용력이 생긴다. 인성의 덕성에 의해 관식은 싸움을 멈추고 포근한 어머니 품으로 돌아간다. 그래서 이 격은 항상 모친의 덕을 떠날 수 없어서 시집가더라도 여명은 친정 모친을 모시고 산다. 남명은 효도가 극진하다.

만약에 인성이 있어 이미 신강해졌다면, 반드시 재성으로 식상과 관살 사이를 통관해야만 오행이 잘 소통해져서 길해진다. 인성이 유력해지면 일간이 신강해지기 마련이고, 비겁이 강해도 일간이 신왕해진다. 또 일간 스스로 지지에 잘 착근해도 신왕해진다.

그러니 관과 식상의 치열한 싸움을 말리면서 동시에 신강해지는 형국이라면 마땅히 인성을 용신해야지만, 구조의 흐름상 신왕해 있다면 재성으로서 용신한다는 것이다. 이 점을 잘 참작해서 오행의 소통과 중화를 목표로 길신을 찾아야 한다. 거듭 말하지만 길신을 임의로 선택하는 게 아니라, 하늘이 점지해 준 그 길신을 우리가 찾아야 한다.

〔男5〕

시일월년	65	55	45	35	25	15	05
壬庚丁庚	甲	癸	壬	辛	庚	己	戊
午午亥辰	午	巳	辰	卯	寅	丑	子

〔그림 63〕 밥솥에 적당한 쌀과 물을 넣고 적당한 불을 때 밥을 짓고 있다.

(1) 시 壬이 월지 亥에 건록 득령하고, 월간 丁이 日時支 午에 건록 득지해서 서로 막상막하하다. 이렇게 식신과 정관이 쌍중雙重할 때 신약하면 일간을 중심으로 통관하는 오행, 즉 辰土 인성이 길신이 된다.

(2) 水火가 명식에서 투쟁하되 잘 조절되고 있으면(= 水火旣濟), 총명하고 문화, 교역, 예능 연예계에서 인기있고 출세한다. 지금 천간에서 丁壬 명합하고 지지에서 丁壬 암합하니 유정有情하고 水火가 대사代謝해서 기쁘다. 코미디계 황제였다.

(3) 행운에서 북—동—남 향지로 달리니 불리하나, 천간에서 다행히 천우신조

한다.

(4) 午日에 刑하고 왕해서, 庚金이 녹아내릴 판이다. 庚은 陽金이라 매우 메마르다. 亥月이나 입동立冬이 지나 막 소설小雪이 지나서 매섭고 차가우며 건조한 겨울로 들어가는 초입初入이다. 천지가 건조하고 조열하니 金의 장부인 폐, 대장은 건전할 수 없다.

3 · 신왕한 명식

(日干이 득령 득세 득지 중 2개 이상이고, 생부生扶가 적은 경우)

16. 식상용재격食傷用財格

명식이 신왕하는데 식신이나 상관이 많아서 재성으로써 그 왕한 식상을 설정시킨다는 점에서, 식상용재격이라 부른다. 이때 관성이나 재성은 아주 약해서, 급히 재성이 요청돼야 중화되는 구조다. 식신 상관은 투자요 호기요 만발한 설기의 꽃이니, 투자할수록 이득이 남는 재물복이 크며 재계로 진출하면 부자, 강단으로 나아가면 큰 학자도 된다.

남명은 초년에 가난하더라도 혼인하면 아내의 내조와 처의 이재술로 가정이 금방 일어서며 번성해 남이 부러워한다. 요식업, 식품업, 호텔업, 숙박업, 금융계, 무역계, 세무 등으로 큰 돈 번다. 여성이 줄줄 따르고 아내가 현숙하며 예쁘고 손님이 끊이지 않는다. 행운이 받쳐주면 재생관으로 감투까지 쓰게 된다.

여명은 말없이 조용히 가정을 일으키는 수완가요 복덩이다. 친정에서는 살림 밑천의 큰딸 같지만 시집가서는 친정은 약화되고 시댁이 부자되고 번성한다. 특히 애기를 낳은 후부터 살림이 불어나고 복이 찾아와 사업이 잘 돼 간다. 미모에 붙임성도 좋고 사람들이 잘 따르니 사람 상대로 하는 일은 성공한다. 친정 모친에게서 배워 음식 솜씨도 좋고 김치나 찌개 등을 잘 해서 칭찬이 자자하다.

남편으로부터 사랑도 크고 행복도 느껴지나, 자신의 복에 비해 남편의 품질은 그리 높지 않은 편이다. 자녀 덕은 커서 별 문제 없이 잘 자라고 공부도 잘하며 혼인 취직 등 무난하기 쉽다. 내가 힘써야 하고 같이 벌어서 가정을 일구니 편안한 주부는 못된다는 의미다. 남편이 헛눈 팔 때도 있고 오락 등 지출이 심해서 가끔 부부 싸움이 치열할 때도 있다. 나는 알뜰 주부지만 남편이 무관심할 정도로 소비하니 속상하고, 궁합마저 나쁘면 고생이 아주 심해서 눈물이 마르지 않는다. 궁합이 양호하면 서로 도와 살며, 동고동락하니 인생이 재미있다고 웃으며 말한다.

〔男4〕

시일월년	74	64	54	44	34	24	14	04
辛己戊壬	丙	乙	甲	癸	壬	辛	庚	己
未未申申	辰	卯	寅	丑	子	亥	戌	酉

(1) 신왕하고 상관이 많으니 상관 속에 있는 재성도 장생지라 재복이 크다. 壬 정재가 년월에 장생하고 있어 부유해진다.

(2) 木운 시절에는 원국 未 속의 乙木을 인출引出시키니, 곧 감투을 쓰게 된다. 이것은 왕성한 재성이 생관하니 가능해지기도 하다. 시장 역임했다.

(3) 세덕부재격歲德扶財格이기도 해서 부조父祖 덕이 크다. 행운도 양호하다. 시상편재격의 성격처럼, 년에 1 위 재성이 있고 신왕하고 상함이 없으며 유력해야 하는데, 성격 되면 부조의 덕이 커서 사회적 기틀을 일찍부터 마련해 공명을 이룬다. 형충해가 없어 아주 순수하다.

(4) 년간 壬 정재가 년월지에 장생하고 유력해서 戊 겁재가 겁탈하려고 해도, 두 식상이 설기하니 비겁들이 꼼짝 못해서 안전하다. 즉 土-金-水에로 기류를 모아 부유하다. 재다하면 저절로 관을 생조하기 마련이다.

〔男3〕

시일월년	73	63	53	43	33	23	13	03
丙癸乙甲	癸	壬	辛	庚	己	戊	丁	丙
辰酉亥午	未	午	巳	辰	卯	寅	丑	子

〔그림 64〕 낙엽진 거리와 대지에는 두텁게 붉은 나뭇잎들이 쌓이고, 밝은 햇살이 화창하게 비추고 있다. 시간 丙은 진수軫宿의 자리로서 장군과 예술을 맡고 있다. 이 별자리가 밝아지면 나라가 편안하고 황제의 교화를 입어 부강해진다.

(1) 신왕하고 식신 상관이 월지 亥에 유근하고 있으며 시지 辰에도 통근하고 있다. 그 식상이 저절로 丙午 재성을 생조하니 명식이 아주 맑아졌다.

(2) 행운에서 동–남방 향지로 달리면서 지면이 온전히 조후되면서, 火生土하니 곧 土生金으로 재관인 3 귀貴가 상생하고 있다. 천간에도 원국의 1 陰 3 陽과 행운의 3 陰(= 辛壬癸)이라서 아주 기쁘다. 총리 역임했다.

(3) 이른 겨울로 여전히 가을 기분으로 午酉 기후 성분과 亥辰 기후 요소가 음양의 적절한 중화를 이루고 있다. 행운의 子丑은 북서풍으로 매섭고 춥고 寅卯辰 기후 요소는 여전히 바람 불고 차가우나 원국의 지면地面과는 상당히 조절되기도 한다. 이에 따라 천간에서도 적절한 조후를 이루고 있어 부귀해진다.

(4) 비가 내리고 나면(癸) 한결 단풍이 지고 더욱 낙엽이 떨어지는데(立冬), 곧 밝은 햇살이 비춘다(丙). 서서히 북쪽에서 바람이 불어와(甲), 붉게 물든 나뭇잎들을 더 흔들어 바닥에 아름답게 깔고 있다(辰亥午).

(5) 辰午酉亥 형을 구전하고 일시에서 재관인이 합신하니, 마땅히 인장 끈이나 형권을 쥔다.

17. 식상태과용재격食傷太過用財格

신왕한데 식상이 많아서 있는 관성을 지나치게 제압해서 흉해지므로, 얼른 재성으로써 생관하게 해 중화와 균형을 찾으려는 뜻에서 용재用財라 한 것이다.

재성이 없거나 미약한데 재성운이 안 오면, 발신하지 못하고 고생한다. 식상이 관성을 박탈하고 제압하니 하는 일마다 실패요 거덜나고 횡사하기 쉽다. 몸을 잘 상하며 사고를 쳐서 항상 가족을 놀라게 하며 같은 실수와 실패를 반복하곤 함으로써 주위에서 머리를 절레절레 흔든다. 재성이 제 기능을 못하고 식신 상관이 직접 관성을 치니 재앙이 초래된다.

남명은 재성이 길성이 되는 구조를 가지면, 현모양처에 내조의 공이 커서 살림도 늘어나고 자녀도 잘 자란다. 하는 일이 순탄하고 처의 상재술이나 이재술 덕분에 동네에서 부자 말 듣고 산다.

여명은 시모덕이 크다. 친정 모친 이상으로 다정하며 벽이 없어져서 시댁이 금방 일어나고 남편의 출세하는 기반을 다져서 남편을 출세시킨다. 요점은 재성이 유력하게 와서 중화를 이루어야 한다.

이런 경우, 반드시 신왕, 즉 일간의 양호한 건재가 필수적이다. 신왕하니까 식상이 태과하더라도 재성이 와서 그 왕성한 식상의 기류를 설기시켜 관살을 생부해서 모두 행복케 한다. 신왕-식상-재성-관살의 균형적 기류는 곧 가정과 직장에서의 행복한 성공을 의미한다.

만약 신약하면 이 격은 성립하지 않는다. 신약에 식상이나 재성 관성이 많게 되면 일간이 그것을 다룰 만한 구사 능력이 모자라게 돼 결국 재앙을 몰고 온다. 호기심과 과욕이 앞서서 일을 번지르하게 벌리기만 했지 세심한 경영력이 없어서 남 좋은 일만 하고, 마침내 빚만 남긴다. 무골호인이지만 생업에서는 가족들의 애물단지나 폐인으로 변한다.
무엇보다 명식에서 신왕한가 신약한가를 잘 가려야 한다.

〔女9〕(立夏 後3일째생)

시일월년	69	59	49	39	29	19	09
丁丁癸辛	庚	己	戊	丁	丙	乙	甲
未巳巳巳	子	亥	戌	酉	申	未	午
丁戊戊戊							

〔그림 65〕 찜질방에 앉아 흠뻑 땀을 흘러 탈진된 상태로, 어서 수분과 진기가 요구되고 있다.

(1) 이른 여름이나 온 대지가 불가마같이 화염으로 뒤덮혀 있어 불쾌지수가 매우 높다. 지금 한창 씨앗 뿌리고 농사 짓는 시기인데 40℃ 이상되는 한여름 기온이 될 만큼 불볕 가뭄이 잔뜩 들었다. 올 농사는 망칠 모양인데 한숨이 절로 나온다. 비록 월간에서 癸水가 辛 소방차 도움을 받아 가뭄의 단비 모양 살짝 소낙비를 퍼붓고 있으나 해갈되기에는 턱없이 모자란다. 어서 비가 쏟아져야겠다.

(2) 행운에서 남-서 향지로 달리니 더위는 여전하고, 북방 향지에 이르러야 지면의 열기는 그마나 한풀 꺾이지만, 여전히 대기에는 메마른 기온이 자리하고 있어 수증기만 날린다.

(3) 火土 상관격이고 신왕이니 꼭 재성이 있어야 길한데, 다행히 년간에 辛 편재가 있으면서 생살하고 있어 기쁘다. 이렇게 되면 행운에서 재성이 강력하게 와야 하는데 행운의 천간에서 받쳐주지를 않는다.

(4) 비록 巳火중의 庚金에서 지하 온천수가 나오고는 있으나 마치 찜질방에 오래도록 들어 앉아 있는 것 같아 온통 땀을 너무 빼어 탈진되는 형국이다. 그래도 자꾸 보일러를 돌려 실내를 불가마로 만드니 몸의 수분은 곧바로 증발하는 증상이 일어나 현기증이 일어나고 아프며 진땀만 나고 온 몸에 힘이 없어진다. 실제로 1992년에 본 뚜렷한 병명없이 그렇게 골골하는 환자였다. 대학교에서 강의할 때 제자의 모친으로서, 무슨 이유로 그런지 알고 싶다며 나에게 가족이 함께 왔던 기억이 새삼 난다.

18. 식상태과용관격食傷太過用官格

신왕하고 식상이 많아서 관성이 지나치게 제압당하는데, 그래도 관성이 능히 버틸 만하다고 자처할 때에 취하는 격이다. 즉 관성을 가지고 중화를 도모하는 것이며, 그렇게 해서 명식이 가장 맑아지는 형태를 띠는 것일 때를 일컫는다. 이것도 재성을 희신으로 하니, 재관이 길신이다. 식상태과용재격과 비슷하다.

〔女9〕

시일월년	49	39	29	19	09
己壬乙癸	庚	己	戊	丁	丙
酉子卯卯	申	未	午	巳	辰

〔그림 66〕 늦은 겨울이나 북서풍이 세차고 여전히 추워서 따뜻한 봄볕이 그립다.

(1) 壬子日이나 상관이 득령하고 태다해서 己 정관을 심히 핍박하고 있다. 己土가 장생에 거하고 있지만 설기당하고 있어 무력하니 부덕이 모자라서 한숨이 크다.

(2) 卯月은 여전히 춥고 바람이 세차다. 방 구들도 차갑고 방 공기도 냉기류가 흐른다. 어서 불을 지펴야 하는데, 불씨가 없어서 얻어다 써야겠다.

(3) 행운에서 남-서 향지로 달리니, 방바닥이 따뜻해지고 방 공기도 훈훈해진다. 이러면 내가 벌어서 가족을 먹여 살려야 하는 가장이 된다.

(4) 壬子 日刃에 刑하며 도화이고 상관이 태왕하다. 상신傷身하고 관재 등 재앙을 맞는다.

19. 식상용식상격食傷用食傷格

신왕하고 월지가 비겁이나 인성이고, 식상이 있으나 마땅히 재성으로 설정시켜서 중화시켜야 하는데, 재성이나 관성이 없는 경우이거나 아주 미약해서 도저히 중화시킬 수 없는 경우에는 식신이나 상관으로써 용신한다.

이러면 일간이 적어도 식상보다는 더 왕해야 한다. 식상이 길신이니 투자나 머리 짜서 하는 창조, 학문, 예술적 창작 활동 등에서 크게 명성을 날린다. 식상이란 누에같이 자꾸 아름다운 실을 뽑아내듯 문화를 창조한다. 이웃에게 주는 걸 좋아하고 사회 봉사나 종교 활동에 참여하곤 한다. 재물도 잘 붙는다. 행운에서 식상운 재성운이 오면 지난 투자가 이제 커다란 열매를 맺어 돌아온다(富貴).

남명은 식상이 조모 장모이니, 조모의 극진한 사랑 속에 자란다. 조부모의 덕이 커서 인생이 풍요롭고 행복해진다. 행운에서 식상운 재성운 오면 아내의 내조의 덕이 커서 재물이 쌓인다. 식상이 생재하는 꼴이라 아내 말을 들으면 절로 부유해진다. 행운마저 받쳐주면 명리 있는 감투도 쓰게 된다.

여명은 자녀덕이 커서 항상 기쁘다. 시집 와서 자녀, 특히 아들 낳자 집안이 밝은 서광을 받아 날로 가문을 더욱 빛낸다. 앓던 병까지 나으니, 자녀가 많을수록 좋고, 그 자녀들이 한결같이 잘 된다. 아이를 낳고서 시모와 남편의 사랑을 받으니 행복하다. 식상의 양호와 유력함을 잘 살펴서 그러한가 본다.

재관이 없고 (태)신왕하면 식신 상관이 길신되는데, 원국에서 식상의 건재 상태도 중요하지만, 행운에서 식상과 재운이 받쳐주어야 인생이 행복해진다. 식상과 재성이 있어 흐름이 조화로우면 남명에게 처도 미인이고 현명하며 그 공이 크며, 여명에게는 시모의 사랑이 커서 금방 가업이 일어나고 부유해진다.

신왕-식상-(재성)의 관계에서 식상이 길신이니, 이 식상이 생조한 재성도 저절로 길신으로 부유해지지만, 만약 식상의 상태가 상처나거나 탐함하면 1/2 이상으로 감복하며 빈천해진다. 그러니 항상 길신의 상황과 동태를 살펴야 한다. 공망은 식상을 무력화시킴이요, 형충은 식상을 상처내고 깨는 것이요, 탐함은 헛눈 팔아 본분사를 잊게 한다.

〔男4〕

시일월년	74	64	54	44	34	24	14	04
辛癸辛戊	己	戊	丁	丙	乙	甲	癸	壬
酉亥酉寅	巳	辰	卯	寅	丑	子	亥	戌
서남동북								

〔그림 67〕 이른 저녁, 노을이 지면서 희미하게 초승달이 떠서 호수에 비추는데, 관상수들이 아름답게 그림자를 드리우고 있다.

(1) 여전히 따가운 기온이 있고 하늘은 더 높아지며 아침 저녁으로 기온 차가 날로 벌어지는 철로서 한창 바쁠텐데, 동산과 서산의 금광산에서(2 辛酉) 솟아 흐르는 개골물은(癸) 저 앞 남쪽에 아름다운 담수호를(亥) 만든다. 해질녘 7시 경이라 어두워지고 북쪽 산에서 횃불이 솟아나(戊癸合火)는 것처럼 가냘픈 초승달이(음 5 일 생) 떠올라 어렴풋이 담수호를 비추어 주고 있다(戊癸合火). 호수 주위에는 아름다운 관상수들이 늘어져 있으면서 호수 속에 비추이니(寅亥合木) 그 그림자가 제법이다. 보름달 빛이 비추면 더 아름다워 보였으련만……!

(2) 명식이 차가운 느낌을 주고 있는데, 행운에서도 북―동 향지로 달리니 여전히 방바닥은 차갑고 방 공기는 다소 온기가 감돌아서, 오매불망 밝은 달빛이나 햇볕보다도 방 아궁이에 군불을 지펴 방바닥을 따뜻하게 만들어야 하겠다.

(3) 이렇게 되면 배필은 남방 향지를 가진 이라야 제격일 것이다. 실제로 배필은 온통 불가마 地支를 가진 분으로 그 공이 컸다. 약사.

(4) 고서엔 일시에 辛酉가 들면 백호가 뜰 앞에 다달은 격이라(白虎臨庭) 해서 배필이나 가족에게 액화가 들 수 있다고 했다. 이 명에서 2辛酉 도식이 태강해서 저절로 식신 상관을 발근拔根함으로써 식상에 뿌리두는 재성이 원명에 없을 뿐 아니라 뿌리내릴 여유가 없어졌다. 배필이 매우 병약해서 고생했다.

20. 가상관격仮傷官格

가상관격이란 진상관격을 전제로 해서 나온 말이다. 신약하고 월지 상관이며 식상이 많을 때를 진상관격이라 하고 보통 인성을 정공법으로 용신한다. 그런데 (태)신왕한데 재관이 없어서 식상을 용신하는 경우를 가상관격이라 한다. 즉 신왕하고 월지가 비견 겁재나 인성이고, 사주 내에 상관이 있되 좀 왕하며, 재성과 관성이 없는 경우라서 (식신) 상관으로써 용신한다는 의미다.

그래서 인성운이 오면 거의 파산하고 죽게 된다고 고서古書는 전한다. 반드시 식상운이 와야 길하며, 만약 인성운이 오면 이것을 파료상관破了傷官(＝상관을 박살내버림)이라 하는데 상관을 온전히 깨버려서, 마치 너무 많이

먹어서 소화불량이 될 뿐 아니라 뒤가 막혀 배설이 안 돼 죽는 것과 같다는
것으로 이해하면 쉽겠다. 이 격은 식상용식상격의 일종이다.

〔男5〕

시일월년	55	45	35	25	15	05
丙辛己壬	乙	甲	癸	壬	辛	庚
申未酉辰	卯	寅	丑	子	亥	戌

(1) 월지가 건록이니 건록격이며, 비겁이 많아서 태신왕하니, 설기시켜야 하
므로 곧 식신 상관을 용신해서 가상관이 된다.

(2) 년간 壬 상관이 기쁜데, 申辰 水局하면서 시지에 통근하고 전체를 관할하니
길해진다.

(3) 행운에서 水-木 향지로 달리니 좋다.

〔男3〕

시일월년	83	73	63	53	43	33	23	13	03
庚己辛己	壬	癸	甲	乙	丙	丁	戊	己	庚
午巳未未	戌	亥	子	丑	寅	卯	辰	巳	午
丙戊丁丁									

〔그림 68〕 산야와 논밭이 즐비한데 그 땅 밑에는 온갖 보화 보물들이 꽉차 있다.

(1) 재관이 없고 월지 비견이며 태신왕하니 순수한 가상관격이다. 월간 辛 식
신이 時支 辰 습토濕土에 유근有根하고 형충이 없으니 아주 고귀하지만, 조
후가 좀 모자란다.

(2) 하지만 일월이 동일한 순旬 중에 있고 길신의 재관인식에 해당되면, 조상
덕이 커서 행운을 안 기다려서 부귀해지는 특수한 격을 이루고 있다. 이렇

게 일주를 중심으로 월주와 또는 시주와 동일한 순旬이고 길신되면 몸담은
분야에서 출세하고 부귀해진다(＝一旬同出格)고 한다. 이 명식은 시일월
이 같은 순旬에 들어 있어 부모, 나, 자녀 3대에 고귀하다.

(3) 이 시지에 건록을 놓고 온전한 귀록격을 이루니 부귀해진다. 이렇게 귀록
이 시간 상관을 만나면 대부분 정치계에서 공명을 날린다. 총리-대통령 역
임했다.

(4) 인성이 왕하고 온전하니 교육계, 정치계에서 출세한다. 북-서 향지에서
발신한다.

21. 식상용관격食傷用官格

신왕하고 월지가 식신이나 상관인데 그 식상이 관성보다 미약할 때, 관
성을 용신해서 직접 왕성한 비겁을 제어해 보자는 격이다. 왕성한 비겁이
식상을 생하면 다시 재성을 생하고 또 다시 관성을 생하는 이치를 고려한
중화법이다.

이 격은 원래 식신이나 상관격에 속하므로 성정性情은 착실하나 지모智
謀가 있고 재물운도 있으며 특히 관운도 있어 출세가 보장된다. 인성이 많
아도 이 격은 성립된다. 인성이 많으면 월지의 식신 상관을 제어하고, 또 신
왕이 되니까 이를 바로 잡아 제어해야 할 관성이 필요하다는 것에서 나온
논리다. 아무튼 중화되면 부귀해지고, 중화 안 되면 빈천해지고 마는 것은
다른 격들과 마찬가지다.

〔男2〕

시일월년	62	52	42	32	22	12	02
戊庚辛丁	甲	乙	丙	丁	戊	己	庚
寅申亥巳	辰	巳	午	未	申	酉	戌

戊戊戊戊
서남동북

〔그림 69〕 제철 공장에서 철광석을 용광로에서 녹여내려 원하는 그릇을 만든다.

(1) 寅申巳亥 4 장생지를 갖추고 있으니 서로 간에 충은 하지 않으며, 刑만 작용
한다. 子午卯酉 4 제왕지나 辰戌丑未 4 묘지에서도 충은 안 되고 刑은 된다.
또 4 지를 갖추고 중화를 이루면 대권大權을 쥔다. 寅巳申을 갖추어 무관 형
권직 계통에 복무한다.

(2) 寅申巳亥가 장생지인 것은 중기가 각각 장생에 거居하기 때문이다. 곧 寅중
丙은 寅에서 장생이요, 申중 壬은 申에서 장생이요. 巳중 庚은 巳에서 장생
이요, 亥중 甲은 亥에서 장생한다. 이들 중기가 장생하면서 정재 정관 정인
되면 그야말로 순조로히 대권을 쥐며 공명을 이룬다.
이 명식에서 丙은 칠살, 壬은 식신, 甲은 편재, 庚은 비견이다. 식신이 제살

하며, 비견이 탈재하고 있으나, 제살은 심하고 탈재는 약하다. 따라서 관살운에 발복하지만, 살성殺星이 강함은 어쩔 수 없다. 고가古歌에, '寅申巳亥가 전비全備되면 남명은 대부귀하며 삼공三公의 위에 이른다' 했다.

(3) 일주와 동일한 순旬이 년주에 있으면서 길신의 식재관인일 때 조상의 음덕이 커서 종사한 분야에서 성공하고 고귀해진다(＝一旬同出格). 대통령 역임했다.

(4) 년은 이른 겨울 새벽 4시 경 밝게 빛나는 북극성이며 조상의 정통성이니, 여기에 길신이 앉아 있음은 천명天命과 조상의 인준을 받았음을 의미한다.

(5) 월지 식신이고 신왕하며 년상에 관성이 유력하다. 남방 향지에 발신한다. 월지 식신인데 시간에서 편인이 도식倒食하려 한다.

(6) 시간時干은 명식 전체를 조절하고 장악하는 자리이니, 여기서 월지를 도식하려 하면(先食後印의 형태) 곧 하극상이 돼 용모가 작고 재물이 마르며 병약해진다. 행운에서 거듭 도식운 오면 불측의 액을 보는 등 불행해질 수 있다. 또 '겁재나 양인이 왕하고 재성이 약한데 식상에 도식을 만나면 배필이 凶死한다' 는 고언에 따르면, 월 후 양인에 시 寅 편재, 월령 식신인데 戊 도식들이 즐비하다.

22. 재성용재관격財星用財官格

　신왕하고 재성이 왕하면 보통 신왕재왕이라 해서 호명으로 친다. 일간이 능히 재성을 다스리고 부릴 수 있어서 부지런히 일해 재물이 산더미처럼 쌓인다는 것이다. 부자나 재벌의 경우 등인데, 재성이 유력하면 자연히 호재護財하는 관성을 필요로 하는 법이라 감투를 찾아 나선다. 일간이 활동할수록 재물이 쌓이고 정치 관료도 부리고 사회적 지위도 높아지니, 사람들이 부러워하며 명사라 부른다. 평생 유복하며 부모 덕도 좋아 공부나 사업운도 잘 돼 일찍 성공한다. 구조의 특성에 따라 재계, 학계, 정계 등에서 명성을 날린다. 그 주된 힘은 신왕하고 재왕함에 있으며, 여기서 생관도 하니 반드시 부귀해진다. 그러나 재관이 상하면 부귀는 오지 않고 고생이 이어진다.

　남명에게는 아내의 내조가 있고 자녀가 다 훌륭히 자란다. 초년이 빈한하더라도 혼인 후부터는 가정이 금방 펴기 시작하더니, 자녀 낳고서는 더욱 빛을 발한다. 세상살이는 재물이 생활의 근간이 되는 고로 아내의 역할은 가정에 절대적 영향을 미친다. 또 자녀는 재물을 상속받아야 할 나의 대리인(관성)이니 더욱 재관은 튼튼해야 할 일이고 가권이 잘 보존된다.

　여명은 시집 가서 남편을 출세시킨다. 귀부인으로 이름나며 가정이 화평하다. 무엇을 하든 일이 잘 되고 걱정없이 살아간다. 참을성도 강하고 어떻게 할 줄도 알아서 처신한다. 종가의 맏며느리처럼 잘 운용한다. 그래서 일찍부터 그녀의 행동은 남다르다. 실천적이며 묵직하고 사리분별이 명석하다. 자녀 교육, 시부모 봉양, 남편, 시중 시맥 거들기 등에서 매우 수완가다.

〔男3〕

시일월년	73	63	53	43	33	23	13	03
乙己壬戌	庚	己	戊	丁	丙	乙	甲	癸
亥未戌申	午	巳	辰	卯	寅	丑	子	亥

〔그림 70〕 너른 들판에는 오곡 백과가 추수를 기다리는 풍요로운 가을 풍경이다.

(1) 신왕한데 壬 정재도 申에 장생이요 亥에 건록이라서 왕하며, 시상 乙 칠살
   도 亥未에 착근하고 있어 매우 왕하다. 또한 시상에 한 편관이 자리하고 있
   어 이른바 고귀한 격을 이룬다(＝時上一位偏官格). 이러면 고관 재상宰相
   을 두루 역임한다는 의미다.

(2) 한로가 지났으나 여전히 대지는 따뜻하고 온난하며(申戌未), 옥답과(己
   未) 너른 산에서는(戌戌) 시냇물이 서쪽으로 흐르고 있고(壬亥), 비옥한
   토지와 수분을 밑거름으로(亥未申) 한 사철나무 숲은(乙 亥未) 더 푸르게
   청룡靑龍의 위용을 자랑하려고 한다(乙편관).

(3) 원국에서 火가 지지에 암장돼 있으나 천간에는 없다. 이런 구조에서는 천간에 火星이 행운에서 오면 크게 발신한다. 총리와 국회의장 역임했다.

(4) 戌亥는 천관天關(=乾)이요 未申은 지축地軸(=坤)이다. 건곤을 손에 쥔다는 의미다. 또 일주가 월주와 같은 순旬을 이루고 있다(=一旬同出格). 이러면 명식이 맑고 고귀해져서 나라의 국정을 주관하는 재상이 되고 남는다.

23. 재성용겁격財星用劫格

신왕한데 재성이 더 많아서 태왕하면 결국 신약한 편이 되니, 앞 22 경우와는 반대로 비견 겁재를 용신해서 중화를 이룬다는 의미다. 그렇다고 전형적인 신약재다형이 아니라, 신왕재왕하되 재성이 더 강하다는 점에서 다르기에, 인성 비겁의 조그마한 협조 아래 잘 대발한다.

이런 것을 흔히 득비리재得比理財라 하며, 부귀명으로 본다.

남명은 세상을 어렵게 살지 않고 좋은 처첩과 내조 속에 가정과 사업 일이 잘 풀려 부귀해진다. 하지만 행운에서 더 신약해지는 것이라면 불발로 그치고 고생이 이어진다.

여명에게 재성은 시모니 행운에서 받쳐주면 시모 덕이 커서 아름다운 시집살이 하게 된다. 마치 친부모 이상으로 날 아껴주니 나도 시부모 봉양을 잘해 온 가족이 화락하다.

남녀 모두 재성은 부친 · 고모 · 삼촌을 이름하니, 재성이 왕하거나 많아서 일주와 합하면合身 아버지 대에 이색 형제 내지는 조부모께서 재가했다는 근거가 된다. 예부터 손이 귀한 넉넉한 집안일수록 2, 3처 거느리는 사례가 있었으니 그 영향이 손자 대에 나타나기도 한다. 자산이 늘고 가족이 번성하며 들어오는 며느리 덕이 커서 가문이 번성한다.

일반적으로 부친대의 의붓 형제나 이복 형제 자매 등 소식은 연월일주를 바탕으로 한다. 조부는 편인, 조모는 상관, 부친은 편재, 모친은 인수, 삼촌 고모는 정재를 말한다. 재성이나 인성이 정편 혼잡하거나 작합하면서, 년월에 도화살류를 타면 부모 형제 중에 색다른 가족이 있게 된다.

도화살류는 홍염살 · 목욕살 · 곤랑도화(이상 일간 중심), 도화살 · 망신살(이상 년지 중심)…등이며, 년월(일)에서 상관 정재 편재 인수 편인 등과 동주하거나 작합하면서 합신하면 열에 여덟은 그렇다고 해석한다. 꼭 의붓이나 이복 형제가 있지 않더라도 조부모나 부모가 재연 작첩 작부作夫 등을 한 관계의 암시로 본다. 가령, 戊申년 丁巳월 乙巳일 丁亥시(女10) 경우, 상관이 목욕살과 동주하면서 합신한다.

〔男8〕

시일월년	68	58	48	38	28	18	08
癸戊壬癸	乙	丙	丁	戊	己	庚	辛
丑子戌丑	卯	辰	巳	午	未	申	酉

〔그림 71〕 황금 물결이 아름답게 보이는 풍요로운 가을걷이 풍경

(1) 신왕하지만 재성이 더 다왕하다. 水氣가 황실 침실 계획 조정실 그리고 군주 좌우를 장악한 꼴이나, 戊土도 만만치 않게 동조 세력을 구축하고 있다.

(2) 戊 사장이 무리하게 여기 저기에 문어발식 점포들을 늘리고 가족들을 파견해서 관리 경영토록 하는 형세이나, 워낙 손이 모자라서 더 가족 형제들을 끌어들여야 하는 판이다.

(3) 戊月은 겨울로 접어드는 환절기로서 건조해지며 한랭해지는데, 서-남 향지로 달리니 지면에 훈풍이 돌고 대기에도 戊己 丙丁 등으로 발신한다. 전경연 회장 역임했다.

24. 식상생재격食傷生財格

신왕하고 식신 상관은 보통인데 재성이 좀 약하면, 재성을 도와야 중화를 이룬다. 이를 신왕 재약으로 보고 신왕함을 식상으로 설정시켜 다시 재성을 생조하는 논리로서 식상이 재성을 생조하는 격이라 부른다. 식상은 투자 노력이요 재는 재물이니 식상 재운을 만나면 반드시 부유해진다. 대개 사업면에서 성공하는데 학계 공직에서도 두각을 보인다.

남명은 실업계에서 대성하고 혼인 후부터 개운되어 처공이 크다. 요식업, 출판업, 언론 방송 기자, 학교 교육, 공업, 금융 등 많은 방면에서 성공을 거둔다. 부부 애정도 좋고 처가 현숙하고 미모라서 긍지가 크다. 간혹 못난 아내를 얻기도 하나 그러면 이별하고 만다. 재성의 품질에 달렸는데 잘 판단해야 한다.

여명은 자녀덕이 크고 시모덕도 있어서 가정이 매우 화락하다. 자녀가 크게 출세하므로 살맛이 절로 난다. 일찍 장사나 돈 버는 일에 종사하기 마련인데 부지런하고 음식 솜씨도 좋아 칭찬이 자자하다. 대개 얼굴이 둥글고 살쪘으며 입술이 두터워 체중이 좀 나간다. 살림에는 천부적 소질이 있고 가문이 번영하고 부자된다. 혹 남편 없이도 자녀 믿고 잘 살아가는 이들이 있는데, 일 재미에 열정을 쏟고 자녀애로서 낙을 삼는다.

남녀 모두 초년 고생이 있더라도 중년부터는 크게 성공하는데, 식복·재복·자녀·아내복이 많기 때문이다. 처세도 밝고 경우가 있어서 이재술이 뛰어나고 일의 효과가 커서 성공을 거둔다. 황금만능의 처세를 일찍 깨달은 천재로서, 기회를 잘 잡아 금방 부자된다.

〔男〕

시일월년

丁丁癸己　　丁　戊　己　庚　辛　壬
未巳酉未　　卯　辰　巳　午　未　申

〔그림 72〕 화덕에 달군 쇠붙이를 잘 두들겨 담금질해서 대권의 쌍칼을 만들어 낸다.

(1) 월은 재관이 득령하고 년일시 3주는 火土가 차지해서 신왕해서 이른바 신왕재왕이다. 특히 巳酉 半合 金局이 되는 쪽으로 자연스럽게 火生土, 土生金하고 있으며, 이를 두고 식상이 생재한다고 말한다. 酉財가 상함이 없으면서 생관하고 있으니 부귀는 따놓은 당상이다. 종결로 金生水 함으로써 흐름의 종착을 편관에 모이게 하는 구조로 돼 있어 또한 월상 편관격으로 시상편관격 못지 않게 아주 아름다워졌다. 년간 己 식신은 癸 칠살을 적절히 순화시켜서 편관으로 만드니 명식이 더 맑아진 것이다. 清末의 袁世凱 (1859-1916)

(2) 행운에서 남-동방 향지로 지면에는 지열이 심하고 대기에는 어느 정도 조후되고 있어서 戊辰 시절부터 부귀의 절정을 이룬다.

25. 식상제살격食傷制殺格

신약하고 관살이 많은데 인성이 모자라서 어쩔 수 없이 식상으로써 제살한다는 식상제살격이 있는가 하면, 신왕하고 관살이 왕해서 식상으로써 관살을 제어하는 것도 있으니, 이 또한 식상제살격以食傷制殺格이라 부른다. 이 두 가지는 상당히 모순된 점이 없지 않느냐고 반문할지 모르나, 관살이 태다하면 그 관살이 명식 구조상 중화하는 데에 병이 되므로 먼저 그 병을 제어함이 용신한다는 논리다.

남명이 신왕한데 식상제살격을 가지면, 성품이 선량하고 이지가 밝아 세상살이를 잘 한다. 능소능대하는 처세로 낙천적이다. 신왕하니 인성이 오는 걸 싫어한다. 만약 인성운이 오면 더 신왕해져서 식상의 기를 꺾으니 재앙이 일어난다. 사업실패, 문서난, 보증 수표난 등 민사사건이 크게 일어나 고생한다. 또 재성이 오면 식상을 설정시키고 다시 관살을 생조하니 관살의 재앙이 속출한다. 처첩이나 재물로 손해를 보고 가정에 시끄럽다. 처덕이 없고 처가 일에 방해가 되며 자녀를 기르면 재생살하는 꼴이라서 집안이 불화되고 관재까지 끼여 고생한다.

여명도 이 격을 잘 이루면, 자녀덕이나 남편덕이 있는 보통 주부다. 자녀가 자랄수록 가정이 부귀해진다. 고귀한 자녀다. 신체는 비교적 뚱뚱하며 입술이 두텁고 음식 솜씨도 좋고 부지런하다. 남편 없이도 자녀 기르는 희망 속에 살고 자녀들도 부모를 이해하며 효자 노릇 한다. 종교적 신앙도 깊고 신비적 주술에도 관심 많다.

남녀가 이 격을 잘 이루면 낙천적인 기질에 호탕해서 상당한 사회적 성공을 거둔다. 관리직에나 부동산, 건설업, 의류업, 요식업 계통의 자유업에 뛰어든다. 자녀에 대한 기대는 남다르다.

또한 원국이 그러하고 행운마저 양호한 운세를 타면 가정과 직업에서 크게 성공하거니와, 행운에서 불리하면 영웅이 때를 못 만나 한숨만 쉬고 허드렛일만 하듯 일간이 빈천해진다. 특히 남녀명에서 재성은 살아가는 의식주의 수원壽元인데, 재성이 왕성한 관살을 생조하는 구조의 흐름을 타면 실패와 재앙이 부절한다.

〔男6〕

시일월년	66	56	46	36	26	16	06
癸壬己庚	丙	乙	甲	癸	壬	辛	庚
卯辰丑辰	申	未	午	巳	辰	卯	寅
@癸辛癸							

〔그림 73〕 한겨울이지만 이른 아침, 검은 룡과 하얀 룡이 비오는 날 구름을 타고 습지에서 승천하면서 여의주를 희롱하고 있다.

(1) 항간에서 흔히 土관살이 많으니 신약하다고 볼 수 있으나, 이 명식처럼 습토濕土가 즐비하고 癸 겁재까지 시에 투간되면 수고水庫의 넘치는 샘물 덕

분에 신왕이 되는 것이다.

(2) 시지의 상관으로써 제살하는 구조를 갖는다. 卯辰 반합 木局에 형충이 없으니 늦도록 길신 역할을 역량 있게 한다. 동-남 향지로 달리니 부왕父王으로 군림했다. 대원군 이하응.

(3) 년월의 선先보다 일시의 후後에 명민한 상관이 時支 기획 조정실에 길신으로 앉아서 정국政局을 뒤에서 조절하니(＝攝政) 이것도 우연이 아닌가 보다.

(4) 이렇게 원국에서 용신이 건강하고 유력하면 비록 가을 향지로 들어서도 무난하다. 오히려 申酉戌은 양적 기후이니 원국의 냉습을 몰아내서 양호해진다.

(5) 壬辰日에 庚辰 있으니 순수한 괴강격이다. 비록 己 정관이 있어도 신왕하고 형충 공망되지 않으니 생살지권을 쥐는 자리에 앉는다. 甲시절에 甲己 합거하니 비상히 발신한다.

〔女7〕

시일월년	47	37	27	17	07
乙戊壬甲	丁	戊	己	庚	辛
卯午申午	卯	辰	巳	午	未

(1) 戊 일간이 2 양인이라 신왕한데, 관살이 혼잡됐다. 년지 午 중 己 양인이 甲과 합살하는데 壬 편재가 생살하고 있어 걱정된다.

(2) 옆에 정인과 편재가 둘러싸여 있어 명식이 불길해지는데, 행운마저 불리
    한 편이다.

26. 관성용관격官星用官格

신왕하고 관성이 강한 구조인데, 관살보다 일간이 더 왕한 경우에 관성
을 용신한다는 것이다. 신왕하고 관성도 왕하므로 관록운이 크게 작용한
다. 보통 시상일위귀격時上一位貴格 등에서 자주 보이는데, 정치 관료 법조
계 등에서 출세하며 노른자위 권력을 잡는다. 유복한 가정에서 자라 공부
도 잘하며 유학도 하며, 정계에 진출하기도 한다. 설령 초년이 가난해도 군
인, 경찰, 무관 등에 진출해서 장차 크게 성공하는 관록운의 대표격이다.

남명은 일찍 행정 공직에 진출하고 내강외유해서 일을 처리함에 묵직하
며 과격하다. 처덕이 커서 내조로 출세의 길이 훤히 열린다. 처가 로비 등
처세를 잘하며, 나도 정치적 감각이 뛰어나 장차 그 뜻이 이뤄진다. 인간은
정치적 동물이다 한 말이 잘 어울리도록 이 격은 국회의원, 장 · 차관, 청장
등 정도로 출세하는 정치적 출세를 말한다.

여명은 시집가서 남편을 크게 출세시킨다. 귀부인이 된다. 통도 크고 사
람 다루는 솜씨가 있고 정치적 감각도 있어 로비를 잘 한다. 여장부로서 활
동이 크며 가정에도 충실해서 현모양처의 귀감龜鑑이 된다.

〔男2〕

시일월년	72	62	52	42	32	22	12	02
戊癸癸甲	辛	庚	己	戊	丁	丙	乙	甲
午丑酉子	巳	辰	卯	寅	丑	子	亥	戌

〔그림 74〕 겨울을 재촉하는 비가 내리고 있지만, 한편 맑게 갠 날이 시작되고 있다.

(1) 연월일에 착근하니 신왕하고 戊 정관도 일시에 통근하니 왕하지만 더 신왕이라 시주의 재관이 아주 기쁘게 길신이다.

(2) 한로가 다가오는데 벌써 겨울을 재촉하는 늦은 여름 장마비가 내리고 있다. 아직 가을걷이를 덜한 곳도 많고 이제 단풍이 무루 익어가는 중이라서 그리 달갑지 않은 비다. 농부의 소원은 그만 비가 내리고 태풍 피해가 덜 나는 것인데, 저 터널(年月日의 凶神) 끝에서 밝은 빛이 비쳐오고 있어(時 戊午), 모두 희망을 안고 웃음을 짓는다. 지미 카터 대통령.

(3) 행운이 북—동 향지로 달리니 지면地面은 덜된 조후 배합이지만 申酉月대 寅

卯月이라는 상대적 음양 배합에서 적절하다. 대기권은 안성맞춤의 좋은 상태라 화창해졌다.

(4) 시주 戊午 재관이 정국을 조절하고 국사를 조율하는 위치에 있기에, 40 이후 태풍이 지나고 나서 밝은 햇볕이 들고 수해에 대한 복구나 하듯 어려운 상처에 대한 배려가 크다. 홍수 피해를 막으려면 어서 댐 같은 것을 만들어 저수해야 하는 과제를 수행하고 있다.

(5) 戊癸合火인데 월간 癸水는 子丑 水局을 만들어 水剋火로 日時에 유재국類財局 되니 명리와 명예가 사해에 알려진다.

(6) 우연치고는 재미있는 것이 보인다. 월지 酉는 조정이며 정치의 중심지인데 현재 미국이고, 子午는 남북을 의미하며, 동북 간인 丑寅이 우리나라라면 丑은 북한이 된다. 4 맹盟(＝子午卯酉)에서 卯(＝일본?)가 빠진 상태인데, 酉에서 子午 남북을 등거리로 오가며 팽팽히 걸머쥐고 丑 북한을 응시하고 있는 형국이다. 癸 일간 군주는 남향南向으로 정좌正坐하니 앞산(＝案山＝손님)이 일지 丑이 된 셈이기 때문이다.

27. 관성용겁격官星用劫格

앞 것과 비슷하다. 신왕하고 관살도 왕한데 관살이 더 강해서 비겁을 용신함을 말한다. 관록운이 크며 행운에서 받쳐주면 대성공한다. 비겁이 길신이니 부모 형제의 조력이 큰 힘을 발휘하며 온갖 고난 속에서도 굳건히 일어서 마침내 출세한다. 앞 격은 비교적 평탄하고 유복하나, 이 격은 좀 고난의 여정이 있고 파란을 겪으며 산전 수전의 역사 속에 환희를 맛본다. 물론 행운의 영향이 길흉을 매우 좌우하니, 이 점을 빠뜨려서는 곤란하다.

〔男7〕

시일월년	67	57	47	37	27	17	07
丙辛辛甲	戊	丁	丙	乙	甲	癸	壬
申酉未午	寅	丑	子	亥	戌	酉	申

〔그림 75〕 한여름 오후 4시경 불볕 더위이지만, 땅 속 굴이라 아주 시원하다.

(1) 오뉴월 申시에 나고 대지에 열기가 찜통 같다. 午未는 陽중 陽이라 덥고
申酉은 陽중 陰이라도 여전히 덥다. 지상에는 甲丙마저 활활 지글거리나
(2陽) 두 辛金이(2 陰) 식혀가니 잘 조절되고 있다. 국회의원과 장관 역
임했다.

(2) 행운에서 서-북-동방 향지로 달리니 용광로 불길이 그만 잡혀가니, 조후
가 원만히 이루어진다.

(3) 未월이고 일시의 申酉에 통근한 辛金은 신왕한 듯하나, 午未酉申 4支가
다 陽이라 더운 기후적 요소임을 알면 곧 신약함을 깨닫는다. 그래서 대지
열기를 식혀줄 겨울 한랭한 亥子丑寅의 기후적 요소가 도래하게 되면 크

게 발신하는 것이다.

(4) 辛酉日 전록격으로, 명에 관살이 없으면 길하다. 다행히 시간 丙은 丙辛 합하니 귀해진다. 丙子 시절에 묘하게도 비견 辛과 합해 서배舒配하고, 子午 충거하니 일약 발신한다.

28. 재자약살격財滋弱殺格

신왕하고 칠살이 매우 약해서 우선 재성을 가지고 재생칠살해야 함을 요하는데, 이러면 살이 귀貴가 돼 성공 출세한다. 그래서 재운 관운은 길하고, 비겁운 · 인성운 · 식상운은 흉해진다. 비겁은 재물을 겁탈하고, 식상은 관살을 치니 관재, 송사, 은퇴, 훼손도 온다. 인성은 재물의 근원인 식상을 치니 의욕이 꺾이고 사업이 망가지고 금전적 고충이 따른다.
재관운이 오면, 이지가 구비하고 다정다감하며 재물운과 관록운이 있어 성공의 길이 훤하다. 하는 일마다 경사요 만지는 것마다 성취된다.

남명은 처복이 커서 출세의 기틀을 잡고, 혼인 후 날로 성공하고 가정이 번영한다. 자녀들도 잘 자라고 성공하며 무난한 인생의 길을 걸어 부유해진다. 처가 예쁘고 수완가며 능력이 있어 알아서 척척 처리하며, 그 덕은 내게로 온다. 비록 초년이 가난해도 혼인 후 금방 셋방살이도 면하고 돈도 벌고 사회적 명성도 얻는다.

여명은 남편을 도와 크게 성공 출세시킨다. 부덕이 크며 가정이 화락하다. 재물 모으는 재주가 비상해서 부동산이나 금융 등을 잘 활용해 부자된다. 시모나 시댁의 협조가 크며 남편이 잘 되니 다들 부러워한다. 현숙하며 부지런하고 시세나 경제에 밝아 여장부로서 남자 못지 않게 부동산이나 주식 등 사업을 해서 성공을 거둔다. 내조도 잘하고 돈도 잘 번다.

　재성이 매우 연약한 칠살(弱殺)을 생조해서 신왕에 걸맞는 칠살을 이룬
다는 중화의 취지인데, 이러면 그 칠살이 관귀의 편관으로 변환돼 중앙으
로 진출해 정치, 관계, 관료로 출세한다. 정관과 칠살이 혼잡되거나 관살이
왕하면 재성의 생조받음을 꺼린다. 칠살이 재성의 생조를 받으면 칠살의
탁기와 살기가 더욱 등등해져서 흉액이 가중된다. 정관은 원래 官貴니 마
땅히 재성의 생조를 받아야, 즉 관의 유근이 있어야 고관孤官을 면하고 크
게 성공한다.

〔男5〕

시일월년	74	64	54	44	34	24	14	04
癸甲戊庚	丙	乙	甲	癸	壬	辛	庚	己
酉戌寅寅	戌	酉	申	未	午	巳	辰	卯
서남동북								

〔그림 76〕 따뜻한 봄을 재촉하는 겨울비가 내리며 바람이 세차게 불지만, 대지에는 얼음
　　　이 녹고 온기가 가득해지고 있다.

(1) 년월 2 지에 건록이니 태신왕한데, 년 庚 칠살도 일시에 착근해서 유력하
다. 재관인 3 기축가 일시日時에서 득위해서 받쳐주니 금상첨화다. 크게 부
귀한다. 드골 대통령.

(2) 寅月은 여전히 춥고 북서풍이 부르는데(甲寅), 지면에는 상당한 온기가
감돌고 있으며(寅戌 半合), 벌써 산과 들판에는 봄을 재촉하는 겨울비가
(癸) 서산에서부터(酉) 내려 만물을 촉촉이 적셔주고 있다. 점점 갈수록
온난해지는 여건이다.

(3) 행운에서 동-남-서 향지로 달리니, 辛巳부터 조후가 잘돼 승승장구 출세
한다.

29. 인성용식재격印星用食財格

신왕하고 인성이 많으면 식상과 재성으로써 중화를 이루어야 한다. 식신
상관 재성이 길신이니, 사업이나 장사 실업 등에서 성공하기 쉽다. 원래 길
신이란 억부법에서 약한 쪽이니 이들이 양호하고 역량이 있다면 길신으로
서 대성을 거두지만, 상처나고 별 볼 일 없는 약세라면 재앙이 많아지고 차
라리 없는 것만도 못한 형편이 되어 빈천하게 살고 만다. 그래서 신왕하고
인성도 많게 되면 식신 상관 재성 쪽에서는 상당한 부담을 가지게 되며, 반
드시 격의 흐름과 함께 길신의 양부良否가 중요한 단서가 되고 길흉 작용이
크게 나타난다고 하겠다.

임금과 황실이 기세 등등해서 권세를 남용한다고 하더라도 이를 바로 잡
으려는 충신이 있다면 목숨을 내걸고 간언을 하는 부담이 따르기 때문이
다. 여러 상황을 잘 읽고 정말로 종묘사직을 위해서 그렇게 밖에 할 수 없으

며 그만한 가치가 있다고 본다면, 과감히 나서서 부당한 임금의 측근과 황실의 전횡을 제어해야 한다. 대세를 거스르는 이런 행동은 정말로 어려운 선택이며 아무나 함부로 할 수 없는 용단이다.

　이런 상황에서는, 日干은 고집불통이고 우둔하기까지 하며 식상이 미약하면 우직하고 답답하며 매사 국사를 그릇치는 결정만 하고 만다. 임금 주위에 간신 난적들이 우글거리고 있어 일신만의 영화만을 탐내는 무리이기에 임금의 귀와 입을 막아선다. 그래서 식상은 재성과 함께 연대해서 전선을 구축하고 도탄에 빠진 백성들을 껴안고 힘을 키워야 한다는 어려움에 처한다.
　다행히 전선이 잘 형성되고 동조자가 많아 민심을 얻게 되면, 일은 수월하게 풀리게 된다. 민심이 천심이라 했으니, 백성의 뜻이 조정에 받아져서 조정에서는 무마하고 뜻을 반영하려는 특사가 파견된다. 대세가 백성 쪽에 있다면 사태는 잘 해결되겠지만, 여전히 대세가 권신 난적들에게 있다고 오판하면 사태는 겁잡을 수 없게 진행되고 폭동이 일어나고 만다. 역사적으로 이 지경에 이르면, 대부분 그 나라는 다 망해가고 있음을 보게 된다. 그래서 이 격은 특히 중화됨을 요하며, 중화 안 되면 재앙이 백출한다. 인성이 강하면 재성이 강함을 요하고, 비겁이 왕하면 식상이 강함을 요한다.

　남명은 식상이 건재하다면 능히 생재해서 중화를 이루니 정치, 장사, 실업계에서 성공을 거두며, 강직하고 고집스럽지만 처덕이 커서 티끌 모아 태산이라고 부유해진다. 행운에서 잘 식상 재성이 받쳐주면 의원 등 정치계에서 크게 발신한다. 아내의 공과 내조로 인해 가정과 사업이 번창한다. 현숙하며 갖은 고생 속에서도 순종적이며 가정과 일을 위해 헌신한다. 나는 그 공로를 알고 있지만 아내를 속태울 때가 많다. 만약 인성운이나 비겁운이 오면 부도나고 문서난 계약 실패 등으로 빈털터리가 되고 만다.

여명은 자녀 덕이 커서 잘 자라며, 애기 낳자 있던 병도 낫고 해서 매사 의욕적이다. 2, 3 자녀 둠이 좋고 장사, 교사에 종사한다. 강직하며 노력가 이나 재성의 양부에 따라 시모나 시댁과의 관계에 소용돌이가 돌 수 있다. 식상이 건재해서 생재하고 함께 연대하면 길신 노릇을 잘 함으로 시모 덕 이 커서 가정이 화평하나, 그렇지 못하면 시모와의 갈등으로 고생 많아진 다. 시모에게 자주 돈을 주어야 관계가 편해지는 구조라서 열심히 벌어서 시댁을 먹여 살려야 하니 억척 부인이라 부른다.

대체로 남녀 모두 평생 문서 보증 문제에 신경 써야 한다. 동업하거나 주 식, 부동산, 경마, 사채업 등을 하면 큰 재앙을 맞을 수 있으며 돈 관리와 뇌 물 관리에 맑아야 재앙을 면할 수 있다. 무리한 투자나 불로소득을 노리면 오히려 내 돈까지 몽땅 날아가서 고생을 사서 한다.

행운에서 양호하고 관운이 끼면 관료나 의원 등 정치계에 진출하며 이권 에 투쟁적이다.

또한 많은 오행은 전생에서의 직업적 성향을 말하고, 길신은 금생에서 가야할 길을 말한다. 다오행은 흉신이나 쉽게 거기에 접근하려는 관성이 보이고, 직업적으로 종사하면 처음엔 잘 되나 성공할 확률은 낮다. 길신의 직종에 종사하면 처음엔 어려워도 시간이 흐를수록 성공하게 된다.

그런데 어느 쪽의 직종을 가지느냐 하는 건, 원국과 행운의 흐름을 보고 판별한다. 이 명식처럼 인성이 거듭해 왕성하면 정치적 성향이 강해 권력 지향적이다. 그 길로 나아가서 성패 여부는 명식의 구조에 따라 달라진다.

〔男4〕

시일월년	74	64	54	44	34	24	14	04
丙己庚甲	戊	丁	丙	乙	甲	癸	壬	辛
寅巳午戌	寅	丑	子	亥	戌	酉	申	未

〔그림 77〕 한여름 04시경이지만, 불가마에 금광석을 넣고 제련해서 금반지, 귀걸이, 배지…등을 부지런히 만들고 있다

(1) 오뉴월에 천지가 온통 불가마다. 다행히 월간 금광석 庚金이 지하 광석 巳와 戌에 착근하나 치솟는 화염火焰에 견디기 힘든데, 행운에서 서–북 향지로 달리면서 화염을 조절하니 발신한다. 국회의원 역임했다.

(2) 월지 午 건록이니 건록격인데, 년간에 정관이 떠 있으며 시지에 건록 놓으니(官祿) 귀해진다. 인수국을 이루며 丙이 巳에 건록하며 신강하다.

〔女1〕

시일월년	41	31	21	11	01
戊辛甲乙	己	戊	丁	丙	乙
子未申未	丑	子	亥	戌	酉

(1) 신왕하고 인성이 많아 식신 재성으로 용신한다.

(2) 申子 반합국하고 甲乙 재성이 쌍출해 기쁜데, 북 향지로 가며, 천간 丙丁火
는 조후된다.

(3) 육음조양격六陰朝陽格에도 속한다. 辛未日에 戊子時이며, 丙丁丑午亥가 없
으면 성립한다. 행운에서도 그러해야 하며 동방 향지가 길하고 남방 향지
는 흉해진다. 행운에서 丙丁丑 시절에 고생했다.

30. 인성용관살격印星用官殺格

　신왕하고 인성이 많으며, 식상이나 재성이 없으나 관살이 조금 있는 경
우다. 관살마저 많게 되면 인생이 파란만장하고 빈천해진다. 보통 너무 건
조하거나 한랭해서 조후가 안 되고 있는데 관살이 와서 명식을 맑게 하는
경우로서, 구조 요건이 제한되는 만큼 정치계, 입법, 행정, 사법, 외무 등에
진출해서 크게 출세한다. 관은 관직이요 인성은 덕망 명예이니 저 당상관
에 올라 이름이 사해四海에 미치는 것과 같다. 물론 행운에서 잘 도우면 부
귀해지고, 불리하면 뜻을 이루지 못한다. 운명이란 원국 50%에, 행운 50%
의 작용력을 가지므로 둘 다 소홀함이 없이 중화를 이룰 때 부귀영화를 누
리게 되는 까닭이다.
　여명도 중화를 잘 이루면, 남편을 도와 더불어 사회의 저명 인사가 되는

귀부인격이다. 부모덕이 커서 결혼 여건도 양호하거니와 역량있는 여장부이기도 하다. 가정, 친정, 시댁에 모두 발복하는 행복한 부인이다.

〔男4〕

시일월년		64	54	44	34	24	14	04
庚庚辛丙	己	戊	丁	丙	乙	甲	癸	壬
辰辰丑申	酉	申	未	午	巳	辰	卯	寅

(1) 신왕하고 土인성이 태다해서 종강격일 듯 싶은데, 년간 丙 칠살이 미약하나마 한랭습한 명식을 조후시키고 있어 고귀하다. 李○○ (1896~1960) .

(2) 동–남 향지에로 달리니 발복하는데, 戊申 향지에 들면 다시 한랭해진다. 丙辛水에 水국을 이루어 천하가 물바다되면서 한겨울철로 급변한다.

(3) 원국에서 미약한 丙 칠살이 뿌리가 없이 떠 있어서 중화를 덜 이루고 있던 터에, 행운에서 가을 향지로 들어서면서 그만 화기력火氣力을 잃고 만 것이다. 그러니 행운도 좋아야 하지만 반드시 원국에서의 길신의 건강과 역량 문제를 먼저 깊이 살펴야 한다.

(4) 힘의 크기로 봐서, 년간은 0.5로서 매우 약한데, 게다가 무근無根이라 무력하고, 丙辛 합水로 다시 火를 제어하고 있어 무용지물이다. 비록 행운에서 火 향지鄕地를 만나 발복한다 하나 뿌리 없는 꽃과 같아 金 향지로 접어들자 갑자기 쇠락하게 됨을 알 수 있다.

(5) 일시가 전지살이고 刑한다. 자녀 중에 흉사할 수 있다.

(6) 년간 丙은 북극성이지만, 大寒 지났으니 그 별은 방수房宿다. 방은 4 개의 주홍색 별로 된 백성의 별로 천자가 정치를 베푸는 명당이라고 한다. 밝으면 군주가 현명하나, 본분을 잊고 辛과 서배舒配함으로써 비구름 끼어 빛을 잃으니, 임금이 현명치 못하고 혼란스러워 병란이 일어나고 만다.

〔女4〕

시일월년	54	44	34	24	14	04
癸丁丁癸	癸	壬	辛	庚	己	戊
卯卯巳卯	亥	戌	酉	申	未	午
서남동북						

〔그림 78〕 이른 아침, 구름 속 햇님이 슬그머니 얼굴을 내밀고 있는데, 여름을 재촉하는 비가 내리고 차가운 바람이 불고 있다.

(1) 巳월 丁 일간이 卯 3 이라서 신왕하고 인성도 많다. 식상이나 재성은 없고 칠살이 년시에 투간돼 있어 매우 강력하다. 이 격에서는 관이나 칠살이 어

느 한 쪽에 하나 정도 있어야 하는데, 쌍출해서 살왕한 셈이다. 시간의 칠
살은 1.3 이상의 강력한 힘이라서 다른 데 관살이 있음을 싫어한다. 이렇게
신왕 인다印多 살왕하면 인생이 점점 흉해진다.

(2) 巳월 이른 여름이라 더워지려 하는데 여전히 북서풍의 차가운 바람이 부
는(卯) 가운데, 여름을 재촉하는 비가 하염없이 내리고 있으며(2 癸), 밝
은 햇님이 동쪽 하늘 저 멀리 구름 속에서 얼굴을 내밀고 있네(丁).

(3) 농사짓기에 알맞은 시기로서 더운 기온을 머금은 申酉 시절에 중화되는
듯한데, 庚辛 숙살지기와 소방차가 물을 퍼붓고(財生殺) 장마 전선을 형
성하려 하니 사회적 활동에 부자유스럽고 장애가 낀다.

31. 종강격從强格

신왕하고 인성이 아주 많으면, 우선 신강함을 따라야 한다 해서 종강격
이라 부른다. 임금도 건왕한데 황실에서 워낙 강성해서 밀어붙이면 임금도
마지못한 채 황실의 입장에 따를 수밖에 없다. 그것이 사직과 황실의 안위
를 위한 것임을 임금은 잘 알고 있기 때문이다. 이렇게 된 환경에는 본래 식
상이나 재성 관성이 전혀 없거나 있더라도 아주 미약해서 도저히 제 기능
을 못할 경우에 임금이 누구와 정치하겠는가?

그저 후원자며 뿌리인 황실에 기대어 조언을 받아 국사를 수행할 수밖
에 없다는 배경이 깔려 있다. 임금과 황실이 튼튼하면 감히 어느 누가 머
리를 쳐들고 간섭하겠는가! 어림없는 일이다. 정치는 대세를 따라가는 것
이라고 한다면, 길신은 인성이나 비겁이다. 식상 재성 관성이 없을 때 성
립한다.

인성은 모친이니 많다 함은 모친이 여럿이란 뜻이고, 그렇지 않으면 일찍 부친을 여이고 편모슬하에서 자란다. 또는 부친이 병약, 무능해서 모친이 가권을 행사하며 살림을 도맡을 경우가 많다. 형제들이 일찍 생업에 나서서 가정을 돕는데, 자매들이 애정을 갖고 모친을 돕는다. 대개 자매들이 형제들보다 더 잘 되며 형제들은 부친 닮아 무력해지는 경우가 있다.

남명은 머리가 비상하며 글 재주도 있으며 초년 고생이 심하고 가정이 복잡하고 연애 결혼에 장애가 많다. 강직하다 못해 고집불통이며 일이 거칠고 강렬하고 매사 좀 서툴고 저돌적이다.

여명은 남명보다 더 고생이 많다. 결혼에 있어서는 독수공방이 잦고 눈물이 마르지 않는다. 내심은 순수하고 거짓이 없으나 밖으로 표현하는 일들이 다 거칠고 서툴며 요령이 모자라 고생하나 참고 일을 끝까지 해 나가는 뚝심이 있다. 모두 내 혼자서 해결하고 살아야 하며 애당초 남편 복이란 기대하기 어렵다.

격이 제대로 성립되면 맑아져서 고귀해지지만, 격이 제대로 안 되고 상처나면 탁해져서 다른 격들보다 고생이 배나 많아지며 상신 불구되거나 횡사橫死하기 십상이다.

〔男2〕

시일월년	42	32	22	12	02
甲甲乙甲	庚	己	戊	丁	丙
子寅亥子	辰	卯	寅	丑	子

〔그림 79〕 저수지 옆 숲길 따라 이른 겨울 한밤 01시 경이지만, 삼림山林은 단풍 들어 여전히 무성하다.

(1) 큰 저수지 주변에 울창하게 들어서 있는 숲이다. 맑은 수분과 공기를 마음껏 마시니 푸른 숲의 빛깔이 더욱 아름답고 해서, 사람들이 산림욕한다며 즐겨 찾곤 하니 기쁘다.

(2) 행운에서 북─동─남 향지로 달린다. 丙丁戊 맑은 양명陽明스런 공기가 감도니 탄소 동화 작용으로 햇볕과 산소의 흐름이 좋아 사람들의 건강이 좋아진다.

32. 비겁용관살격比劫用官殺格

신왕하고 비견과 겁재가 많으면 비겁이 명식 안에서 정치 정국을 주도하는 힘을 쥐고 있는 까닭에 격을 이룰 수 있으나, 전통적으로 비견격이니 겁재격이니 하는 말은 성립하지 않고서 『연해자평』이래로 외격으로 취급해왔다. 그러면서 그것도 월지가 건록이면 건록격, 양인이면 陽刃格으로 이름붙여 왔다. 그러나 나는 다른 육신들과 마찬가지로 비겁이 그냥 많다는 점에서 비겁이라 한 것이고, 그럴 때엔 관살을 용신한다는 의미로 사용할 뿐이다.

신왕하고 비겁이 많으니 마땅히 재관의 유력함도 보아야 한다. 재관이 양호하고 행운에서 잘 받쳐줄 때 중화를 이루어 뜻하는 바를 이룰 수 있다. 없거나 미약하면 중화가 안 돼서 고생을 면치 못한다. 권력이나 노른 자위 등 경쟁적 입지를 다투는 감투운은 얻을 수 없고 마냥 변방인이나 주변인, 소외층으로 남게 된다.

예나 지금이나 인생에서 가장 바람직한 것은 좋은 직업을 갖는 것이다. 직종에 따라서 감투운은 그 직장, 그 분야에서 성공함을 의미한다. 좋은 직장에 좋은 자리를 차지하는 것은 그야말로 재관이 양호하고 유력해서 명식을 잘 중화시켜야 가능하다. 지금 이 격은 능히 재관을 가지고 중화시킬 수 있다는 전제에서 성립하고 있어서, 행운에서 유리한 중화를 이루면 성공하는 것이다.

남녀 다 왕성한 기질을 타고나서 남과 부딪힘이 많고 투사적 성향이 강하며 불굴의 정신으로 추진하려 한다. 재관이 약할수록 실패할 인연도 크다. 금전의 뜸김도 많고 혼인 성사도 쉽지 않으며 매사 부모형제 친구들로 인해 고생하고 재앙을 일으킨다. 좀 되면 교만하기 쉽고 실패하면 부모 형제를 괴롭힌다.

　관성이 약해질수록 세상살이를 편법으로 하려 하고 멋대로 하며 기존 질서를 자주 무시하고 이기적 행동을 서슴치 않는다. 관성이 없고 흉살이 끼면 수감되기도 하고 폭력 집단과도 연루되는 등 인생이 파란만장하다. 그래서 항상 재성과 관성의 양호 문제는 필수적으로 살펴야 하는 관문이다.

　남명은 아내를 고생시키고 자존심과 뜻만 높아서 실업자 노릇하기 쉽다. 남의 밑에서 일하지 못하고 곧잘 뛰쳐 나오며 직업 변동이 심하다. 재성이 약하고 관성이 호재護財하지 못하면 비겁이 재물을 서로 다투므로 가난하고 아내의 덕이 크지 못해 경제적 고통으로 눈물 많다. 재성이 약해도 관성이 있어 호재하면 아내덕이 크고 자녀덕도 있어서 무난히 자라고 혼인 후 가정이 날로 일어나며 마침내 치부하고 사회적 감투까지 쓰니 성공이라 이름한다.

　여명도 비슷하다. 강직하고 남을 제압하려 하고 잘 시비와 질시의 대상이 되며 사람으로 고생한다. 예쁜 미모에 도화색을 띠며 부드러운 듯하나 사자같이 매섭다. 구변이 힘차고 사리 분별이 뛰어나 허수아비 남편 모시고도 가정을 잘 이끌어 가며 해로한다. 여장부로서 똑똑해서, 능력있는 남편이면 이별하기 쉽다. 대체로 남편을 등신으로 만들고 나는 부지런히 일해서 가정을 챙겨야 하는 처지에 놓인다.

　그래서 이런 흉살을 없애려면 반드시 관성이 유력해야 한다. 양호하고 유력하면 남편덕이 크며, 남편의 출세로 금방 귀부인이 된다. 신왕 관왕한 셈이라서 가정이 크게 부귀한다. 관성의 양호 여부에 인생의 성공 여부가 달려 있어서 잘 살펴야 한다.

〔女4〕

시일월년	54	44	34	24	14	04
甲癸己辛	乙	甲	癸	壬	辛	庚
寅亥亥丑	巳	辰	卯	寅	丑	子

〔그림 80〕 이른 겨울 이른 아침 04시 경인데, 큰 홍수로 산사태가 나서 집과 사람들이 떠내려가고 있다.

(1) 癸일간에 水 많아서 관살이 길신한다.

(2) 행운이 북·동 향지로 달리고 천간에 수기 많아서 부군夫君 연이 없어 실패하고,

(3) 수다토류水多土流하는데, 지살地殺이 겹친다. 해외에서 낭군郎君을 고르더라.

(4) 파격이지만, 간혹 이 명식을 형합록격刑合祿格이나 호우분사격虎牛奔巳格으로 보기도 한다. 형합격은 癸日에 甲寅時인데 戊己(＝관살) 庚辛(＝甲을 충극) 巳申(＝寅의 刑)가 없어야 성립하고 酉丑이 있으면 아주 길해진다.

이에 비추면 이 명식은 파격되고 다른 격이 된다.

(5) 또 호우분사격도 癸日에 지지 寅과 丑을 함께 놓으며 戊己巳申이 없어야 성
립하며 酉가 있으면 아주 길해진다. 寅이 허공에서 巳를 형출해서 巳 중의
戊 정관을 용신한다는 점에서 고귀해지고, 酉가 巳酉丑으로 암신暗神과 합
국하면 암신 정관도 더욱 보호되므로(= 護官) 발신한다는 것이다. 이 명
식은 호우분사격에 속하기도 하는데 꺼리는 己土 칠살이 월간에 떠 있지
만, 다행히 시간 甲이 작배하니 무방하나, 여명이라서 부군이 부실하다.

(6) 己夫가 겁재 위에 앉아서 명합하고 암합하고 있으니 나는 비실卑室된다는
의미다.

33. 비겁용식상격比劫用食傷格

신왕하고 비겁이 많은데, 재관이 없거나 있더라도 무력하면 식상으로써
신왕함을 설정시켜야 중화된다. 태왕하면 설정함이 길하다는 원칙을 따라
서 유화책의 중화를 도모하는 것이다. 강인하고 강직하며 총명해서 교육,
교사, 예능, 기술, 공업, 상업 등에 진출하고 성공한다. 형 있으면 무관직 형
권직에서도 출세한다. 물론 행운의 시절을 잘 만나야 한다.

식신과 상관이 중화의 길신이니, 사업적 재능이 훌륭하고 요식업, 숙박
업, 호텔업, 오락업 등에서 치부한다. 여명은 자녀 덕도 커서 잘 자라며 남편
없이도 애 데리고 잘 산다. 金水日 생은 요식업, 숙박업, 빵집, 술집 등으로
성공하고, 火土日生은 노래 잘하고 예술적이며 종교적이라 철학에도 밝다.

식신과 상관에 관해서는 원리적으로『연해자평』과『명리정종』의 설명을

잘 익힐 필요가 있다. 둘 다 생산하고 꽃 피우는 별로서 자신의 정화精華를
마음껏 밖으로 내뿜는다. 과시하고 가꾸어서 열매를 맺는 노력 투자하는
행위다. 마치 애를 낳고 키우는 과정처럼 '낳은 과정'을 보람으로 여긴다.
오로지 애에 투자하듯이 충동적이고 감성적이며 맹목적이리 만큼 무엇이
든지 애의 공부에 엄청난 돈을 투자한다. 애가 나중에 거둬들일 열매를 예
상하고 보람과 희망을 느낀다.

요즘은 자기 광고 시대라서 그런지 자기 목적을 위해서 목청을 높이고
주장을 하고 이권을 따내려고 아우성친다. 수가 틀리면 위라도 치받는다.
앞뒤를 안 가리고 눈 앞에서 결과를 봐야만 시원하다. 금방 노력의 열매가
나와야 한다. 향락적이다. 속도를 즐겨한다. 빠를수록 좋다. 빠름을 추구하
다 보니 식상의 단점들이 투출해 마음을 병들게 한다. 허황 찬란하게 속도
전에 몰입하니 내면에 더욱 고독하고 외롭고 우울하고 허망하고… 자살까
지 간다. 밖에서 무엇을 찾으려고 할수록 허상에 빠져 허우적거릴 뿐이다.
이때는 식상이 많아서 불길한 작용을 하는 까닭이다.

그러나 비겁용식상격에서 식신이나 상관은 길신으로 작용하니, 저런 흉
의凶義는 밑에 잠복하고 길의吉義는 위로 나타난다. 명식의 흐름에 따라서
길흉의 상황이 달라진다.

일간을 둘러싼 비겁이 너무 많아서 태신왕하게 되면, 기력은 역발산인데
아무런 일도 하지 않고 빈둥빈둥 방구석에서 노는 것 같다. 스스로 바보가
되고 무위도식하는 룸펜이나 무능한 낙오자가 될 것이다. 하루 빨리 밖에
나가서 막노동을 해서라도 힘을 써 땀을 흘려야 건강도 지키고 밥맛도 나
고 돈도 벌리는 것이다. 곧 생산 활동에 전념해서 부지런히 일한다. 힘이 장
사라서 무슨 일이라도 척척 해낸다. 남보다 두배 세배 일하고도 지칠 줄 모
른다. 일한 만큼 재물이 늘어나고, 자고 나면 산처럼 돈이 쌓인다. 힘이 지

치도록 부지런히 일하니 금방 동네에서 사장이요 떼부자 된다.

식신이나 상관은 재성을 만드는 뿌리요 원천이기에, 남녀명이 일찍부터 수단과 요령이 좋아서 이재理財나 상재商財에 남다른 재능을 갖고 재물을 쌓아둔다. 알부자란 말이 어울린다. 혼인 전에 집 몇 채 가지고 있으며, 가정의 복덩이로서 기둥이 된다. 혼인하더라도 두루두루 챙기는 능력가로 처신한다.

남명에서 약한 재성이 있어서 식상생재하면, 처가 유능하고 집안 일을 잘 도와 부유하게 만든다. 재성이 전혀 없으면, 처가 일 처리 잘 해도 거칠고 누처陋妻 되기 쉽다. 자녀덕은 보통이다. 여명은 타고난 이재술을 발휘해 재물을 모아서 자녀들을 잘 키우며 뒷바라지도 넉넉히 하며, 자녀덕 있다. 재성이 있어 식상생재되면 시모덕 있으나, 재성이 없으면 시모덕이 모자라며 마음 고생이 많아진다. 이런 것도 행운에서 얼마나 받쳐주고 중화되느냐를 보고 가감승제해야 한다.

〔男7〕

시일월년	67	57	47	37	27	17	07
辛癸癸癸	丙	丁	戊	己	庚	辛	壬
酉巳亥未	辰	巳	午	未	申	酉	戌

(1) 亥月에 酉時며 水多하니, 매우 태왕하다. 일지 巳는 巳酉 金局으로 탐합해서 오히려 生水하니 이른 겨울에 홍수난 격으로 천지에 물이 범람하다. 대설大雪이 다가오매 일찍 추운 겨울을 재촉하는 폭우 기후치고는 별로 이롭지 않다.

(2) 이런 상황에서는 언제나 산에 우거진 수목樹木이 마련돼 있든가, 아니면 든든한 댐이 둘러 싸여 있어야만 일간의 생명과 재산이 온전할 수 있다. 다행히 년월에서 亥未 木局 이루니, 나무 뿌리에서 그 많은 물을 머금게 되고 산사태를 막아서 기쁘다(水生木).

(3) 이러면 행운 巳午未 시절에 木生火로 생재生財하게 된다. 辛酉巳未와 辛酉 대운의 직종에서 이공자연계로서 木火土를 길신하니, 지금 피혁과 쟈크 제조업에 종사하고 있다.

[男7] (立秋 후 9일째 생)

시일월년	67	57	47	37	27	17	07
丁庚戊壬	乙	甲	癸	壬	辛	庚	己
丑戌申申	卯	寅	丑	子	亥	戌	酉
癸辛壬壬							

〔그림 81〕 금강산 폭포가 굽이굽이 흘러 용소龍沼와 거대한 담수호를 만드니, 고요한 밤 (丑時) 그 안에 무수한 고기들이 한가롭게 노닐고 있다.

(1) 년월에 쌍 건록지를 얻어서 매우 신왕한데, 재관이 너무 미약하다. 申에 장생한 壬 식신이 설정시키니, 오히려 금백수청金白水淸이라 더욱 재복財福이 많아 아름답다.

(2) 일주와 월주가 같은 순旬 중에 있어(=一旬同出格) 고귀해진다. 행운에서 잘 받쳐주니 금상첨화다.

(3) 시간 丁은 실수室宿의 자리인데 두 개의 주홍색 별로서 태묘太廟와 황제의 궁궐이며, 군량을 쌓아 놓는 곳이고 토목 공사를 관장한다. 이 별자리가 밝아지면 천하가 윤택해지고, 작아지면 나라에 전염병이 돈다고 한다.

(4) 또 지금 戌丑 여기를 刑함으로써 도리어 정기 戊己 인성이 형출되니, 이름을 천추에 드날리는 명예를 이룩한다. 정기를 형충하면 거去해지지만, 여기나 중기를 형충하면 오히려 정기가 투출되는 이치를 앎이 중요하다.

34. 비겁용재격比劫用財格

신왕하고 비겁이 많은데, 관살이나 식상이 없으면, 부득이 재성을 중화의 길신으로 한다는 것이다. 이쯤되면 재성이 유력하고 행운에서 받쳐줘야 중화돼 성공의 길을 걷는다. 만약에 힘은 넘치는데 일터, 즉 논밭이 적어서 손을 놀리기라도 하면 실업자 신세가 되며 배 고픈 인생이 된다. 비겁들이 재물을 겁탈하기 때문이다. 이 격은 재성을 유력한 길신으로 보니까 부자될 소지도 있다.

남명은 아내의 공덕이 크다. 이재가 뛰어나고 경제, 회계, 금융계에서 사회적으로 두각을 보이며 아내의 덕으로 가정이 일어나니 재관이 길신 노릇을 하는 까닭이다.

여명은 남편운이 모자라기 쉽고 과부되거나 재연하는 경우 많다. 비겁이 많음은 나와 같은 동기가 많다는 것이므로, 내 남편을 비겁들이 가로채 가서, 나는 빈 방만 지킨다. 돈이 없으면 재혼하기도 하나, 더러 혼자 있으면서 재물복이 커서 지하 경제의 큰손들이나 복부인들이기도 하다. 배움은 부족해도 선천적으로 돈방석에 앉은 상태로 기업체의 회장, 사장들이다.

〔女1〕

시일월년	61	51	41	31	21	11	01
戊辛辛辛	戊	丁	丙	乙	甲	癸	壬
戌未卯卯	戌	酉	申	未	午	巳	辰

〔그림 82〕 卯월이라 추운데 돌산에는 북서풍이 불고 앙상한 나무들이 흔들린다.

(1) 아직은 차가운 날씨인데(卯月) 未戌의 뜨거운 기후 요소가 일시에 자리하고 있어 방에 군불을 때면(卯生丁, 丁生土) 점차로 아랫목에서부터 윗목

으로 번져 따뜻해지는 것과 같다. 대체로 방바닥은 따뜻해져 오고 있으나 방 대기 상태는 여전히 냉기류가 흐른다(3 辛).

(2) 행운에서 남-서 향지로 흐르니 방이 따뜻해져 좋고, 방 공기도 甲乙丙丁이니 아주 훈훈할 것이다.

(3) 신왕에 재성국을 이루니 이른바 신왕재왕으로 여장부상이다. 戌未 형출은 乙木이 상하는데 木局을 이루어 오히려 안전하고, 나온 丁火 남편을 木生火로 돕는다.

[男8] (小暑 후 5 일째 생)

시일월년	68	58	48	38	28	18	08
丙戊己戊	丙	乙	甲	癸	壬	辛	庚
辰戌未子	寅	丑	子	亥	戌	酉	申
乙辛丁壬							

(1) 未月에 辰시라고 하나 온 천지에 土일색이고, 子 편재만이 넌지 코너에 박혀 있다. 다행히 년시지가 멀리서나마 子辰으로 半合 水局을 이루려 하니 기쁘나, 역부족하다.

(2) 행운에서 서-북 향지로 달리고 천간에서도 잘 조후되니 금상첨화로다.

(3) 호명好命 보다 호운好運이 낫다는 옛말이 여기서 증험된다. 불교 문화 박물관장.

(4) 戊戌日은 해결사요 천부적인 예능을 자랑하는데, 辛 상관을 투출시켜 길신을 이루니 미인 배필을 얻는다. 1火 6土가 오로지 재능인 辛妻에게 의지하니 거기서 재물이 무진장 쏟아져 나온다.

35. 종왕격從旺格

　신왕한데 비겁이 일색이고 태신왕함이라, 설정시킴이 길하니 식상이 길
신된다. 비견과 겁재를 따른다는 의미로, 인성도 길신되며, 재성이나 관성
은 흉해진다. 위 종강격과 비슷하다.

　곡직격 · 염상격 · 가색격 · 종혁격 · 윤하격이 그것이다. 모두(인성) 비
겁이 한결인데, 너무 많아서 순일하고 변덕이 없으며 옳곧다. 격을 잘 이루
면 부귀한다. 격에 흠이 있고 행운에서 불리하면 인생이 장애나 빈천해진다.

　이 격은 남녀명에게 대체로 극단적인 길흉사의 인생사를 경험한다. 특히
여명에게는 기질이 세고 굽히지 않아서 주위와 충돌하고 임의대로 하는 바
람에 자유부인이 된다. 직업 전선에서 남정네들과 겨루며 돈을 벌어오지만
남편을 깔아 뭉긴다. 아니면 남편이 집 나가 외정하고 딴 살림한다. 혼인 생
활은 순탄치 못하다. 격에 흠결이 많을수록 가정과 일에 불길해진다.

〔男〕

시일월년

戊己戊己　　癸　甲　乙　丙　丁
辰巳辰巳　　亥　子　丑　寅　卯

(1) 얼른 봐도 고귀함이 보이는데, 년월과 일시가 戊辰 己巳로 돼고 다 大林木으로 한 오행의 뿌리를 이루고 있다(＝一氣爲根格). 태월 己未도 天上火로 숲에서 난 발광이 하늘 높이 비치는 환경이다(＝木火通明格). 년시와 일월의 내외가 같은 순旬으로 짝이 되니(＝一旬表裏格), 부귀공명을 희롱하는 대권을 쥔다. 明 나라 마지막 왕 永明王(1629~1662).

(2) 巳는 지하에 있는 마그마이지만(丙丁) 또 지하 광석이요 수기水氣를 내는 원천이다(庚). 여기에 들어 있는 庚金과 辰土로써 설정함이 좋은데, 행운이 이롭지 못하네!

(3) 년월의 간지가 일시에 거듭하니, 이봉황연록격二鳳凰戀祿格이라 고귀해진
다. 또 戊辰己巳는 大林木이니, 곧 숲 속 조그만 늪지에서 누런 두 뱀(黃蛇)
이 누런 두 용(黃龍)이 되려 한다. 다행히 동남풍(辰巳 巽風)을 타고 승천
하지만, 물이 모자라고 구름이 없어서 걱정이다.

36. 관식쌍중용재격官食雙重用財格

신왕한데 관성과 식상이 명식 안에서 막상막하로 싸움을 할 때 이를 말
리는 육신이 중화의 길신이 된다 해서 재성을 용신한다. 일종의 통관법으
로 중요한데, 지금 이 격은 편의상 지어 놓은 것이다. 관성과 식상이 싸우는
것이므로 남녀의 가정과 일이 흉할 암시가 보이나, 재성이 통관하면 매우
길한 명식으로 변한다. 재성이 길성이 되므로 남녀 다 가정과 일에 있어 행
복해지는 것이다.

남명은 재성이 길신이니 혼인 후 날로 발전해서 부유해진다. 자녀도 잘
자라며 성공한다. 사업이나 일도 순탄히 잘 풀린다. 명식의 고저급에 따라
처의 공으로 사회적으로 출세하는 경우도 있고, 백수 모양 처에게 그냥 의
지해 사는 경우도 있다.

여명은 재성이 시모가 되니 시댁이나 시모의 사랑을 받는다. 올케와도
잘 지내고 혼인해서 오히려 잘 사는 경우다. 무난히 결혼생활을 하는 경
우다.

〔男7〕 (立秋 후 11 일째 생)

시일월년	57	47	37	27	17	07
甲戊庚戊	丙	乙	甲	癸	壬	辛
寅戌申午	寅	丑	子	亥	戌	酉
丙丁壬己						

〔그림 84〕 따뜻한 사랑방에 사람들이 모여 새벽녘까지 담소하고 놀이하고 있다.

(1) 월은 식신이요 시는 편관으로 대립하고 있다. 일주도 년주와 함께 신왕하
다. 土-金-(水)-木-火로 진행될 구조다. 통관시킬 水財가 중화신인데 월지
투출된 壬편재가 기쁘다.

(2) 입추가 지났으나 여전히 덥지만(申), 방바닥이 눅눅해서 그래도 새벽 4시
경이라 초저녁에 군불 때 더웠던(年午) 방이 아래에서부터 윗목으로(時)

가면서 점차 식어가는 형국이나(午申-戌寅), 그래도 깊이 지폈던 군불이
남아 있어(丙丁) 방바닥과 방안 공기는 훈훈해서 안온하다.

(3) 행운에서 북방 향지에 이르러도 남은 군불 덕분에(丙丁) 그런대로 넘기
며, 천간에서도 水木이 와서 조후되고 안정돼 있다.

(4) 신왕한데 시상 칠살은 매우 견강堅强하며 월에서 역시 1:1로 제살制殺하
고 있어 곧 편관이 되며 아주 고귀해져서 명리를 누린다. 유명한 배우俳優
했다.

참고-인식쌍중용재격印食雙重用財格

사실 신왕한데 관성도 많고 식상도 많으면 재성으로써 용신한다함은 통
관법에 의한다. 당연한 논리다. 이와 비슷한 것에 인성도 많고 식상도 많아
서 막상막하로 싸움할 때도 있는데, 인성이 많으니 절로 신강하게 되며, 따
라서 통관하는 재성을 가지고 용신한다. 이를 인식쌍중용재격印食雙重用財
格이라 하겠다. 풀이가 같아서 따로 설정하지 않았지만, 재성을 통관 용신
으로 삼으니, 재성의 품질과 상태가 키워드다. 〈식상-(재) : 인성-일주〉의
구조에서, 재성은 식상을 설기시키면서 인성을 제어하니, 군주 일간의 입
장에서 보면 균형된 정치를 할 수 있는 길신이다.

재성은 생업의 근원인 자산이요 재물인 고로 누구나 절대 필요한 수원壽
元이다. 재성이 길신이니 그런 명식이라면 남녀가 배필덕 있어 혼인 후 부
유해질 것이요, 날로 사업과 가정이 번창한다. 물론 재성의 품질과 역량이
나 격국의 흐름이 중요하다. 남녀명에서 먼저 배필운부터 보아야 좋다. 가
정사나 사업의 전부는 거의 배필운에 의해 좌우되기 때문이다. 그 배필운

의 근거는 재성의 역량과 건재성에 달렸다. 설령 이 격이라도 재성이 부실
不實하다면, 그만큼 감복되지만 행운 등에 따라 길할 수 있는 여지가 많아,
아무튼 재물복이 어느 정도 있거나 별 걱정 없이 살아갈 수 있다.

〔女6〕

시일월년	46	36	26	16	06
癸丁戊己	癸	壬	辛	庚	己
卯卯辰酉	酉	申	未	午	巳
空空					

(1) 년월엔 식상이, 일시엔 인성이 서로 군집해서 막상막하로 겨누는 형세다.
    丁일간은 자연히 신강해진다. 시간 癸 칠살은 인성을 생조해 버리니, 하루
    바삐 재성이 그 사이를 통관시켜야 할 처지에 있다.

(2) 편재 년지 酉가 2卯로부터 충되나, 辰酉合金하니 解冲으로 무방하다. 행운
    에서 巳午未는 신왕지라 불발하나, 申酉戌엔 재왕지라 발복한다.

(3) 제2대운 庚金에 년월이 土金이니, 이공자연계 직종이 어울린다. 월일시지
    에 인성국 이루니 학교와 도서실, 문방구, 서점 등 종사도 좋다. 격의 고저
    에 따라 다른 직종을 갖는다.

(4) 己巳 대운이 불우하고 庚午 辛未 대운에도 火旺地라 고생한다. 문방구 한 적
    있다.

[女1] (小暑 後 2일째생)

시일월년	61	51	41	31	21	11	01
癸丁己戊	壬	癸	甲	乙	丙	丁	戊
卯亥未戌	子	丑	寅	卯	辰	巳	午
甲戊丁辛							

(1) 년월에 식상이요, 일시에 인성이 뭉쳐 있어, 둘 사이를 통관시킬 재성이 길신이다. 다행히 년지에서 辛 식신이 투출되는데, 戌未 刑出로 火克金하니 무력해졌다.

(2) 행운에서도 남-동-북 향지로 향해서, 재왕지를 못보니 발신하기 어렵다.

37. 재인쌍중용관격財印雙重用官格

명식 안에 재성과 인성이 엇비슷하게 많고 서로 투쟁할 때 취하는 관성으로 통관한다는 통관법적 용신법이다. 반드시 조후 관계를 살핀 후 중화를 도모한다. 재성은 재물이고 인성은 학문이니 재물에 신경 쓰면 학문에 멀고 학문에 즐겨하면 재물에 어둡다. 고로 학문하는 이가 재물을 탐하면 공부는 할 수 없게 된다. 이 둘 사이를 잘 연결해 주는 것이 곧 관성이다. 관성이 있어 길신이 되면 그 모두를 같이 살릴 수 있다.

남명에서 재성은 아내요 처첩이며 재물이다. 인성은 학식이요 어머니요 덕망이며 지식이다. 따라서 재성과 인성의 투쟁은 곧 고부간의 갈등이니 가정이 편할 리 없다. 서로 자존심만 내세우고 막무가내로 덤벼들어 싸운다. 그 사이에 나는 안절부절 속태우고 무능한 인간으로 취급된다. 아내 편을 들자니 모친이 울고, 모친 편을 들자니 아내가 울어댄다.

요즈음 며느리살이 한다는데, 이쯤되면 악독한 아내의 독살에 그만 모친은 양로원에 가고 나는 불효자가 된다. 자녀로 인해 중개 역할이 되며 화목해진다. 그러니 먼저 자녀부터 낳을 일이다. 자녀 앞에선 싸우던 고부간도 서로 보며 방긋 웃는다.

여명은 재성이 시모요 인성이 친모라, 재인의 투쟁은 시댁과 친정이 싸우는 격으로 불길하다. 당사자는 서로 연애해서 좋아하지만 두 집안이 서로 반대하였던 혼인인 경우 같다. 신약하면 이런 경향은 아주 심하며 행운에서도 재성을 도우면 시모의 화살이 매우 무섭다.
이 격은 남편이 대체로 중요한 역할을 한다. 남편이 시모의 말에 두둔하면 싸움은 멎고, 시모 없을 때 남편이 날 위로해 주니 매운 시집살이도 할만하다. 시모 등살에 내가 견디기 힘들 때도 있으나 남편의 뜻에 따라 살아가려고 한다. 이때 남편은 중개자요 효자가 된다.

이 격은 신약하면 흉해져서 매사 막히고 실패수 도사린다. 신왕하면 부귀해진다. 비겁이란 나의 동기요 지성적 노력이며 역량이다. 인내 교양 의지력을 의미하니, 그래서 그것을 세상에 펼 재성이 필요한 것이다. 이 격은 재성용재관격의 처한 환경 구조와 아주 비슷하다. 고로 신약하면 재앙이 많아진다. 일간이 미약하고 재인이 맨날 투쟁하는 까닭이다.

〔男9〕

시일월년	59	49	39	29	19	09
戊辛丙己	庚	辛	壬	癸	甲	乙
子卯寅丑	申	酉	戌	亥	子	丑

(1) 입춘이 지났으나 여전히 춥고 지면은 子丑寅卯로 차가와 화롯불이나 장작
불이 아주 그립다. 천간은 상당히 건조한 봄 가뭄에 든 편이다. 다행히 丙
辛合水로 조금 조후될 뿐이다.

(2) 행운에서 북-서 향지로 달리니 丑子亥戌 시절엔 여전히 춥고, 甲乙 시절에
는 메마르고 壬癸庚辛시절엔 조금 조후된다.

(3) 丙火가 통관하는 길신이나 행운에서 받쳐주지 못하고 있다.

(4) 丙 정관은 官貴다. 관귀를 탐합하면 그 관귀를 잃는다. 길신 정관을 탐합하
면 길함이 사라지니 되레 탁해진다.

(5) 바람 한 점 없는(無干木) 화창한 늦겨울(丙寅) 한밤(子)에 하얀 토끼(辛
卯)가 메마른 구릉 안 샘물가(戊子)에 내려와 목을 축이려고 하는데(水生
木), 누런 소(己丑)도 멀리서 달려와(년-시) 물을 마시려 한다(子丑합).
물 마시던 하얀 토끼는 놀라 불안해서 달아난다(子卯형). 왜 도망할까? 토
끼(松柏木)와 황소(霹靂火)는 본래 친근한 사이나(木生火), 벼락 맞을까
봐 도망친 것 아닐까요? 이것은 동물 물상적 해석인데, 좀 재미 있죠?

(6) 재성과 인성이 막상막하로 싸우고, 통관할 丙 정관이 본분을 잊고 있어 고
부간 갈등이 심했다. 己 모친은 년간 코너에 있으며 坐墓하니 무력해지고,
卯 처는 처궁에 있으면서 재국財局을 이루어 득세하며 가권을 쥔다. 자녀

를 두면서 점차 나아진다. 시간 戊 인수는 동생 형제로서 土生金한다.

(7) 월지 寅 정재가 부친이며, 나는 적출嫡出임을 뜻한다. 월일이 재국을 이루
고 신약해서 일찍 부친을 잃거나 병약해져서 가세가 기울고, 나는 생진사
초生秦事楚한다.

(8) 일지 편재에 처궁을 둘러싸고 丙辛합과 子卯형과 時도화를 갖춘다. 자유 연
애에 시끄럽고 성병 한번 앓았다. 子卯는 병이요, 시도화는 시끄럽고, 일
지 편재는 연애다.

(9) 재다나 재국은 부양할 사람이 많다는 의미니, 부지런히 생업하나 護財 관
이 약하고 日絶이라 일 벌려도 결실이 없이 탕진 실패수 많다. 결국 득세한
처가 나서고 나는 뒤따르니 그 공이 크다.

(10) 弱辛에 日 수옥살 현침살, 월 劫煞이라, 日柱에 禍集이 집중돼 辛日이 골절
상신한다.

[男1] (立冬 후 2일째생)

시일월년	51	41	31	21	11	01
丙乙乙己	己	庚	辛	壬	癸	甲
戌未亥亥	巳	午	未	申	酉	戌
辛丁戊戊						

(1) 水印과 土財가 서로 막상막하로 진영을 이룬데, 辛 편관이 투출해 통관하고
있다. 辛 칠살은 이미 丁식신에 의해 편관으로 순화됐으며, 행운에서 받쳐
주면 발신한다. 時1 칠살을 일시에서 식상 丙丁이 겹으로 바로 합살하거나

제살하니 편살이 주눅드는 흠이 있어 고귀高貴는 어렵다. 일단 권귀權貴인 편관이 되면 행운에서 강력히 받쳐주어야 발복한다.

(2) 土水는 표리 관계로 서로 암합暗合을 이루니, 겉은 갈등하는 듯하나 내면 에서는 유화하고 유정하다. 일월에서 亥未로 妻財와 母印이 화합하니, 고부 간 갈등은 없다. 그러나 선후先後에서 서로 刑한다. 인수가 亥亥형하니 모 친 성질이 날카롭고, 일시에서 戌未형하니 자녀로 인해 부부 싸움이 잦다. 항상 모친이 다독거리면 성난 파도도 조용히 가라 앉곤 한다.

(3) 이른 겨울이지만 늦은 가을의 풍경 같이(입동 후 2 일째), 오후 8시께 들판 에는 다 탈곡해서 거둬들이고(土生金, 辛) 황량한 맨땅에(土) 시냇물이 졸졸 흐르며(亥亥) 어둠이 짙게 깔려드는 적막한(丙戌時) 시골 형세다. 여전히 들녘에서 열심히 일하다 돌아와 저녁을 먹으며 가족과 함께 담소 를 나누는 정겨운(亥未 木局 印星) 풍경이기도 하다. 산들바람이 솔솔 불 어오고(乙乙) 창공엔 멀리서 별들이 반짝이며(時丙) 청초한 밤하늘을 밝 히며 나무 사이를 수놓으려 한다(乙乙丁). 이쯤 되면 배부른 남정네는 마 루나 평상에 앉아 하늘의 별빛을 벗삼아 시詩라도 읊으려 할 것이다(印綬 格).

(4) 일지에서 나온 丁 식신은 저 하늘의 丙 별이 호수가에 비쳐준 그림자 별이 다. 또 화개성이기도 하니 처가 감수성이 민감하고 풍부해서 감상적이다. 도식이 없어 몸이 토실토실하고 얼굴도 예쁘장하다(時丙＝午). 민감한 나머지 조울증에 자주 고정苦情을 면치 못한다(乙未日에 華蓋日).

〔男3〕

시일월년	53	43	33	23	13	03
庚丙庚辛	甲	乙	丙	丁	戊	己
寅子寅丑	申	酉	戌	亥	子	丑

〔그림 85〕 늦 겨울, 햇볕이 덜드는 지하방이며 새벽이라 매우 춥고 냉습해서 건강마저 안 좋다.

(1) 寅月에 子丑寅이라 냉굴방인데, 방 공기도 차고 간신히 화로 하나 놓여 있다. 비록 寅중의 丙火를 불씨로 삼아 방을 덥힌다고 하나 물까지 흐르는 지하방이라 매우 힘들다.

(2) 행운에서 북–서 향지로 달리니 불리한데, 천간에서 다행히 丙丁 불볕이 든다.

(3) 재성과 인성이 서로 싸우고 있어, 子 정관이 통관하는 길신이다. 공문에서 헌향한다.

(4) 월과 시가 전지살이다. 자녀궁이 부모 형제 생가궁을 맞먹는 형국이라서 출생과 성장에 이변(고아 입양 등)이 있고, 자녀나 만년에 막힘이 많아진다. 생가와 인연이 멀어진다.

4 · 태신약한 명식

(日干이 뿌리가 없으며無根 생조하거나 부조함이 미약한 경우) 만약 日干이 유근有根하면 종하지 않으며不從 따라서 파격破格된다.

38. 종아격從兒格

태신약한데 식상이 많아 地支局을 이루고 天干에 나투고 있으면, 일간이 임금의 권위를 버리고 신하인 식상을 따라간다는 것이다. 옛날부터 수천년 동안, 대세가 흐르는 쪽으로 하늘은 천명을 주는 것으로 이해했다. 하늘의 언어와 표시는 곧 대세의 흐름이었다. 그 흐름의 상징이 대권이며 왕권이다. 여기서 왕권은 하늘에서 주었다는 신수설神授說이 나온다. 천명에 따라서 지상의 왕권은 바뀌기도 한다. 그것이 대세의 흐름을 읽고 따라가는 것이다.

대세는 곧 힘이요 생사여탈권이기도 해서 인생 생활에 지대한 영향을 미친다.

지금 日干 임금은 그런 권력을 하늘로부터 위임받았지만, 행사에 있어서 식신 상관의 집단의 입장을 100% 반영해 정치하겠다고 아예 선언한 상태라고 보면 된다. 임금 마음대로 권력 행사를 하는 게 아니라 식상의 의사대로 끌려서 그저 로봇처럼 하겠다는 것이니, 이게 어디 정상적인 나라의 임금인가?

그래서 예부터 외격으로 정한 것이다. 즉 외예적으로 보아 길한 명식이며 독특한 나라의 관습이기에 오히려 부귀해진다…이런 식의 설명이겠다. 이것은 대세의 흐름을 식상이 결정하는 꼴이라서 임금도 어쩔 수 없고 그렇게 함으로써 황실과 사직이 온전해지기 때문이다.

남명의 식상은 조모나 장모니, 그 분들의 덕이 커서 자랄 때 조모가 도와주고, 혼인 후에는 장모덕이 크다. 식상은 생재하니 장모를 봉양하면서 산다. 머리는 총명하고 낙천적이며 학계 교육에 종사하며 사업해서도 돈 많이 번다. 처가덕이 커서 매사 가정이 번창한다. 자녀덕은 좀 모자라고 딸이 많으며, 맏이(장자)가 별로 노릇하지 못한다. 더러 자녀들 중 아들보다 딸이 더 출세하는 격이라서, 집안에 사내들이 맥을 못추는 내력을 안고 있기도 하다. 이것은 조상의 묘나 음덕에 관련된 것으로서, 이를 면하려면 우선 살생을 멀리하고 방생과 선근 공덕을 쌓아야 다음 세대부터 호전된다.

여명은 자녀덕이 크며 출세한다. 만지는 것마다 황금으로 변하며 곧 부자된다. 몸은 비대하고 입술은 두텁고 음식 솜씨가 좋다. 중화 잘 되면 부귀해진다. 보통 자녀 낳은 후 자녀 중심으로 애정이 가며, 남편이 투덜대며 애기 같은 말싸움을 걸어오기도 한다. 대체로 무난히 재생관하면, 가정이 화락하며 사업이 잘 돼 부부 함께 종사하는 등 이재에 밝다.

〔女2〕

시일월년	52	42	32	22	12	02
丙乙丙丁	壬	辛	庚	己	戊	丁
戌巳午巳	子	亥	戌	酉	申	未

〔그림 86〕 너른 산야에 바짝 마른 잡목들과 잡초들에 불이 나서 태풍에 의해 그 불길이 손 쓸 틈이 없이 거세게 번지고 있다.

(1) 乙日이 온통 火 식신 상관으로 됐다. 乙 군주라도 무근이고 어디에 의지할 데라곤 도무지 없다. 이러면 천하를 점령하고 군주를 굴복시키고 황제 위에 오른 火에게 왕권을 넘겨 주어야만 연명할 수 있으며, 다시 황제로부터 분봉왕으로 하사下賜받아야만 국사를 다스릴 수 있다. 만약 이런 절차를 무시하고 무모하게 황권皇權에 대항하면 죽음을 면치 못하거나 쫓겨나 타국에서 빈천해지게 살아가고 만다.

(2) 행운에서 서-북 향지로 달린다. 辛亥-壬子 시절에는 지방에서 약간의 지원 세력을 믿고 乙 군주가 반란을 일으켜 과거의 왕권을 찾으려고 할 것이다. 이러면 황제가 곧 반란을 진압하고 왕족들을 살육殺戮하고 만다.

39. 종재격從財格

일간이 태약하고 재성들이 국을 이루며 연합 전선을 펼 때, 일간이 어쩔 수 없이 재성의 입장을 따라서 정치 행위를 하는 걸 종재격이라 한다. 중화를 이루면 재물이 풍족해진다.

남명은 처공으로 치부하고 감투 쓴다. 대체로 부모의 유업은 몽땅 까먹고 빈손으로 가업을 일으키되 반드시 아내의 힘을 빌어 살게 된다. 즉 부모 곁을 버리고 아내를 따라 객지에서 성공한다. 재성이 많고 국을 이루어 인성을 극하니, 편친(보통 모친) 슬하에서 자라며 형제가 적어서 매우 고독하는 편이다.

게중에는 부친을 일찍 여이고 모친이 수절하면서 날 키운 경우도 있고 남겨 놓은 재산을 다 까먹는다. 아버지가 살아 계시면 모친을 잃어 부친이 재연해서 모친을 둘 모시는 경우 있다. 처복이 많아 자유 연애로 만나며, 여성 편력이 심하고 여인의 심정을 빨리 간파하는 센스가 발달해 있어서 인기 있으나 공처가로 산다.

여명은 남편을 도와 출세시키는 귀부인이다. 돈을 벌어 가문을 빛내고 남편이 출세하며 시댁을 번영케 하니 시부모 사랑이 지극하다. 공부엔 별로 관심 없고 사귀고 노는 데엔 다재다능하고 융통성이 뛰어나다. 식상이 없으면 공부 싫어하는 것은 더하지만, 식상이 있으면 그래도 노력해서 공부하려는 성의를 보인다. 행운에서 받쳐주어 중화를 이루면 대성한다.

〔男8〕

시일월년	58	48	38	28	18	08
己丁辛辛	乙	丙	丁	戊	己	庚
酉卯丑丑	未	申	酉	戌	亥	子

〔그림 87〕 한겨울 눈 덮힌 금강산金剛山의 절경이 이른 저녁 어두운데, 희미한 그믐달이
설경雪景을 더욱 초롱하게 비추고 있어 명승 관광지로서 아름답다.

(1) 일지 卯 편인이 있어 일간이 종재하지 못할 듯하나, 卯酉 충출로 편인의 뿌
리가 뽑혀져서 丁이 의지할 곳은 재성뿐이라 종재했다. 행운이 받쳐주고
있어 재복과 관운도 따른다.

(2) 丁火가 白金을 녹이려는데 卯와 酉가 갖춰 있다. 외과 의사다.

40. 종관살격從官殺格

일간이 태약하고 관살들이 국을 이루며 연합 전선을 펼 때, 일간이 어쩔 수 없이 관살의 입장을 들어주면서 정치하는 것을 말한다. 관살의 입장에서 재성되는 비겁이나 관살되는 식상은 아주 흉하며, 그래서 재성 관살 인성은 길하다고 한다. 요컨대 남녀 다 출세하고 잘 풀리는 명식이다. 재성 관살의 구조면 부귀한 가문의 번영이 되고, 관성 인성의 구조면 효자 부모 봉양의 가문이 되니 주위 칭송이 자자한다. 조상의 음덕이 크며 조상의 혜택을 입어 자손이 잘 되는 대표적 팔자라 한다.

남명은 관성이 자녀를 뜻하므로 자녀가 크게 출세한다. 재생관하니 아내 덕도 크며 그 공덕으로 가정이 화락하며 화평하다. 또 인성이 있으면 태다한 관살을 설정시키니 효자 노릇 하고 부귀한다.

여명은 남편복이 많아 좋은 가문의 남편을 맞이하고 시댁의 사랑을 받아 번영시킨다. 인성이 관살을 설정시키면 남편이 친정 부모를 가까이 모신다. 친모와 남편 그리고 내가 함께 살기도 한다. 여명에서 아주 좋은 명식이다.

〔男9〕

시일월년	59	49	39	29	19	09
乙己乙癸	己	庚	辛	壬	癸	甲
亥丑卯未	酉	戌	亥	子	丑	寅

〔그림 88〕 卯月 오후 10시 경인데, 己 군주는 木 점령군에게 왕위를 내주고 분봉왕으로서 자리한다.

(1) 乙木 점령군이 천하를 통일하고, 이제 己土 왕에게 굴복하기를 요구한다. 己丑日이 그토록 의지하고 믿었던 丑과 未도 자중지란自中之亂이 벌어져서, 충출로 뿌리가 뽑혀서 己土 군주는 지지 세력을 잃고 그만 乙木 황제에게 왕권을 바친다.

(2) 행운에서 북-서 향지로 달린다. 천간에서도 모두 황제에게 충성을 바치고 있어 천하가 태평하다.

5 · 태신왕한 명식

(日干이 득령 득세 득지 중 2 이상이고, 生扶가 一色일 때)

41.-1,2,3,4,5 일행득기격一行得氣格

일행이란 오행 중 어느 한 오행이니, 명식 구조에서 오로지 한 가지 오행으로만 돼 있는 경우다. 즉 신왕에 비겁이 태다해서 된 명식을 말함이니, 종왕격의 일종이다. 여기에 5형태가 있다.

① 곡직격＝온통 木으로 된 명식인데, 몸이 장대하고 인자하고 곧다. 甲乙日에 월지 중심으로 寅卯辰나 亥卯未 모두 있고 金이 섞이지 않는 경우다.

〔男〕(『命理正宗』)
　　시일월년
　　戊甲癸壬　　戊　　丁　　丙　　乙　　甲
　　辰子卯寅　　申　　未　　午　　巳　　辰

② 염상격＝얼굴이 불같이 붉고 성급하며 예의가 바르며 구변도 좋아 설득력이 있다. 영웅적 기질이 있고 의협심을 부린다. 丙丁日에 월지 중심으로 巳午未 다 있거나 寅午戌 다 있으면서 水가 섞이지 말 것이다.

〔男〕(『命理正宗』)
　　시일월년
　　甲丙辛乙　　壬　　癸　　甲　　乙　　丙　　丁　　戊　　己　　庚
　　午午巳未　　申　　酉　　戌　　亥　　子　　丑　　寅　　卯　　辰

③가색격=신체가 뚱뚱하며 언어가 허스키하고 무거우며 성정은 돈후하고 신망이 있어 모두 우러러 본다. 보통 종교가 교육가에게 많고 얼굴이 둥글 넓적하며 키는 작은 편이다. 戊己日에 월지 중심으로 辰戌丑未 있고 木이 없을 것이다.

〔男〕(『命理正宗』)
  시일월년
  癸戊己戊　　丁　　丙　　乙　　甲　　癸　　壬　　辛　　庚
  丑辰未戌　　卯　　寅　　丑　　子　　亥　　戌　　酉　　申

④종혁격=피부가 희고 음성이 밝고 우렁차며, 성질은 강렬하고 정열적이다. 위풍 당당하며 냉엄한 처신력이 있다. 庚辛日에 월지 중심으로 巳酉丑 다 있거나 申酉戌 다 있고 火가 없을 것이다.

〔男〕(『淵海子平』)
  시일월년
  辛庚戊辛　　壬　　癸　　甲　　乙　　丙　　丁
  巳申戌酉　　辰　　巳　　午　　未　　申　　酉

⑤윤하격=눈썹이 짙고 눈이 맑으며 머리카락이 많다. 머리가 비상 총명하며 문학 예술에 뛰어나다. 壬癸日에 申子辰 다 있거나 亥子丑 다 있으면서 土가 없을 것이다.

〔男〕(『淵海子平』)

　　시일월년

　　辛壬庚庚　　丙　乙　甲　癸　壬　辛
　　亥申辰子　　戌　酉　申　未　午　巳

　이 격들은 전일專一하므로 이 경향에 따름이 길신이요, 거스르면 흉신이다. 너무 태다해서 막히면 설정시킴이 제일이요, 전왕이 모자라서 보충이 필요하면 인성운이 길신이다. 그러나 항상 재성운이나 관살운이나 형충운은 명식을 탁하게 만들어 아주 불행해진다.

　만약 이 격들이 가장 꺼리는 재관운을 만나면 만사가 어긋나고 헛되매 실업자失業者가 되거나 입산入山해서 업을 닦아야 하거나 무업巫業, 예능계나 유흥업소, 밤무대, 막노동으로 나아가 생업하기도 한다. 여명에게는 남편운이 없어 흉조로 여겨진다.

42. 종화기격從化氣格

　신왕하고 化하는 오행이 많거나 지지가 화오행으로 되면, 이를 화한 오행대로 따라간다 해서 종화기격이라 부른다. 화오행을 따르면 길신이요, 이를 극하는 오행은 아주 흉해진다. 이 격에도 5가지 형태가 있다.

①土화기격(甲己從化格)
　甲(己)日이 시간이나 월간에 己(甲) 있고, 월지가 辰戌丑未月인 것.

②金화기격(乙庚從化格)
　乙(庚)日이 시간이나 월간에 庚(乙) 있고 월지가 巳酉丑申月인 것.

③水화기격(丙辛從化格)

丙(辛)日이 시간이나 월간에 辛(丙) 있고 월지가 申子辰亥月인 것.

④木화기격(丁壬從化格)

丁(壬)日이 시간이나 월간에 壬(丁) 있고 월지가 亥卯未寅月인 것.

⑤火화기격(戊癸從化格)

戊(癸)日이 시간이나 월간에 癸(戊) 있고 월지가 寅午戌巳月인 것.

이 격들에도 화한 오행이 넘칠 때가 있겠고(化氣有餘), 모자랄 때가 있을
것이다(化氣不足). 화기가 넘치면 설정함이(즉 식상운이) 기쁘고, 부족하면
보태줌이(즉 인성운이) 좋다. 격을 잘 이루면 행복해지고 그렇지 못하면 감
복이 돼 파란이 예상된다.

6 · 나머지 형태의 명식

(명식의 해석에서 세밀한 주의와 관심을 요하는 잡격의 구조)

이상의 관법觀法 말고도, 독특하고 제한된 구조를 갖추었기에 그에 따라 간명해야 한다.

43. 가종격仮從格 및 가화기격仮化氣格

여기서 말하는 가종에는 주로 종아격 종재격 종관살격 (종강경 종왕격) 등과 종화기격이 해당된다. 다 대세大勢를 일간이 따르는 형국이라 종격인데, 간혹 명식에서 한 두 개 오행이 대세를 거스리게 마련이다. 대세를 거르리니 이게 병이다. 온전한 격의 형식을 깨뜨린 셈이라(破格) 흉조로 본다. 그러나 이 병을 제거하게 되면 본래의 격이 회복돼 길해진다(破格에서 成格). 그렇지 못하면 파격된 채 고생이 많아지며 만사가 불성한다.

대부분 일간이 종도 아니요 부종도 아닌 상태로 어정쩡한 태도를 보이는 경우가 많다. 매우 흉한 인생을 예고한다. 하는 일마다 실패하기 쉽고 가정적으로도 비참해진다. 이것은 행운과 비교해서 잘 살펴야 중화의 정도를 알 수 있다.

일반적으로 가종격이나 가종화격에는 구조상 결함이 있어서, 어릴 때 고독했으며 액난이 심하고 성장 과정이 험난해서 의심이 많고 총명하나 거만스럽다. 평탄치 못한 인생의 여정을 통해 40 넘어서 늦게나마 삶의 이치를 알고 마음을 가다듬어 새로운 인생을 걷기도 한다.

일찍이 부모를 여의고(보통 편모슬하에서 자라며), 고생 속에 살고 험란한 빈곤을 겪으며 기술직, 예능직, 종교직, 역술직, 유흥업직에 종사한다. 이 격은 길보다 흉이 더 많아 가정적으로 사업적으로 고생하나, 더러 길운을 타면 부귀해지기도 한다.

대체로 종화격을 이루면, 다재다능하고 처세가 능하며 능소능대해서 재치와 눈치가 빠르며 상대방의 현재 감각 상태를 금방 잡아내 읽고 비위도 잘 맞춘다. 진종화격은 긍정적인 면이 많이 나타나 출세 성공의 기회를 잘 잡을 자산이 되지만, 가종화격은 부정적인 면이 많이 나타나 자기 꾀에 자기가 넘어가는 격으로 너무 빠른 계산과 박식함 때문에 감복이 돼 오히려 고생하고 마는 수 있다.

특히 가종화격은 화정和情함과 무정無情함이 극을 달리며 신경질이 자주 솟구쳐서 화를 잘 내며 어릴 적 쌓인 열등감이나 울화가 치밀어 사태를 악화시킨다. 다재다능하고 총명하나 행운에 따라 길흉이 크게 좌우되는 명식이다. 형충함은 아주 흉하다.

의외로 가종이나 가화되는 구조의 명식이 참 많다. 보통 일반격에 속하면서 가화 가종하는 경우다. 그러니 그 속한 격대로 해석하되 거기에 이 가종 가화의 운명적 암시도 곁들여야 한다. 특히 가화란 탐합에 의한 격국의 흐트러뜨림이기에, 가족 혈통이나 애정사에 얽혀서 성장하면서 많이 고생한다.

〔男3〕

시일월년				53	43	33	23	13	03
丙戊庚丙				53	43	33	23	13	03
辰辰子申				午	巳	辰	卯	寅	丑

〔그림 89〕 겨울 아침 나절에 갑자기 홍수가 나서 산사태로 가옥들과 건물들이 무너지고 사람들이 떠내려 가고 있다.

(1) 월지 정재에 지지에 수국水局을 이루고, 식상도 생재生財하면서 戊 日干을 압박한다.

(2) 마땅히 일간은 종재해야 되나, 丙 편인이나 辰 관대에 의지하려고 고집 부린다. 이처럼 종하지도 못하고(＝不從格) 또 어떤 격을 이루지 못할 때(＝不成格), 인생에 파란이 많다.

(3) 양 일간은 동방 향지에는 천간에 壬癸가 있어서 그 동안 억지로 가종하다가 乙巳 남방 향지에 들어서니, 종할 수가 없다며 자력 갱생을 선언하자 말자 술독에 빠져 패인廢人이 되고 말았다.

(4) 이 명식을 더 명료하게 보려면, 戊辰日에 丙辰이 있어 곧 일덕격의 성립 여부도 보면 도움된다. 일덕격의 성립의 요건은 일덕이 겹치고, 신왕해야 하고, 재성이 없어야 좋고, 칠살이 있으면서 인수를 생하면 더욱 좋다. 형충 공망 양인 괴강 등은 싫어한다. 행운에서 양인, 괴강운을 보면 사망하기 쉽다.

이에 비추면 이 명식은 파격되고 다른 격으로 본다.

(5) 日時에 형출하니 乙木 정관이 투출되고 수국으로 범람해서 사방으로 흐르고 있다. 화개 辰에서 나온 乙은 부드러운 넝쿨 수초樹草로서 자녀다. 안정되지 못하고 수초水草 같이 떠돈다. 水는 물, 술, 유흥업 등인데 익사할까 두렵다.

(6) 辰戌巳亥日이고 주중에 이 중 1 이상 있으면 매사 실패하는 재앙이 크며, 다시 행운에서 거듭되면 구속, 감금, 관재, 실패, 상신…등으로 고생한다. 특히 辰(戌)日에 巳(亥)운을 보거나, 巳(亥)日에 辰(戌)운을 보면 금실이 깨지고 별거 생사이별한다(70%).

(7) 제 5 대운과 월주의 천간은 언제나 합되고, 지지는 합이나 원진된다. 乙庚 간합이 일간에게 이롭지 않으며, 巳는 막강한 申子辰 水局에 끌려 여우짓해서 대세에 탐합하려 한다. 巳 건록은 본분사를 잊고 탐합하려 든다.

참고-〔女3〕

시일월년	63	53	43	33	23	13	03
庚乙庚辛	丁	丙	乙	甲	癸	壬	辛
辰未子丑	丁	丙	乙	甲	癸	壬	辛

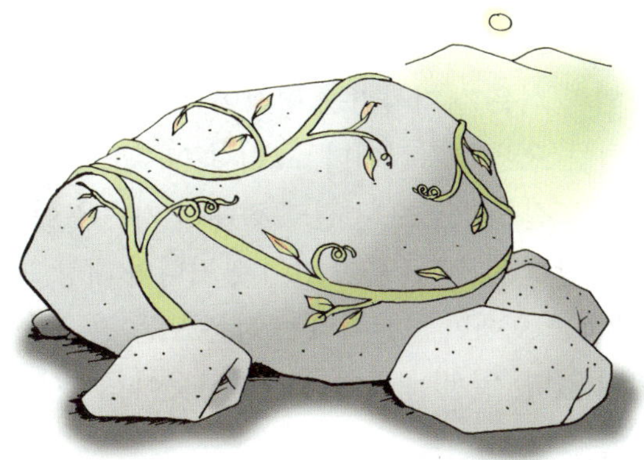

〔그림 90〕 겨울 깊은 산골 돌산에 외로이 자란 넝쿨 나무는 큰 바위를 휘감고 살아간다.

(1) 乙庚이 쌍으로 합하니, 전체적으로 土金水로 짜여져 있다. 이러면 水木이 길신한다.

(2) 그러나 수국水局이 돼, 가종화격이 아니다. 따라서 일반 내격으로 간명해야 한다. 물론 가화격의 흉암시는 지닌다.

(3) 신약하고 관살이 혼잡하며 재성이 生殺하고 있어서, 水인성을 용신하는데 수국 이룬다.

(4) 행운이 불리하다. 관살혼잡에 합도 많으니, 인생이 고달프다.

(5) 명에 합도 많고, 乙의 귀인 子月과 庚의 귀인 丑未가 있어 많다. 비천해진다.

44. 양신성상격兩神成象格

　명식 구조가 크게 두 개의 오행으로 구성된 형태의 명식을 말한다. 木火 火土 土金 金水 水木으로 된 상생相生 관계의 경우가 있고, 또는 木土 土水 水火 火金 金木으로 된 상극相剋 관계의 경우가 있다.

　상생 관계의 구조의 명식은 설기시키는 명식이 길신이요, 상극 관계의 구조의 명식은 통관하는 오행이 길신이다. 그러나 이것도 신왕 신약 등을 보아서 중화하는 쪽으로 길신을 잡으니 결코 절대적 기준은 아니다. 특히 이 격에 대해 예부터 상당한 이론異論들이 있어 왔거니와 대강 그렇다는 것이요, 우선 중화를 요하는 오행이 길신이라는 점은 모든 격국에 두루 통하는 대전제로서 변함이 없다. 일반 내격에서 간명하듯이 중화 중심으로 해석하면 되겠다.

〔남7〕(立秋 후 11일째생)

시일월년	57	47	37	27	17	07
辛戊庚戊	丙	乙	甲	癸	壬	辛
酉辰申戊	寅	丑	子	亥	戌	酉
@癸壬丁						

(1) 土金으로 된 명식이나 신약하다. 이미 3陰이 성하고 金氣가 왕하다.

(2) 火神의 조후가 필요하다. 또한 金氣를 설하는 水氣도 길하다. 土-金-(水)로 유통한다.

45. 암충격暗冲格 등 잡다한 격

암충격이란 허충격이라고도 하며, 지금 명식에는 보이지 않는 재관을 충출해서 용신 삼는다 해서 붙혀진 격이다. 인간은 살면서 재관이 절대적으로 필요한 자산이기에 이것이 보이지 않는 가운데에서라도 뽑아내 성공 출세의 요체가 될 수 있음을 말한다. 재관이 명식에 보이지 않는다면 천명은 보이지 않는 곳에 있는 재관을 중화의 길신으로 숨겨 놓은 것이니, 그걸 찾아다 쓰라는 방정식을 제시한 것으로, 우리는 인식하고 그것을 찾으면 된다. 그러다 보니 암충격이나 잡격 등은 매우 제한된 구조와 형식을 가지게 된다. 이 격에 딱 들어 맞으면 부귀해진다. 불세출의 영웅과 인물들은 대개 이런 특이한 잡격에 많이 속하기도 한다.

이 중에서 가장 대표적인 형태의 한 두 개를 들어 그 윤곽을 알아보고자 한다.

(a) 일정한 일간이 일정한 지支 3개 이상을 가질 때 성립되는 격
　비천록마격 임기용배격 축요사록격

(b) 일주와 시주를 중심으로 한 독특한 격
　자요사록격 육갑추건격 육음조양격 육임추간격 육을서귀격

① 비천록마격飛天祿馬格

1) 하늘로 나는 벼슬 말馬이란 거창한 상징어는 국가의 고관대작을 한다는 말로서 유명하다. 주로 법조계, 검찰, 경찰, 군인 등 형권직에서 성공 출세함을 의미하는 격이다.

2) 庚子日, 壬子日이 子를 3 이상 가지되, 庚의 관살되는 丙丁, 충 午, 그리고 壬의 관살 戊己, 충 午나 支合되는 丑을 보지 말아야 하며, 대신에 寅이나 戌, 未를 가지면 아주 좋다. (명식에 없는 午를 암충해서 용신 삼는다는 것이다.) 고로 남방 향지에는 흉하고, 金水 운엔 발신한다. 火運은 전실되고, 丑은 합반合絆이요, 金水運은 신왕해지기 때문이다.

3) 전실이 흉함은 巳午 火 관살이 명중에 있으면, 子 字가 허공에서 午를 불러올 수 있는 명분이 없기 때문에 격을 이루지 못하거나 격에 흠집이 난다. 또 기반이 흉함은 탐합망본貪合忘本, 즉 子 字가 합을 탐하다가 제 본분을 잊어버리기 때문에 그렇다는 것이다. 모두 재관이 건실하게 있어야만 출세하고 명리를 얻는 것인데, 이것의 존재 구조가 보통이면 평인이요 기특하면 비상한 인물이라는 소식이다. 이 격을 잘 이루면 대부귀하고, 흠이 있으면 감복하고, 아주 파격되면 빈천해진다.

4) 庚子일은 午 속의 丁정관과 己인수를 쓰고자 함이요, 壬子日은 午 속의 丁정재와 戊정관을 쓰고자 함이다. 그러니 午와 지합되는 未나 삼합되는 寅 戌이 있으면 암신 午가 왕해지니 특히 고귀해진다는 이론이다. 그러므로 이런 재관인이 원국에 있거나 행운에서 오면 파격돼 흉해진다. 원국에 있거나 행운에서 보면 감복 된다.

5) 辛亥日, 癸亥日이 亥를 3 이상 가지되, 辛의 관살되는 丙丁이나 癸의 관살되는 戊己와 모두 충 巳나 支合되는 戌을 보지 말아야 하며, 대신에 申, 酉나 丑을 가지면 아주 좋다. (명식에 없는 巳를 암충해서 용신 삼는다는 것이다.) 고로 남방 운에나 寅이나 戌 있으면 흉하고, 金水 운에는 발신한다. 火運은 전실되고, 寅戌은 기반이요, 金水運은 신왕해지기 때문이다.

6) 辛亥日은 멀리 허공에서 巳를 불러들여 그 속에 있는 戊인수와 丙 정관

을 쓰고자 함이요, 癸亥日도 巳 속의 丙 정재와 戊 정관을 쓰고자 함이다. 그러니 巳와 지합되는 申이나 삼합되는 酉丑이 있으면 암신 巳가 암국暗局돼 유력해지니 특히 일간이 고귀해진다는 이론이다.

〔男〕

시일월년				
壬壬壬壬	戊	丁	丙	乙	甲	癸
寅子子子	午	巳	辰	卯	寅	丑

〔男〕 (陽明學의 開祖 王守仁 1472~1528)

시일월년				
癸癸辛壬	丁	丙	乙	甲	癸	壬
亥亥亥辰	巳	辰	卯	寅	丑	子

7) 丙午日에 午가 3 이상이고, 子 未가 없어야 성격한다.
丁巳日에 巳가 3 이상이고 亥 申 辰이 없어야 성립한다.
이상 둘을 도충록마격이라 한다.

〔男8〕 (俞 @@ 黨首 1906~1987)

시일월년	78	68	58	48	38	28	18	08
甲丁癸丙	辛	庚	己	戊	丁	丙	乙	甲
辰巳巳午	丑	子	亥	戌	酉	申	未	午

② 임기용배격壬騎龍背格

1) 용의 등에 올라탔다는 거창한 술어인데, 정치가나 행정관료 등에 진출해서 출세한다는 것이며, 壬辰日에 辰이나 寅이 많은 경우다. 辰이 많으면 고귀해지고, 寅이 많으면 부유해진다.

2) 戌을 암충하니 명식에 戌(戌)이 있으면 전실되므로 불취不取하고 다른 격으로 본다.

[男2]

시일월년	52	42	32	22	12	02
壬壬甲壬	庚	己	戊	丁	丙	乙
寅辰辰辰	戌	酉	申	未	午	巳

[男] (王 巨富)

시일월년

壬壬壬壬	己	戊	丁	丙	乙	甲	癸
寅辰寅寅	酉	申	未	午	巳	辰	卯

③ 축요사록격丑遙巳祿格

1) 辛丑日이나 癸丑日이 丑이 많음이며, 신왕하고 申, 酉가 있으면 좋으니 부귀 겸전한다.

2) 재성운이나 인수운 오면 개운된다. 신약하고 관살인 巳子 未(충)를 보

면 파격이다. 만약 이 격인데 조금 결함이 보이면 헛수고 하는 고통이 많다.

3) 辰戌未月은 잡기격으로 본다.

4) 아주 신왕하면 오히려 관성운을 만나야 발신한다.

5) 원국에 관살이 있으면 그걸 용신한다.

〔男4〕(日本의 伊藤博文 1841~1909)

시일월년	74	64	54	44	34	24	14	04
癸癸戊辛	庚	辛	壬	癸	甲	乙	丙	丁
丑丑戌丑	寅	卯	辰	巳	午	未	申	酉

〔男〕(李儁 烈士 1859~1907)

시일월년	57	47	37	27	17	07
癸癸丁己	辛	壬	癸	甲	乙	丙
丑丑丑未	未	申	酉	戌	亥	子

④ 자요사록격子遙巳祿格

1) 甲子日 甲子時이며 庚辛申酉丑午가 없는 경우에 성립하며 평생 유복 부귀하다. 子의 癸水가 巳를 멀리 그리워 해서 巳중의 戊土와 암합하게 되면, 巳중의 丙火가 이를 질투해서 酉중의 辛金과 丙辛합하려고 할테니, 이 辛金을 甲日의 정관으로 삼는다는 의미로 붙혀진 이름이다.

2) 월령이 식신 상관 재성 관성 인성이면 일반격으로 볼 것이다.

3) 亥子月이나 寅卯月이면 아주 신왕해서 오히려 관성운을 만나야 발복한다.

4) 庚辛申酉巳丑午 있으면 파격으로 감복된다.

[女5] (任@@ 長官 1899~1977)

시일월년	65	55	45	35	25	15	05
甲甲丙己	癸	壬	辛	庚	己	戊	丁
子子子亥	未	午	巳	辰	卯	寅	丑

⑤ 육갑추건격六甲趨乾格

1) 甲은 亥에 장생이고 壬은 亥에 건록이니, 인성이 왕한 것으로 크게 출세한다는 것에서 이름한 것이다. 甲日이 乙亥時인 경우다.

2) 신왕하고 水가 많거나 亥子 많고 충하는 巳 없음은 좋다.

3) 巳 형충 있거나 인성이 없는데 재관이 많으면 신약해지므로 재앙이 많아지고, 특히 금기金氣 관살이 많으면 단명해진다.

〔男〕(科擧及第)

시일월년

乙甲乙癸　　庚　　辛　　壬　　癸　　甲
亥寅卯卯　　戌　　亥　　子　　丑　　寅

〔男9〕(申@@黨首)

시일월년	79	69	59	49	39	29	19	09
乙甲辛甲	己	戊	丁	丙	乙	甲	癸	壬
亥寅未午	卯	寅	丑	子	亥	戌	酉	申

⑥ 육신조양격六辛朝陽格

1) 6陰의 끝을 亥라 하고 1陽의 시작을 子라 하며, 6음이 양지陽地에 돌아가는 격이므로 조양朝陽이라 한다. 6辛日이라 하나, 辛丑日 辛亥日 辛酉日이 戊子時인 경우로 신왕하고 子字 1위만 좋고, 많으면 이 격이 안된다.

2) 관살丙丁, 충午巳 있으면 흉해서 다른 격으로 본다. 子가 허공에서 무엇을 충래冲來하는 격이 아니므로 丑이 있어도 무방하다.

3) 그래서 辛卯日이나 辛未日이나 辛巳日은 격을 이루지 않는다.

4) 辰戌丑未月 戊己 있으면 인수격이고, 寅卯月 甲乙 있으면 재성격이 되기도 하는데, 큰 뜻을 이룬다. 월지가 비겁比劫이면 흉하지는 않으나 처자妻子를 상한다.

5) 동방운은 길하고 남방운은 흉하다. 인성과 재성이 다 있으면 크게 성공하는데, 설령 財印이 없더라도 보통보다 나은 생활을 한다.

[男] (崔@@ 將軍)

시일월년	53	43	33	23	13	03
戊辛己戊	乙	甲	癸	壬	辛	庚
子未未辰	丑	子	亥	戌	酉	申

⑦ 육임추간격六壬趨艮格

1) 壬은 亥에 건록이고 寅에 암합하니 이렇게 부른다. 壬日이 壬寅時인 경우로 신왕하고 寅이 많거나(부자다) 辰 은 좋고(貴하다), 壬辰日 壬寅日은 그 중에서 좋다.

2) 申 亥(塡實) 형충 있으면 파격이다. 申 행운엔 흉하고, 亥月生은 빈천하다.

3) 신왕하고 재관이 왕하면 부귀하나 관살이 와서 신약해지면 빈천해진다.

[男7] (나세르 이집트 大統領 1918~1970)

시일월년	73	63	53	43	33	23	13	03
壬壬癸丁	乙	丙	丁	戊	己	庚	辛	壬
寅戌丑巳	巳	午	未	申	酉	戌	亥	子

⑧ 육을서귀격六乙鼠貴格

1) 6乙日이라 하나, 乙未日 乙亥日이 丙子時인 경우로 신왕하고 多子(＝天乙貴人) 식신 상관 재성 인수는 기쁘니 인품 높고 부귀해진다.

2) 庚辛申酉丑午 형충 관살 있으면 매우 빈천해진다. 행운에서 형충 관살이 와도 빈궁해진다.

3) 이 격은 명리를 얻고 부유하나 처자를 상실한다.

4) 乙卯日은 子 형되고, 乙丑日은 子合하고, 乙巳日은 속에 정관 있고, 乙酉日은 칠살되니 취하지 않는다.

5) 월령에 관살이면 관살격이 된다.

〔男〕(李 總兵)
시일월년

丙乙丁甲	癸	壬	辛	庚	己	戊
子未卯寅	酉	申	未	午	巳	辰

⑨ 형합록격刑合祿格

1) 癸亥 癸卯 癸酉의 3日로서 甲寅時를 갖는 명식으로 甲寅이 길신되는데, 戊己 庚辛 巳申나 癸未 癸巳 癸丑이 원국에 없어야 성립한다.

2) 癸未나 癸丑은 바로 밑에 칠살이 있고 癸巳는 정관이 있어 안 되고, 巳를 보면 전실이요, 申이나 庚寅을 보면 길신 時桂를 충이라 파격된다. 많이 복감한다.

3) 寅의 刑인 巳를 요출遙出해 와 巳 속의 戊 정관을 합한다는 이치에서 형합록이라 한다. 酉나 丑을 보면 巳를 유정케 해서 더욱 명리가 현달한다.

4) 亥, 午, 戌은 甲寅과의 합반合絆으로 보지 않으니 무방하다.

『명리정종』

5) 時가 상관이니 문화, 예술, 기예 등에 특출함을 암시하며, 빈 손으로 창업해서 크게 성공 현달한다. 신왕함을 요구되며, 격이 되면 중년에 크게 발신한다.

6) 격이 깨지면(破格) 주색 등으로 파가하며 파란 많은 인생이 된다. 甲寅과의 간충지충하는 행운에는 재앙이 갑자기 크다. 보통 癸日 甲寅시에 형합이 되려면, 己巳나 戊申이 오면 곤랑도화가 된다. 이러면 형합격이 깨지면서 주색의 형액을 맛본다.

7) 癸未日 癸巳日 癸丑日에 甲寅時는 교통사고 당하기 쉽다.

[女1]

시일월년	71	61	51	41	31	21	11	01
甲癸己癸	丁	丙	乙	甲	癸	壬	辛	庚
寅卯未酉	卯	寅	丑	子	亥	戌	酉	申

(1) 꺼리는 편관 己未월이 있어 파격이며 고생이 많다. 비록 甲己 합으로 서배 舒配하니 무방한 구조를 이루고 있으나, 未月 칠살이라 다시 흉격을 이룬다. 게다가 庚申 辛酉 유년 시절은 매우 곤고했음을 말한다.

(2) 년일에서 간은 같고 지는 충한다. 년간은 부왕父王이요 옥황상제요, 년지는 황실이요 자미원이다. 이름을 같이 씀은 이것도 하극상이요, 황실을 존중하지 못함은 내궁內宮에 병란이 있음이다. 혈통과 가문의 정통성이나 뼈대를 무시하고 함부로 행동하며 조행操行이 안 좋아 가계가 문란하거나 골육이 상전함을 의미한다.

(3) 일지 식신에 시에 상관이 득위하고 있으면서 월 己未 칠살을 합살合殺(甲己合, 亥未半合)한다고 하지만, 이것도 후(=일시)에서 선(=년월)을 치는 하극상이다. 하극상하면 북두칠성과 태미원에 도전하는 꼴이 돼, 옥황상제의 진노에 의해 벌이 내려져서 가정에나 일에 재앙이 많아진다. 그래서 고서에 월의 칠살을 아래서 충극 합 괴강 형충하면 재앙이 백출하거나 단명해진다 했다.

제4장 내8격론

金

利簋　叔卣　戠鼎　臣卿　宅簋　審鼎　麥盉

麥鼎　段金　盨尊　遹甗　彔簋　橘伯　陵子　盤　昏鼎

師同鼎　吳方彝　師兌簋　弔尃　父盨

參生盨　醫生簋　易鼎　同卣　舍父鼎　彔伯簋

이상에서 일반적으로 많이 통용되는 격국들을 간추려서 살펴보았으나, 그것들은 사실 내격으로 치는 8개의 격국의 변화된 격들에 불과하다. 즉 내 8격에 다소 변화를 준 것이 바로 다양한 육신과 길신과의 관계로 주로 억부법에 의한 중화 형태의 형상격이란 것이며, 이런 차원에서 내격이나 외격마저 설명하려고 한다. 그런데 그 모든 격국들은 내8격을 바탕으로 변화된 것이므로 반드시 8격에 대한 충분한 이해가 전제되지 않으면 사실상 사주 공부는 많은 오차를 범하고 만다.

내격의 기본으로 월지月支를 차지한 육신을 격으로 삼는다. 월지는 나라의 국사의 중심인 중앙청사와 같으며, 부모 형제가 공유하고 뿌리를 같이 하며 내가 타고난 생가生家와 같다. 나라와 집안의 대들보는 전체를 규정하고 성격成格을 가지므로 사주에서 월지를 격국으로 삼는 것이 오래된 전통이다.

월지가 중앙청사와 같다면 막강한 권력의 집결지인데, 월지는 실지로 명식에서 얼마나 강력한 힘을 가질까? 대체로 힘의 크기로 보아, 천간을 1로 보면(년간은 0.5, 시간은 1.3), 년지는 1, 월지는 2.5, 일지는 1.5, 시지는 1.7 정도라고 보면 무난하리라. 그래서 득령한 육신의 길흉간의 작용은 매우 크며, 따라서 월지로써 격국을 삼는 것도 일리 있다고 여겨진다.

그래서 길신이 월지에 득령하면 총리대신이 내각을 장악한 셈이라서 임금에게 길조로 여기며, 반대로 흉신이 월지에 득령하면 총리대신이 내각을 장악하지 못하고 별도의 제2 청사에서 내각회의를 하는 꼴이라서 말하자면 총리대신 서리가 되는 셈이라 나라와 군주에게 품격과 천복天福이 한층 떨어지는 위상이 되고 만다. 이렇게 월지의 조정의 제1 청사는 중요하며, 청탁淸濁의 문제를 가리는 중요한 단서가 되고 있다.

일간이 군주라면 월지는 정치의 산실인 조정이다. 조정의 총리대신이 올린 국사에 대해 군주는 선택적 결재 권한을 갖는다. 총리는 늘 국정을 논하는데 군주와 독대하며 군주의 최고 측근으로서 임금을 보필하고 위호한다. 임금은 북극성과 같이 체體이며, 총리는 사방 28수宿를 거느린 북두칠성의 우두머리로 용用이다. 모든 별은 북극성을 원점으로 일정한 궤도를 돌고 돈다. 체와 용이 합쳐서 나라의 국정이 돌아간다.

이 점에서 임금의 일간과 내각 조정인 월지와 총리인 용신의 건강과 역량 및 품질이 나라의 품위와 부국강병에 있어서 매우 중요한 관건적 요소다. 다 건강하고 상처나지 않아야 하고 유력한 위치를 차지해야만 제 본분과 책임을 다할 수 있어서 나라와 종묘 사직이 안녕할 것이다. 만약 한 곳이라도 건강에 빨간불이 커지고 반신불수되면 그 나라의 정치 경제는 뒤틀리기 시작하고 마침내 민중 봉기가 일어나고 국법이 무너져서 질서가 곤두박질하며 임금과 백성은 빈천해지고 말 것이다.

격국은 월지의 투출된 干을 가지고 격의 이름이 붙는다.
식신격 상관격 편재격 정재격 편관격 정관격 편인격 정인격

식신 재성 정관 정인의 4격은 청신이라 대체로 청격으로 행복의 의미가 보태지고, 비겁 상관 칠살 편인의 4격은 탁신이라 대체로 탁격으로 감복의 의미가 보태진다. 많아지면 흉조가 강화되고 흉신이라 하며, 중화되면 길조가 강화돼 길신이라 한다.

1. 식신격食神格

식신은 밥그릇이며 제조업 생산 치료를 의미하는 넉넉한 복덕신이다. 살찐 편에 도량이 넓고 희생 정신이 있으며 상냥하고 붙임성이 좋고 영감과

재주가 많으며 의식도 넉넉하다. 도식이 가까이 있을수록 헐벗고 빈천해지며 사업이 잘 돼가도 갑자기 망하기 2, 3번 이상이다. 년월에 식신이 있거나 1개 식신이 월에서 건록(食神建祿)하면서 상하지 않으면 복록이 아주 크며 조업이 융성하는데, 일이나 시에 정관이 있으면 고관 요직에 오르는 등 크게 부귀해진다. 1위 식신이 생왕하면 재관보다 낫다. 식신격은 몸이 돈후하고 효성스럽고 넉넉하나 공부는 잘 하려 안 한다. 정인이 있으면 공부도 잘 하고 솔선수범하며 주위의 사랑을 받는다.

식신은 만발한 꽃으로 열매를 맺는 화려한 상태다. 남들 앞에서 자랑을 좋아하고 생산과 사치나 예술적 감각을 좇아 자신을 나타내는 설정의 신이다. 자유와 방임을 추구하고 새로운 것을 찾아 자주 외출하는 감성과 육욕肉慾의 화염이라 식신이 많아지면 상관격으로 변질돼 기존 질서나 예법을 무시하고 함부로 탈법 행위 등을 하게 된다. 일탈을 일삼고 잔재주를 무용담으로 자랑한다. 이기적이고 인색해지며 남이 잘 됨을 싫어하고 중상하고 게으르다. 그래서 남녀의 만남도 자유 연애가 많고, 식신이 많을수록 상관의 영향을 받아 색정 관계로 재앙을 불러오게 되며 유흥업소나 홍등가 주색업 등 그런 업종에 종사하고 만다.

식신은 청신淸神이니 생왕함이 좋고 문창이나 학당 천을귀인 재관 등이 동궁同宮하면 발복하나, 형충 입묘 공망 사절 망신 도화 등이 동궁하면 흉해져서 고생하게 된다. 식신격인데 비견이 2, 3개 있어도 비견들이 식신을 쟁탈해서 흉해지는데 만약 양인이 거듭되면 평생 고생만 하고 빈천해지며 아프고, 도식운이 오면 생명이 위험하거나 걸식하거나 장애 입으며, 음식물 위장병 정신병 졸도액 등으로 구사일생한다.

그래서 식신격이라도 년월에 비견 겁재가 겹치면 비겁이 쟁탈하는 탁신이므로 조업을 얻지 못하고 받더라도 없애고 말며, 일지가 도식이면 배필로 인해 치욕을 당하고 재앙 오며, 도식운 오면 도로에서 객사하기 쉽고 아들이 죽기도 한다. 신약하고 식신이 많으면 설정이 태과라 해서 재앙이 입에서 나오고, 여명은 호색하고 천업에 종사하며 남명은 자녀에게 재앙온다. 신약에 식신격인데 관살이 혼잡되면 극설剋洩이 교집交集돼 질병을 앓고 예술인, 승니, 도사 등 기행奇行을 잘 한다.

日干	月支	식 신 격
水	木	세상 물정에 밝고 매사에 능통하며 문장력도 있으며, 명랑하고 청수하다.
木	火	인생의 속성속패가 빠르며, 박학하며 명망도 있다.
火	土	언동이 바르고 원만하나, 매사에 막힘도 많아 고생한다.
土	金	재물에 집착이 심하고 민첩하며 춤, 노래 , 글, 그림 등 소질 많다.
金	水	학식이 많고 구변도 좋으며, 총명하고 능력가다.

〔男8〕

시일월년	58	48	38	28	18	08
丙乙甲辛	戊	己	庚	辛	壬	癸
戌未午丑	子	丑	寅	卯	辰	巳

(1) 木火 식신격이나 시에 상관이 투간되고 火局을 이루어 상관격으로 변질됐다.

(2) 월 도화에 재다 태신약하다.

(3) 동방의 비겁 향지에 길조인데, 庚辛 관살에 더 신약해진다.

〔女7〕

시일월년	77	67	57	47	37	27	17	07
己丁丁壬	己	庚	辛	壬	癸	甲	乙	丙
酉酉未戌	亥	子	丑	寅	卯	辰	巳	午

(1) 火土 식신격이나 상관 혼유로 상관격으로 변질했다.

(2) 壬夫가 비견과 干合이라, 나는 재연해 왔다. 월일의 재성 인성도 합신했다. 년간 壬夫는 본래 나의 남편이나 비견 월간 丁이 먼저 작배舒配하기 때문이다. 壬夫는 가까이에서 여우짓하며 교태부리는 왕한 월간 丁 비견의 매력을 좋아하고 따라가기 마련이다.

(3) 酉金 재성이 화염을 식혀주니 재산은 많다.

(4) 丁酉日은 일귀일이다. 신왕하고, 형충해 없어야 복력이 많아지고, 명중에서나 행운에서 괴강이나 공망 형충되면 귀인이 노해서 재앙을 내린다. 야시夜時의 丁酉日이라서 자비롭고 언동이 순수하며 인덕仁德 깊은 여인이다. 신약함이 걱정인데 행운에서 남-동 향지로 달리니 복력이 크고, 식신격을 겸하니 길하다. 癸卯 시절에 卯酉 충하고 관살이 혼잡해 오니 상부喪夫하고 손재했다.

(5) 1922년생. 2丁이 년간 壬에 대해 투합해서 금실간의 문란함과 탈부奪夫함을 말한다. 그 년월이 간합지형으로 곤랑도화를 이룬다. 이미 저 멀리 떨어진 壬夫는 명암으로 합하고 있어 호주색가임을 알 수 있다. 일간 丁은 부궁 일지에 장생지로 임하고 년지 戌과 半方會를 이루어, 財局되며, 이별 못하고 산다(年日합).

(6) 고된 세파에도 일간은 불교 신앙과 예술에 의지해 산다. 일지 酉(＝佛像)에 육해살이 임해 돈독한 숭불자다. 월령 土에 화개까지 거듭하니 한가닥 하는 성깔로서 무속, 예술, 신앙, 유흥업…등에 조예 깊다.

〔男7〕

시일월년	77	67	57	47	37	27	17	07
丁庚丁乙	己	庚	辛	壬	癸	甲	乙	丙
丑申亥卯	卯	辰	巳	午	未	申	酉	戌

〔그림 91〕 금광산金鑛山에서 이른 겨울 한밤(丑時)이지만 동서에 전등을 켜달고 모닥불을 지펴가면서, 부지런히 무수한 금괴들을 캐내고 있다.

(1) 선先, 즉 년월에는 乙이 투간되고 亥卯 반합 木局으로 재성이 왕성하고, 후 後 즉 일시에는 정인 丑에 墓, 일지 건록이니 조금 신약하다. 木火土金水가 고루 갖추고 시상을 중심으로 오행이 순류順流하니(＝五行順流格) 머리

가 비상하고 총명하며 기회를 잘 잡으니 금상첨화로서 운로運路가 확 트
인다. 丑墓는 총리대신 창고로서 식신 亥와 합하고 지살을 타니 해외 무역
재물을 벌어와 그야말로 거부라 하겠다. 時支 丑土 조정실을 장악함은 고
귀하다.

(2) 전록격專祿格을 놓으면 관살이 투간되지 않아야 고귀해진다. 2丁이 투간
돼 파격이다. 그래서 신살神殺로서 그냥 월 건록처럼 일 건록인데, 일월의
건록은 타향, 해외에서 적수 창업한다. 곧 조업을 잇지 못하거나 선업을
파하고 객향에서 성업하는 경향을 갖는다.

(3) 亥중 壬 식신이 좌 건록(食神祿)하고 상함이 없으며 득령했으니 관운보다
복록이 낫다. 식신은 투자요 만발하는 꽃이니, 만지는 것마다 결실이요
재물이 제곱돼 돌아오니 그 재물이 감투까지 낳는다. 대재벌 총수였다.

(4) 일주가 년주 정재와 같은 순旬으로 부귀를 약속하고 있다(= 一旬同出格).
길신이 되지 못함이 아쉽다.

2. 상관격

상관이란 정관을 깨버린다는 의미로 정통성이나 기존 질서, 밥줄, 직업,
권위 등을 자신의 기준에 의해 깨부수는 이기적 배록신背祿神이다. 거역하
고 치받는 재주가 비상해서 총명하고 구변도 좋다. 기술, 예능, 의약업, 변
호사, 교육, 구술업口述業 등 전문직 자영으로 살아간다. 보통 성질이 더럽
다고 하는데, 외향적이라 밖에서는 잘 하고 안에서는 싸움질의 화신이다.
형충, 입묘入墓 사死 되면 일이 막히고 생명도 위험한데, 재성을 보면 길해
지나, 정관을 보면 재앙이 속출한다. 겁재가 동주하면 사기 있고 빈천하게

살면서 재물 돈 때문에 자살 자해 기도 하기도 한다. 원국에 상관이 겹쳐 오면 자녀연이 없고 첫 애는 잃기 쉽다.

상관이 많으면 눈 빛이 예리하고 눈썹이 짙으며 관골이 솟는데, 첫 애(長子)를 잃으며 몸도 아프다. 목욕살 도화살 홍염살 등을 대동帶同하면 남녀가 호색해서 방탕하며 애인과 놀아난다. 이렇듯 상관이란 건강이나 사업, 가정사, 혼인사, 애정면에 불행과 액사厄事를 몰고 온다.
식신이 있어 식상이 상혼相混되면 더 탁해져서 만사에 재앙이 백출한다.

시댁 문제로 고생하며 시모 둘 모신다. 애 낳고 별부別夫하며, 연하남과 인연 깊고, 씨 다른 애 낳기도 한다. 딸이 많고 아들 낳기 소원이거나 만국滿局하면 자녀가 없기도 한다.

재주와 머리가 너무 좋아 민첩하고 중상심과 반항심이 강하며 비방받으면 크게 노한다. 몸과 정신에 숙질을 앓고 있으며 병원과 인연이 깊다. 나를 희생해 남을 돕기도 하고 동정심도 있으나 그걸 과장하고 구속을 싫어 한다. 교만하고 잘난체하며, 자녀 교육에 유별나게 열 올린다. 많으면 민첩하나 고매한 척 남을 능멸하고 자신을 과시하려 한다.

재성이나 인성이 오면 길해지며, 같이 있더라도 가까이 병주倂柱하면 상극하니 흉해지고, 년시의 것처럼 떨어져 있으면 무방하고 오히려 고급 관료, 장성 등으로 행복해진다. 신약하고 재인財印이 없거나 태신왕하고 상관이 많아도 가정을 파하고 승니나 예술인 된다. 신왕하면 재성이 길해지고, 신약하면 인성이 길해지기 때문이다. 상관은 재성이 있어야 열매 맺기에, 신왕하고 상관격에 재가 있으면 상관이 파진破盡돼 곧 재생관돼 벼슬하는 이치다.

그래서 상관격은 생가를 깨부수는 영향이 있어서 부친을 일찍 잃고 가세가 기울고 형제간 불화하며 가출하는 습성이 많고 자유 방종하면서 예능 허영심에 놀아나고 주변을 시끄럽게 하고 잘 떠들고 반항적이다. 부모 형편이 나쁠 때 낳고 부유하다면 서출이며 부모를 거스린다. 모친이 병약해진다.

년에 상관 있으면 조업을 깨니 조부 때 가운이 기울었고 조부 부친 형제에 횡사자 많다. 월에 간지 상관이면 생가, 즉 백부 숙모 형제 부모가 온전치 못하고 고독해지며, 가정과 형제를 떠나 출가하거나 반도인 노릇으로 방랑한다. 일지 상관이면 배필을 잃고 실패수 잦고 허풍 많고 거짓말 투성이고 얼굴에 상처자국 있다. 시지 상관이면 만년이 고독하고 불초하거나 실자失子하며 자녀연 없다. 자녀의 손버릇이 안 좋고 사고만 쳐서 경찰서에 드나든다.

日干	月支	상 관 격
火	土	거만하고 남을 능멸하며 염장을 잘 지르고 지조가 높다. 정관을 보면 재앙이 백 가지로 출현한다. 후천적으로 몸과 정신에 병질 있다.
土	金	정관 보면 재앙이 백출한다.
金	水	지모와 재주가 뛰어나고 청수하고 화통하다. 예쁘고, 예능적 소질 많다. 土가 없으면, 색욕의 늪에 빠지기 쉽다.
水	木	재주 많고 문장가이나, 교만하고 남을 무시한다. 몸과 정신에 병 있다. 위 아래가 불화하며, 어릴 적에 재앙 만나 장애 앓다.
木	火	문학 예능에 밝고 예쁘다. 교만하고 부모의 재산을 탕진하며 능멸한다.

〔男1〕

시일월년	51	41	31	21	11	01
己壬己庚	乙	甲	癸	壬	辛	庚
酉子卯戌	酉	申	未	午	巳	辰

(1) 水木 상관격인데, 子卯형 卯酉충으로 상관의 탁한 암시가 두드러진다. 子水 신장의 약화로 요통 디스크 고생한다(急脚殺).

(2) 월지 卯상관이 형충으로 심히 상해서 속성속패 잦다. 행운에서 남방 향지에서 조후하고 천간에서 억부해 주니 흉중 길로 다행한 평운平運이다.

(3) 巳午未 재성 향지라 재물에 몰두해 사업하고 치부했다. 의류업상

(4) 월지 상관격에 己 정관이 쌍출하니 하는 일에 곡절이 많고, 칠살을 놓아 탁해지니 애정에 시비 있고, 壬子 日刃이 子卯 형하니 가정과 몸과 마음이 어지럽다.

〔女3〕

시일월년	53	43	33	23	13	03
丙庚丙己	壬	辛	庚	己	戊	丁
戌寅子亥	午	巳	辰	卯	寅	丑

(1) 金水 상관격인데, 신약하고 식상과 관성이 서로 투쟁하고 있다.

(2) 월 도화에 재성과 인성이 合身하고 있다.

(3) 寅卯辰 재성 향지라 재물에 몰두해 치부했다. 불교, 출판업.

(4) 칠살이 쌍출하고 寅戌 반합 火局하니 태신약해서 귀살격을 이루는데, 다행
히 子月이고 亥 등 식상이 제살하고 있으나 여전히 칠살은 무겁고 식상은
역부족殺重制輕하다. 이지와 능력은 비상하나, 더욱 寅亥 支合으로 식신이
제살할 본분을 잊으니 길보다 흉이 가중되고 재앙이 몰려온다. 행운에서
동—남방 향지로 달리니, 스스로 황면黃面 앞에 엎드려 기도한다.

〔男3〕

시일월년	73	63	53	43	33	23	13	03
甲己丙丙	甲	癸	壬	辛	庚	己	戊	丁
子巳申子	辰	卯	寅	丑	子	亥	戌	酉
金木火水								

(1) 土金 상관격인데 재성이 있어 상관을 파진시키니 매우 고귀한데, 인성이
일지에 건록지 얻으면서 생조하며, 형충이 없고 오행이 주류周流하고 있
어 대체로 중화를 이루고 있다. 시간 甲 정관이 없어야 하는데, 이 때문에
파란만장한 인생을 암시하나, 일간과 합으로 많이 순화되고 있어 기쁘다.
조정 내각 격인 월지가 상관인데 기획실장 격인 시간이 정관이라서, 불화
협으로 흉해지나 일간과 합이라서 상관의 반역을 피하고 있기 때문이다.

(2) 조금 신약함이 흠인데, 土金 상관격이니 행운에서 재성운은 평운이요, 인
성운은 좋고, 관살운이나 거듭 재성운은 더 신약해져서 흉해진다.

(3) 납음오행으로 태월胎月 丁亥 土로, 오행이 구족되니(＝五行具足格) 부귀
해진다. 또 일시가 같은 순순이라(＝一旬同出格) 좋고 길신이니(子), 고

관대작이나 수장으로서 이름이 사해四海에 날린다. 주석 역임했다.

(4) 년월이 합하고 일시가 합하며, 월일지가 합한다. 년월 간은 火, 지는 水이고, 일시의 간은 土, 지는 火, 월일지는 水다. 전체가 水火가 잘 균제된 상제격이다.

(5) 申子 水局으로 상관이 재성으로 상진되며, 그 재는 생관함으로서 전체적으로 火-土-金-水-木에로 기류가 모아지니 귀해진다. 계획조정실 시지가 貴神이다.

［男9〕 (寒露 후 4일째생)

시일월년		69	59	49	39	29	19	09
壬戌壬戌		己	戊	丁	丙	乙	甲	癸
戌寅戌寅		巳	辰	卯	寅	丑	子	亥
辛戌辛戌								
水土水土								

［그림 92〕 넓은 구릉과 산야에는 무궁한 보배들이(辛) 감춰져 있고, 약수터 있는 호숫가에는(水土) 시원한 나무 숲이 울긋불긋 단풍을(寅午戌 火) 자랑하고 있다.

(1) 戌月의 辛이 투출돼 土金 상관격이다. 신왕에 월시에 壬財가 투간되고 辛에
유근하니 기쁜데, 寅戌 半合 火局으로 지면도 따뜻해진다.

(2) 환절기라 밤낮의 기온 차가 심해지고 산야에는 단풍이 들어 낙엽이 떨어
지고 겨울을 재촉하는 구름과 안개가 아침 저녁으로 가득하다.

(3) 행운에서 북-동-남 향지로 달리고 있어서 지면이 좀 차가운 듯한데, 대기
는 따뜻해지고 있어서, 조후를 이루고 있다. 큰 병원장.

(4) 태미원 戌에 辛이 나투고, 북두칠성 월간 壬과 28수 시간 壬을 지원하는 형
세를 지닌다. 천체가 잘 운영되고 있다. 특히 년월의 구조를 일시에서 그
대로 갖추니 부귀가 쌍전한다. 이를 이요진격二曜珍格이라 부른다. 천상의
구조(＝군주)를 지상에서(＝臣下) 본받아 계승하니 군신이 경회慶會하는
것과 같다. 土-金-水-木-(寅戌火)으로 오행이 균등히 주류하니 복수福壽와
명리가 많다.

참고-[女6](立冬 후 11 일째생)

시일월년	66	56	46	36	26	16	06
壬癸己辛	丙	乙	甲	癸	壬	辛	庚
子亥亥卯	午	巳	辰	卯	寅	丑	子
@甲甲							

(1) 亥月에서 甲 상관이 투출된 상관격이나, 비천록마격 또는 분록격도 된다.
한 명식이 여러 격을 가짐은 탁명이라 불길하고 막힘이 많아진다. 뚜렷한
격국을 요함이 맑아진 격이다.

(2) 癸巳년 3살 때, 소아마비돼 고생한다. 己夫는 수류水流에 떠 쓸려간다.

(3) 년주에 도식과 식신이 동주하고, 월주엔 칠살과 겹재가 동주하고, 일시에
비겁이 구비되고 있으니, 칠살전창격七殺全彰格이라 해서 빈천 상신한다.
즉 비겁-상관-칠살-편인의 탁신을 모두 구비함이다. 『자평』 「희기편」에,
'柱中에 七殺이 全彰하면 身旺하더라도 極貧해진다' 했다.

3. 편재격

편재는 청신淸神으로 거래되고 횡재橫財 되는 재물이요 중인지물重人之
物이기에 우리가 그걸 손에 쥐려면 상당한 요령과 수단 방법의 터득과 구사
능력을 갖추어야 한다. 사람은 누구나 재물을 보면 호주머니에 넣으려고
하니, 저절로 앞서서 모사하고 정치 활동하며 과욕을 부리는 건 당연하다.
처신이 남보다 빠르고 명쾌하며 겉모습이 화려해야 하며 상황에 따라 허
풍 책모나 과장을 떨 줄 알고 능해야 한다. 인심이 후하고 매너 좋아 늘 인
기 있다. 주색과 풍류 회식 등에 관심 많고 투기나 무역, 청부업, 금융업, 세
무직, 건축 등 사업에 투신한다. 유처작첩하며 식신이 생편재하면 첩이 본
처를 능멸하고, 생가 떠나서 객지에 나가 빈손으로 성공하며 풍류심이 많
고 중년 이후 고향에 돌아오기도 한다.

신약하고 편재가 많으면 과욕이 지나쳐서 일만 저질러 놓고선 수습이 안
되는 꼴로 재물 호주색으로 망신하고 안일하고 기분파적이라 거덜나는 빛
좋은 개살구 신세 된다. 사고만 치고 도망가며, 재다해서 생살生殺하면 조
업을 깨고 평생 고생 많고 빛더미에 나앉고 빈천해진다.
반대로 비겁이 많고 편재가 미약하면 부친을 잃거나 가운이 기울어서 고
생한다. 비겁 형충 공망 입묘 사절이 없어야 부유해지고, 재가 시時에 득지

(＝장생 관대 건록 제왕 墓庫)해야 중년 후에도 부유해진다. 편재가 거居 건록(財祿)하고 형충 공망 안 되면 내가 나면서 부친이 발전하고 가세가 상승되며, 사절에 거居하고 관살혼잡되면 어릴 적 일찍 부친을 여의며 가운이 기운다.

정편재가 교집되면 탁해서 흉한데, 양일의 정편재 교집은 심하고, 음일의 그것은 무방하다.

자유 결혼하며 선심 공세 잘 하고 배짱 좋고 상업하는 집안의 출신이다. 일찍 출세하며 남의 결점을 덮을 줄 안다. 돈과 여성에 집착이 강하며 부친과 서먹서먹해진다. 내가 번 재물을 형제들이 가져가기도 한다. 이재理財에 밝고 매사 교제에 힘쓰고 의리를 중요시한다. 年에도 편재면 부친이 단명하며, 처가 가권을 쥐며 형제 간에 재산 문제로 싸움이 잦으며, 고부姑婦 간에 갈등이 심해서 고생한다.

[男8] (백로白露 후 5일째생)

시일월년	68	58	48	38	28	18	08
乙丁癸甲	庚	己	戊	丁	丙	乙	甲
巳亥酉戌	辰	卯	寅	丑	子	亥	戌
戊戊庚辛							

(1) 월지 편재격이며 형충되지 않고 월간 癸칠살을 생하고 있어 재살이 왕하다.

(2) 丁日이니 庚 정재가 부친이며, 년간 甲 인수가 모친이다. 년월에 재성이 왕하니 일찍 부친을 잃는다. '신약재다하면 조실부친하거나 아니면 서출이다' 했다. 월에 정재(정관)이니 적출嫡出이요, 년이 (정관)인수는 (맏이로서) 부모를 봉양한다.

(3) 고언에, '편재격에 재왕하면 풍류가로 유통이 많아 생가를 떠나 타향 해
   외에서 발신한다' 했다. 편재는 강개하는 심정이고 이재술이 뛰어나 큰
   부자 된다. 오락에 잘 빠진다.

(4) 또 '월주에서 재격이 재살격을 이루면 인성의 왕지에서 발복하고 재왕지
   에서 실패한다' 했다. 북향지에서 흉중길로 평운이나, 동 향지에서 부자
   됐고, 큰 기업체 회장이다.

(5) '신약재다하면 일찍 타향살이 하다가 성공한 뒤 중년 후에 고향에 돌아온
   다' 했다. 지지에 재성국을 이루고 시간 乙이 길신한다. 乙이 월지와 시지
   에 착근하지 못하고 있으나 일지에 통근하니, 다행히 신왕해져서 크게 발
   신했다.

〔男6〕

시일월년	56	46	36	26	16	06
丙丁辛癸	乙	丙	丁	戊	己	庚
辰巳酉卯	卯	辰	巳	午	未	申

〔그림 93〕 제련공장에서 아침 일찍 거대한 용광로에 무수한 금광석들이 녹아져서
         금괴들을 쏟아내고 있다.

(1) 월지 편재격이며 행운 향지가 양호하다.

(2) 편재국 이루고 편재가 생살하니 비겁이 용신한다. 화신 백화점 창립자.

(3) 전체적으로 金과 火가 그릇을 만드는 화금성기격火金成器格 형태를 이루고
있다. 행운이 도래하자 일약 상업의 왕자로서 군림했다.

(4) 巳酉辰이 金局이고 辛이 투간되고 월지를 차지해서 신약 재다하는 형세다.
그래서 일지에 통근한 시간 丙 겁재가 구세주처럼 매우 기쁜데, 그만 월간
辛 편재와 서배舒配하려고 하니 기쁨이 슬픔으로 변하려 하는 찰라에, 년
간 癸 칠살이 호재護財하니 천만 다행이다. 丙은 작배하지 못하고 비록 출
신 성분은 탁신이지만 부여 받은 본분을 충실히 하는 성실한 비서실장으
로 소임을 다하겠노라고 군주에게 맹세하니 丁 임금은 든든해서 기쁘기
한이 없다.

4. 정재격正財格

정재는 나의 피와 땀으로 된 재물이니 근검하고 절약한다. 신용과 성실
이 기본이다. 묘墓와 동주면 부지런하고 근면하며 수전노다. 辰戌丑未 중에
정재 있으면 매우 인색하며 베품이 전혀 없고, 내밀히 이성 문제 일으키고
삼각 관계로 부부싸움 잦다. 현량한 배필을 맞고 혈통이 바르다. 양자養子
나 서자庶子가 아니다.

정재는 현명하나 많으면 우둔해지며, 배웠어도 풀어보지 못한 한사寒士
다. 정재 주위에 비겁 있고 도화 목욕 홍염살 동주면 그 처가 다정 부정하
며, 부잣집에 났어도 방탕해서 자산을 탕진하고, 쇠병사묘절 동주면 처가
우매하고 허약하며 재가한다. 재다해서 생살하면 처로 인해 색란 오고 어
릴 때 병약하고 색정문제로 수감됐으며 축재하기 힘들고 패가망신하고 부

모 애먹이며 자란다. 가출 입산하기도 한다.

신약하고 정재가 많으면 우유부단하고 재물을 산실하며 일을 저지르기만 하고 수습은 못하고 말며 성급하지 않으나, 비겁운을 만나야 발신한다. 비겁이 너무 많고 재약財弱하면 재운이 와도 가난하고 아무런 성공이 없다. 정재가 형충 공망 비겁을 만나거나 사절에 거하면 재물이 모이지 않는다. 재 있고 행운에서 양인운 오면 재앙 온다. 정재가 많으면 게으르고 인색해진다.

이 격은 보수적이며 성실하고 준법적이다. 애처가며 효자로서 장수하며 재물 돈에 집착이 강하고 수전노이며 자립심이 강하다. 부모 유산이 있고 여유 있고 부친의 영향을 크게 받았으며 금융계, 상공업, 공직, 건축자재업, 운수업, 창고업 등 종사자 많고 경제통이다. 흉신이면 불효하고 부모덕 없다. 조실 부친하고 공부를 중단한다. 부지런하며 전통 가치를 존중하고 내 재산을 형제들이 나눠 가기도 한다. 년주에 정재는 부유 집안의 양반 출신이고 맏이로 나서 부모덕으로 자라 보수적이고, 모친은 근검 절약하고 알뜰하다.

〔男6〕

시일월년	56	46	36	26	16	06
壬戊庚乙	甲	乙	丙	丁	戊	己
戌申辰未	戌	亥	子	丑	寅	卯
丁壬癸乙						

(1) 월지 辰중 癸水가 투출돼 정재격이다.

(2) 신왕한데 申辰 半合 水局이고 식신이 생재하니 부유해진다.

(3) 또한 시상편재격이 되고 일지에 장생하니 거부된다. 土-金-水에로 기가 모
    아진다.

참고-〔女6〕
시일월년
癸戊戊乙
丑戌寅未

(1) 寅월은 추운 겨울인데 한밤 丑시라서 바람불고(乙) 무척 춥다는 걸 알 수
    있다. 게다가 서산에는 비까지 내리면서(癸), 졸졸 흐르는 개울물을 이룬
    다(丑). 그런데 넓디 넓은 들판과 구릉에는(戊日 土多) 여전히 하얀 눈으
    로 덮혀 있다(寅月丑癸).

(2) 시상의 癸丑 빗물은 뭘하는 빗물인가? 봄을 재촉하는 비다. 그래서 이 경우
    따뜻한 봄을 빨리 맞이하려면, 늦겨울 비가 자주 내려야 한다. 항간에서는
    이걸 가지고 명식이 겨울 추위를 물리치고 운신할 수 있도록 필요한 길신이
    라고 한다.

(3) 시간 癸 정재를 놓고 2戊가 쟁합하려 하나, 우선권이 일간에게 있어 합하
    고, 월간戊 비견은 년간 乙 정관의 극으로 겁재는 못하고 눈치만 살피고 있
    다. 이런 상황이면, 일간은 빼앗기지 않으려고 언제나 戊癸 합만 하려 하니
    재물을 쥐려고 하고 베품이 적어서 인색하다 욕먹는다. 정재는 피땀 흘려
    서 이룩한 재물이라 소홀히 낭비할 수 없다며, 일간은 움켜쥐려 하니 적은
    돈은 모아지나(＝小富) 떼돈은 모아지지 않는다.

(4) 시지 丑은 재고財庫로 월지에 통근하면 평생 유복하지만, 그렇지 못
하매 만년에야(대략 40 넘어서) 허리 펴고 산다.

〔男10〕
　　시일월년　　　60　　50　　40　　30　　20　　10
　　丙丁戊丁　　　壬　　癸　　甲　　乙　　丙　　丁
　　午亥申亥　　　寅　　卯　　辰　　巳　　午　　未

(1) 월지 申 정재격이다. 戊상관이 생재하고 있다.

(2) 지지 기후는 조후되는데, 천간에서 부조화라서 복이 감해지고 있다.

(3) 월일에서 재관인이 유력하니 맏이로 적통嫡統이고, 시상에서 강력히 탁신
겁재가 정국을 조절하니 애매함 중에서 길해진다. 이렇게 시에서 탁신 겁
재가 길신 노릇하면 내가 벌어 형제 부모간 나누어 주어야 가정이 편안해
진다.

(4) 년일의 간이 같고, 시지 午에 건록하니, 곧 귀록격 중에서 분록격分祿格에
해당하는 듯하지만, 년월에 재관이, 특히 월지 재성이라 분록격을 이루지
않는다.

(5) 년일이 전지살이다. 조업과는 맞지 않아 떠난다.

[女8] (小寒 후 3일째생)

시일월년	58	48	38	28	18	08
辛戊己乙	乙	甲	癸	壬	辛	庚
酉辰丑巳	未	午	巳	辰	卯	寅
庚乙癸戊						

〔그림 94〕 한겨울 오후 온 대지와 산야에는 춥고 얼어 붙었으나 그 땅 속에는 온갖
　　　　보물들이 쌓여 있고, 거기서 온난한 약수藥水가 마냥 흐르고 있다.

(1) 丑중 癸水가 투출해 정재격이다.

(2) 신왕에 辰酉合金과 巳酉丑合局으로 식상도 왕해 생재하고 있다.

(3) 乙庚暗合하고 있다.

(4) 년간은 정관이고 시간은 상관이니 하극상한다. 巳酉丑으로 더욱 乙 옥황상
　　제는 능멸 당하고 있다. 사고무친이 돼버린 乙은 戊癸 서배舒配로 태미원에

서도 도움받지 못하고 있다. 3원(자미원 태미원 천시원)에서 자리가 없어 져 버린 탓에, 나의 배경과 근원이 미약하고 미천함을 말한다.

5. 편관격偏官格

칠살에 식신이 있으면 편관이라 하며 예술, 문장, 형권직, 군인, 경찰, 정 치를 뜻한다. 호랑이 같이 무섭고 힘으로 정복하는 성질이 있어 치받고 반 항하며 절단내는 과감함을 보인다. 다툼을 즐기고 목적을 위해 남을 이용 하는 권모술수가 교묘하다. 의협심도 있고 영민하며 자기를 높이고 성급하 며 항쟁심이 크다. 조폭하고 잘 성낸다. 기이하고 모험심도 있어 용맹성이 있고 기회를 잘 잡는다. 지기는 아주 싫어하며 매사 강건하며 공명심이 대 단하고 사람들을 리드하는 통솔력도 있다. 칠살이 많으면 힘만 믿고 표독 스럽고 남을 능멸한다.

편강한 기질을 가지고 세력을 의지해 복종을 요구하며, 호탕하고 조행操 行마저 바르지 못한다. 사교를 즐기고 총명해서 남을 이용하고 술책에 능 하며 민첩하고 과단하다.

신왕하고 살이 약하면 일에 거칠고 경솔하고 중상을 받으며 게으르다. 신약하고 살이 강하면 친한 사람에게 의뢰심 갖는다. 남의 약점이나 허물 을 보고 호되게 능멸하며 자기 과시가 지나치고 부드럽고 사교적이면서 나 서서 남의 일까지 잘 도우며 해결사 노릇도 잘 하며, 한편 사납고 모사력謀 事力이 탁월해 일처리를 잘 한다. 다른 주柱에 살이 거듭되면(= 관살혼잡) 몸이 허약하고 얼굴, 머리, 안질, 다리, 허리 등에 선천적으로 장애로 신음 으로 고생하며, 신경질이 날카로와 부부가 자주 싸우고 별거 공방 독신하 는 경우가 많다. 여명이라면 예의가 없고 시부모를 공경치 못하고 남편 권 리도 박탈하며 적수성업한다.

칠살은 형충 입묘 사절되거나 괴강이 충되면 아주 흉해진다. 신약에 칠살이 거듭되는데 재성이 생살하면 이성 배필로 인해 재앙을 맞고 가정이 파산된다. 구조가 편중되거나 중화를 이루지 못하면 항상 골골해서 약탕기를 끼고 살며 병원비를 많이 지출하게 된다.

주거와 직종이 자주 바뀌고 고학하더라도 주변에서 인기와 총애가 있어 많이 도와 주려 하고 명석하고 경우가 밝아 부모에게 효도 잘 하며 형제에게도 잘 하며 지휘한다. 학업 성적은 별로이고 어렵게 공부해서 타향에서 빈손으로 성업成業한다. 무관, 형권직, 법관, 군인, 운동, 밤무대, 유흥업소, 주먹계와 인연 깊고 여명이라면 그런 남편을 맞기도 한다. 인성이 있으면 문무, 기예, 예술, 문장가로서 이름을 날리며 고관 중역이 된다.

〔女4〕

시일월년	54	44	34	24	14	04
乙乙己丁	乙	甲	癸	壬	辛	庚
酉未酉未	卯	寅	丑	子	亥	戌

(1) 丁식신이 있어 酉 편관격이다. 土財가 많아 칠살로 변하려 한다.

(2) 재관이 강하고 신약해져서 걱정인데, 일간이 乙木과 未중 乙에게 의지하려 한다.

(3) 행운에서 받쳐주어 다행이다.

〔女9〕

시일월년		59	49	39	29	19	09
辛甲甲庚		戊	己	庚	辛	壬	癸
未午申子		寅	卯	辰	巳	午	未

〔그림 95〕 여전히 지면은 덥고 무덥고 나무에는 수분이 많이 요구되는데, 벌써 가을을
재촉하는 서리가 내리려 하네.

(1) 상관 있어 월지 申 편관격이고 관살이 투간돼 혼잡됐다.

(2) 신약한데 子申 半合 水局의 인수격으로 변했다.

(3) 년시에 정관과 칠살이 쌍출해서 혼잡됐으며 신약하니, 이른바 신약한 관
    살혼잡격이다. 년과 일에서 간지가 충하고 있다.

6. 정관격正官格

　정관은 가권 존장 합법성을 상징하며 벼슬, 직장, 공직, 규범, 기존 질서, 정통 치세 등을 의미한다. 전통적 가치를 숭상하며 보수적이고 성실함과 신용을 지키며 온화하고 섬세하다. 재가 생관하면 정치나 재계에서 명리를 얻고 향상되며, 형충하지 않으면 고관되거나 출세한다.

　木정관이면 자를 가지고 잘 분석하는(仁) 행정기관이 좋고, 火정관이면 밝은 면에서 위엄을 갖는(禮) 문화 · 교육 기관이 낫겠고, 土정관은 돈후하고 방정함을 의미하는(信) 농림 · 토목 분야 기관, 金정관은 결실과 힘을 내세우는(義) 문무 · 병무 · 재정 · 경제 기관이 좋고, 水정관은 임기대처와 지모를 요구하는(智) 상공업 · 무역 · 외교 통상업 기관에 어울린다.

　정관이 형충 공망되거나 양인 겁재 보면 가운이 기울고 하천한 업에 종사하며, 설령 관리라도 하급 관리나 낮은 군직이듯이, 정관은 유력하고 온전해야 한다. 칠살이 있어 관살혼잡되면 신약해져서 탁해져 질병 앓고 빈천해진다. 정편이 혼잡하거나 길신이 깨지거나 흉신이 강해지거나 월지 정관격이 깨지거나 하면 명식이 혼탁해지는 것이니, 생활과 부부에 고정 많고 이동이 많으며 가정 풍파, 사업 실패로 눈물이 마를 날이 없다.

　상관운을 보면 실패와 가정 동요가 있기 쉽고, 입묘운은 생명이 위험하다. 관살이 공망돼도 무력해져서 종교, 무업, 수산업 등에 종사하며, 정관이 천간에 있어도 무근無根이나 재성이 없으면 무력한 관(= 횡)이라 해서 만사가 불성이라 자포자기한다.

　년주에 정관은 좋은 집안 출신이며 맏이로 나서 공부 잘 하고 엄격한 교육을 받으며 체면을 중요시 한다. 유산과 가업을 잇고 자녀들도 잘 성공한다. 만약 관살이 혼잡되거나 상관이 있으면 유업도 없고 가난해서 빈손으로 객지에 나가 성업해야 하며 색정으로 수감되는 등 곤혹을 치르기도 한다.

그래서 정관격은 자존심과 명예심이 높고 양반 기질이 있어 보수적이며 관공서 관직에 어울리고 장사엔 망하기 십상이다. 남에게 의지하지 않으려 하고 온정적이며 남도 도우며 순리에 따른다. 부모의 권유와 중매로 좋은 가문의 처를 맞이하고 효성스럽고 온후하고 근면하다. 강직하며 대인 관계도 좋고, 정인 있으면 출세도 빠르다.

〔男8〕(입춘 후 6일째생)

시일월년	58	48	38	28	18	08
乙己壬壬	戊	丁	丙	乙	甲	癸
亥卯寅寅	申	未	午	巳	辰	卯
戊甲戊戊						

〔그림 96〕 겨울 내내 온실에 놔둔 화분. 사철나무가 너무 자라서 화분흙은 턱없이 모자라니, 이제 화분 갈이할 시기다.

(1) 월지 寅에서 戊 겁재가 투출됐으나 불용不用하고 寅중 甲 정관을 격으로 삼는다. 정관이 많고 칠살이 국을 이루고 투간하고 있으며, 재가 많아 생살

하고 있으며 귀살격鬼殺格으로 변해서 몸이 종묘와 사직에 대한 근심 걱정으로 아프게 된다. 마땅히 己 일간이 음간이라서 점령군 관살에게 왕권을 바치고 따라야 하는데, 지지 세력 겁재가 투출되는 바람에 한번 맞부딪치기로 하고 총력을 기울인다. 고로 내격으로 판별하는 것이다.

(2) 이렇게 정관이 칠살로, 다시 칠살이 귀살로 변화했어도, 정관의 요소와 속성이 1/3 이상 남아 있으며 나라의 조정으로서 국정 운영에도 큰 영향을 미친다.

(3) 己 군주를 빙 둘러싸고 군부에서 쿠데타 세력이 반기를 들고 협박하는 형세다. 매우 신약해서 의지할 데라곤 없는데, 겁재들이 받쳐주고 있어 그나마 안심한다.

(4) 寅寅亥는 여전히 차가운 기후고, 행운 卯辰도 마찬가지다. 壬癸는 차가운 재질 요소로 대기와 날씨가 무척 춥다. 남-서 향지로 달리고 천간에 木火土가 온난케 하니 반갑다.

(5) 태신약하는 데다가 시간 乙 칠살이 있으며 년월에서 2壬 정재가 칠살을 생조하고 있어서, 귀살격을 이루어 몸과 마음을 상한다. 癸卯甲辰 시절은 재성과 관살이 혼잡되니 생명에 위험하다. 乙巳 시절은 칠살이 와서 혼잡되지 않으나 년월에서 형하고, 시에서 충하니, '그 왕한 신이 노발한다' 는 고시古詩 따라 파란을 겪는다. 丙午 시절은 그 살기를 화생化生시키니 발신한다.

(6) 구름과 안개가 자욱한 늦겨울(壬寅) 한밤(亥), 남쪽 민둥산 속(城頭土)
누런 토끼(己卯)가 수초가 우거진(乙) 서쪽 밑 따뜻한(山頭火) 옹달샘
(亥)에 와서 마시려 한다(亥卯합). 우거진 숲 속 북산의 흑범(壬寅)도 물
마시러 오매(寅亥합), 토끼는 그만 놀라 벌벌 떨며 꼼짝 못한다(地支합
국). 토기는 土요 범은 金이니, 土生金으로 토끼는 범의 먹이다.

〔男4〕

시일월년	54	44	34	24	14	04
乙甲乙庚	辛	庚	己	戊	丁	丙
丑子酉寅	卯	寅	丑	子	亥	戌

(1) 월지에 酉중 辛 정관격이다.

(2) 乙이 合庚해서 순화하니 기쁜데, 행운이 이롭지 않다.

(3) 寅子丑이 차가운 기후인데, 행운에서 북─동 향지로 달린다. 천간도 丙丁戊
己는 甲乙과 함께 온난 재질이라 조후가 못되고 있다. 가정적으로 사업적
으로 풍파가 많았다.

(4) 년간 庚칠살은 양인이 합살하니 좋아지나 투합妬合하니 내실에 건전치 못
하다. 천간에 겁재가 떠서 난무하면서 일시에 목욕(도화) 끼면, 조행操行
이 부정不正하고 가정이 시끄러워진다.

(5) 시지 丑 속에 己 정재 있는데, 창고庫 속에 있고 겁재가 위에 앉아 짓누르니
백호(庚寅)에게 시달린다. 己土는 子丑(水), 酉丑(金), 甲乙(木)으로 둘러
싸여 있어 도기돼 기진맥진하다.

(6) 금신격이다. 火氣가 횡포한 금신金神을 제어해야 하는데 행운도 북·동으로 달려서 고약하고 난폭하다. 水旺地에 이르면 제금制金이 안 되니 무서운 호랑이로 변해 재앙을 맞는다.

7. 편인격偏印格

편인은 문서, 겸업, 기술, 지식, 눈치, 재치, 예술, 종교, 도술, 다재多才 등을 의미한다. 운세가 자주 막히고 되다가도 그만두고 이것저것 해보나 고단하고 화려한 이력만 늘 뿐 실속이 부족하다. 잘 까엎고 새로 시작하는 모험심도 있으나 다치고 부도나고 질병나는 인생을 보낸다. 임기응변이 능하고 재간이 있어 호기를 잘 잡으며 학문과 예술을 좋아하나 냄비 성질이라 처음은 있으나 끝이 없고 좀 게으르다. 어릴 때 편친이나 남에게서 자라며, 편인이 거듭되면 용모가 추하다. 편재가 있어 제制하면 이상의 흉조는 사라진다.

년주의 편인은 선친대에 절손絶孫된 경험이 있으며 부모가 가난하고 의식주 때문에 동분서주했다. 부모의 학식이 모자라고 질병 앓고 힘드니 자식들이 떠나고 맏이에게 불리하다. 형제들이 마음대로 살고 이목을 의식지 않고 괴짜나 도박 등 엉뚱한 행동을 한다. 이처럼 도식은 탁신濁神으로서 선친대에 빈천함과 재앙을 불러오니, 자손에게 대물림될까 무섭다.

월지가 편인이면, 부모 중에 혈통이 복잡하고 무자無子하거나 입양하거나 또는 늦게 자녀 두게 된다. 이복 이색 형제 있고 이복 사촌 · 고모 · 삼촌도 있으며, 계모 밑에 자라기도 한다. 재물을 자주 잃게 되고 사업에 실패하며 부양하는 의무를 지나 그 공은 적다. 괴짜나 기인, 도인, 선생 소리를 들으며 오행이나 풍수, 이색 종교 등에 별난 취미와 습관을 가지며 학원 · 학습·예술업·의업·기술업 ·운동 등에 종사한다. 구변이 좋고 총명도 하나 중도에 그만 두며, 돈 버는 데에 재주가 탁월하다. 형제간 친밀치 못하고 고독하며 사람들의 시기로 고생 많다. 몸에 고질적 잔질을 앓으며 몸이 가볍지 않다. 여명은 유방이나 허리, 자궁에 질환 있다.

〔女4〕

시일월년	64	54	44	34	24	14	04
丁庚戊丙	辛	壬	癸	甲	乙	丙	丁
亥申戌申	卯	辰	巳	午	未	申	酉

(1) 월지가 戌 편인인데 재성이 없어 효신梟神이니 효신격을 이루어 흉격이다. 효신은 부모덕이 많이 없어져서 편친 슬하에 자라며, 가세가 기울어 갖은 고생을 하게 된다.

(2) 월지 편인이 시지 식신이라, 곧 선도식 후식신이며 도식이 흉신이라 인품이 떨어지고 생김새도 볼 품 없어진다. 다행히 戌亥 우합으로 지나친 도식의 대흉은 면했다.

(3) 연월일에 비견과 편인이 굳게 자리해서 丙丁 관살이 혼잡해도 심히 탈기되고 있다. 매사 앉아서 부군을 부른다(坐堂招夫)는 형세다. 행운에서 관왕지를 만나 보필도 하지만 가족을 앞장서서 끌고 가는 운전수 같다.

〔女9〕

시일월년	59	49	39	29	19	09
壬癸癸甲	丁	戊	己	庚	辛	壬
子巳酉午	卯	辰	巳	午	未	申

〔그림 97〕 가을걷이를 앞두고 짓궂은 비가 밤새 주룩주룩 내리고 있어 대지에는
시원하나 수확할 작물에는 기쁘지 않다.

(1) 월지 편인이 巳酉 반합 金局하고, 월시에 비겁이 즐비하고 시지에 건록지
  를 얻었다.

(2) 유력한 재관이 요구되는데, 巳午 속에 암장돼 있는 데다 둘 다 공망돼 약하다.

(3) 행운에서 남−동 향지로 달려서 다행으로 기쁘다.

(4) 일월의 간이 같고, 시지에 건록이면 귀록격 중에서 분록격이라 한다. 그러
  면 시간은 탁신 겁재가 되는데 흉신이면 더욱 나의 복분이 흩어짐을 말한
  다. 건록이 충까지 되니 형제 부모로 인해 손재와 재액을 당하며 도움을

전혀 받지 못하고 만년이 불우해진다.

(5) 건록이 충되면 조업은 없고 타향, 해외에서 빈 손으로 성업해야 한다. 지금 조기祖基를 시에서 하극상하고 있어, 자미원에서 괘씸하다 할 것이니 그 재앙이 나에게 돌아온다. 壬子 양인 형제가 午 편재 선친을 충출하니 형제에 의한 액화가 크다.

8. 정인격正印格

정인은 어머니요 명예와 자존심이며 효도와 젖줄이다. 총명하고 사려 깊고 선량하다. 묵묵히 생계를 책임지는 인고의 모습이며 궂은 일도 마다 않는 인내력이 강하다. 모친, 양육, 지식, 학문, 부모, 조부, 숙모, 이모, 사위, 문서, 도장, 계약, 집, 문창, 문화, 교육 등 포근한 이미지가 들어있는 보금자리이기에 청신淸神이다.

그래서 관성이 생조해야 빛을 발휘한다. 인수가 상하지 않고 년에서 인성의 뿌리인 관살이 있어 비호하면 부모덕이 커서 요직 중역에 오르고 성공한다. 몸은 풍후하고 음식을 잘하며 병과 재해가 적다. 재물에 대해선 좀 인색하고 이기적일 수 있으며 비방받기 쉽다. 인수가 월에나 시에 있음을 가장 기뻐한다. 월에 재성있고 년시에 인수 있으면 현달한다.

만약 형충 공망되거나 일시에 상관, 정재를 보면 가정 생가를 깨는 것이니 부유했어도 곧 빈한해지며(= 先富後貧) 뿔뿔이 해어지며 편친을 이별하고, 의사가 흔들리고 마음이 불안하다. 인수가 상하거나 미약하면 부모덕을 입지 못하는 형편이니, 가정을 떠나 일찍 직업 전선에 나서서 가정의 경제를 위해 투신한다. 격이 형충되고 관인이 무력하면 하는 일이 실패다.

인수가 많으면 모친이 많다는 뜻이니 남에게서 자라며 약 25세까지 병약하고 큰 병 앓으며 한 가지에 전념 못해 겸업하고, 투합妬合되면 모친이 재연한다. 인수격으로 도화살 목욕살 홍염살 있고 간합되면 불량하고 가정을 어지럽히는 방탕아 낳는다. 천간에 인수가 겹치고 또 행운에서 인수 운이 오면 반드시 몸이 망가지며, 심하면 돌연사한다.

시에 재성인데 정재운이 오면 퇴직 실직하며 간혹 실직 후 해외 간다. 인수격이 행운에서 사절에 이르고 행운 간이 정재이면 가정이 쇠몰하고 실직하며 생가를 떠나고, 부유하면 생명이 위험해진다. 인수 천간에서 보아 사묘절 운에 이르고 인수를 형충 공망하거나 지나치게 설정시키면 재앙 맞거나 죽는다.

년에 인수는 외가 모친 덕이 크고 부모 사랑을 많이 받고 유복하게 자라며, 부모가 온화하고 인정 있어 윤택하고 준수하고 총명하며 구변도 좋다. 넉넉한 집안으로 모친의 학식이 부친보다 높고 교육자, 학자, 예술 가정이다. 재관인 있고 형충 공망 안 되면 부호가 태생이다.

월지 인수격은 후배 양성을 많이 하고 편친을 모시며 늦은 자녀 두고 자기 주장이 세며 효성스럽고 성실하다. 딸이 효심 지극하다. 양일간은 풍류심 있고 게으르며, 음일간은 재물에 집착하고 인색하고 이기적이라 말 듣는다. 인수가 많아도 그러하다. 흉신이나 형충되면 가난한 집안으로서 의지가 나약하고 공부도 중도 포기하고 모친이 병약해지며 외가外家가 망하고, 더러 모친이 재가해 의부義父 밑에 자라기도 한다.

〔女6〕

시일월년	56	46	36	26	16	06
癸己己甲	癸	甲	乙	丙	丁	戊
酉卯巳午	亥	子	丑	寅	卯	辰

〔그림 98〕 이른 여름 저녁이나, 벌써 온 대지에 열기가 가득하고 나무들은 수분을 요구하는데, 서산에서 먹구름이 일더니 반가운 단비가 내리고 있다.

(1) 월지 丙 정인이라 정인격이다. 형충되지 않고 상하지 않아 효성스럽고 집이 부유했다.

(2) 巳午方局으로 조열해지니 시상의 식신 편재가 길신이다. 巳酉 半合 金局에 癸水가 유근하니 기쁘려 하나, 먼저 卯酉 충출로 상처가 크다. 癸水가 득위해서 정국을 잘 조절한다.

(3) 년甲이 명합 암합을 동시에 하며, 일지 卯가 탈기되고 무력해지고 있다.

(4) 시간 癸 편재는 오로지 酉 식신에 의지하고 있는데, 卯酉 충이요 월간 己 비
견이 탈재奪財하려고 하니 대흉한데, 다행히 甲己의 서배舒配가 이루어지
니, 연약한 癸 편재가 호전돼 어느 정도 재물을 보전하고 쌓을 수 있다. 행
운에서 비겁이 다시 오면 재물이 그만 흩어지고 만다. 戊辰 시절은 戊 겁재
가 戊癸 합거하니 유업이 줄어들고, 丁卯 시절은 도식과 卯酉 충으로 가업이
기울어 나에게 올 자산이 바닥난다.

(5) 己日 癸酉時라 금신격金神格도 되며, 火氣가 넘쳐서 오히려 金氣가 보태져야
한다. 금신이 약하고 충되니 흉하다.

〔남4〕

시일월년	54	44	34	24	14	04
己己己己	癸	甲	乙	丙	丁	戊
巳亥巳亥	亥	子	丑	寅	卯	辰

(1) 인수격이나 巳亥 충출로 파격된다. 정재가 곧바로 정인을 파괴한 것이다.
인수격이 깨지면 재앙이 크다. 년월이 충하고, 일시가 충한다.

(2) 이른 여름이나 己土가 많아 마치 메말라가는 저수지 같다. 일간이 의지할
데가 없다. 일찍 부친 잃고, 재물과 처가 없이 여기 저기 헤맨다. 亥중 甲木
이 정관으로 직업 벼슬이나 깨져서 집도 절도 없이 정처없이 떠돌이 신
세다.

(3) 亥는 원래 용소龍沼인데, 이 용궁이 충출로 파괴됐다. 누런 두 뱀(黃雙蛇)
마저도 기댈 데 없다.

(4) 천원天元이 일기一氣이고 년월과 일시가 동일하니, 이요진격二曜珍格 같은
　　귀격이라고 할지 모르나, 巳亥 충출로 선후가 무기無氣하고 표리가 무정無
　　情하니, 비천격이다.

(5) 己日 己巳時는 금신격이나 火氣 과다로 금신이 녹아내리며 파격돼, 성질만
　　난폭하고 고약해진다.

9. 시상일위귀(＝편관)격時上一位貴(＝偏官)格

이 격은 내8격에 속하지 않지만, 버금가는 중요한 격국이라 이해가 필요
하다. 시의 간지에 오로지 1위의 칠살이 있으며(＝正官이 아니다) 신왕함을
전제로 한다. 일간과 칠살이 균형되고 조화되면 심신이 건강하고 온화하고
예의 바르고 발신하나, 신약하면 얼굴에 반창나거나 장애 입고 불구되며
빈천해진다. 그러니 칠살이 더 있거나 정관이 있어 관살혼잡되면 재앙이
백출한다.

칠살이 년에 있을 때에는(＝年上偏官格) 조업祖業 자리며 부왕父王이기
에 형충 공망되거나 괴강 식신이 극하면 하극상되니 흉해지며, 양인을 기
뻐한다. 동생으로 났으며, 중화가 안 되면 빈한 가정에서 났다. 월에 칠살
은(＝月支偏官格) 형충 해害 공망되거나 괴강살 양인살이 오면 흉해진다.
흉폭하고 살생을 즐기며 잘 성낸다.

시에 칠살은 형충 공망 양인 괴강 등이 두렵지 않다. 유근하지 않음이 좋
다. 유근이란 재성이 있음이요, 장생 관대 건록 제왕을 만남이요(得地), 같
은 오행의 생부를 만나면(得勢) 이들을 말한다. 시의 칠살이 이렇게 유근하
지 않으면 재성운에 발신한다. 유근이 많은데 재성운이 오면 재물과 색정

등으로 재앙이 커진다.

신왕하고 시 칠살이 균형을 이루면 식신이 제制해야 길해지며, 강직하고 세정에 서투나 문장력이 좋고 명리를 얻는다. 천간에 칠살이라도 무근하거나, 支칠살이라도 공망되거나, 재성이 생조하지 않으면 이를 무근無根이라 하는데, 이러면 재성운이나 왕한 살운에 발신한다.

시 칠살은 불초한 자녀 두거나 무자無子하고, 혹 자녀를 늦게 두는데, 년월에서 식상이 제하면 그 자녀가 어질고 크게 성공한다. 그렇다고 제살(= 식상)이나 설정(= 인성)이 지나치면, 학식이 있어도 평생 빈한하며 호탕하고 담력 있으나 사물에 메이기 싫어한다. 제살해도 1:1로 하는 건데, 2, 3개 이상으로 제살하면 태과라 해서 소인으로 반항적이며 폭악하며 함부로 행동하는 등 비천해지기 때문이다.

그래서 시의 1 칠살은 월지에 통근하고 신왕하면서 식신이나 상관이 있어서 적절히 제살되면 문무, 기예, 예술에 밝고 군인, 경찰, 학교, 공직, 정치, 관계 등에서 요직 중역을 거쳐 출세하며, 가정도 번창하고 자녀들도 성공한다.

〔男3〕

시일월년	73	63	53	43	33	23	13	03
乙己壬戊	庚	己	戊	丁	丙	乙	甲	癸
亥未戌申	午	巳	辰	卯	寅	丑	子	亥

(1) 신왕한데 시상에 우뚝 편관 하나가 버티고 있으면서 국정 전반을 조율하고 있다. 亥未 木局에 착근하고 있으니 유력하며 당상관이 하늘 높게 올라가 있어 모두 우러러 본다.

(2) 행운에서 잘 받쳐주니 국회의장 총리 역임했다.

(3) 태신왕한 편이고, 시간의 칠살도 亥壬 재성의 생함으로 왕하다. 비록 년
    월에서 제살함이 없어도 왕한 일간이 능히 그 칠살을 감당할 만하니 고귀
    한 것이다.

〔男9〕(小寒 후 3일째생)

시일월년	69	59	49	39	29	19	09
丙庚癸壬	庚	己	戊	丁	丙	乙	甲
戊寅丑子	申	未	午	巳	辰	卯	寅
辛戊癸壬							
서남동북							

〔그림 99〕 깊은 겨울, 천지가 언 땅 속에는 여전히 온기가 돌고, 서산 저 멀리 벌써
          수호별 저수氐宿가 밝게 떠 있어 반갑다.

(1) 신왕하고 丙火 편관이 우뚝 시간에 서 있으면서 寅戌 半合 火局에 통근하니 유력해서 국정 전반을 주관 통솔하는 자리에 이른다.

(2) 행운에서 남-서 향지로 달리니, 대지가 조후 잘 되고, 대기도 음양이 잘 조화된다.

(3) 金水 상관격이고 연월일이 매우 차가운데 戊癸合火로 관성격으로 변하면서 격품을 상승시켜주고 있어 매우 아름답다. 닉슨 미 대통령 (1913~1994).

(4) 한겨울 북서풍이 몰아치고 온 천지에 눈이 휘날려 뒤덮혀 있으며 꽁꽁 언 땅에도, 땅 속에서는 양기가 돋고(戊癸火) 서산에서 별빛이 밝게 비추니 길조라서, 바야흐로 곧 따스한 봄날이 오려는가 싶다.

(5) 시간의 丙 칠살은 년월에서 제살해야 살성殺性이 누그러져서 관귀官貴가 되는 법이다. 년월에 壬癸 식신과 상관이 쌍출해서 제살하니 옥에 티가 됐다. 壬 식신만 있어야 고귀한데, 癸 상관이 섞여 있음으로써 너무 제살하면서 탁해진 것이다. 상관은 식신보다 제살력이 약하지만 혼유해서 제살함은 제살의 태과라 볼 수 있어 복력이 감소된다. 행운에서 다시 수기水氣 식상운이 오면 갑자기 재앙이 도래하고 만다.

10. 시상일위편재격時上一位偏財格

이 격도 시상의 간지에 1 편재만이 있고 신왕하면 성립된다. 시간 편재가 좋고, 시지 편재격은 다음이다. 신왕에 시상 편재격은 식신 상관운에 크게 부귀하고 인색하지 않다. 관살운은 신약해지니 재앙이 온다. 비겁이 많아서 편재를 겁탈하려고 하면 관살운을 맞아야 호재護財할 수 있다. 이 격은 인수가 있어야 더욱 길해진다.

형충 공망 겁재 양인을 싫어하고 만나면 다 거덜나고 빈천해진다.

편재격은 다정하고 호기 있으며 호의를 베풀고 회식과 교류를 즐기며 여색을 좋아한다. 고기古基를 떠나서 객지에서 빈손으로 성업하며 무역 등 산업으로 성공한다. 천간에서 간합되면 단독 창업하면 좋고, 비겁 있으면 봉급 생활이나 지점이나 영업소 등 분점分店을 내면 길해진다. 인심을 잘 쓰나 좀 장사 속으로 하고, 경영학과 등 경상계열을 지망하곤 한다.

시상 정재격에서 시지 정재격이 더 낫고 부지런하고 절약하며 인색하지만 치부한다. 신왕하고 재왕한데, 비겁이 있으면 관살이 있어서 반드시 제복해야 길해진다. 이때 재는 지지에 들어앉고 관官은 천간에 노출돼야 당상관堂上官이 높아져서 부귀해진다. 그러나 재성이 신왕보다 더 왕하면 관이 와서 재관이 작당해서 일간을 극하므로 대흉해진다.

년월에 재성이 없고, 일시에 재성 있으면 만년에 빈손으로 성가成家한다. 년에 편재는 조상 백부 권속의 재산이고, 월에 편재는 부모형제와 나의 재산이다. 월간에 편재는 공유재共有財, 유업재遺業財이고, 월지에 편재는 나의 피와 땀을 제공해서 얻어지는 자산이다. 일지 편재는 배필이 부업副業해서 이룩한 축재요 아내의 재물이다. 시에 편재는 노년의 재산이요 자녀에게 속하는 재산이다. 일지 편재는 부부가 이룩한 재산이라 축재 능력이 비상하고, 주로 처가 부업으로 번 돈이다. 관성 보면 금방 빠르게 대부귀해진다. 정재가 있으면 편정이 교집되어서 탁해 빚지고 마침내 망한다.

시의 편재격은 타향에서 빈손으로 성업하고 늦게 대성하며, 자녀에게 재산 물려준다. 양인이나 겁재 간합 형충 등이 있으면 과욕으로 일 벌리다가 실패 패가한다. 신약하면 평생 재물난 색란色亂으로 고생한다.

[男8]

시일월년	58	48	38	28	18	08
壬戊戊庚	甲	癸	壬	辛	庚	己
戌申寅戌	申	未	午	巳	辰	卯

(1) 시상에 편재인데 일지에 통근, 유근하고 있다. 신왕재왕하다.

(2) 재벌 총수 역임했다.

(3) 土-金-水-木으로 모아진다. 시간 壬 편재에서 보면, 월간에 戊 비견이 있어 흉할 듯하나, 년간 庚 식신이 유화시키니 그 편재는 온전하다. 壬이 일시지에 굳게 착근하고 있다.

〔女1〕

시일월년	61	51	41	31	21	11	01
壬戊甲己	辛	庚	己	戊	丁	丙	乙
戌戌戌丑	巳	辰	卯	寅	丑	子	亥

〔그림 100〕 가을 단풍이 아름다운데, 저 정자 나무 산사山寺에 사람들이 오른다.

(1) 시간에 한 편재라 곧 시상편재격이다. 4지에 뿌리를 두고(通根, 有根) 있어 결코 약하지 않다. 행운에서 불리하다.

(2) 庚辰 향지에 발신하다. 土多하고 화개가 많으니, 黃面에 엎드려 헌향한다.

(3) 광활한 토지에 외로운 한 그루 정자 나무가 붉게 물들인 채 이른 겨울을 향해 나아가고 있다. 뿌리는 丑 습토에 두고 양기를 거둬들이고 있으며 戌시의 구름과 안개는 숙살지기로 변해 더욱 아름다운 가을 단풍을 자랑하고 있다.

(4) 戊戌日 괴강이고 신왕하다. 괴강은 총명하고 급하며 과단성이 강하고 일
처리가 면밀 주도하며, 호령하고 대권을 장악하는 형권의 강렬한 별이다.
그래서 괴강이 거듭되면 고귀한 명이나, 격을 이루지 못하고, 형충되거
나, 재관이 겹쳐서 신약해지면 재앙이 배로 몰려온다. 이 명은 태신왕하며
충이 없다. 甲칠살은 甲己로 서배舒配되고 편재는 시간에만 있다.
년월에서 丑戌 형돼 초년에 흉함이 있었다. 庚辰 시절은 충해도 같은 괴강
이고 태신왕하니 오히려 발복한다. '왕한 신을 충하면 그 왕신이 더욱 발
동한다' 는 원리에 따른다. 신약에 형충이 오면 재앙온다. 명식이 청격으
로서 귀하다.

[男1](立夏 후 3일째생)

시일월년	61	51	41	31	21	11	01
壬戊己己	庚	辛	壬	癸	甲	乙	丙
子戌巳丑	戌	亥	子	丑	寅	卯	辰
壬辛戊癸							

[해설]

(1) 巳월 중 여기 戊가 투출되고 건록이니 곧 건록격이다.

(2) 戊癸 합으로 편인국 이루니 편인격으로 변한다.

(3) 비겁이 많고, 건록격과 편인격이라 태신왕하다.

(4) 너무 왕하면 누설함이 기쁜데, 왕기를 달래어 빼주는 辛과 水가 길신이다.

(5) 土-金-水로 주기周氣가 모아지는데, 년-월-일-시에로 주기가 흐른다.

(6) 일시에 金水가 건재하니, 이른바 시상편재격을 이룬다.

(7) 壬 편재가 강력하게 착근하며, 행운도 호시절이라, 평생 부유하다. 상함이
없고, 신왕 재왕하는 듯하며, 행운에서 잘 받쳐주고 있다. 병원장.

(8) 일지에 상관이라도 길신이 투출되고, 시에 재가 유력하니 좋은 부잣집 처
에 그 덕으로 지방 유지도 된다.

(9) 立夏는 이른 여름이라 아직 찬 기운이 가시지 않아 싸늘하기까지 하고 들
판과 황야에는, 지하에 물이 풍부해 농부가 농사짓기에는 어려움이 없다.

(10) 넓은 논밭에는 땅 속에 금은 보화가 가득해 땅 속을 팔수록 쏟아져 나오
는데, 구름이 끼고 비가 오면서 더욱 보물을 캐는 농사가 척척 이루어진
다.

(11) 길신이 일시에 있고, 편재격을 이루면 그 공이 처에게 있고, 그것은 자력
에 의한 돈과 노후의 재물인 고로 자손에게 상속되는 자산이기도 하다.

참고-[女5]

시일월년	55	45	35	25	15	05
癸戊丙戌	庚	辛	壬	癸	甲	乙
亥辰辰戌	戌	亥	子	丑	寅	卯

(1) 시상에 정편재가 동주하면서 2辰에 통근하고 있어 재왕하며 질편한 수령
으로 변했다.

(2) 습토濕土에 북 향지는 너무 습랭해진다. 土가 너무 늪처럼 돼도 일이 막힌다.

(3) 여장부로서 별부하고 패션 옷장사 해서 돈 좀 모으더니, 壬子 향지에 곧 패
망했다.

(4) 戊辰日에 丙辰 일덕이 있어, 곧 일덕격을 이룬다. 신왕해야 하고, 형충 공망
괴강이 없어야 하고, 재관살이 겹치면 재앙이 온다. 이 명식은 戊戌 괴강
있어 충되며, 재성이 왕해서 파격이라서, 인생에 파란이 많다.

11. 건록격建祿格

월지에 건록이면 건록격이며, 예부터 외격으로 보아왔다. 보통 태신왕
에 가까우나 신약할 때도 많다. 다른 일반격보다 중화를 더 요하며, 남녀를
불문하고 잘 중화되면 사회적으로 큰 성공하고, 중화를 잃고 편중되면 인
생이 하천해져서 가정적으로나 사회적으로 비참해지고 만다는 암시를 가
지고 있다. 몸의 사지나 이목구비 등에 장애를 입기도 한다. 보통 강건하며
솔직 담백하고 공정 성실로 스스로 개척하는 의지의 실천자다. 부모형제의
덕은 별로 없고 빈손으로 성업해야 한다. 큰 재복은 없으나 의식 걱정은 없
고 많이 역할 한다. 이혼 재연하며 자식은 똑똑하나 만년이 고독하다.

보통 비견이 분리, 분가, 독립, 자영 등의 암시가 강하니 대리점, 분점, 지
점, 건축업, 납품업, 체육 운동 등이나 행정 관료, 국영기업체 등은 좋고 청
부업이나 무예, 군인, 경찰 등 무관업이나 사채 같은 자금 금융업, 친구와

의 동업 등은 부적절하다. 격을 잘 이루면 나라의 높은 벼슬을 하고, 암록
暗祿을 이루면 수사관이나 정보원, 경호원 등 암암리에 종사하는 직에 근
무한다.

여명은 형제간 돈 문제로 쟁탈하며 남편이 첩 보아 독수공방하기 십상이
다. 자손이 희소하며 별부해 과부, 재연한다. 부부의 고정이 심하며, 더러
자포자기로 유흥업소나 주색업에 뛰어들기도 한다. 고독자와 인연하거나
재취로 가면 면할 수 있다. 중년 이후 고독해진다.

건록은 刑沖함이 없이 有力하되 반드시 財官이 透出돼야 성공의 기쁨을
본다. 건록은 녹봉으로 그 녹봉을 받을만한 자리(＝官)가 있어야 명실상부
한다. 녹봉은 곧 재물이니 재는 관의 유근이다. 재생관하니 건록에는 그 근
거인 재관이 있어야 벼슬하기 때문이다. 건록이란 록 즉 관을 세울만한 역
량이란 뜻이니, 반드시 재관이 있어야만 성공을 기할 수 있다. 연월의 재관
은 부모의 덕이, 일시의 재관은 배필의 공이 크다.

월지는 생가로서, 건록 즉 비견이 있으면 강왕하므로 재성(＝부친, 처성,
재물)을 깨게 되니, 조업이 없다는 것이요 가난하니 생가를 떠나 타향에서
자수성가한다는 의미를 갖는다. 장남 이외는 조업에서 분가하니 그렇다 하
나, 장남이 이러하면 아무리 많은 유업이라도 다 털어먹고 말며, 마침내 가
족 부모에게 피해만 끼치는 무능한 애물단지로 변한다. 만약 재관이 없으
면 그 건록의 강왕함을 누르지 못해 평생 빈천한다.

건록격에서 년월에 재관이 있으면 조업의 혜택으로 일찍 성공 출세하고,
일시에 재관 있으면 혼인 후 처공으로 발복한다. 그래서 재관이 없으면 건
록은 무용지물로 평생 가족과 이산하고 출세 못하는 고생만 하고 만다. 그
래서 명식에 재관이 투출해야 타향에서 성공 벼슬한다. 공직이나 국영 기

업체에 근무한다. 월지 건록이고 재관이 없으면 부친이 조사무死하거나 객사客死한다. 다른 주의 건록에 형충空亡해도 흉해서 고향 등지고 객지, 해외서 산다.

그렇다고 관살이 많으면 오히려 재앙이 밀려온다. 반드시 제살, 합화해야 발신한다. 일단 신약 신왕을 불문하고 관살이 있으면 살을 제어해야 길해진다.

時건록은 관이 없어도 관이 떠나지 않아서(不離해서) 벼슬하나, 재성은 꼭 있어야 출세가 가능하다. 어느 주의 건록에나 재성이 없으면 빈한해진다. 건록 있으면 꼭 재성은 있어야 발복한다. 日건록(예, 甲寅)은 관 없으나 식상 오면 생재生財하니 원만한 권세 있다. 재관도 월에 있으면 귀문貴門 처녀 맞고, 日에 있으면 현처賢妻 맞고, 時에 있으면 현처를 본다.

[女4]
　시일월년
　甲癸壬丁　　丁　丙　乙　甲　癸
　寅亥子未　　巳　辰　卯　寅　丑

(1) 癸日이 월지 子에 건록이라 건록격인데, 일지에는 제왕이고 태신왕하다. 유력한 재관이 비겁을 제어하고 조후해야 하는데 時 甲寅 등으로 년주 丁未 재관이 아주 미약하다. 제살태과격도 되는데, 살이 극도로 제압당하면 상신하는데 조금 다리 전다(斷橋關殺).

(2) 壬도 양인이요 子도 양인이요 亥는 제왕이라서 일간이 너무 태강해서 몸을 상하기 쉽다. 비록 丁壬合의 서배舒配로 양인의 칼날을 감출 수는 있어도

지지에 있는 날카로운 칼날은 곳추세워져 있다. 寅亥合으로 부드러워졌으나, 子未는 상천相穿(＝害)으로 흉함이 배가되고 있다.

(3) 얼른 보면, 형합록격 같으나 년월에 재관이 있어서 격을 이루지 못한다.

〔男2〕

시일월년	82	72	62	52	42	32	22	12	02
乙甲甲戌	癸	壬	辛	庚	己	戊	丁	丙	乙
丑子寅戌	亥	戌	酉	申	未	午	巳	辰	卯

〔그림 101〕 늦겨울 한밤이지만, 너른 대지에 대들봇감 나무들이 즐비하다.

(1) 신왕하고 월지 건록격이며 寅戌 半合 火局에 편재가 투간되고 왕하다. 재관운에 크게 발신한다. 금신격도 된다.

(2) 그 재성이 시지에 통근하니 부유하다. 水-木-火-土에로 재성에 기력氣力이
   모아진다.

(3) 행운이 매우 양호하다. 내무장관 역임했다.

12. 양인격陽刃格

   월지에 제왕(=양인)이 되면 양인격인데 예부터 외격으로 보아왔다. 양
인이란 陽日(=甲丙戊庚壬의 5日)의 명식에게만 해당된다. 양인은 겁재보
다 더 흉한 암시가 들어 있으므로, 유력한 재성 관성이 와야 중화된다고 한
다. 곧 양인에는 칠살이 있어야 균정均停을 이루어 형권직이나 관직에서
크게 출세한다(=刃殺均停).

   재관이 상하거나 형충 공망돼 무력해지면 재앙이 많고 빈천하게 산다.
또 신약하면 더 중화의 생부生扶를 요한다. 중화되지 못하면 파란이 속출하
며, 농촌에서 살거나 형권직 종교업에 종사하면 많이 면액된다. 양인에는
살성殺星이 강렬하므로, 중화를 잘 이루면 큰 인물로서 정치, 군인, 경찰,
수사관, 법관 등 형권직 관료나 의사 의료 등에서 대성해서 부귀한다.
   중화를 잃고 편중되면 도살업, 정육점, 막노동, 인력, 용역업 등 3D업종
이나 주색업, 폭력업, 부동산, 요식업, 수금업 등에서 종사하기 십상이다.
또는 몸의 사지나 이목구비에 장애를 당하기도 한다. 형충 공망되면 무력
해져서 봉급 생활이 좋다.

   독립심과 활동이 강해서 재성을 운용하는 데에 성패가 심하다. 형충 공
망이 없으면 집단적 일이 좋고, 격이 떨어지고 비겁이 무력하면 봉급생활
이 낫다. 겁재나 양인은 조국을 떠나며 남 돕는데 자혜심은 없다. 신왕하고

월지 겁재면 이기적이고 남의 오해를 잘 산다. 관살이 제制하거나 간합되면 선화善化된다. 겁재가 겹쳐 있는데 양인이 함께 하면, 표면은 겸손 화순하나 내심은 표독스럽고 각박해서 베푸는 정신은 없다. 기개는 높으나 인격이 떨어지고 졸렬하다.

부친덕이 모자라고 독기와 복수심이 하늘을 찔러 적을 많이 산다. 고집세고 출세의 꿈은 높으나 속성 속패로 결국 거지 된다. 신체에 고질병 있고 장애 수술로 가족에게 피해준다.

여명은 별부別夫하며 첩보면 확 뒤엎은다. 거친 인생살이하며 시시한 것은 눈에 안 들어온다. 투기, 요행, 도박을 좋아하고 파산하며 빚더미에 앉는다. 동업은 불가하다. 교만과 고집이 세고 흉폭하며 안하무인의 언동을 하며 극단으로 달린다. 몸과 정신에 장애를 초래하며 가정과 사회 생활에서 편법적 행동을 일삼아 전과의 별을 달곤 한다.

(1) 천간에서 지지를 보는 양인, 예 甲日에 卯.
(2) 겁재와 동주한 겁재양인(＝劫刃), 예 甲日에 乙卯.
(3) 상관과 동주한 양인이 있다(＝傷刃). 예 甲日에 丁卯.
(4) 음일陰日의 경우는 음인살陰刃殺 정도로 신살로 친다.

日柱 양인이면 배필 덕이 없다. 남명은 아내의 사치 소비 외정으로 자주 싸우고 남편 공경심이 모자란다. 여명은 남편의 외정 잡기로 가정불화 일으킨다.

양인이 많고 초년 대운이 불리하면 요사하거나 빈천하다. 년과 시에 양인이면 가장 흉해서 조업과 가정을 깨고 패가한다. 양인과 같은 세운 간지가 오면 옛날 일이 드러나 재앙 맞는다. 양인이 목욕에 거居하거나 봉逢하면 칼을 맞거나 병질로 고생한다.

태월胎月과 양인이 형충하면 불량아이거나 부모가 악사한다. 양인이 공망되면 허황된 허풍쟁이로 재앙 초래한다. 양인이 거듭하면 마약, 도박, 폭력, 임신매매, 주색업 등 부정不正, 색정란으로 고생하며, 3개 이상이면 높은 데에서 떨어져 상신되거나 정신 이상 등 심신이 온전치 못하다. 양인이 행운에서 합 충형되면 수술 구속 관재 등 재앙을 맞는다.

[女5]

시일월년	55	45	35	25	15	05
己戊戊癸	甲	癸	壬	辛	庚	己
未戌午卯	子	亥	戌	酉	申	未

(1) 월지 양인으로 양인격인데, 戊癸合火로 온전히 火土 일색이다. 칠살이 없어 午戌 半合 火局으로 유화시키나 너무 조열한 땡볕 땅 같다.

(2) 다행히 행운에서 서-북 향지로 달리며 천간 지지도 마찬가지라 조후된다. 양인을 충하는 子 시절에는 매우 흉하다.

(3) 己未시도 겁재양인이다. 대운초에 己未다. 구사일생했다. 대운초 간지는 질병을 관장하므로 이것이 원국의 어느 주와 전지살이나 압복壓伏되면 해당 육신이나 일간이 신변을 겪는다.

〔男8〕

시일월년	78	68	58	48	38	28	18	08
壬丙丙壬	甲	癸	壬	辛	庚	己	戊	丁
辰午午申	寅	丑	子	亥	戌	酉	申	未

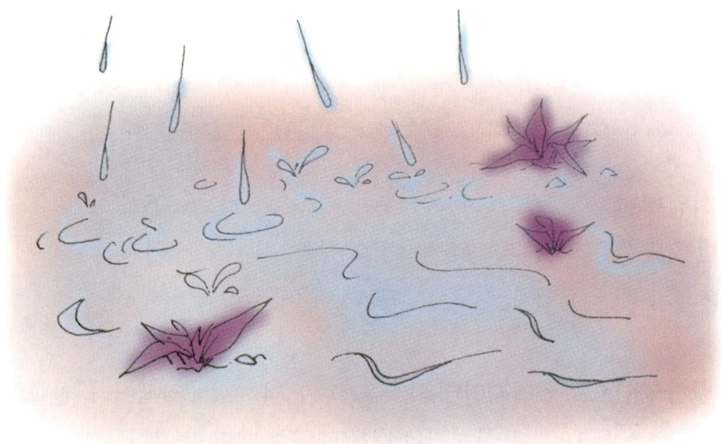

〔그림 102〕 한여름 오전, 무더위인데 반가운 단비가 내리고 이제 개울물이 흐른다.

(1) 양인이 월일에 견고히 버티고 있으며 형충은 없고, 년시에 칠살이 투출돼 있다.

(2) 길신이 년시에 앉아서 양인가합살陽刃仮合殺, 즉 壬 칠살이 午중 丁 양인과 각각 가합仮合함으로써 인살균정刃殺均停이라 국정을 장악하고 지휘하니 대성한다.

(3) 행운도 양호하다. 납자衲子로서 대학교 총장 역임했다.

(4) 申辰이 水合局하니 전체적으로 水火가 상제相齊되고 있어 아름답다.

(5) 오뉴월 불볕 더위인데 갑자기 먹구름이 몰려와서 비를 퍼붓듯 하면서 전
국을 시원하게 해갈시켜 주는 형세다. 대기에는 가랑비가 내리고 지면에
는 시냇물이 졸졸 흐르고 있다.

〔남명〕
시일월년
壬丙丙壬
辰午午辰

(1) 안(= 월일)과 밖(= 년시)이 같은 간지로 짜여져 있어, 표리동일격으로 고
귀해진다.

(2) 午月에 丙午라 화염이 치솟는 땡볕인데, 두 壬 구름이 끼고 늪지 辰에서 조
후하려 하나 여간 힘들지 않다. 壬은 辰에 入墓요 일간에서는 庫라 다행히
辰 속의 수분을 조달해 쓸 수 있다.
그저 잠시 떠 흐르는 壬 구름은 금방 증발될 듯하나, 辰은 깊어서 수분을 壬
에 조금씩이나마 능히 보태어 조후하고 있다(長流水).

(3) 행운 서방 향지에 들어 수분을 보태니 과거에 급제했다. 戌 시절에 늪지
辰이 파괴되니 수원이 말라버려 戊辰년에 사망했다. 양인에 비해 칠살이
허약하다.

小結 – 著者 後記

우리는 다양성을 인정할 줄 아는 세상에 살고 있다. 내 생각과 다르다고 마구 배척만 하는 몰지성적인 세상은 이젠 아니다. 나와 같은 류類라면 용인하고 다르다면 죽일 놈이라고 재단하는 흑백의 편집증偏執症이 선진 사회에서는 사라지는 것이다.

동양권에서는 음양과 오행을 가지고 모든 것을 설명하려고 했다. 사유도 그렇게 했고 입고 먹고 자는 것에도 그러한 음양 오행적 발상 속에서 이루어졌다. 이것이 간지와 연결되면서 마침내 그 결정체로서 십신론이 성립됐다. 그 십신론 가지고 다 설명하고 해결하려고 한 것이 사주 명리학의 역사다.

1. 사주는 자연 물상론이다!

음양-오행-간지-십신, 이런 흐름의 구조는 십중팔구 십신 간의 힘의 대결과 균형을 위주로 하는 억부법으로 종착된다. 그래서 사주 간명의 대부분의 경향은 억부법의 다름 아니다. 내8격에서 변화된 많은 형상격들이 사주 해석법의 주류를 이루어 왔는데, 그 형상격들이 모두 억부법임을 봐도 쉽게 알 수 있다.

내8격은 그 억부법이 도입되기 전의 격명格名이기에 사실상 해석하는 데에 충분하지 않다. 그래서 형상격이 나왔겠지만, 그것으로도 부족하니까 잡격이라 할 수많은 특수한 격들이 따로 세워져 간명에 도움되고자 했던 것이다. 잡격의 수가 많아질수록 간명에 어려움과 변수가 많다는 것을 뜻한다. 역으로 잡격의 다양함은 그만큼 걸출한 인물이나 입지전적인 성공 인물 그리고 특이한 능력을 발휘한 사람들의 명식 구조를 이해할 수 있는 지름길이기도 하다. 일반 내격이나 형상격 가지고는 설명이 되지 않으니까.

고인古人들이 개발해낸 평범함 속에서 특이한 구조의 명식을 정형화낸 것으로 이해한다면, 우리가 잡다한 잡격들에 대해 다소 각별한 관심과 여유를 가질 필요가 있는 것이다. 이 점 유의해서 공부할 일이다.

그런데 그 많은 격들의 기초나 바탕은 음양론에 있다는 것이다. 나는 '모든 명식은 음양 관계이며 그 적절한 조화에 있다'는 전제를 깔고 사주의 해석을 시도했다. 음양의 조화라고 하는 건데, 이것은 우리 동양인의 생활 전반을 지배하는 사고 방식이며 철학이다. 음양의 관계와 그 조화에는 분명히 억부법이 존재하며 그러기에 조화의 아름다움이 있다는 것이다. 즉 억부란 음양의 조화를 이루려는 중화의 다른 술어일 뿐이다.

음양에서 온난하고 뜨거운 것은 퍼지고 상승하니까 양이고, 차갑고 냉습한 것은 움츠리고 하강하니까 음으로 보니, 그 기본 질서 체계는 양=火요, 음=水로써 대표된다. 만물은 水火의 조화로써 이루어졌다. 조화의 아름다움을 잃을 때 병질이 생기고 우환이 발생한다. 조화가 잘 될수록 건강하고 행복해진다.

그래서 음양 관계를 제대로 파악하는 게 중요하다. 나는 명식 해석에서 기존의 입장과는 좀 다르게 음양 관계를 설정하기로 했다. 이것을 설명할 필요가 있다. 크게 두 가지로 요약된다. 본론에서 충분히 설명했지만 재론해서 오해와 혼돈의 여지를 없애려 한다.

(a) 음양의 이해

기후 온도적 음양과 재질의 질감적 음양으로 나눈다.

사주를 하나의 방房이라 하면, 방 구들은 지지요, 방 공기는 천간이다. 방 구들은 불 때고 안 때고의 정도에 따라 온도 변화가 있으며 우리는 적절한 온도의 유지를 원한다. 이것이 온도적 음양의 아름다운 조화다. 방 공기는 공기를 이루는 재질의 음양적 요소에 따라 조후된다.

천간에서 甲乙 丙丁戊 = 양이요, 己庚辛 壬癸 = 음이다. 일간을 중심으로 음양의 조화를 원한다. 그 조화는 힘의 크기로 정한다. 이것은 행운에도 마찬가지다. 원칙적으로 巳午未 대 亥子丑, 申酉戌 대 寅卯辰의 기후 여건이 가장 낫고, 방 구들의 불 지핌처럼 지지 기후가 잘 조후되면 천간의 음양 중화에도 영향 미친다.

지지는 사시사철의 기후 온도 변화를 말한다. 巳午未月과 申酉月은 더운 여름이니 양의 기후다. 戌月은 환절기로서 가을이며 양에 속한다. 亥子丑月과 寅卯月은 추운 겨울이니 음의 기후다. 辰月은 환절기로서 봄이며 음에 속한다. 봄과 가을의 기후는 여름과 겨울의 그것에 비해 매우 짧다. 사주에서 月支를 중심으로 이것을 그대로 배대하며 행운에서도 같다.

(b) 배대의 원칙

천간은 천간끼리, 지지는 지지끼리 배대한다는 원칙이다. 행운과의 배대도 마찬가지다. 배대에는 그 안에 억부법이 내포된다. 다시 천간과 지지의 힘의 크기는 일간이 1 이라면 지지는 1.5 이상이 된다. 지지가 잘 조후되면 저절로 방 공기도 따뜻해지듯이 방 구들의 기후 여건이 중요하며, 천간의 음양적 조후가 결정적으로 작용한다.

〔女7〕(立春 후 8일째생)

시		일	월	년							
1.3	1	1	0.5	77	67	57	47	37	27	17	07
丙	庚	壬	丁	庚	己	戊	丁	丙	乙	甲	癸
子	午	寅	丑	戌	酉	申	未	午	巳	辰	卯
壬	丙	丙	癸								
1.7	1.5	2.5	1								
서	남	동	북								

〔그림 103〕한겨울 한밤, 북극성과 성수星宿가 뭉게 구름을 가르며 밝게 빛나는데,
너른 호수에 그 빛이 초롱하게 비추고 있다.

(1) 寅月이니 매우 춥고 子丑이 동조하니 냉습하고 바람이 세찬 기후다. 다행
히 2丙이 투출돼 마치 군불을 때 방 구들을 데우는 격이라 방 밖은 매섭지
만 구들은 데워져서 안온하게 겨울을 날 수 있다. 그러니 방바닥에서는 상

당히 조후되고 있어 아름다워졌다. 즉 방 구들의 水火적 조화(＝水火相濟)가 잘 돼서 활동하는 데에 안온하고 넉넉하다.

(2) 행운에서 卯辰은 여전히 차갑고, 巳午未 申酉에 이르러야 방과 밖이 따뜻해지는 기후를 넘어서, 더워 문 열어 놓고 사는 경우가 됐다. 방 바닥이 더워진 감이나 원래 寅月이라서 무난하다.

(3) 庚日은 壬과 함께 음이지만 丙丁과 合火의 양이 있어 寅月치고 방 공기는 따뜻하다.

(4) 행운의 천간에서 乙丙丁戊의 양이 오면서 양이 지나쳐서 활동이 많아진다. 추우면 움츠리고 더우면 활동량이 많아지기 때문에 이 때가 일간의 최전성기였음을 알 수 있다.

(5) 寅月에 子時라 한밤인데, 庚日은 예쁘게 얼굴을 내민 초승달(음력 2 일생)이라 희미하지만, 북극성 丁과 서산에 수호별인 성수星宿 丙은 밝게 빛나고 있다. 거기에 달빛에 반사된 뭉게 구름이(壬) 동쪽에서 서쪽으로 흘러가고(子) 있으며, 넓은 저수지에(子丑) 비치는 달과 별의 초롱함과 정취는 그대로 예술의 극치를 표출하고 있다.

(6) 丁 북극성이란 타고난 혈통적 정통성을 보장하는 것이며, 시간 丙 성수星宿는 일곱 개의 별로 된 칠성七星이기도 한 주홍색 별자리로 황후, 왕비, 선비 등이 옷과 문양에 수놓거나 글 쓰는 일을 하며 황제를 모시는 벼슬이다. 즉 시간은 온 나라를 조율 조정하려는 위치이니 만큼, 그 수호별의 보필로 말미암아 그녀는 재색才色을 겸비한 유능한 활동력으로 천부적 예술의 혼을 발휘했다.

(7) 명식에서 寅月생이지만 원국과 행운의 배대에서 보면 火氣가 좀 넘치고 만발한다. 화기는 문화의 꽃이요 예술이며 활발성과 자유를 의미한다. 화기는 타오르며 자유로이 번지며 하늘로 지향하듯이 이상적이고 미래지향적인 꿈을 실현한다. 조급하지만 투명하고 화끈하며 예의범절과 경우가 밝다. 이것이 陽중의 陽인 火氣의 특성이다.

대략 이와 같다. 이런 해석은 바탕에서 억부법에 의한 격국론에 의지하지만, 해석의 묘법은 순전히 음양과 오행에 의한 조후법이다. 이렇게 하다 보면 누구나 자신의 어떤 정경情景이 그려진다. 그 정경이란 우리가 자연 환경에서 보고 있는 그런 것들이다. 바위·산·달·태양·나무·불·물·돌…등으로 둘러싼 그런 환경 여건들을 소재로 하는 그림이다. 잘 조화롭고 아름다운 것일수록 좋은 품질의 명식이며, 어떤 그림은 정경이 안 좋을 수도 있어서 그러면 가치가 덜 나가는 품질의 명식이 될 수도 있다. 위 예는 상당한 예쁜 정경의 그림이지만, 우리 주위에는 그림이 형편없는 경우도 참 많다.

2. 과제

문제는 명식에 맞게 얼마나 정밀하게 정경을 연출할 수 있느냐 하는 숙련된 안목眼目과 혜안慧眼에 달려 있다고 하겠다. 이것은 영원한 과제에 속할 수 있다. 우리는 끝임없이 100%로 향해 가는 경주競走와 같은 노정路程에 놓여 있다고 보면 된다. 그러므로 명식의 연구는 영원히 현재 진행형이라고 불러야 한다.

다음,
이제 여덟 글자에 대한 개론서 격인 『사주 해석학(上)』에 이어, 각론서 격인 『사주 해석학(下)』을 준비하고 있다. 下에서는 직업, 질병, 배필운…

등 세부적인 관심거리에 대해 각론적인 해석을 시도하는 것이다. 이 관문關門은 上 보다 더 어려운 과제에 속한다. 그 만큼 이론異論도 많고 복잡다단하기에 어떤 정설定說로 이끌어낸다는 것이 힘들다. 이런 난제를 풀어가는데에는 다음의 두 가지 방법이 동시에 사용된다.

고전의 충실한 이론을 고수하고 응용하는 연역법이요, 이것이 미진할 경우에는 많은 사례들을 취합해서 얻어지는 공통된 원리를 뽑아내는 귀납법을 원용하는 것이다.

이것을 보통 법고창신法古創新이라 하는 바, 연역법이 1차적이요 귀납법은 2차적인 방법이다. 하지만 먼저 고전에 그 해답이나 원리가 다 들어 있다고 생각할 일이다. 창신은 어디까지나 법고의 응용에 불과하지 그 범위를 벗어나면 오류의 함정에 빠진다.

예를 들어, 역사도 오래됐고 우리 생활에 널리 쓰이고 있는 풍수론은 사주와는 아주 다른 체계의 영역이다. 음양택을 잘 써서 개운開運하고 발복하자는 이 풍수론은 자평학에서는 다루지 않는다. 현실에서 자기에게 잘 맞는 주택운은 당장 개운 발복하는 중요한 운명이라서, 풍수 인테리어 같이 활발하다. 전통적으로 풍수는 넌주 중심으로 납음오행이나 12 포태법 24 방위 정음정양법… 등으로 운영되니, 근본적으로 자평학과는 거리가 있다.

하지만 현실적으로 답답한 나머지, 더러 사주를 놓고 여기에 얄팍한 풍수론을 대입해 풀어보려는 학자들도 더러 있었음을 보았는데, 나는 한 걸음 더 나아가 사주 팔자에 풍수의 형국론이나 정음정양법을 옮겨다 좌향을 보는 등으로, 곧 사주에서 일간에게 필요한 음양택의 형국이나 혈맥穴脈의 좌향을 능히 찾아 볼 수 있다고 주장하고 싶다. 이른바 사주 풍수론이라 하겠는데, 사주마다 자신에게 어울리는 풍수적인 명당 형국과 좌향을 찾을 수 있으며, 그래서 그대로 현실에서 적용해 살면 능히 당대에 발신한다는 논지다. 아직 온전한 이론 체계는 아니라도 설득력이 매우 강하다. 사주를 풍수적으로 풀이한 일례一例를 소개한다.

〔女1〕

시일월년	61	51	41	31	21	11	01
辛丁庚辛	丁	丙	乙	甲	癸	壬	辛
亥酉寅丑	酉	申	未	午	巳	辰	卯

(1) 寅月은 늦겨울이요 亥時라 깊어 가는 밤에, 차갑고 건조해지는 기온 때문에, 방구들에 장작불을 많이 지펴 넣어야겠다. 다행히 寅 속에 불씨가 살아 있어, 월-시에 높이 쌓아둔 땔나무들을 가져다가 낫과 도끼로 잘게 빠개 아궁이에 넣고 훈훈하게 방을 지펴댄다.

(2) 좌청룡 庚寅과 우백호 辛亥에 길신이 깃들여 있으나, 천간은 흉신이라 형자兄姉는 쇠락하고, 지지는 길신이라 제매弟妹는 홍융한다. 일시가 길신이라도 합신되지 않아서 동생의 도움이 있는둥 마는둥 크지 못하다.

(3) 진산 辛亥는 (釵釧)金이니 금성산이요, 소조산 庚寅은 (松柏)木이라 목성산이며, 태조산 辛丑은 (壁上)土라 토성산이다. 토성산의 정기가 직접 진산 금성산에 후원하며(土生金), 丑酉亥 합신으로 서로 유정하다.

(4) 진산 辛亥는 금성산이고, 혈장은 丁火나 丁酉 山下火라서, 혈장이 진산을 반역하고 있다. 진산과 혈장이 무정無情한 관계이고 유통되지 못하면 흉해진다. 다행히 태조산 辛丑 토성산이 년-일-시를 합신해서 화해시키니(火-土-金), 흉이 길로 변해져 혈장과 진산의 알력 갈등 흐름이 사라졌다. 이렇게 무방하더라도 진산이 직접 혈장을 생부하지 못하니, 평운의 혈이 된

다. 만약 합신의 유통신이 없으면 아주 흉한 혈장이 되고 만다.

(5) 안산案山 酉는 길신이 아니다. 손님을 맞이하나 그리 길한 귀인이 아니다. 손님 덕을 보기는 커녕 내가 힘들고 고생할 수도 있다. 그래도 태조산에서 나와 흐르는 득수得水와 합신해서 진산을 휘감고 도니 재물은 마르지 않는다. 모두 내가 힘들게 번 돈이다. 태조산에서 발원한 득수는 진산을 돌아 청룡으로 흘러 나아가니 辰破口로 본다.

(6) 늦은 겨울, 금성산에 울 안(丑)에 있는 붉은 닭(丁酉)이라, 곧 붉은 닭이 알을 품는 형국이라는 금계포란형金鷄抱卵形이다. 庚辛金은 모두 그 금계가 낳은 달걀들이다. 온통 금성산이 황금빛으로 반짝인다. 금계(＝丁日)가 울 때마다(火克金), 계란이 마구 쏟아져 나온다.

(7) 입수용 辛이 淨陰이라서 穴도 정음의 向을 가지니, 丁壬에서 (壬坐)-丙向이 된다. 丙은 정음이다. 주택의 길한 방향은 壬坐丙向이니, 여기서 살면 크게 발복한다. 辰파구에서의 壬坐는 (장생)이니 길하다. 장생혈은 예부터 자손이 번창하라는 가문에서 많이 애용했다. 용케도 금계포란형의 터 모양과 잘 통하니 신기하다.

여기서는 이 정도로 소개한다. 자세한 이론과 대입 설명은 『사주 해석학

(下)』에서 읽을 수 있다. 풍수의 골간적 이론과 체계는 사주에 대입돼 해석되고 있으며, 실생활에서 널리 응용할 수 있어서 좋다. 풍수에서 혈장의 형국이나 좌향은 발복처가 갖추어야 할 핵심인데, 이것을 자신의 사주에서 찾아내 쓸 수 있다는 것이니, 얼마나 풍부해진 자평학인가!

3. 동물 물상론도 있단다!

또 덧붙혀서,

우리는 여태까지 사주 명식을 자연 물상론 쪽으로 해석해 왔다. 이것이 사주 해석학의 가장 바탕되는 원리이기 때문이다. 그런데 물상론이라면 이 것 말고도 동물 물상론도 있다. 사람의 운명을 비슷한 동물의 생김새에 빗대 알아보려는 것으로 관상학에서는 아주 일찍부터 개발 발달해 왔으며, 사주학에서도 그런 흔적들이 있어 왔지만 크게 발달하지는 못했다.

대체로 『자평』이 나오기 전까지에는 년주(띠) 중심으로 동물 물상론이 다양한 형태로 연구 전승돼 왔던 것 같다. 명明 나라 장남張楠(1609~?)의 『명리정종』「오성류설류五星謬說類」에서 지적한 대로, 『자평』이 나온 지 500년이 지났는 데에도 당시만 해도 띠 중심의 동물 물상론이 크게 성행했었음을 우리는 짐작할 수 있다.

물론 장남 선생은 단호하게 그런 간명법을 망설妄說로 규정, 비판하고 자평학의 바른 해석법을 익히도록 권하고 있다. 그러나 나는 자평학에 의한 사주 해석도 달리 개발된 연구법으로 동물 물상론을 능히 표현할 수 있다고 헤아려 본다. 단순한 년지 중심이 아니라 일주를 중심으로 한 동물 물상론이 가능하다는 논지다. 이 분야는 아직 완성되지 못했지만, 하나의 실마리로 예들어 본다.

앞에서 2 개 정도 곁들여 맛을 본 적이 있거니와, 세종 대왕(1397~1450)
의 명식이라고 널리 알려진 것을 가지고 보니, 그 가능성을 엿봤으면 한다.

世宗 〔男4〕

시일월년	54	44	34	24	14	04
甲壬乙丁	己	庚	辛	壬	癸	甲
辰辰巳丑	亥	子	丑	寅	卯	辰
서남동북						

丁丑＝潤下水

乙巳＝覆燈火

壬辰＝長流水

甲辰＝覆燈火

壬寅, 癸卯＝金箔金

(1) 산들 바람이 훈훈하게(乙) 불어오는 이른 여름(巳) 8시께 동산에 아침 햇
살이 솟아 올라 산 기슭을 환히 비춘다(覆燈火). 아침 안개가 아직 가시지
않은 채 자욱한 가운데(壬辰), 숲 속의 늪을 유유하게 흐르는 못(長流水,
甲辰)에서 흑룡(壬辰)이 여의주를 물고(金箔金) 승천하려 한다(丁壬).

(2) 때를 기다리고 있는데(大運 甲辰 覆燈火), 드디어 황금빛 여의주(大運 癸
卯 金箔金)를 물고, 22세 戊戌년(1418 平地木)에 숲속을 헤치며 하늘로
난다.

(3) 水火가 잘 균제돼 있어서 수화상제격水火相齊格을 이루니, 학문을 숭상해
서 문화, 예술, 과학 등을 발전시킨다.

(4) 흔히 항간에서 壬이 龍의 등을 타고 하늘로 오른다 해서 임기용배격壬騎龍
背格이라 한다. 정치나 왕족의 출세 가도를 형용한 것이다.

(5) 壬辰日이 거듭 辰 있고 戊己 관살이나 형충이 없으며 신왕하면 출세한다.
원래 원국에는 재관이 없어야 맑아진다. 辰 속의 丁정재戊정관을 충래冲來
해서 재관을 삼기 때문에, 원국에 戊나 丁, 戌 등이 있으면 전실돼 격이 성
립하지 못한다.

(6) 지금 년간에 丁 있고, 월지에 巳 있으며, 신약한 듯하다고 보면 파격에 가
깝다. 그러나 壬辰이 長流水이며 년월지에서 巳酉 金局로써 신왕해지고 巳
중 재관이 무력해졌으니, 신약이 신왕으로 되고 맑아졌다. 아직 년간 丁정
재는 흉물凶物인데, 癸卯의 겁재가 겁탈하고 壬寅에는 간합으로 병이 제거
됐다.

(7) 54세 1450년 庚午(路傍土)에 붕어하다.

사주 핵심 강의

초판 1쇄 인쇄 / 2004년 10월 15일
초판 1쇄 발행 / 2004년 10월 22일

저　자 / 보현 진열
삽　화 / 정혜주
펴낸이 / 김 동 금
펴낸곳 / 우리출판사

· 주　소/ 서울특별시 서대문구 충정로 3가 1-38
· 등　록 / 1988년 1월 21일 제9-139호
· 전　화 / (02)313-5047 · 5056
· 팩　스 / (02)393-9696
· 메　일 / woribook@chollian.net